看图是个技术活——工程施工图识读系列

如何识读路桥施工图

主　编　陈伟章

参　编　杨晓方　徐树峰　孙兴雷　马立棉
邓　海　孙　丹　刘彦林　张素景

机械工业出版社

本书采用通俗易懂的语言，图文并茂的形式，针对路桥施工人员实际识图中的重点和难点问题加以分析讲解，以使现场一线技术人员及工人能快速读懂施工图，实现准确无误按图施工，提升一线技术人员及工人的技术能力和专业水平，从而保证可靠的施工质量。本书具体内容包括路桥施工图基本知识、道路施工图、桥梁施工图、涵洞工程施工图等，讲解时结合当下的规范及标准知识，注重细节和实际应用，求精不求泛。

本书适合公路工程、桥梁工程和市政工程施工人员及相关专业的院校师生学习和参考使用。

图书在版编目（CIP）数据

如何识读路桥施工图/陈伟章主编．—北京：机械工业出版社，2019.10（2025.1重印）

（看图是个技术活．工程施工图识读系列）

ISBN 978-7-111-63992-3

Ⅰ．①如…　Ⅱ．①陈…　Ⅲ．①道路施工－识图②桥梁施工－识图　Ⅳ．①U415.1-64②U445.4-64

中国版本图书馆CIP数据核字（2019）第233065号

机械工业出版社（北京市百万庄大街22号　邮政编码100037）
策划编辑：薛俊高　责任编辑：薛俊高　刘　晨
责任校对：刘时光　封面设计：张　静
责任印制：单爱军
北京虎彩文化传播有限公司印刷
2025年1月第1版第4次印刷
184mm×260mm · 18.25印张 · 452千字
标准书号：ISBN 978-7-111-63992-3
定价：55.00元

电话服务　　网络服务
客服电话：010-88361066　机　工　官　网：www.cmpbook.com
010-88379833　机　工　官　博：weibo.com/cmp1952
010-68326294　金　书　网：www.golden-book.com
封底无防伪标均为盗版　机工教育服务网：www.cmpedu.com

前言
Perface

工程图样是工程技术界的语言，是表达和交流思想的重要工具，承载了大量的信息。道路工程构造物的形状、大小、结构等，尤其是复杂的桥梁构造，也许无法用语言文字描述清楚，但我们可以借助一系列图样，将路桥构筑物的外表形状、内部布置、结构构造、各种设备以及相关施工要求等准确详尽地表达出来。任何一项工程构筑物的规划、设计、施工和管理工作，都离不开工程图样。

工程图样是工程施工的主要依据之一，属于重要的技术文件，是进行投标报价的基础，是进行工程结算的依据，是编制工程施工计划、物资采购计划、资金分配计划、劳动力组织计划等的依据。因此，无论是设计人员、施工人员还是工程管理人员，都必须掌握一定的投影原理及制图识图的基本知识。这样既有助于施工的顺利进行，也能提高工程施工质量和施工效率。

工程图样也是设计师和建筑师之间的桥梁，设计师把自己的想法和灵感展现在图纸上，建设者要理解这份图纸，并将它的理念付诸实践。工程图是设计者知识和心血的结晶，是施工的行动“指导者”，因此，工程图样质量的好坏至关重要，不够完善的施工图不仅不能充分体现设计者的想法，也不能指导施工者实际作业，整个建筑物的质量和效果都会受到影响。

为帮助广大路桥建设工程设计、施工及工程管理人员学习工程制图的基本知识，理解并贯彻国家制图标准规范，掌握适当的工程施工图绘制与识读的相关技巧，特编写此书。

由于时间所限，书中错误之处，还请广大读者朋友批评指正，在此深表感谢！

编　者

目录 Contents

第一章　路桥施工图基本知识

路桥的结构组成包括：路基、路面、桥梁、涵洞、隧道、防护工程、排水设备、交通工程等构造物。公路的结构组成如图 1-1 所示。

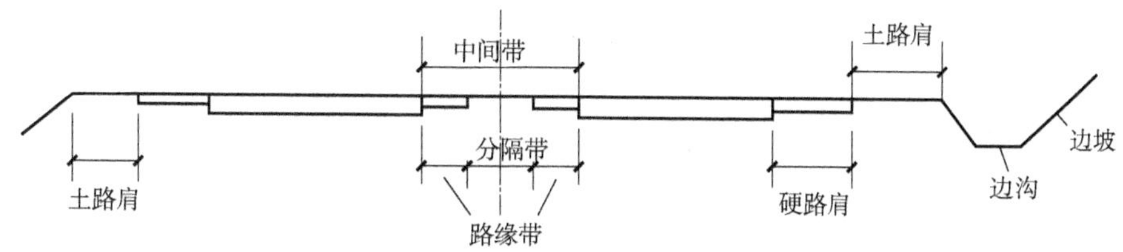

图 1-1　公路的结构组成

第一节　路桥组成

一、路桥的基本组成

1. 路基

（1）路基是路面的基础，与路面共同承担车辆的荷载作用。保证路基的强度和稳定性是保证路面强度和稳定性的先决条件。提高路基的强度和稳定性，可以适当减薄路面的结构层厚度，从而降低造价。

（2）对路基的一般要求。路基除断面尺寸应符合设计标准外，还应满足下列基本条件：

1）具有足够的整体稳定性。

2）具有足够的强度。

3）具有足够的水温稳定性。

满足上述要求时才能够在自然因素和行车荷载的交变作用下，保证公路的使用寿命和质量。

路基工程项目由路基体、路基排水设施和路基的支挡结构三部分组成。

2. 路面

由于路面直接承受荷载作用，因此其质量直接影响公路的正常使用与服务质量。路面结构由底基层、基层、面层三部分组成。

3. 桥梁

道路路线在跨越河流、湖泊、山川及其他路线（公路和铁路）时，需要修筑桥梁。一方面可以保证桥上的交通运行，另一方面可以保证桥下流水宣泄、船只的通航或公路、铁路的运行。

（1）桥梁的基本组成。如图 1-2 所示，桥梁主要是由桥跨结构、桥墩和桥台、附属构造物（护岸、导流结构物）等组成。

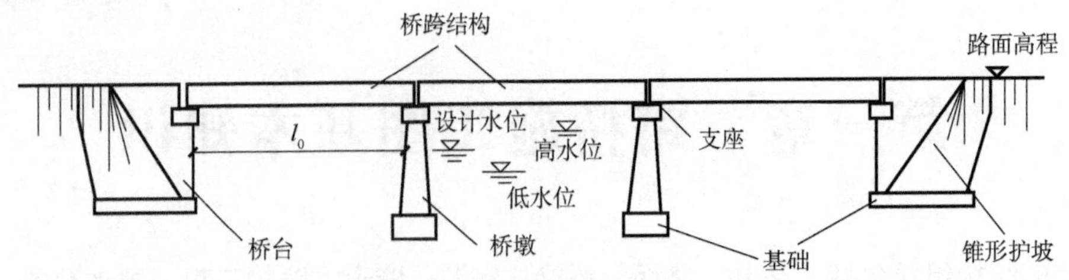

图 1-2　桥梁的基本组成

桥跨结构是桥梁跨越障碍的主要承载结构，习惯上称之为上部结构（由主梁或主拱圈和桥面系等组成）。

桥墩和桥台是支承桥跨结构并将恒荷载和车辆等活荷载传至地基的建筑物，可称之为下部结构（由桥台、桥墩和基础组成）。

支座是桥跨结构在桥墩和桥台的支承处所设置的传力装置。

在路堤与桥台的衔接处，一般还需在桥台两侧设置石砌的锥形护坡，以保证迎水部分路堤边坡的稳定。

河流中的水位是变动的，枯水季节的最低水位称为低水位，洪峰季节河流中的最高水位称为高水位。桥梁设计中按规定的设计洪水频率计算所得的高水位称为设计洪水位。

净跨径（l_0）是设计洪水位上相邻两个桥墩（台）之间的净距。

总跨径（$\sum l_0$）是多孔桥梁中各孔净跨径的总和，反映了桥下洪水宣泄的能力。

桥梁全长（L）是桥梁两端两个桥台的侧墙或八字墙后端点之间的距离。对于无桥台的桥梁为桥面系行车道的全长。

附属结构由栏杆、灯柱等部分组成。

（2）桥梁的分类。

1）按桥梁的基本体系可分为：梁式桥、拱式桥、钢梁桥、吊桥、组合体系桥（斜拉桥）。

2）按用途可分为：公路桥、铁路桥、农桥、人行桥、运水桥（渡槽）等。

3）按桥梁全长和跨径的不同可分为：特殊大桥、大桥、中桥和小桥（表 1-1）。

表 1-1　按桥梁全长和跨径划分

桥梁分类	多孔桥全长 L/m	单孔跨径/m
特殊大桥	$L \geqslant 500$	$L \geqslant 100$
大桥	$L \geqslant 100$	$L \geqslant 40$
中桥	$30 < L < 100$	$20 \leqslant L \leqslant 40$
小桥	$8 < L < 30$	$5 \leqslant L \leqslant 20$

4）按主要承重结构所用的材料可分为：圬工桥（包括砖、石混凝土）、钢筋混凝土桥、预应力混凝土桥、钢桥和木桥等。

5）按跨越障碍的性质可分为：跨河桥、跨线桥（立体交叉）、高架桥和栈桥。

6）按上部结构的行车位置可分为：上承式桥、下承式桥和中承式桥。桥面布置在主要承重结构之上者称为上承式桥，布置在主要承重结构之下者称为下承式桥，布置在主要承重结构中间者称为中承式桥，如图 1-3 所示。

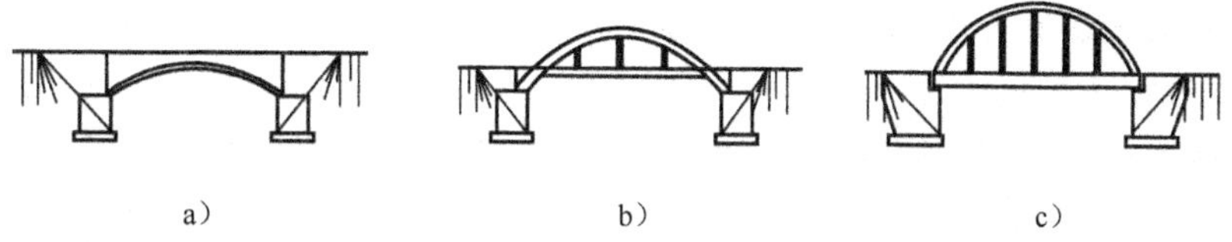

图 1-3 桥梁的分类

a）上承式 b）中承式 c）下承式

4. 涵洞

涵洞主要是为宣泄地面水流而设置的横穿路基的小型排水构造物，它同桥梁的区别在于跨径的大小。按现行《公路工程技术标准》JTG B01 规定：凡单孔标准跨径小于 5m、多孔跨径总长小于 8m 以及圆管涵、箱涵，不论管径或跨径大小、孔数多少，均称为涵洞。

（1）涵洞的组成。涵洞是由洞身和洞口两大部分组成。洞口包括端墙、翼墙或护坡、截水墙和缘石等部分，是保证涵洞基础和两侧路基免受冲刷，使水流顺畅的排水构造物，一般进出口均采用统一形式。常用的洞口形式有端墙式、翼墙式（又称为八字墙式）、锥坡式、平头式和走廊式等，如图 1-4 所示。

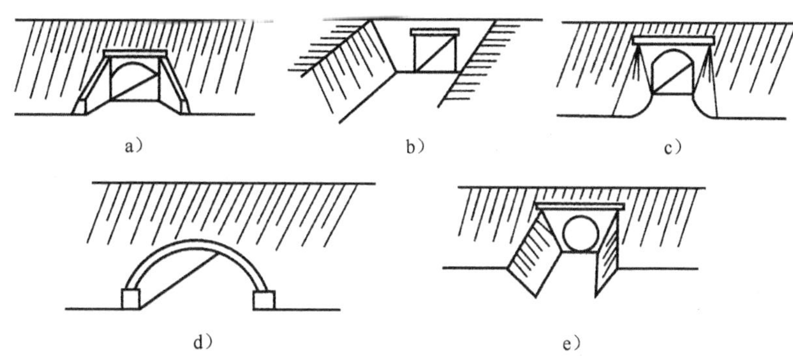

图 1-4 涵洞的分类

a）八字墙式 b）端墙式 c）锥坡式 d）平头式 e）走廊式

洞身是涵洞的主要组成部分，它的主要作用是承受活荷载压力和土压力等，并将其传递给地基，且保证设计流量通过必要孔径。常见的洞身形式有圆管涵、盖板涵、拱涵和箱涵。

（2）涵洞的分类。涵洞的种类很多，常见的分类形式有以下几种：

1）按建筑材料的不同可分为：石涵、混凝土涵、钢筋混凝土涵、砖涵等。

2）按构造形式的不同可分为：圆管涵、盖板涵、箱涵。

3）按洞顶填土情况可分为：明涵和暗涵（洞顶填土厚度大于 50cm）。

4）按孔数不同可分为：单孔、双孔、多孔等。

5. 隧道

隧道是公路穿越山岭的建筑物，由洞门、洞身、避车洞等组成。

隧道洞口大体上可分为端墙式和翼墙式两种，如图 1-5 所示。

避车洞有大、小两种，是供行人和隧道维修人员及维修小车避让来往车辆而设置的，这些洞沿路线方向交错设置在隧道两侧的边墙上。通常小车避车洞每隔 30m 设置一个，大车避车洞每隔 150m 设置一个。

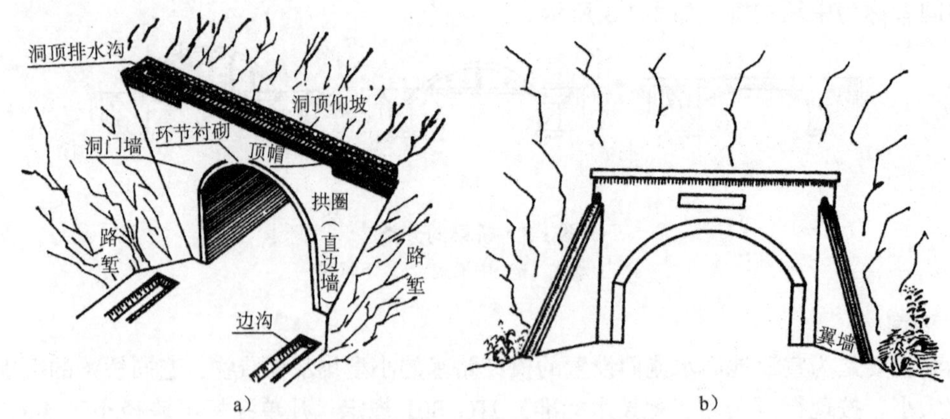

图 1-5　隧道的分类
a）端墙式　b）翼墙式

6. 交通工程

为获得良好的交通秩序和防止事故的发生，可在路线规定的地点设置交通管理设施。

二、公路的分级

公路根据使用任务、功能和适应的交通量分为：高速公路、一级公路、二级公路、三级公路、四级公路五个等级。

高速公路为专供汽车分向、分车道行驶并全部控制出入的干线公路。

四车道高速公路应能适应按各种汽车折合成小客车的年平均日交通量为 25000 ~ 55000 辆。

六车道高速公路应能适应按各种汽车折合成小客车的年平均日交通量为 45000 ~ 80000 辆。

八车道高速公路应能适应按各种汽车折合成小客车的年平均日交通量为 60000 ~ 100000 辆。

其他公路为除高速公路以外的干线公路、集散公路、地方公路，可分为四个等级。

一级公路为供汽车分向、分车道行驶，并可根据需要控制出入的多车道公路，应能适应按各种汽车折合成小客车的年平均日交通量为 15000 ~ 30000 辆。

二级公路为供汽车行驶的双车道公路，应能适应按各种汽车折合成小客车的年平均日交通量为 3000 ~ 7500 辆。

三级公路为供汽车行驶的双车道公路，应能适应按各种车辆折合成小客车的年平均日交通量为 1000 ~ 4000 辆。

四级公路为主要供汽车行驶的双车道或单车道公路，应能适应按各种车辆折合成小客车的年平均日交通量为：双车道 2000 辆以下；单车道 400 辆以下。

第二节　路桥施工图组成、特点及识读方法

一、路桥施工图组成

根据现行的《公路工程基本建设项目设计文件编制办法》，一套公路工程施工图通常由

总体设计、路线、路基、路面、桥梁、涵洞、隧道、路线交叉、交通工程及沿线设施、环境保护与景观设计、其他工程、筑路材料等内容组成（图 1-6）。

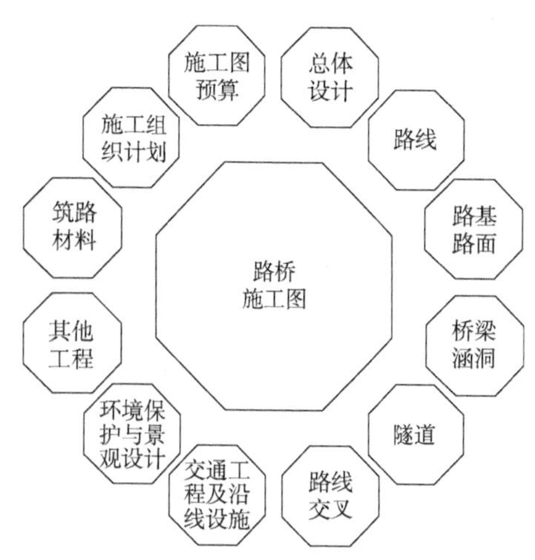

图 1-6　路桥施工图的组成

二、路桥施工图的特点

（1）施工图中的各种图样都是用正投影法绘制的。

（2）由于公路是一个带状结构物，其形体又长又大，受图纸幅面所限，因此路桥施工图是用缩小的比例绘制的，且其同一图形在纵向和横向上所用的比例是不同的，而同一构筑物的平面图、立面图和侧面图所用的比例往往也是不同的。

（3）由于公路具有带状这一特点，并且它是由多种材料和结构物建造组合而成的，沿线又有许多不同的地物，所以在路桥施工图中，通常用各种图例符号来表示这些材料、结构物和地形地物情况。

三、识读路桥施工图的方法

路桥施工图是应用投影原理和各种图示方法综合绘制的。因此，识读路桥施工图时，必须具备一定的投影知识，掌握形体的各种图示表示方法和《道路工程制图标准》（GB 50162—1992）的有关规定，还要熟记路桥施工图中常用的图例、符号、线形、尺寸和比例所表达的意义，同时要了解公路的组成及构造情况。

一般识读路桥施工图的方法如下。

1. 查看图纸目录和设计技术说明

通过图纸目录查看每部分图样有多少张，图样是否齐全；然后阅读技术说明，以对工程设计和施工要求能有一个大概了解。

2. 依照图样顺序通读一遍

对整套图样按先后顺序通读一遍，让全部工程在头脑中形成一个整体概念。如对工程的建设地点、周围地形、地貌情况、工程量的大小、结构物的主要特点和主要工程等情况有所了解，做到心中有数。

3. 分项目对照阅读

按施工项目、顺序深入仔细地阅读，即先读布置图，再详细查阅有关图表。读图时，要把有关的图样、表格联系起来对照阅读，从中了解它们之间的关系，在心中建立起完整准确的工程概念；然后查看它们在图形上、尺寸上是否衔接，构造、要求是否一致。如发现问题要做好读图记录，以便向有关部门提出设计变更意见。

读图的过程也是检查复核图样的过程，所以读图时必须要认真细致，切忌粗心大意。

四、路桥施工图识读要求

（1）看目录表，了解图样的组成。

（2）看设计说明，了解道路施工图的主要文字部分。设计说明主要是对施工图上未能详细表达或不易表达的内容用文字和图表加以描述。

(3) 识读平面图，了解平面图上新建工程的位置、平面形状，能进行主点坐标计算、桩号推算、平曲线计算，是施工过程中定位放线的主要依据。

(4) 识读纵断面图，了解构造物的外形和外观、横纵坐标的关系，识读构筑物的标高，能进行竖曲线要素计算。

(5) 识读横断面图，能进行土方量计算。

(6) 识读沥青路面结构图，了解结构组合、组成材料，能进行工程量计算。

(7) 识读水泥路面的结构图，了解水泥混凝土路面接缝分类名称、对接缝的基本要求，常用钢筋级别与作用，能进行工程量的计算。

五、路桥施工图识读顺序

对整套图的识读，一般是先看总体设计说明，之后是路线设计、路基设计、路面设计、桥梁设计等，按图 1-2 所示最左侧列由上至下进行。在每类设计文件或图中，以图 1-2 中的路线图为例，从说明开始，依次是路线平面图、路线纵断面图，最后是公路用地图。当然，特殊情况或需要时，可以不按顺序，而是直接挑选需要的图或文件查阅。

具体图样识读，应首先掌握投影原理和熟悉道路、桥涵、管道等构造及常用图例，其次是正确掌握识读图样的方法和步骤，并且要耐心、细致，结合实践反复练习，不断提高识读图样的能力。具体如下：

(1) 由下往上、从左往右的看图顺序是施工图识读的一般顺序。

(2) 由先到后看，是指根据施工先后顺序，比如看桥梁施工图，以基础墩台下部结构到梁桥桥面的上部结构依次看，此顺序基本上也是桥梁施工图编排的先后顺序。

(3) 由粗到细，由大到小，先粗看一遍，了解工程概况、总体要求等，然后细看每张图，熟悉图的尺寸、构件的详细配筋等。

(4) 将整套施工图结合起来看，从整体到局部，从局部到整体，系统看读。

第三节　路桥制图标准

一、比例

(1) 为了清晰地表示图样，根据地形起伏情况的不同，地形图可采用不同的比例。《公路工程基本建设项目设计文件编制办法》规定：在山岭区采用 1:2000 比例，丘陵和平原区采用 1:5000 比例。

(2) 由于路线的高差与其长度相比要小得多，为了能清楚地表示其高度方向上的变化，规定断面图中的距离与高程宜按不同的比例绘制。一般在山岭区横向采用 1:2000，纵向采用 1:200；在丘陵区和平原区因地形起伏变化较小，所以横向采用 1:1000，纵向采用 1:500。

(3) 桥位平面图常用的比例有 1:5000，1:2000，1:1000 等。

(4) 桥位地质纵断面图，为了表明地质和河床深度的变化情况，一般把地形高度的比例较水平方向的比例放大数倍，常用水平方向的比例为 1:100 ~ 1:500。

（5）桥梁总体布置图常用的比例为1:50～1:500。

（6）桥梁构件图常用的比例为1:10～1:50。当构件的某一局部在构件中不能清晰完整地表达时，则需采用更大的比例来绘制局部放大图，常用的比例为1:3～1:5。

（7）涵洞工程图一般采用的比例为1:50～1:100。

二、坐标网和指北针

为了表示地区的方位和路线的走向，地形图上需要画出坐标网和指北针。

1. 坐标网

坐标网采用细实线绘制，南北方向轴线代号为 X，东西方向轴线代号为 Y，坐标值的标注靠近被标注点，书写方向平行于网格或在网格延长线上，数值前标注坐标轴线代号。图1-7所示为两垂直线的交点坐标距坐标网原点北3000、东2000个单位（m）。

2. 指北针

指北针采用细实线绘制，如图1-8所示。圆的直径为24mm，指针尾部的宽度为3mm，并且在指针的端部处注有“北”字。

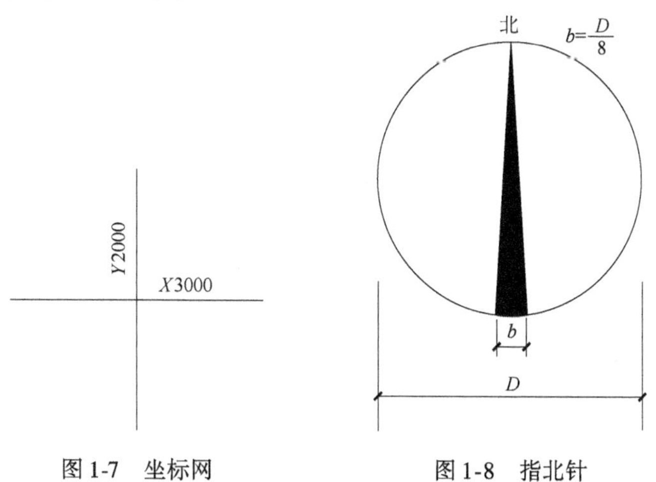

图1-7　坐标网　　　图1-8　指北针

三、坐标网和指北针里程桩号

路线的长度是用里程表示的。在平面图中里程桩号标注在公路中线上，从路线起点至终点按从小到大、从左到右的顺序排列。公里桩号标注在路线前进方向的左侧，用符号“◑”表示；百米桩标注在路线前进方向的右侧，用垂直于路线的短线“｜”表示，也可标注在路线的同一侧。公里桩和百米桩均采用垂直于路线的短细线表示，数字写在短细线端部，字头朝上。

四、平曲线和竖曲线

公路的线形由于受自然条件限制，在平面上有转折、纵面上有起伏，为了满足车辆行驶的要求，必须用一定半径的曲线连接，因此路线在平面和纵面上都是由直线和曲线组成的。平面上的曲线称为平曲线，而纵面上的曲线称为竖曲线。

1. 平曲线

平曲线包括缓和曲线和圆曲线。公路路线平面图中应列表标注平曲线要素：交点编号(JD)、交点位置、圆曲线半径（R)、缓和曲线长度（l)、切线长度（T)、曲线总长度(L)、外距（E）等。

如图 1-9a 所示（无缓和曲线），JD1 表示第一号交角点，由左向右为路线前进方向，ZY（直圆点）表示圆曲线的起点，即由直线段进入圆曲线段；QZ（曲中点）表示圆曲线的中点；YZ（圆直点）表示圆曲线的终点，即由圆曲线转入直线段。

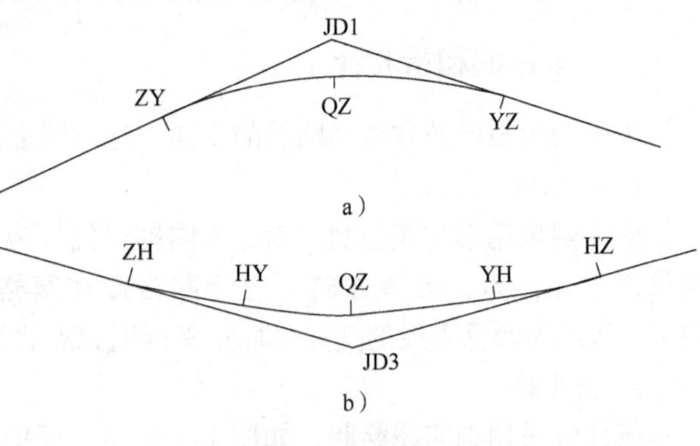

图 1-9　平曲线

a) 无缓和曲线　b) 有缓和曲线

如图 1-9b 所示（有缓和曲线），JD3 表示第三号交角点，由左向右为路线前进方向，ZH（直缓点）表示缓和曲线的起点，即由直线进入到缓和曲线；HY（缓圆点）表示圆曲线的起点，即由缓和曲线进入到圆曲线；QZ（曲中点）表示曲线的中点；YH（圆缓点）表示圆曲线的终点，即由圆曲线转入缓和曲线；HZ（缓直点）表示缓和曲线的终点，即由缓和曲线进入到直线段。

2. 竖曲线

当路线坡度发生变化时，为保证车辆顺利行驶，需设置竖曲线。竖曲线分为凸曲线和凹曲线两种，在路线纵断面图中分别用“┬”和“┬”符号表示，并标注有竖曲线的半径(R)、切线长（T）和外距（E)。竖曲线符号一般画在图样的上方。

五、三角点和水准点

公路路线施工图中还标注了用三角网测量的三角点△和控制高程的水准点⊗编号及位置。如“△c_1”表示 1 号三角点；“⊗$\frac{\text{BM2}}{53.712}$”表示 2 号水准点，其高程为 53.712m。

六、路线纵断面图资料表部分

在路线纵断面图中有资料表格，表格内容可根据不同设计阶段和不同道路等级的要求而增减。设计高程、地面高程、填方高度、挖方高度的数值应对准其桩号，单位以米计。桩号数值的字底应与所表示桩号位置对齐，整公里桩应标注“K”，其余桩号的公里数可省略。

表中“平曲线”一栏表示路线的平面线形，不设缓和曲线时用“‾‾|__|‾‾”表示左转弯的圆曲线，“__|‾‾|__”表示右转弯的圆曲线；设缓和曲线时用折线“‾‾__/‾‾”表示左转弯的曲线，“__/‾‾__”表示右转弯的曲线。在曲线的一侧标注交点（JD）编号、桩号、偏角（α)、半径（R)、曲线长。

七、断链及其他

1. 断链

在测量过程中，有时因局部改线或事后发现量距计算有错误，以及在分段测量中，由于假定起始里程不准确，而造成全线或全段接线里程不连续，导致影响路线的实际长度，这种里程不连续的现象称为“断链”。断链有长链和短链之分。当原路线记录桩号的里程长于地面实际里程时称为短链，反之则称之为长链。

在路线平面图中断链的标注如图 1-10a 所示。在纵断面图中，当路线发生短链时，道路设计线在相应桩号处断开，断链如图 1-10b 所示。如路线局部改线而发生长链，为了利用已绘制的纵断面图，当高差较大时，断链如图 1-10c 所示；当高差较小时，断链如图 1-10d 所示。

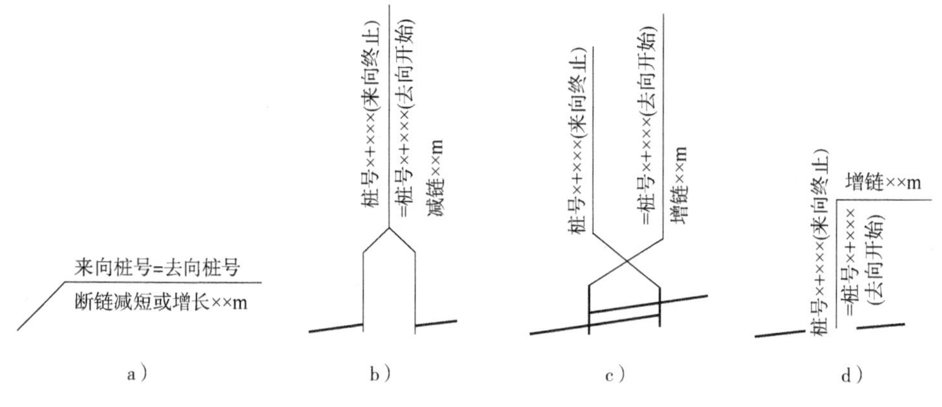

图 1-10　断链的标注

a）平面图中断链　b）纵断面图中断链　c）高差较大时断链　d）高差较小时断链

2. 其他

（1）在路基横断面图的下方标注有地面中心桩处的挖土或填土深度 H，填、挖方面积 A，里程桩号等。填土高度用 H_T（m）表示，挖方高度用 H_w（m）表示；填土面积用 A_T（m^2）表示，挖方面积用 A_w（m^2）表示。

（2）当路线较长，一张图不能完整表述清楚而需要绘制多张图时，在每张图样的右上角应绘制角标，用以注明图样的序号及总张数。

（3）路线平面图上绘制的指北针，除用以指出路线所在地区的方位外，还能在拼接图样时作为核对之用。

（4）断开的图样两端均绘有垂直于路线的接图线，用点画线表示。看图时，应以相邻两张图样的道路中心线为准，并将接图线重合在一起，如图 1-11 所示。

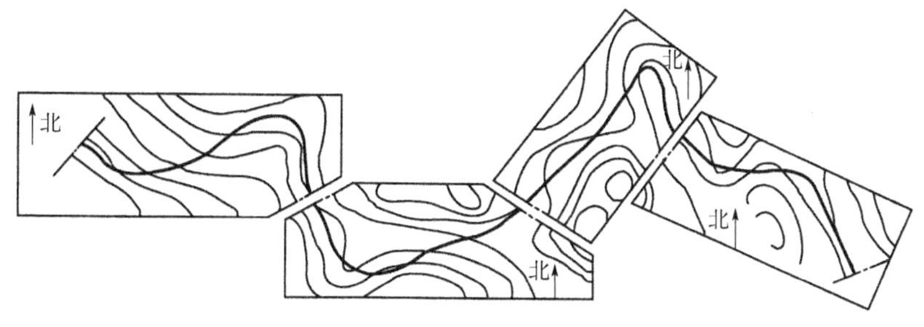

图 1-11　路线图幅拼接示意图

第四节　路桥施工图图例

施工图的具体表达和识图方法，要按画法几何与工程制图的标准。但是，对总平面图和路线图而言，穿越的地理区域较大，其间的地物地貌多而复杂，并且对路线的施工有重要影响。常见的地物地貌，主要包括：学校、卫生所、工厂、水塔、房屋、水利设施、农田设施、电力、通信、已有道路、铁路、桥梁等，图例如图 1-12、图 1-13 所示。常见的结构物包括：渡槽、天桥、立体交叉、声屏障、桥梁、隧道等，图例表达如图 1-14 所示。每一种都有相应的图例表达，可以事前识记。识图时若有记忆不清，可以重新查找相应的图例。

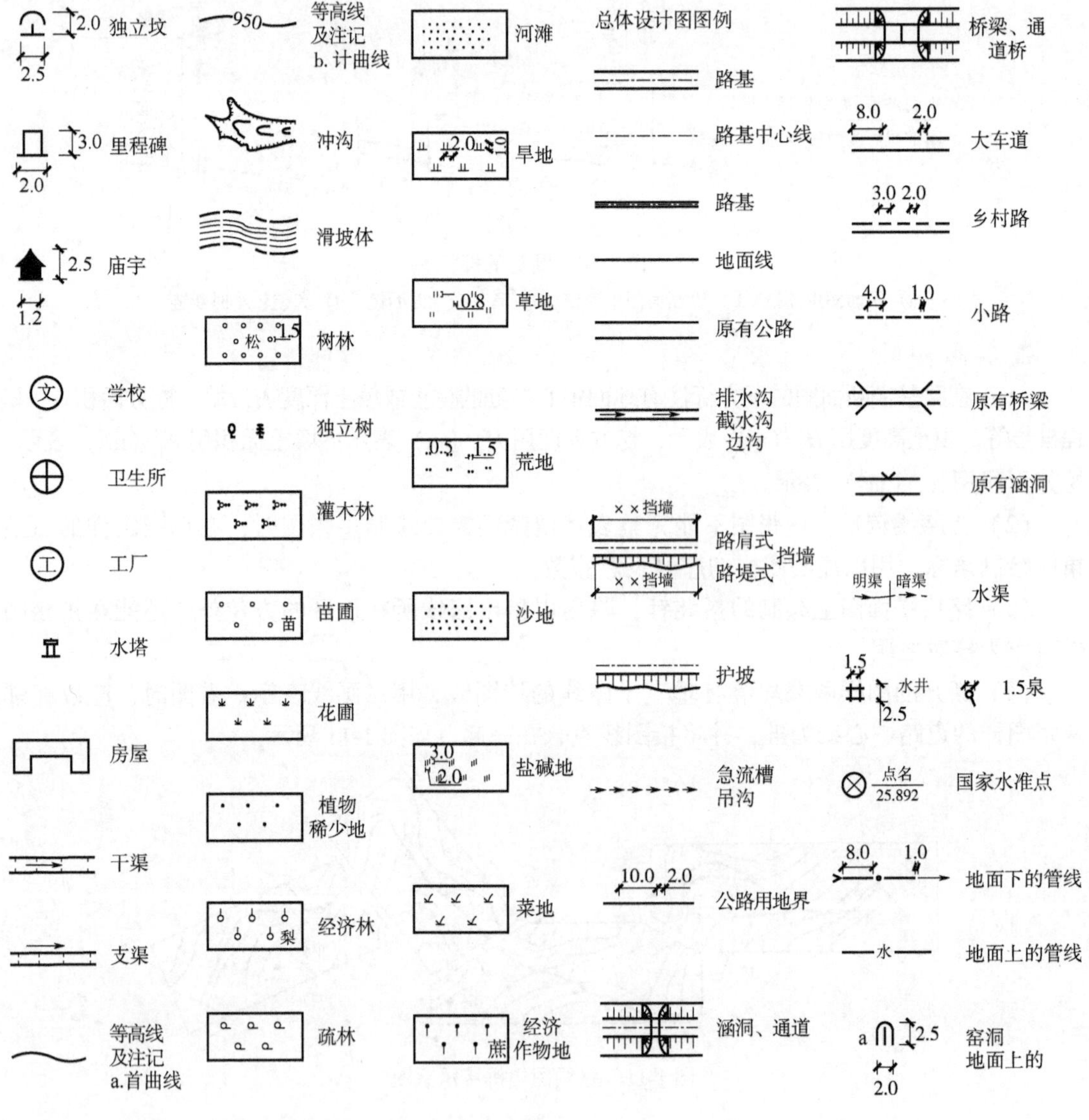

图 1-12　地物地貌图例（一）

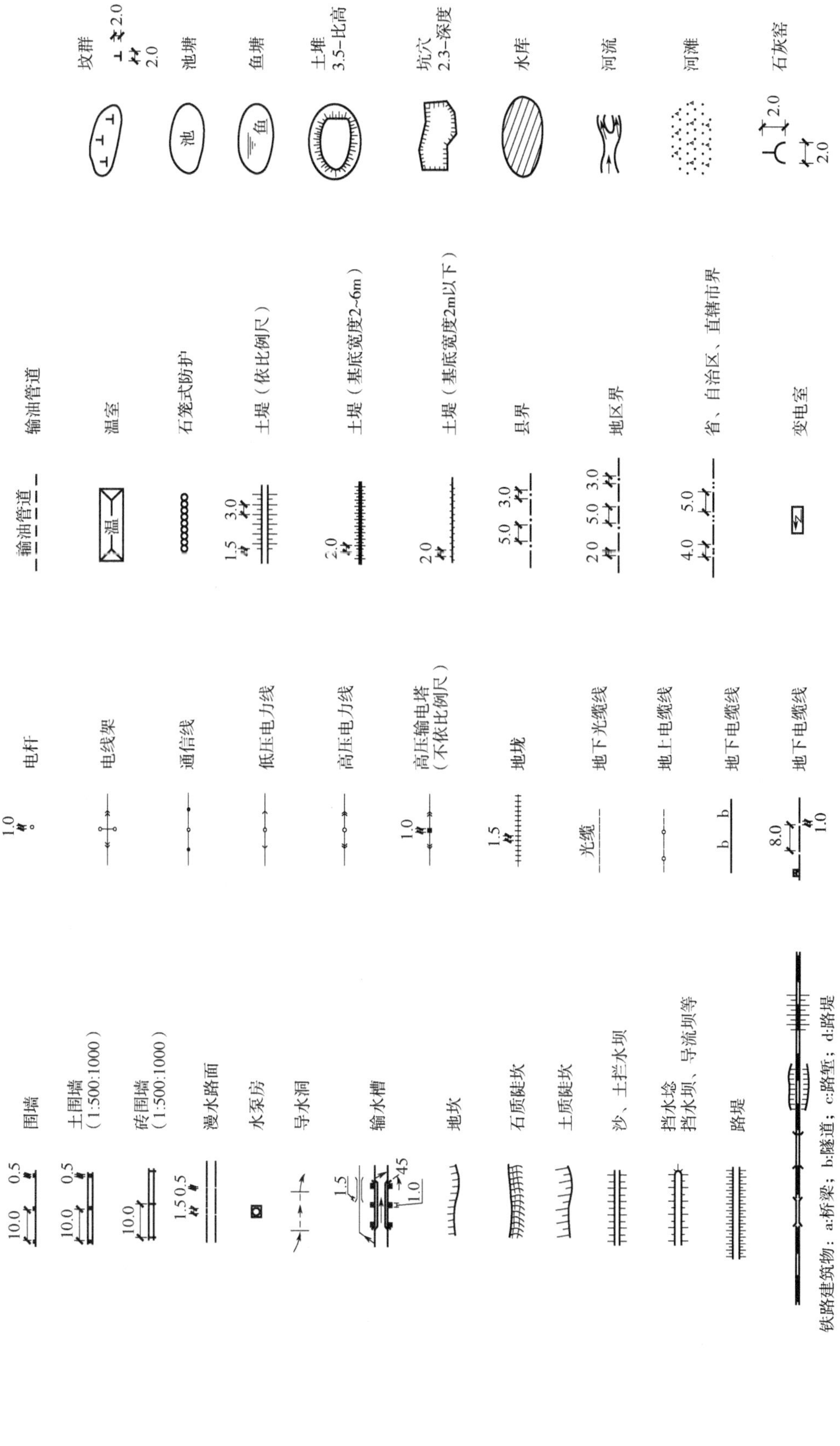

10.0 0.5 围墙
10.0 0.5 土围墙（1:500:1000）
10.0 砖围墙（1:500:1000）
1.5 0.5 漫水路面
水泵房
导水洞
1.5 45 1.0 输水槽
地坎
石质陡坎
土质陡坎
沙、土拦水坝
挡水埝 挡水坝、导流坝等
路堤
铁路建筑物：a:桥梁；b:隧道；c:路堑；d:路堤

1.0 电杆
电线架
通信线
低压电力线
高压电力线
1.0 高压输电塔（不依比例尺）
1.5 地垅
光缆 地下光缆线
地上电缆线
b b 地下电缆线
8.0 1.0 地下电缆线

输油管道 输油管道
温 温室
石笼式防护
1.5 3.0 土堤（依比例尺）
2.0 土堤（基底宽度2~6m）
2.0 土堤（基底宽度2m以下）
5.0 3.0 县界
2.0 5.0 3.0 地区界
4.0 5.0 省、自治区、直辖市界
变电室

2.0 2.0 坟群
池 池塘
鱼 鱼塘
土堆 3.5–比高
坑穴 2.3–深度
水库
河流
河滩
2.0 2.0 石灰窑

图1-13 地物地貌图例（二）

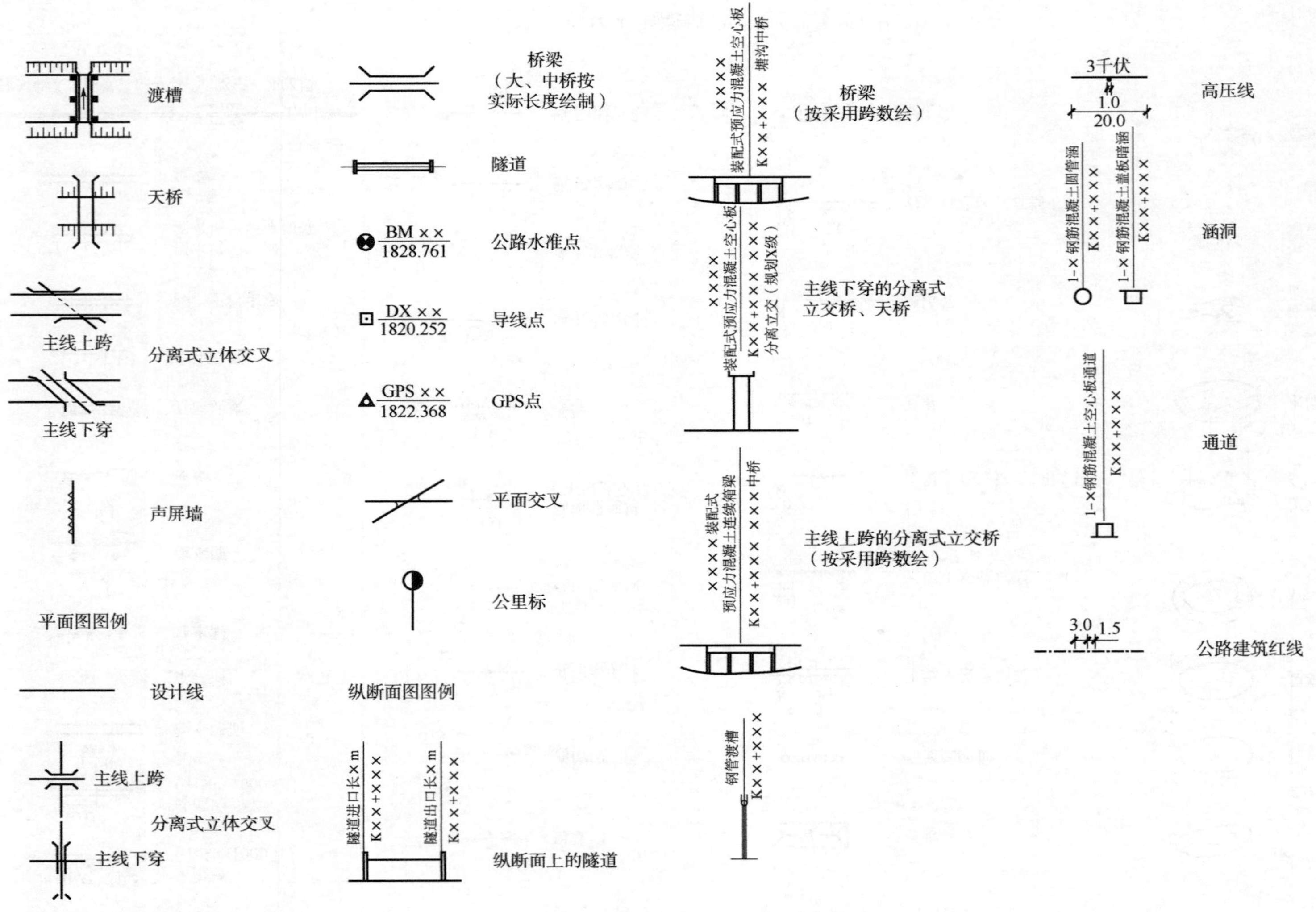

渡槽
天桥
主线上跨
分离式立体交叉
主线下穿
声屏墙
平面图图例
设计线
主线上跨
分离式立体交叉
主线下穿
桥梁（大、中桥按实际长度绘制）
隧道
BM××
1828.761
公路水准点
DX××
1820.252
导线点
GPS××
1822.368
GPS点
平面交叉
公里标
纵断面图图例
隧道进口长×m
K××+×××
隧道出口长×m
K××+×××
纵断面上的隧道
××××
装配式预应力混凝土空心板
K××+×××　塘沟中桥
桥梁（按采用跨数绘）
××××
装配式预应力混凝土空心板
K××+×××　×××
分离立交（规划X级）
主线下穿的分离式立交桥、天桥
××××装配式
预应力混凝土连续箱梁
K××+×××　×××中桥
主线上跨的分离式立交桥（按采用跨数绘）
钢管渡槽
K××+×××
3千伏
1.0
20.0
高压线
1-×钢筋混凝土圆管涵
K××+×××
1-×钢筋混凝土盖板暗涵
K××+×××
涵洞
1-×钢筋混凝土空心板通道
K××+×××
通道
3.0
1.5
公路建筑红线

图1-14 结构物图例

第二章　道路施工图

第一节　道路施工工艺要求及图示

一、路基开挖施工工艺

1. 工序流程

（1）路基土方开挖施工工序流程如图 2-1 所示。

（2）路基石方开挖施工工序流程如图 2-2 所示。

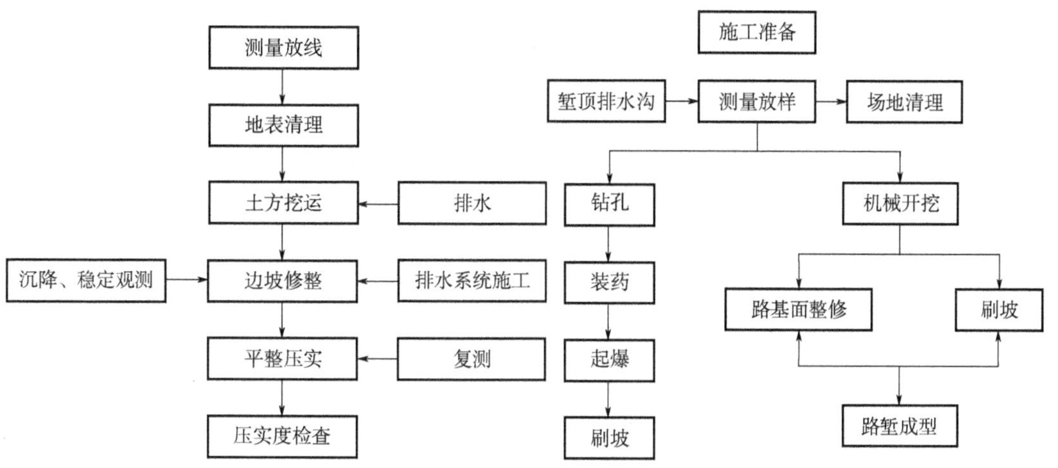

图 2-1　路基土方开挖施工工序流程　　图 2-2　路基石方开挖施工工序流程

2. 主要工艺

（1）测量放样。

1）控制点测量：路基开工前，首先进行测量定线工作，其内容包括导线、中线、水准点复测，横断面检查与补测。测量的工具，使用精度符合要求的 GPS、全站仪和水准仪。当导线点与水准点不能满足施工要求时，报监理工程师批准，对其进行加密，成果资料提交监理工程师审查签字认可后使用。

2）施工测量：由专业测量人员在开工前进行施工放样，对已有道路高程、排水进出入口以及沿线控制点坐标进行复核；对施工段范围放出路基边缘、坡口、坡脚、边沟护坡道、路堑边线和征地边线等的具体位置，并撒出清晰石灰线标明其轮廓，报监理工程师检查批准。

（2）清表。

1）核实征地拆迁范围内需拆迁的各种公用设施的杆线、管道和附属设施以及树木等情况，对各种地下管线等隐蔽设施，按设计要求或指定范围在施工前与有关单位联系，弄清具体种类、尺寸、位置、高程，插牌标记，并请所属单位派人现场监护，层层交底，落实到具体单位和人员，并保留原始记录。

2）路基底部视实际地形、地质和地下水位等情况，进行相应的工程处理。

3）施工范围内的表面覆土及树木、树根、草皮、树叶等有机物清除干净，如图 2-3 所示。清表厚度根据实际地形、地质、地下水位出露情况和施工图设计要求控制，先行堆放在不影响正常施工的场地范围，经确认数量装车运输至指定弃土场。

图 2-3　原地面场地清理作业

4）地面横坡小于1∶5 时，清除表土并对原地面进行碾压。地面横坡 1∶5 ~1∶2.5 时，原地面挖台阶，台阶宽度不小于 2.0m，并设置向内侧的 3% 坡度。当基岩面上的覆盖层较薄时，宜先清除覆盖层再挖台阶；当覆盖层较厚且稳定时，可予保留。地面横坡大于 1∶2.5 时，具体措施除了前述挖台阶外，还铺设一定量的土工格栅（室）来加固路堤，并在局部设置支挡工程，如图 2-4 所示。

a）

b）

图 2-4　路基开挖台阶及铺设土工格栅

a）开挖台阶　b）铺设土工格栅

5）砍树挖根并将路基范围内的坑穴采用路基填筑材料分层回填、夯实。进行填前地基夯压实，以保证达到地基承载力的要求。

6）路基跨越河流、水塘地段，应提前采取截、排措施，排除积水。

（3）路基开挖。路基开挖应按设计自上而下进行，一般从低处向高处开挖。按设计要求留设上下坡道及截水沟，不得乱挖或超挖。

1）路基土方开挖。

①路堑土方开挖，近距离采用推土机松土器松土、推土机推土，运距较远时，采用推土机、装载机配合自卸汽车运输或挖掘机挖装，自卸汽车运送，人工修整边坡。

②路基开挖前，首先做好截水沟，完成临时排水设施，保证开挖区的排水通畅、施工作业面不积水，边坡不受雨水冲刷，如图 2-5 所示。

③开挖过程中，应采取措施保证边坡稳定。开挖至边坡线前应预留一定宽度，预留的宽度应保证刷坡过程中设计边坡线外的土层不受到扰动。

a）

b）

图 2-5　路基刷坡及修筑排水沟

a）路堤刷坡　b）开挖临时排水沟

④开挖至零填、路堑路床部分后，应尽快进行路床施工；如不能及时进行，宜在设计路床顶标高以上预留至少 300mm 厚的保护层，如图 2-6a 所示。

⑤路堑施工至接近设计标高时，根据试验结果预留下沉量，并将路基顶面以下 30cm 深度范围内用推土机翻松，用重型压路机分层压实，使密实度达到 96% 以上。

⑥开挖面高度每 3 ~ 4m 在作业高度范围内应对开挖坡面进行一次修整，按设计坡率、坡形、线形，采用机械进行，保证不超挖，不欠挖。

a）

b）

图 2-6　路基开挖

a）土方路堑开挖　b）路基石方开挖

⑦居民区附近的路堑开挖时，采取有效措施，保证居民及施工人员安全，并为附近居民的生活及交通提供有效的临时通道。

2）路基石方开挖。石方开挖有两种方式：一是松土机械作业法；二是爆破作业法。

图 2-7　光面爆破

开挖应根据岩石的类别、风化程度、节理发育程度、岩层产状和施工环境等确定开挖方案。一般对表层风化的软质石方采用大功率推土机或挖掘机直接挖掘，如图 2-6b 所示，对无法采用挖掘机和大功率推土机开挖的石质路堑，先利用推土机从上而下清除覆盖层土，采用松动爆破、光面爆破方法施工。边坡路床面采用光面爆破，机械和人工配合清理，如图 2-7 所示。

①石方爆破开挖路基应以光面爆破、预裂爆破技术为主，禁止采用大爆破施工；软弱松散岩质路堑，宜采用分层开挖、分层防护及坡脚预加固技术。

②采用爆破法开挖石方，应先查明空中缆线、地下管线的位置，开挖边界线可能受爆破影响的建筑物结构类型、居民居住情况等，然后制订详细的爆破技术安全方案。

③收集现场数据加以分析，制订最优爆破方案。

④严格检查爆破所需的各种器材。器材应有出厂合格证书，方可使用。

⑤所有爆破技术人员和现场操作人员，必须进行上岗培训，并取得资格证书，方可进行爆破作业。

⑥对起爆顺序和起爆方式要进行分析和比较，以达到最佳效果。现场施工时，起爆网络连接要严格按相关规范要求执行。在使用电雷管和导爆索之前要进行检测，确保设备无质量问题。

⑦应加强装药过程的控制，严格按设计控制药量，不能少装或多装；间隔段填筑物要均匀；按岩石粉的自然密度装药，严禁捣实，堵塞的长度按要求安装。

⑧爆破前，必须检查起爆网络，确保爆破顺利。

⑨边坡整修及检验：挖方边坡应从开挖线往下分级清刷边坡，每下挖2~3m，应对新开挖边坡进行刷坡。对于软质岩石边坡可用人工或机械清刷；对于坚硬和次坚硬岩石边坡，可使用炮眼法、裸露药包法爆破清刷边坡，同时应清除危石、松石。清刷后的石质路堑边坡，不应陡于设计规定。

⑩路床清理及验收：每次爆破完毕后，应及时清运爆破石方；整理完毕应测量路床高程，高出设计高程的要进行铲出，直到符合设计要求为止，低于设计高程的要采用无机结合料稳定碎石、级配碎石填平、碾压密实。边坡的修整，即边坡表面的破碎岩石要全部清除掉，按设计要求进行刷坡。

⑪石质路床底面有地下水时，可设置渗沟进行排导。渗沟宽度应满足设计要求，并不宜小于100mm，横坡度不宜小于0.6%，用坚硬的碎石回填。

（4）弃土及利用土方。

1）路堑挖土方作为废方处理的弃土，必须按以下规定执行。

①弃土应相应集中堆放，并与周边环境相协调，不得占用耕地。

②沿河弃土不得挤占河道，影响排洪、加剧河岸冲刷；不得向水库、湖泊、岩溶漏斗、暗河口处弃土；严禁在贴近桥墩处、涵洞口处弃土。

③沿线设置弃土堆应符合以下要求：

a. 在地面横坡缓于1:1.5的地段，弃土可设于路堑两侧。弃土堆内侧坡脚与堑顶间距离对于干燥土不应小于3m；对于软湿土不应小于路堑深度加5m。弃土堆边坡宜为1:1.5，顶面向外设不小于2%的横坡，弃土堆高度不宜大于3m。

b. 在地面横坡陡于1:1.5的路段，弃土堆不应设置在路堑顶面的山坡上方，但截水沟的弃土可用于路堑与截水沟间筑路台，应拍打密实，台顶设2%的倾向截水沟的横坡。

c. 在山坡上侧的弃土应连续而不中断，并在弃土堆外侧设置截水沟；上坡下侧的弃土每隔50~100m设不小于1m宽的缺口排水，弃土堆坡脚应进行防护加固。

d. 弃土堆应分层进行碾压，做成规则的外形，如图2-8所示。

2）大多数情况下路堑挖土方作为路堤填料利用，利用土方应按下列规定执行：

①表层含有机质土应清除并集中堆放，不得与利用路堤填料土混杂在一起。

②利用土方必须根据规范要求，进行土工试验，其试验项目包括：液限、塑限、塑性指数、天然稠度或液性指数；颗粒大小分析试验；含水量试验；相对密度试验；土的标准击实试验；土的强度CBR值试验。

图2-8 弃土场整治

(5) 土工试验。挖方路堑施工完成后，对路基表层土进行土工试验，若发现试验段在0～300mm厚度范围内进行碾压无法满足路床压实度要求时，经监理批准后应下挖1～2层，对底层碾压密实后，再分层回填压实。挖方路基施工高程，应考虑压实后的下沉量，其预留值由试验确定。

(6) 季节性施工。

1) 冬期施工。

①路堑开挖至路床面1m时应停止开挖。挖好临时排水沟，在表面铺松土保温，待正常施工时挖去其余部分。

②冬期开挖路堑土方必须从上往下挖，严禁从下往上掏空挖土。

2) 雨期施工。

①一般应选在丘陵和山岭地区的砂类土、碎砾土和岩石地段的路堑弃方地段施工。重黏土、膨胀土及盐渍土地段不宜在雨期施工。平原地区排水困难，不宜安排雨期施工。

②修建临时排水设施，保证作业场地不被洪水淹没，并能及时排除地表水。

③路堑开挖前应先在路堑边坡坡顶2m以外开挖截水沟并接通出水口。

④路堑应分层开挖，每层均应设置排水横坡。挖方边坡不应开挖到位，应预留300mm厚，待雨期过后修整到设计边坡。开挖的利用土做填方时应随挖随运随填。

⑤开挖路堑至路床设计高程500mm时应停止开挖，并在两侧挖排水沟，待雨期过后再挖到设计高程后压实。若土的强度达不到设计要求应超挖500mm，经监理工程师批准后用粒料分层回填并按路床要求压实。

二、路面施工工艺

1. 路面施工工序流程

路面基层以水稳为例，路面面层以沥青混凝土路面为例进行工序流程图绘制，如图2-9所示。

2. 施工工艺及控制要点

(1) 测量准备。

1) 路面基层开工前，应对导线、水准点复测，增设水准点等。导线点复测采用全站仪逐点进行，水准点复测采用高精度的水准仪。

①导线复测。

a. 当原测的中线主要控制桩由导线控制时，施工单位必须根据设计资料认真做好导线复测工作。

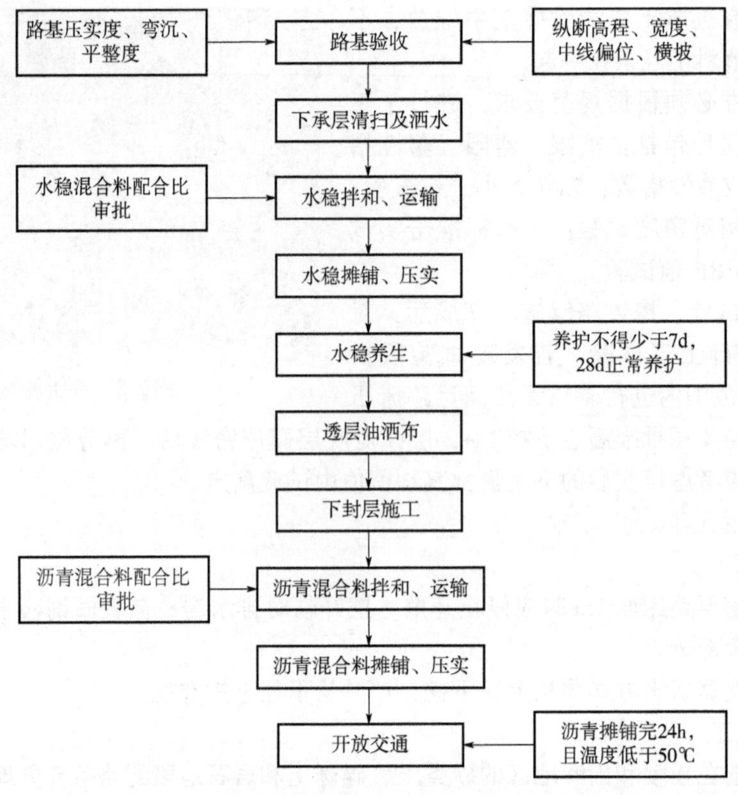

图 2-9 路面施工工序流程

b. 导线复测应采用红外线测距仪或其他满足测量精度的仪器。仪器使用前应进行检验、校正。

c. 原有导线点不能满足施工要求时，应进行加密，保证在道路施工的全过程中，相邻导线点间能互相通视。

d. 导线起讫点应与设计单位测定结果比较，测量精度应满足设计要求。

e. 复测导线时必须和相邻施工段导线闭合。

f. 对有碍施工的导线点，施工前应加以固定。

②校对及增设水准基点。

a. 使用设计单位设置的水准点之前应仔细校核并与国家水准点闭合。

b. 水准点间距不宜大于 1km，在人工结构物附近、高填深挖地段、工程量集中及地形复杂地段宜增设临时水准点。临时水准点必须符合精度要求，并与相邻路段水准点闭合。

c. 如发现个别水准点受施工影响时，应将其移出影响范围之外，其标高应与原水准点闭合。

d. 增设的水准点应设在便于观测的坚硬基岩上或永久性建筑物的牢固处，也可设在埋入土中至少 1m 深的混凝土桩上。

2）施工放线。

（2）试验准备。

1）进场后，及时安装、调试试验设备，组建试验室，上报监理工程师检验。

2）水泥稳定碎石配合比设计、沥青混合料配合比设计、水泥混凝土配合比设计并经监理工程师审批。

3）按规定对各种原材料抽样试验，检验材料的质量，并上报监理工程师检验。

4）制定试验、检测计划。

（3）方案准备。

开工前，应组织学习设计文件及相应技术标准，对施工设计图样及相关施工资料进行复核。根据设计要求、合同、现场情况等，编制实施性施工组织设计（主要内容应包括：工程概况、编制依据、场地布置、主要施工方案、质量控制、安全生产、环境保护等），并按管理规定报批。对各类施工人员进行详尽的技术交底，并形成文件。

（4）劳动力准备。

劳动力准备见表2-1。

表2-1 劳动力配备计划

分类	测量工	试验员	机械操作工	自卸汽车司机	普工	机修工
人数	5	5	20～30	15～20	30～40	5

（5）材料准备。

1）水稳施工材料要求。

①水泥，应优先采用普通硅酸盐水泥、矿渣硅酸盐水泥、火山灰质硅酸盐水泥，其初凝时间应在3h以上，终凝时间宜在6h以上，宜采用PC32.5水泥。快硬、早强和受潮变质水泥不得使用。散装水泥入罐时，安定性合格后方能使用，温度不能高于50℃，温度较高时应采用降温措施。水泥技术要求应符合有关规定。

②集料，应洁净、干燥、表面粗糙、无风化、无杂质。最大粒径为31.5mm，应按四种及四种以上规格备料，一般可按：19～31.5mm、9.5～19mm、4.75～9.5mm、4.75mm以下四种粒径规格备料。集料技术要求应符合相关的规定。

③水，应洁净，不含有害物质。来自可疑水源的应按照有关要求进行化验鉴定。

2）沥青混合料材料要求。

①粗集料。

a. 粗集料应采用石质坚硬、清洁、不含风化颗粒、近立方体颗粒的碎石，粒径大于2.36mm。一般采用反击式破碎机轧制的碎石，必要时采用冲击式或圆锥式破碎机整形，严格控制针片状颗粒含量。

b. 沥青中、下面层粗集料宜采用石灰岩等碱性石料，沥青上面层用粗集料宜采用玄武岩或辉绿岩碎石。条件受限时，可采用其他种类岩石，但所用集料的相关性能指标必须满足规范要求。

c. 粗集料分为3档或3档以上规格。

②细集料。

a. 细集料宜采用机制砂或石屑，应洁净、干燥、无风化、无杂质；如掺加天然砂，可采用河砂，通常宜采用粗、中砂。

b. 生产细集料必须采用干燥除尘设备（如布袋除尘器），机制砂宜采用专用的制砂设备单独生产，并选用优质的石料生产。

c. 细集料规格为粒径小于2.36mm，质量应符合《公路沥青路面施工技术规范》

（JTG F40—2004）的规定。

③填料。

a. 填料一般采用矿粉，矿粉必须采用石灰岩或岩浆岩中的强基性岩石等憎水性石料经磨细得到，原石料中的泥土杂质应除净。矿粉应干燥、洁净。

b. 矿粉质量要求应符合《公路沥青路面施工技术规范》（JTG F40—2004）的规定。

c. 沥青面层填料可采用水泥或消石灰替代部分矿粉，质量应符合相关规范规定。

④道路石油沥青。

a. 沥青采用A级70号、90号重交通道路石油沥青，生产改性沥青用基质沥青采用A级90号道路石油沥青。

b. 沥青按每一批次到达现场后进行抽检，试样的取样数量和频度按现行试验规程进行。

⑤改性沥青。

a. 改性沥青可单独或复合采用高分子聚合物、天然沥青及其他改性材料生产。

b. 生产改性沥青的基质沥青应与改性剂有良好的配伍性。供应商在提供改性沥青的质量报告时应提供基质沥青的质量检验报告或沥青样品。

c. 改性沥青宜在固定式工厂或在现场设厂集中生产，也可在沥青拌和场现场边生产边使用，改性沥青的加工温度不宜超过180℃。

d. 现场生产的改性沥青宜随配随用，若需短时间保存，在使用前必须搅拌均匀，确保不发生离析。改性沥青生产设备应设置采样口，以便随机采集样品，采集的试样应立即在现场灌模。

e. 成品改性沥青到达施工现场后，应储存在沥青罐中，沥青罐中必须设置搅拌设备，使用前改性沥青必须搅拌均匀。在施工过程中应定期取样检验产品质量，质量不符合要求的改性沥青不得使用。

f. 改性沥青质量应符合《公路沥青路面施工技术规范》（JTG F40—2004）的规定。

3）水泥混凝土路面材料要求。

①水泥、粉煤灰储存和供应要求。

a. 每台搅拌楼应至少配备2个水泥罐仓，如掺粉煤灰还应至少配备1个粉煤灰罐仓。当水泥的日用量很大，需要两家以上的水泥厂供应水泥时，不同厂家的水泥，应清仓再灌，并分罐存放。严禁粉煤灰与水泥混罐。

b. 应确保施工期间的水泥和粉煤灰供应。供应不足或运距较远时，应储备和使用吨包装水泥或袋装粉煤灰，并准备水泥仓库、拆包及输送入罐设备。水泥仓库应覆盖或设置顶篷防雨，并应设置在地势较高处，严禁水泥、粉煤灰受潮或浸水。

②砂石料储备。

a. 施工前，宜储备正常施工10～15d的砂石料。

b. 砂石料场应建在排水通畅的位置，其底部应做硬化处理。不同规格的砂石料之间应有隔离设施，并设标识牌，严禁混杂。

c. 在低温天、雨天、大风天及日照强烈的条件下，应在砂石料堆上部架设顶篷或覆盖，覆盖砂石料数量不宜少于正常施工一周的用量。

d. 原材料与混凝土运输车辆不应相互干扰。搅拌楼下宜采用厚度不小于200mm的混凝土铺装层，并应设置污水排放管沟、积水坑或清洗搅拌楼的废水处理回收设备。

（6）机械准备。

机械设备配置见表2-2。

表2-2　设备配备计划

序号	设备名称	规格型号	数量	备注
一	水稳（底）基层施工			
1	装载机		8台	
2	水稳拌和设备	600t/h	2台	
3	自卸汽车	20t	20台	
4	水稳摊铺机		4台	
5	振动压路机	≥18t	6台	
6	三钢轮压路机		2台	
7	小型振动压路机		1台	
8	洒水车		2台	
二	沥青路面施工			
1	沥青混合料拌和机	≥320t/h	2台	
2	摊铺机	ABG-423	4台	
3	振动压路机	HDO130V	8台	
4	胶轮压路机	XP301	4台	
5	自卸汽车	20t	20台	
6	手扶式小型压路机	PLDM-600B	2台	
7	装载机	ZL50B	8台	
8	平板振动夯	PLDM-45	2台	
9	洒水车	东风/15000L	2台	
三	水泥混凝土路面施工			
1	钢筋锯断机		2台	
2	钢筋折弯机		2台	
3	电焊机		2台	
4	强制式搅拌楼		1台	
5	装载机		2台	
6	发电机		1台	
7	自卸汽车	20t	20辆	
8	滑模摊铺机		2台	
9	挖掘机		1台	
10	硬刻槽机		2台	
11	切缝机		2台	
12	灌缝机		2台	
13	洒水车		2台	

（7）现场准备。

1）下承层验收与处理。检查下承层的高程、平整度、宽度、弯沉等指标是否符合设计和规范要求，对不符合要求的进行重新整修直至检验合格为止。仔细检查下承层边部质量，对于局部软弱部位要进行换填处理，整平压实。对整个施工工作面的基层进行全面清扫，清除基层表面的浮土、砂石等杂物。

底基层的松散及起皮材料要彻底清除，绝不能留下软弱夹层。开始摊铺基层前在底基层上洒一遍水，保持表面湿润。

若下承层发现松散或开裂，须查明原因并彻底处治好。

铺筑沥青面层前，应检查基层或下卧沥青层的质量，不符合要求的不得铺筑沥青面层。下卧层已被污染时，必须清洗或经铣刨处理后方可铺筑沥青混合料。

2）机械进场性能检测。应对各混合料拌和机、摊铺机、压路机等各种施工机械和设备进行调试，对机械设备的配套情况、技术性能、计量设备等进行检查或标定。检查合格后方可投入使用。

3）混合料拌和楼设置。拌和站内部布置应满足原材料储运、混合料运输、供水、供电等使用要求，并尽量紧凑，减少占地。拌和站的生产能力应满足现场的实际需求。

拌和站的应备料充足，做到不影响前场施工作业。

拌和站应保证充足的电力供应。电力总容量应满足全部施工用电设备、夜间施工照明及生活用电的需要。

拌和站应建在排水通畅的位置，其底部应做硬化处理。不同规格的砂石料之间应有隔离设施，并设标识牌，严禁混杂。

三、雨污水管网施工工艺

1. 工序流程

雨水管施工工序流程如图2-10所示。

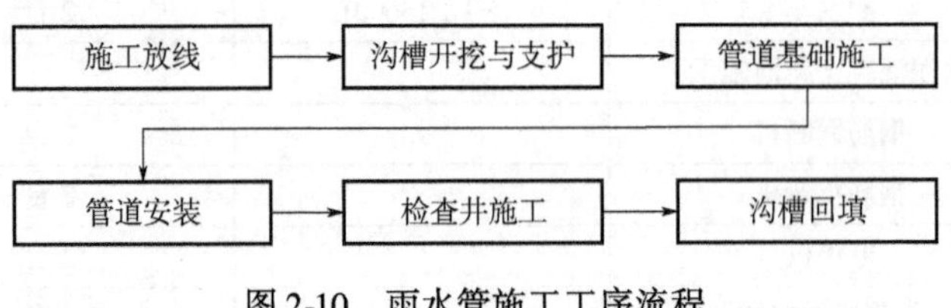

图2-10　雨水管施工工序流程

污水管施工工序流程如图2-11所示。

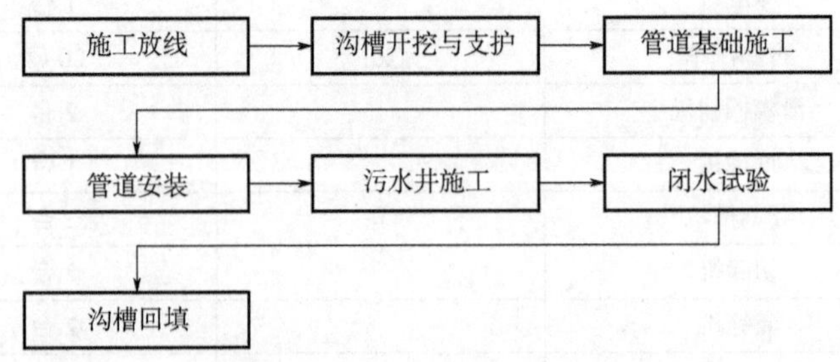

图2-11　污水管施工工序流程

2. 施工工艺及要点

（1）技术准备。根据业主提供的地质资料，对原有设计和施工方案进行进一步调整和深化，逐级进行技术交底，指导施工。

组织各部门有关人员认真学习施工图和设计方案，掌握施工的形式和特点，复核需要采用的新技术，同时审查加工订货及特殊要求。

（2）资源准备。

1）劳动力配备。劳动力配备见表2-3。

表2-3 劳动力配备计划

分类	测量工	试验工	机械操作手	机修工	杂工	合计
人数	2	2	12	1	若干	

2）机械配备。机械设备配备见表2-4。

表2-4 机械配备计划

机械设备名称	挖掘机	推土机	自卸汽车	起重机	小型夯机	合计
数量	2	2	5	1	2	12

3）材料准备。

①落实管道供应厂家，进行认真考查和认可，选定供应厂商，在保证质量的前提下，要求其具备足够的日生产能力，保证供应，满足施工进度要求。

②管道运到现场，可采用目测法，对管道包装和装卸是否有损伤进行检验，并做好记录和验收。如发现管道有损伤，应将此管道与其他管道分开，立即通知管道供应厂家，进行检查、分析原因并作出鉴定，以便进行妥善处理。进场的材料按不同规格抽样送检合格后方可使用。

③管道存放。当管道直接摆放在地上时，要求地面平整，不能有石块和容易引起管壁损坏的尖利物体，要有预防管道滚动措施。

直径管道叠层堆放时，应把大而重的放下边，小而轻的放上边，管道堆放高度不得超过2m，管道两侧用木楔或木板挡住，直径超过1m的管道不宜叠层存放。

4）其他准备。

①组建精干高效的项目经理部，各部门选配经验丰富、技术业务精湛、事业心和责任感强的工程师及工作人员，使整个项目经理部管理层人员精干，统一指挥，内外协调，全面负责和加强对该项工程的生产指挥和技术管理工作。

②调遣专业性强的作业队伍投入施工，确保整个工程顺利完成。

③测量工程师进入施工现场，根据业主提供以及施工单位加密闭合的水准点和导线控制点进行管道中心线定位测量，确定原地面高程等，测量资料报监理工程师及业主备案。

④根据施工要求，组织好施工力量。并配备试验检测人员和技术、管理人员、运输班、电工班、机械班、杂工班等。

（3）主要工艺。

1）施工放线。

①施工前严格按图样进行放样，根据建设方提供的控制点及经理部加密闭合的控制点用全站仪测定出管道中心线，直线段10m一点，曲线段5m一点，并测定出检查井的平面位置及原地面高程。

②开挖时根据图样设计高程，计算出开挖深度，按规定坡度放坡，并用石灰撒出开挖坡顶上口两边的边线。

2）沟槽开挖与支护。沟槽采用反铲式挖掘机后退式开挖，并以逆水流管道降坡方向进行。由于挖掘机不可能准确地将槽底按规定高程整平，所以为确保槽底土壤结构不被扰动或破坏，机械开挖管沟时，只挖至设计槽底高程以上，保留200~300mm土层由人工开挖至设计高程，整平，如图2-12所示。

图2-12　沟槽开挖

①开挖沟槽槽底宽度。沟槽底部的开挖宽度，应符合设计要求；设计无要求时，可按下式计算确定。

$$B = D_0 + 2\ (b_1 + b_2 + b_3)$$

式中　B——管道沟槽底部的开挖宽度（mm）；

D_0——管外径（mm）；

b_1——管道一侧的工作面宽度（mm），可按表2-5选取；

b_2——有支撑要求时，管道一侧的支撑厚度可取150~200mm；

b_3——现场浇筑混凝土或钢筋混凝土管渠一侧模板的厚度（mm）。

表2-5　管道一侧的工作面宽度　（单位：mm）

管道的外径 D_0	管道一侧的工作面宽度 b_1		
	混凝土类管道		金属类管道、化学建材管道
$D_0 \leqslant 500$	刚性接口	400	300
	柔性接口	300	
$500 < D_0 \leqslant 1000$	刚性接口	500	400
	柔性接口	400	
$1000 < D_0 \leqslant 1500$	刚性接口	600	500
	柔性接口	500	
$1500 < D_0 \leqslant 3000$	刚性接口	800~1000	700
	柔性接口	600	

注：1. 槽底需设排水沟时，b_1 应适当增加。

2. 管道有现场施工的外防水层时，b_1 宜取800mm。

3. 采用机械回填管道侧面时，b_1 需满足机械作业的宽度要求。

②沟槽开挖坡度。地质条件良好、土质均匀、地下水位低于沟槽底面高程，且开挖深度

在5m以内、沟槽不设支撑时，沟槽边坡最陡坡度应符合表2-6的规定。

表2-6　深度在5m以内的沟槽边坡的最陡坡度

土的类别	边坡坡度（高:宽）		
	坡顶无荷载	坡顶有静载	坡顶有动载
中密的砂土	1:1.00	1:1.25	1:1.50
中密的碎石类土（充填物为砂土）	1:0.75	1:1.00	1:1.25
硬塑的粉土	1:0.67	1:0.75	1:1.00
中密的碎石类土（充填物为黏性土）	1:0.50	1:0.67	1:0.75
硬塑的粉质黏土、黏土	1:0.33	1:0.50	1:0.67
老黄土	1:0.10	1:0.25	1:0.33
软土（经井点降水后）	1:1.25		

③沟槽开挖注意事项。

a. 沟槽每侧临时堆土或施加其他荷载时，应符合下列规定：

不得影响建（构）筑物、各种管线和其他设施的安全。

不得掩埋消火栓、管道闸阀、雨水口、测量标志以及各种地下管道的井盖，且不得妨碍其正常使用。

堆土距沟槽边缘不小于0.8m，且高度不应超过1.5m；沟槽边堆置土方不得超过设计堆置高度。

b. 沟槽挖深较大时，应确定分层开挖的深度，并符合下列规定：

人工开挖沟槽的槽深超过3m时应分层开挖，每层的深度不超过2m。

人工开挖多层沟槽的层间留台宽度：放坡开槽时不应小于0.8m，直槽时不应小于0.5m，安装井点设备时不应小于1.5m。

采用机械挖槽时，沟槽分层的深度按机械性能确定。

c. 槽底不得受水浸泡或受冻，槽底局部扰动或受水浸泡时，宜采用天然级配砂砾石或石灰土回填；槽底扰动土层为湿陷性黄土时，应按设计要求进行地基处理。

d. 槽底土层为杂填土、腐蚀性土时，应全部挖除并按设计要求进行地基处理。

e. 在沟槽边坡稳固后设置供施工人员上下沟槽的安全梯。

④采用钢板桩支撑时要求。

a. 构件的规格尺寸经计算确定。

b. 通过计算确定钢板桩的入土深度和横撑的位置与断面。

c. 采用型钢作横梁时，横梁与钢板桩之间的缝应采用木板垫实，横梁、横撑与钢板桩连接牢固。

d. 沟槽支撑应符合以下要求：

支撑应经常检查，发现支撑构件有弯曲、松动、移位或劈裂等迹象时，应及时处理；雨期及春季解冻时期应加强检查。

拆除支撑前，应对沟槽两侧的建筑物、构筑物和槽壁进行安全检查，并应制定拆除支撑的作业要求和安全措施。

施工人员应由安全梯上下沟槽，不得攀登支撑。沟槽钢板桩支护如图2-13所示。

图 2-13　沟槽钢板桩支护

e. 拆除撑板应符合下列要求：

支撑的拆除应与回填土的填筑高度配合进行，且在拆除后应及时回填。

对于设置排水沟的沟槽，应从两座相邻排水井的分水线向两端延伸拆除。

对于多层支撑沟槽，应待下层回填完成后再拆除其上层槽的支撑。

拆除单层密排撑板支撑时，应先回填至下层横撑底面，再拆除下层横撑，待回填至半槽以上，再拆除上层横撑；一次拆除有危险时，宜采取替换拆撑法拆除支撑。

f. 拆除钢板桩应符合下列要求：

在回填达到规定要求高度后，方可拔除钢板桩。

钢板桩拔除后应及时回填桩孔。

回填桩孔时应采取措施填实；采用砂灌回填时，非湿陷性黄土地区可冲水助沉；有地面沉降控制要求时，宜采取边拔桩边注浆等措施。

⑤开挖时防排水。

a. 进场施工前必须做好现场排水情况的勘察，内容有地形、地下水等，然后据以做出可实施性的施工排水方案。

b. 基坑开挖后施工排水应连续进行，直至基坑回填为止，不得间断，严防泡槽。

c. 当基坑开挖至地下水位，在基坑边或基坑外开挖集水井，结合挖土操作将基坑内的地下水引至集水井，然后用泵抽除。当基坑开挖至设计深度时，在基坑两边各开挖一条排水沟，集水井井底应比排水沟深 1m 左右；排水明沟截面 200mm × 200mm，集水井约 30m 设置一个，集水井截面 250mm × 250mm。

3）管道基础施工。

①管道地基应符合设计要求，管道天然地基的强度不能满足设计要求时应按设计要求加固。

②设计要求换填时，应按要求清槽，并经检查合格；回填材料应符合设计要求或有关规定。沟槽基底施工如图 2-14 所示。

图 2-14　沟槽基底施工

③槽底局部超挖或发生扰动时，处理应符合下列要求：

a. 超挖深度不超过 150mm 时，可用挖槽原土回填夯实，其压实度不应低于原地基土的密实度。

b. 槽底地基土壤含水量较大，不适于压实时，应采取换填等有效措施。

④排水不良造成地基土扰动时，可按以下方法处理。

a. 扰动深度在100mm以内，宜填天然级配砂石或沙砾处理。

b. 扰动深度在300mm以内，但下部坚硬时，宜填卵石或块石，再用砾石填充空隙并找平表面。

4）管道安装。

①混凝土管道安装采用起吊设备下管、稳管，在施工时以逆流方向进行铺设，承口应对向上游，插口对向下游，铺设前承口和插口用清水刷净。

②稳管时，相邻两管底部应齐平。为避免因紧密相接使管口破损，并使柔性接口能承受少量弯曲，管子两端面之间应预留约1cm的间隙。

③排管前需检查混凝土基础的标高、轴线，清除基础表面的污泥、杂物及积水，在基础上弹出排管中心线。标高经复核后方可排管，排管时以控制管内底标高为准。

④管道铺设要严格按照操作规程进行，管道接口须严密，管道间隙要符合设计要求，管枕、垫尖、管道不得左右晃动。

⑤管道中心线垂直引至撑柱上，拉好中线，吊好锤球。管节铺设采用起吊设备在垂直方向吊管，采用两组手扳葫芦在管的左右两侧水平方向拉管。

⑥排管铺设结束后，必须进行一次综合检查，当线形、标高、接口、管枕等符合质量要求时，方可进行下道工序的施工（图2-15）。

图2-15 管道安装施工

5）检查井施工。

①在已安装完毕的排水管的检查井位置处，放出检查井中心位置线，按检查井尺寸摆出井壁砖墙位置。

②在检查井基础面上，先铺砂浆后再砌砖，一般采用一丁一顺或二丁一顺砌筑。每层砖上下皮竖灰缝应错开，随砌筑随检查尺寸，如图2-16所示。

③井内踏步，应随砌随安，其埋入深度不得小于设计规定。踏步安装后，在砌筑砂浆未达到规定强度前，不得踩踏。混凝土检查井井壁的踏步在预制或现浇时安装。

④排水管管口伸入井室30mm，当管径大于300mm时，管顶应砌砖圈加固，以减少管顶压力。当管径大于或等于1000mm时，拱圈高应为250mm；当管径小于1000mm时，拱圈高应为125mm。

⑤排水检查井内的流槽，应在井壁砌到管顶时进行砌筑。污水检查井流槽的高度与管顶齐平；雨水检查井流槽的高度为管径的1/2。当采用砖砌时，表面应用1:2水泥砂浆分层压实抹光，流槽应与上下游管道接顺。

图2-16 检查井施工

⑥砌筑检查井的预留支管，应随砌随安，预留管的管径、方向、标高应符合设计要求。

管与井壁衔接处应严密不得漏水，预留支管口宜用低强度等级砂浆砌筑，封口抹平。

⑦抹面、勾缝技术要求：

砌筑检查井、井室和雨水口的内壁应用原浆勾缝，有抹面要求时，内壁抹面应分层压实，外壁用 1∶2 水泥砂浆，抹面、勾缝用水泥砂浆的砂子应过筛。

抹面要求：

a. 当无地下水时，污水井内壁抹面高度抹至工作顶板底；雨水井抹至底槽顶以上 200mm。其余部分用 1∶2 水泥砂浆勾缝。

b. 当有地下水时，井外壁抹面，其高度抹至地下水位以上 500mm，厚度 20mm。抹面时用水泥板搓平，待水泥砂浆初凝后及时抹光、养护。

c. 勾缝一般采用平缝，要求勾缝砂浆塞入灰缝中，应压实拉平深浅一致，横竖缝交接处应平整。

⑧井盖的安装。

a. 检查井、井室及雨水口砌筑安装至规定高程后，应及时浇筑或安装井圈，盖好井盖。

b. 安装时砖墙顶面应用水冲刷干净，并铺砂浆。按设计高程找平，井口安装就位后，井口四周用 1∶2 水泥砂浆嵌牢，井口四周围成 45°三角。安装井口时，核正标高后，井口周围用 C20 细石混凝土圬牢。

6）闭水试验（图 2-17）。

①污水管道安装完毕经检验合格、管底三角区回填密实后，在沟槽回填前，应进行管道的密闭性检验。

②试验前，用 1∶3 水泥砂浆将试验段两井内的上游管口砌 24cm 厚的砖，并用 1∶2.5 砂浆抹面，将管段封闭严密。当堵头砌好后，养护 3～4d 达到一定强度后，方可进行灌水试验。灌水前，应先对管接口进行外观检查，如抹带有裂缝、脱落等缺陷，应及时进行修补，以防灌水时发生漏水而影响试验。

③漏水时，检查井边应设临时行人便桥，以保证灌水及检查渗水量等工作时的安全。严禁站在井壁上口操作，上下沟槽必须设置立梯、戴上安全帽，预先对沟壁的土质、支撑等进行检查，如有异常现象应及时排除，以保证闭水试验过程中的安全（图 2-17）。

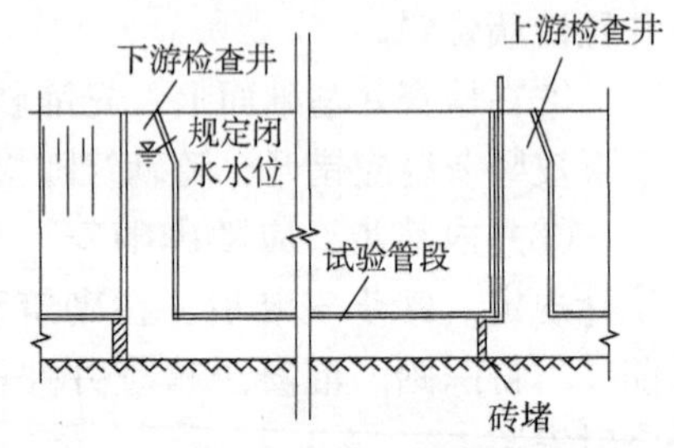

图 2-17　闭水试验

④试验管段灌满水后浸泡时间不应小于 24h。

⑤闭水试验的水位：

a. 试验段上游设计水头不超过管顶内壁时，试验水头应以试验段上游管顶内壁加 2m 计。

b. 试验段上游设计水头超过管顶内壁时，试验水头应以试验段上游设计水头加 2m 计。

c. 计算出的试验水头小于 10m，但已超过上游检查井井口时，试验水头应以上游检查井井口高度为准。

⑥对渗水量的测定时间不小于 30min。

⑦管道闭水试验时，应进行外观检查，不得有漏水现象，且符合下列规定时，管道闭水试验为合格：

a. 实测渗水量小于或等于表 2-7 规定的允许渗水量。

表 2-7　无压管道闭水试验允许渗水量

管材	管道内径 D_i/mm	允许渗水量/[m^3/(24h·km)]	管道内径 D_i/mm	允许渗水量/[m^3/(24h·km)]
钢筋混凝土管	200	17.60	1200	43.30
	300	21.62	1300	45.00
	400	25.00	1400	46.70
	500	27.95	1500	48.40
	600	30.60	1600	50.00
	700	33.00	1700	51.50
	800	35.35	1800	53.00
	900	37.50	1900	54.48
	1000	39.52	2000	55.90
	1100	41.45		

b. 管道内径大于表 2-7 规定时，实测渗水量应小于或等于按下式计算的允许渗水量。

$$q=1.25\sqrt{D_i}$$

c. 异型截面管道的允许渗水量可按周长折算为圆形管道计。

d. 化学建材管道的实测渗水量应小于或等于按下式计算的允许渗水量。

$$q=0.0046D_i$$

式中　q——允许渗水量［m^3/（24h·km）］；

D_i——管道内径（mm）。

⑧管道内径大于 700mm 时，可按管道井段数量抽样选取 1/3 进行试验；试验不合格时，抽样井段数量应在原抽样基础上加倍进行试验。

7）沟槽回填。

①无压管道在闭水试验合格后应及时回填，回填前沟槽内砖、石、木块等杂物清除干净且不得有积水。

②回填按基底排水方向由高至低在管腔两侧同时分层进行，且不得损伤管道。沟槽底至管顶以上 500mm 的范围均应采用人工回填，超过管顶 500mm 以上可采用机械回填夯实，回填时分层铺设夯实如图 2-18 所示。回填土压实的每层虚铺厚度可按表 2-8 进行。

图 2-18　沟槽回填施工

③回填土的夯实采用人工夯实和机械夯实两种方法。夯实时，管道两侧同时进行。回填压实应逐层进行，管道两侧管顶以上500mm范围内采用薄铺轻夯夯实，管道两侧夯实面的高差不大于300mm，管顶500mm以上回填应分层整平和夯实。采用木夯、蛙式夯等压实工具时，应夯夯相连；采用压路机时，碾压的重叠宽度不得小于200mm，且其行驶速度不得大于2km/h。

④采用土回填时要求。

a. 槽底至管顶以上500mm范围内，土中不得含有机物、冻土以及大于50mm的砖、石等硬块；在抹带接口处、防腐绝缘层或电缆周围，应采用细粒土回填。

b. 冬期回填时管顶以上500mm范围以外可均匀掺入冻土，其数量不得超过填土总体积的15%，且冻块尺寸不得超过100mm。

c. 回填土的含水量，宜按土类和采用的压实工具控制在最佳含水率±2%范围内。

d. 层土的虚铺厚度符合表2-8要求。

表2-8　每层土的虚铺厚度

压实机具	木夯、铁夯	轻型压实设备	压路机	振动压路机
虚铺厚度/mm	≤200	200～250	200～300	≤400

四、人行道及附属工程施工工艺

1. 工序流程

人行道步砖施工工序流程如图2-19所示。

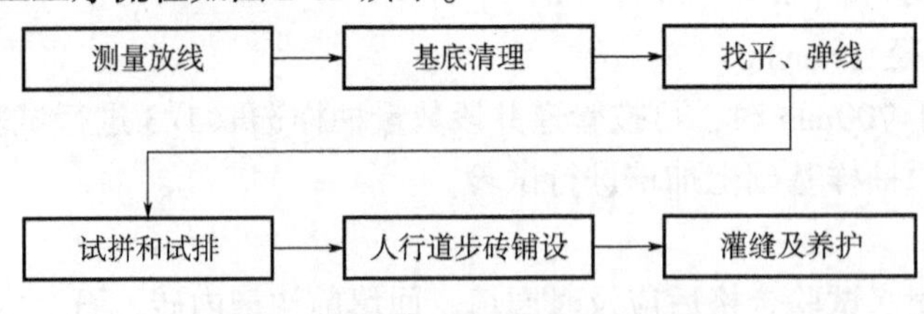

图2-19　人行道步砖施工工序流程

路缘石施工工艺流程如图2-20所示。

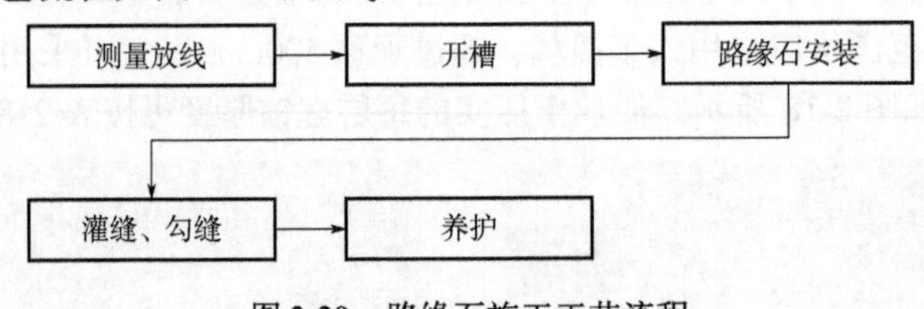

图2-20　路缘石施工工艺流程

2. 主要工序

（1）人行道施工主要工序。

1）测量放线。人行步道砖施工前，根据设计的平面及高程，沿步道中线（或边线）进行测量放线，每5～10m安测一块步道砖作为控制点，并建立方格网，以控制高程及方向。

2）基底清理。将地面垫层上的杂物清理干净，用钢丝刷刷掉粘在基层上的砂浆块。如局部凹凸不平，应将凸处凿平，凹处补平。然后清扫基层，铺筑前提前10h浇水湿润基层表面。

3）找平、弹线。根据设计要求，确定平面标高位置。一般水泥砂浆结合层厚度应控制在10~15mm，砂结合层厚度为20~30mm。将确定好的地面标高位置线弹在控制桩上。根据板块的规格尺寸挂线找中，即将人行道分段（8~10m）拉十字线。分块布置要以十字线对称，将拉出的标准线固定控制桩上。

4）试拼和试排。

①试拼。铺设前对每一块石材（尤其盲道砖），按方位、角度进行试拼。试拼后按两个方向编号排列，然后按编号排放整齐。为检验两块之间的缝隙，核对板块位置与设计图样是否相符合。在正式铺装前，要进行一次试排。

②试排。在分段段落的两个垂直方向，按标准线铺两条干砂，其宽度大于板块。根据设计图要求把板块排好，以便检查板块之间的缝隙（板块间的缝隙如设计无规定，通常大理石、花岗岩不大于1mm，水磨石和水泥花砖不大于2mm，预制混凝土板块不应大于6mm），核对板块与其他构筑物的相对位置，确定找平层砂浆的厚度。

5）人行道步砖及盲道砖铺贴。

①摊铺砂浆找平层（粘合层）。铺砌步砖时，不仅要求有较好的平整度，而且不得空鼓和产生裂缝。为此要求找平层使用1:2（体积比）的干硬性水泥砂浆，铺设时的稠度（以标准圆锥体沉入度）为2.5~3.5cm，即以手握成团、落地开花为宜。为了保证粘结效果，基层表面湿润后，还要刷水灰比为0.4~0.5的水泥浆，并随刷随铺板块。

②人行道步砖铺贴。铺贴前预先将成品除尘，浸湿阴干后备用。在板块试铺时，放在铺贴位置上的板块对好纵横缝后用橡胶锤轻轻敲击板块中间，使砂浆振密实，锤到铺贴高度。板块试铺合格后，翻开板块，检查砂浆结合层是否平整、密实。增补砂浆，在水泥砂浆层上浇一层水灰比为0.5左右的素水泥浆，然后将板块轻轻地对准原位置放下，用橡胶锤轻击放于板块上的木垫板使板平实，根据水平线用水平尺找平，接着向两侧和后退方向顺序铺贴。铺贴时检查，如发现有空隙，应将板材掀起用砂浆补实后再重新铺设。图2-21所示为人行道步砖铺贴。

图2-21　人行道步砖铺贴

③盲道砖铺贴。盲道砖应在人行道路中间设置，必须避开树池、检查井、杆线等障碍物，设置宽度应大于50cm。铺砌方法与普通路面砖相同，铺筑时应注意行进盲道砌块与提示盲道砌块不得混用。路口处盲道应铺设为无障碍形式。

6）灌缝及养护。

①灌缝。铺砌完成后按板材的颜色用白水泥和颜料配制与板材色相近的1:3稀水泥浆，装入小嘴浆壶徐徐灌入板块之间的缝隙内，流在封边的浆液用牛角刮刀刮入封内，至基本饱满为止，缝宽2mm；1~2h后，再用棉纱团蘸浆擦缝至平实光滑。粘附在石面上的浆液随手用湿纱团擦净。

②养护。灌浆擦缝完24h后，应用土工布或干净的细纱网覆盖，喷水养护不少于7d。

（2）路缘石（站石、卧石、平缘石）施工主要工序。

1）测量放线。用全站仪测量放样路缘石内边线位置，并钉带有明显标志的水泥钉，钉桩间距直线为20m，曲线可根据平曲线半径大小和竖曲线半径大小而定，一般5m或10m。挂线：根据钉桩和高程将沿缘石内侧拉线，该线与该段路线纵坡相符，如果拉线较长，有挠度，中间再加支承桩。

2）开槽。根据放样结果，开挖底座及路缘石安装位置，并将基坑内松散石料、土及杂物清理干净（图2-22）。

图2-22　路缘石开槽施工图

3）路缘石安装。根据测量放线的点（钢筋）挂好施工线，开始安装路缘石。保证线型顺直、曲线圆滑。安装路缘石时，必须用靠尺或水准尺边安装边检测，使之横平竖直，保证圆顺、平直。安装卧石前，对基础需考虑一定的抛高（抛高系数一般为1.1~1.2）。卧石与路面面层接触的线形必须顺直。卧石的接缝与站石的接缝需对中错开，施工时应注意从两雨水口中间分水点标高向两边雨水口挂线安装卧石。用1:3水泥砂浆灌填与站石之间和卧石接缝间的缝隙，并封面抹平。

4）灌缝、勾缝。勾缝前先将路缘石缝内的土及杂物剔除干净，并用水润湿，然后用符合设计要求的水泥砂浆灌缝填充密实后勾平，用弯面压子压成凹型。用软扫帚扫除多余灰浆。砂浆必须饱满、密实。缝宽及缝深均要符合设计图样要求。

5）养护。每天根据天气情况，适时养护，养护期不少于7d。

第二节　道路施工图基本组成及制图标准

一、道路施工图图纸基本组成

道路施工图图纸应按封面、扉页、目录、说明、材料总工程量、工程位置平面图、主体工程图样、次要工程图样排列，其主要包括以下内容：

（1）图纸目录（图纸目录不应编入图号）。

（2）设计说明。

（3）工程量汇总表。

（4）区域位置图。

（5）线路总平面布置图（含立交及线路复杂时用）。

（6）（立交）道路线位图。

（7）道路平面图。

（8）道路纵断面图（辅道、非机动车道、人行道与主线纵断面不同时应单独绘制或在同一纵断面图上绘制）。

（9）立交匝道纵断面图。

（10）道路标准横断面图（主线不同路段标准横断面、匝道标准横断面）。

（11）路拱曲线大样图（沥青混凝土路面结构）。

（12）土方横断面图（含土、石方工程量表）。

（13）交叉口接缝布置图（水泥混凝土路面）。

（14）交叉口竖向设计图（水泥混凝土路面结合分块采用等高线加数字表示）。

（15）路面结构图。

（16）无障碍设施设计图。

（17）接缝构造图（水泥混凝土路面）。

（18）混凝土板补强设计图（水泥混凝土路面）。

（19）特殊路基设计图（如软基处理工程量较大，宜另编目录，组成完整部分）。

（20）挡墙设计图。

（21）其他附属设施设计图。

（22）道路红线图。

（23）交通标志、标线设计图（交通部分）。

二、道路区域位置图

1. 内容要求

（1）反映道路设计的全部范围。

（2）体现设计道路在区域或局部路网中的位置关系。

（3）主要相交道路的路口形式或类型。

（4）设计道路名称。

（5）图纸范围内主要道路名称。

（6）主要行政区域名称。

（7）设计道路设计起点和设计终点的里程桩号标注。

2. 制图要求

（1）现有道路采用细实线绘制，可只绘出道路两侧边线。

（2）新设计道路应绘出道路中心线和两侧边线。道路中心线为点划线，两侧边线为粗实线。

（3）立交绘制形式或大致用地范围，并以文字予以说明，如：芙蓉立交、松岗高架桥等。平交路口绘制路口形式或用地范围，不需文字说明。

（4）设计道路名称字体采用宋体，字高比其他道路名称字高一级（5 ~7mm），并加引出线。

（5）其他道路名称和立交名称字体采用仿宋体，字高一般不小于3 ~4mm。

（6）行政区域名称字体采用黑体，字高同设计道路。

（7）有条件时，图中应绘行政区域界限。

（8）图中应绘制指北针，指北针宜放在图纸上方。

（9）图纸比例应放在指北针下方，以数字表示。

三、总平面设计图（平面总体设计图）

1. 主要内容

反映设计道路的总体情况，包括：

（1）线位。设计起点、终点桩号，相交道路交叉点桩号（线路交点应编号）。

桥梁、涵洞中心线与道路中心线交点桩号，注明桥涵名称、长度、跨度（桥梁跨越形式），线路转点 IP 标注。

立交桥部分画出立交形式、详细定位由立交线位图确定。

（2）平面。道路平面形式、相交道路路口形式、立交形式、沿线道路进出口形式；道路沿线桥梁、涵洞名称、桩号、规模标注。

（3）分幅。反映平面图分幅情况。

（4）坐标网、指北针。

（5）说明。

1）坐标系统。

2）尺寸单位。

3）图纸比例 1:1000～1:2000。

4）其他需说明事项。

2. 制图要求

（1）坐标网。

1）坐标网采用十字线，长度 15mm，网格间距 10cm（成图后）。

2）坐标网标注字型：hztxt，txtd；字高：3～4mm；数量：不少于 2 组。

3）文字标注字型：hztxt，txtd；字高：5～7mm；位置：一般在图纸下部、左部边缘。

（2）线路平面。

1）线型。

①中心线：细点划线。

②设计道路立道牙线：粗实线。

③设计道路平道牙线：中粗实线。

④设计道路路肩线：细实线。

⑤现状道路中心线：细点划线。

⑥现状道路其他线：细实线。

⑦规划道路中心线：细点划线。

⑧规划道路其他线：细虚线。

2）桥梁、涵洞、河道：按实际长、宽、跨度绘制，并符合道路制图规范图例要求。

（3）控制点标注。设计起点、曲线转点、路口交点、设计终点，应在图中示出。主道及主辅道不同线位时，应分别示出。

（4）需要另外线位图表示的立交设计部分，其设计范围要表示出，并注明桩号。

（5）指北针采用标准图式，布置在图纸左上方。

（6）说明。

1）坐标系统。

2）尺寸单位。

3）图纸比例。

4）其他需说明事宜。

四、道路线位图

1. 道路线位图的作用

表示比较复杂线路、立交定位关系。

2. 主要内容

（1）绘制十字线坐标网，长15mm，间距10cm（成图后）。

（2）坐标网标注。

（3）绘制道路主线、辅道、匝道平面图及定位线。

（4）主、辅道、匝道定位线编号。主、辅线编号采用路名前两个字汉语拼音的第一个字母，如深南大道编号为SNZX（ZX——主线），左右辅道分别用ZF、YF表示，如深南大道右辅道编号为SNYF，匝道分别用英文字母A、B、C、D等表示，所有字母均采用大写。

（5）控制点标注。在线位关系复杂部分，图中定位线曲线部分当其切线与其他线交叉较多时，可不画出切线及转点（IP）。但应在线元表中表示出以下各点的桩号、坐标、方位角及两点间长度：起点（QD）；直缓点（ZH）；缓圆点（HY）；圆缓点（YH）；缓直点（HZ）；终点（ZD）。以上各点位置应在图纸上标明桩号。

（6）图中示出各线段曲率，缓和曲线示出参数。

（7）各定位线示出以上控制点桩号。

（8）人行系统定线一般不在此图中表示。

（9）图中注明设计范围。

（10）图中应示出线元表。

（11）指北针采用标准格式，放在图纸上方。

3. 制图要求

（1）图样比例为1:2000～1:1000。

（2）线型：主线定位线及辅道一般应是道路中心线，采用点划线；匝道定位线一般采用边缘线表示，采用粗实线；其他线条采用细实线。

（3）标注：

1）主、辅线及匝道编号，采用大写英文字母。字型：txtd，hztxt；字高：3～4mm（成图字高）。

2）控制点采用统一大写英文字母标注。字型：txtd，hztxt；字高：3～4mm（成图字高）。

3）控制点应标注对应里程桩号。字型：txtd，hztxt；字高：3～4mm（成图字高）。

4）标注设计范围。

（4）线元表（控制点坐标表及曲线表），采用标准格式。

（5）绘制坐标网。

（6）绘制指北针。

（7）说明：坐标系统、尺寸单位、图纸比例、其他需说明事宜。

五、道路平面图

1. 主要内容

（1）道路平面位置、宽度。平曲线要素：超高、加宽渐变段及形式，特殊需要时，可另图表示。平交路口应详细绘制，主车道、路口加宽、右转专用车道、渠化岛人行道、隔离带的平面尺寸、隔离带断开形式及结构如有需要，详图绘制。

（2）附属构筑物、挡土墙、桥涵、排水沟、截洪沟、边坡应在图上相应位置示出。

（3）反映与现状的关系。

2. 制图要求

（1）线型。

道路中心线：细点划线；线宽0.35（0.25）mm。

设计道路立道牙线：粗实线；线宽0.7（0.5）mm。

设计道路平道牙线：中粗实线；线宽0.35（0.25）mm。

设计道路路肩线：中粗实线；线宽0.35（0.25）mm。

边坡线、边沟线：中粗实线；线宽0.35（0.25）mm。

切线、引出线：细实线；线宽0.25（0.20）mm。

现状道路中心线：细点划线。

现状道路其他线：细实线。

规划道路中心线：细点划线；线宽0.25（0.20）mm。

规划道路其他线：细虚线；线宽0.25（0.20）mm。

自然地形：细实线。

（2）字体标注。

1）坐标标注。字体：txtd，hztxt；字高：3～4mm（成图字高）；字宽：（2/3）h。

2）桩号标注。字体：txtd，hztxt；字高：3～4mm（成图字高）。

3）其他数字标注同上。

4）文字标注字体：txtd，hztxt；字高：5～7mm（成图字高）；字宽：（2/3）h。

（3）坐标标注。

1）坐标标注精度为小数后三位。

2）道路定位线应标注设计起点、转点、路口交叉点、设计终点坐标。

3）道路、隔离带、辅道、人行道宽度变化处应标注坐标，或以桩号定位。交叉口道路中心线交点应标注坐标，相关道路路口设计终点，桥梁、涵洞中心线与道路中心线交点应标注坐标。

4）设计范围内不能以道路定位及相关尺寸确定的人行道应标注其定位线坐标。

5）道路附属构筑物不便以桩号及尺寸线进行定位的应采用坐标标注。

（4）桩号标注。

1）桩号标注精度为小数后三位，整数桩号可不带小数点及其后的数字0。

2）主线桩号采用20m桩标注。

3）立交工程平面图中，两条主线一条直接标注，另一条在桩号前带道路名称前两个字的第一个大写拼音字母，如滨海大道，桩号为：BH0 +040。

4）匝道桩号前标注匝道编号：如“C”匝道：C0 +060。

5）当主线定位不能在平、纵断面上控制辅道时，辅道应单独定位，标注桩号。辅道桩号前应标注“ZF”或“YF”，分别表示左、右辅道，主线桩号前标注道路名称的，辅道桩号前应同样标注，如滨海大道右辅道：BHYF0 +040。

6）中间及两侧绿化带断开处应以桩号表示断开位置。

7）路口加宽、公交站及路面及隔离带宽度变化处，应以桩号标注其变化范围。如桩号不能表示清楚，则应标注坐标定位。

8）各曲线要素点，ZH、HY、QZ、YH、HZ 点应标注桩号，并在桩号前注明各点名称。如曲中点：QZ K0 +802、412。

9）平交路口处，两条道路中线（定位线）交点处应标注桩号。

10）桥梁应注明路、桥分界线桩号，桥梁与河道中心线交点的桩号。

11）涵洞应注明涵洞中心线与道路定位线交点的桩号。

12）挡墙应注明起、终点桩号，中间高程突变点应加注桩号。

（5）尺寸标注。

1）每幅平面图中，至少有一处标注道路各部分宽度尺寸。

2）宽度变化部分应加注变化后的宽度。

3）相交道路应在设计范围线处标注道路各部分宽度及绿化隔离带距设计范围的距离尺寸。

4）道路两侧排水沟应注明与道路的距离尺寸。

（6）曲线要素标注。

1）道路转点应编号，如 JD1、JD2、JD3 等。主、辅定位线转点处均应标注曲线要素，曲线要素标注格式为：

α——

R——

T——

L——

E——

A_1——

A_2——

2）在线路定位图中已标注或采用表格形式标注的曲线要素，平面图中可不再标注。

3）平交路口应标注缘石转弯处的曲线要素。

（7）曲线超高表示。曲线超高渐变段一般在平面图上表示渐变段起点、终点标注桩号、超高变化方式及超高高度，并注明超高渐变段长度。

（8）曲线加宽段表示。曲线加宽段起、终点应标注道路桩号，加宽前后的道路宽度，并注明加宽渐变段。

（9）挡土墙。

挡土墙应编号。如：1 号挡墙。

（10）路面改造设计。

（3）各结构层图例采用《道路工程制图标准》制定的图例。
（4）路面结构的设计检验指标，如回弹模量、弯沉值、抗折强度等。
（5）平、立道牙构造尺寸。
2. 制图要求
（1）线型。
1）结构层采用粗实线。
2）平、立道牙采用粗实线。
3）原有地面线、引出线采用细实线。
（2）字体。
字型：hztxt，txtd；字体高度：文字5～7mm，数字3～5mm。

九、路口竖向设计图

1. 主要内容
（1）应表示出相交道路设计坡度。
（2）水泥混凝土路面按路面板分块标注角点竖向标高，沥青混凝土路面采用等高线表示标高。
（3）路口竖向设计范围内雨水口布置。
2. 制图要求
（1）线型。
1）结构层采用粗实线。
2）平、立道牙采用粗实线。
3）原有地面线、引出线采用细实线。
（2）字体。
字型：hztxt，txtd；字体高度：文字5～7mm，数字3～5mm。

十、路面（交叉口）接缝布置图

1. 主要内容
表示出道路（交叉口）接缝布置、板块尺寸、接缝类型。
2. 制图要求
（1）线型。
1）道路制图采用平面图线型。
2）纵缝采用粗实线。
3）胀缝采用双细实线，间距1mm（成图后），原有地面线、缩缝采用细实线。
（2）字体。
字型：hztxt，txtd；字体高度：文字5～7mm，数字3～5mm。

十一、道路制图一般规定

1. 字体及书写方法
（1）文字的字高尺寸系列为：2.5、3.5、5、7、10、14、20，采用更大的字体时，其字高应按1.414的比例递增。

（2）图中汉字应采用长仿宋体，或高宽比为1.41的字体。

（3）数字字高应与文字相同。

（4）文字说明中表示数量时，应采用阿拉伯数字书写，单位应采用国际标准符号。

（5）分数不得用数字和文字混合表示。

2. 图线

（1）图线宽度（b）应从2.0、1.4、1.0、0.7、0.5、0.35、0.25、0.18、0.13mm中选用。

（2）线宽组合：加粗粗实线1.4～2.0b。粗实线：b。中粗实线：0.5b。细实线：0.25b。其中，1:500道路施工图中，b一般取0.7mm。

3. 数字标注

（1）坐标标注数字前均以X、Y表示。

（2）坐标的计量单位一般采用米，并精确至小数点后三位。

第三节　道路施工图组成及识读

一、道路施工图总体设计

1. 道路施工图总体设计总说明

道路施工图总体设计总说明见表2-9。

表2-9　道路施工图总体设计总说明

类　别	内　容
说明书	（1）概述。说明项目的基本概况，起始位置、沿线基本概况等 （2）任务依据。说明项目建设的施工图设计所根据的具体文件 （3）设计标准。主要说明项目施工图所采用的主要标准和规范以及设计依据 （4）扼要说明测设经过 （5）路线起终点、中间控制点、全长，以及沿线主要城镇、河流、公路及铁路等情况 （6）可行性研究报告批复意见的执行情况 （7）其他需要说明的事项
建设条件	（1）项目区域城镇现状布局、规划与拟建项目的关系 （2）项目区域路网现状、规划与拟建项目的关系 （3）沿线自然地理条件及对项目的影响 1）地形、地貌 2）区域地质稳定性评价 3）工程地质评价 4）水文地质评价 5）不良地质路段情况 6）地震动峰值加速度采用及大型工程构造物区域地震动峰值加速度鉴定情况 7）气温、降雨、日照、蒸发量、主导风向风速、冻深等

（续）

类　别	内　容
沿线环境敏感区（点）及影响点	（1）重要设施的分布及对项目建设的影响。包括：自然生态、水资源、动物、文物等保护区，电力电信、学校、医院、军用、地震、气象、宗教等设施，矿产资源，自然及人文景观等 （2）区间交通量分布状况及对交叉设置方式的影响，附“公路区间交通量分布图” （3）交通组成特点对项目的影响 （4）沿线土地资源状况及对项目的影响 （5）项目区域内铁路、水路、航空、管道等运输方式情况及对项目的影响 （6）各种专项评价、评估结论（地质、地震、环保、水保等）及对项目的影响 （7）筑路材料供应、运输情况及对项目的影响 （8）有关部门对重大问题的意见，沿线居民的要求或建议 （9）其他
总体设计	（1）根据对项目建设条件的综合分析，提出项目设计指导思想，制定设计原则 （2）路线起终点论证，及与其他公路（含规划公路）的衔接方式。采用分期修建方案时，起终点的近期实施方案及远期的设计预留方案 （3）技术标准及主要技术指标的采用情况，不同技术标准之间的衔接过渡情况 （4）路线总体设计方案。附“路线总体设计方案平面布置图”，含比较方案，要求同“路线平、纵面缩图” （5）设计速度≤100km/h 路段车辆运行速度模拟检验结论 （6）安全设计措施 （7）公路一般路段与特殊路段（如爬坡车道、紧急避险车道等）的横断面布置方案（组成、宽度、构造及设施）的设置情况 （8）沿线大型桥梁、隧道、交叉路口、服务设施的设置位置、间距，设计方案之间的相互关系及协调情况 （9）沿线交叉工程与其他交通方式的协调情况，以及与当地生产、生活需要的适应情况 （10）管理、养护、服务设施的设置情况 （11）全线土石方情况，取土、弃土方案 （12）占用土地情况及节约用地措施 （13）与沿线环境及景观的协调情况 （14）分期修建方案及其比选结论 （15）各种筑路材料的采用情况 （16）新技术、新材料、新设备、新工艺等的采用情况 （17）设计概算 （18）下阶段需要深入解决的问题 （19）下阶段需要进行试验、研究的项目 （20）需要说明的其他事项
路线	（1）路线布设及主要技术指标采用情况 （2）可行性研究报告批复的路线控制点执行情况 （3）路线方案布置及比选论证。山区复杂路段应在踏勘或地质调绘基础上进一步深入研究工程路线方案，通过在 1:10000 或 1:2000 地形图上反复进行路线方案的优化工作，合理利用走廊资源，并提出同深度比较的路线方案，附 1:10000 或 1:2000 路线方案图、相关专业图表，提出推荐方案。其他路段直接通过同深度方案综合比选提出推荐意见。论述时应就方案的提出理由、方案的工程实施条件、方案的技术经济合理性等方面考虑：

（续）

类　别	内　容
路线	1）建设条件对各路线方案布置的影响分析 2）各方案的选择和布置情况（控制点间距、路线、桥梁、隧道、互通式立体交叉、服务设施位置的协调及其位置的确定） 3）各方案平、纵指标及连续、均衡情况 4）行车安全、通行能力、服务水平的分析比较 5）公路用地、征用基本农田及拆迁情况 6）对铁路、原有公路、农田水利、电力、电信、重要管线（道）等的干扰（包括施工）情况 7）各方案路线对沿线环境影响评价和比较 8）各方案主要工程数量、造价（可根据方案情况采用估价、基价或概算）及运营效益的比较 9）结合该地区社会经济发展、城镇规划、路网结构论证路线布局的合理性及对沿线社会效益和经济效益的影响 10）其他评价和比较（包括政府有关部门对路线的意见和评价） （4）对设计速度≤100km/h的路段，宜采用运行速度方法，对可能出现运行速度差大于20km/h的路段进行安全性分析、评价，并给出改善的平纵面技术指标，或采取必要的交通安全、管理措施等 （5）安全设施 1）设计原则 2）设计方案。结合公路几何参数、特大桥及大桥、隧道、互通立交等构造物分布情况拟定设计方案、规模 3）标志 4）标线 5）护栏 6）隔离栅 7）防眩设施 8）防落物网 9）视线诱导标 10）防撞设施 11）其他安全设施
路基、路面	（1）沿线地质、地层情况描述、不良地质地段及其相关物理、力学指标等 （2）一般路基设计 1）路基横断面布设及加宽超高方式 2）路基填土高度，挖方深度，路堤（或路堑）最大、最小高度及其控制因素等 3）高填深挖路基、陡坡路堤、路桥（涵）过渡路基等设计方案及比选论证（必要时对高填深挖路基按工点说明） （3）特殊地质路基 （4）路基防护工程 （5）取土、弃土方案及节约用地的措施 （6）路面设计原则，设计依据，交通量及交通组成（必要时应实测交通组成及车辆轴重），路面结构方案、类型的比选论证，路面结构设计（主线、互通立交匝道、被交道路、收费站广场、桥面铺装、隧道路面等），材料要求等 （7）路基、路面排水设计原则及方案

（续）

类　别	内　容
路基、路面	（8）路基土工试验、筑路材料及路面结构混合材料试验情况 （9）需要进行科研试验的项目 （10）下阶段应注意的问题
桥梁、涵洞	（1）设计原则 （2）技术标准采用情况 （3）沿线桥梁、涵洞的分布情况 （4）桥梁抗震设计情况 （5）桥梁耐久性设计及措施 （6）沿线水系及水文概况、特征，农田水利设施与桥涵设置位置及孔径选择的关系 （7）沿线工程地质、筑路材料与桥涵结构类型选择的关系 （8）逐个说明每座桥梁跨越河流的流域情况、河段特征，桥位处地质、水文、通航情况，桥位的比选情况，水文计算、桥梁孔径确定，岸坡防护工程设计，工程抗震措施，通航河流防撞设计，桥梁施工方案等。特大桥应提出两个以上桥型方案进行比选论证；对常规大、中桥应简述不同墩高、不同跨径、不同桥型综合比选论证情况，选定最合理的墩高、跨径及梁型组合后，全线桥梁统一按此组合合理布置，桥型布置不再做多方案比较；中、小桥、涵洞水文计算、孔径确定依据说明 （9）特大桥或重要桥梁的景观设计 （10）特大桥或重要桥梁的养护方案 （11）下阶段应注意的问题
隧道	（1）设计原则 （2）技术标准采用情况 （3）沿线隧道的分布情况 （4）逐处说明隧道（包括明洞）的位置、长度、断面形式及与路线协调情况，各方案比选论证情况 （5）逐处说明隧道、竖井、斜井和辅助坑道的地形、地貌、气象、工程地质、水文地质、地震及洞口自然坡体稳定性情况 （6）说明隧道支护衬砌结构类型，洞门形式的确定，抗震措施，洞内外防、排水方案，洞内装饰及路面方案 （7）特殊线形、交叉位置关系情况下的隧道设计方案 （8）特殊地质条件下隧道设计方案和施工方案，以及应对突发事件的预案论证 （9）特殊结构隧道设计方案论证及施工方案 （10）隧道施工场地、便道布置和弃渣方案 （11）环境保护设计 （12）隧道通风、照明、供配电、消防、救援等的设置原则、规模、标准及方案的论证情况 （13）长及特长隧道运营期的救援、防灾、逃生方案论证 （14）下阶段应解决的问题及注意事项
路线交叉	（1）设计原则 （2）技术标准采用情况 （3）路线交叉（包括互通式立体交叉、服务设施匝道及连接道路、分离式立体交叉、通道、天桥、平面交叉及管线交叉）的分布及设置概况 （4）逐处说明互通式立体交叉的位置及其在路网中的作用，设置理由，集散交通量，衔接道路，地质、地形、地物情况，互通方案的比选与论证比较表，技术指标的选用，匝

（续）

类　别	内　容
路线交叉	道车道数的确定，变速车道采用的形式及其长度的取值，平交处通行能力的分析，收费口收费车道数的设置，排水方案及跨线构造物的方案等。对转换交通量较大的枢纽互通，当匝道间或匝道与主线间存在交织运行且交织段长度较短时，应对交织段的通行能力进行分析 （5）逐处说明服务设施的位置、地质、地形、地物等情况，变速车道采用的形式及其长度的取值，连接道路，排水方案及交叉构造物（通道、天桥）的方案等 （6）分离式立体交叉的位置、设计标准、排水设施、跨线构造物的类型（上跨、下穿）及方案比选等情况 （7）通道和天桥的设置情况 （8）平面交叉的设置情况。被交道路现状及拟改建采用的标准（包括等级、设计速度、路基宽度、路面及排水等）、交通管理方式、平面交叉采用的类型及其方案比选情况等 （9）重要管线、管道交叉或平行时的设计情况，并说明有关规定对设计的具体要求 （10）下阶段应解决的问题及注意事项
交通工程及沿线设施	（1）根据本项目交通量、几何设计、服务水平和环境等的具体情况与特点说明各项设施的设置目的、要求及技术措施 （2）交通工程及沿线设施的设计标准、规模、技术指标 （3）交通工程及沿线设施推荐方案的主要工程规模、建筑面积、占地面积及其造价 （4）下阶段应解决的问题及注意事项
环境保护与景观设计	（1）环境保护与景观设计的依据（包括环境影响评价、水土保持方案等报告书及批复意见） （2）项目区域社会环境和自然环境现状（包括物种多样性，自然植被覆盖率，土壤养分，历史文化遗产，自然保护区，自然及人文景观的分布等） （3）环境敏感区域分析（含敏感区的调整，取土场、弃渣场的布设分析）及与自然保护区、水资源保护区等的关系。服务区交通量及污水排放预测 （4）指导思想和设计原则 （5）主体各专业设计的环境保护措施 （6）各项环境保护设施的布设位置、类型、功能 （7）主要场地的景观方案及比选 （8）拟采用的植物配置及特性 （9）与环保、文物及当地政府有关部门的协商情况 （10）下阶段应解决的问题及注意事项
其他工程	（1）逐处说明悬出路台、防雪走廊、观景台等工程的设置理由及工程情况 （2）改路、改渠、改河（沟）等工程情况，等级公路及重要沟渠的改移应逐处说明 （3）逐处说明渡口码头的地形、地质、其他情况及其布置原则和方案 （4）下阶段应解决的问题及注意事项
筑路材料	（1）沿线筑路材料（包括工业废渣）种类、质量、储量、供应量（包括外购材料）、运输条件与运距 （2）主要料场分布情况 （3）主要材料采购及运输等情况 （4）下阶段应解决的问题及注意事项

2. 主要技术经济指标表（范表）

主要技术经济指标表包括基本指标，路线，路基、路面等相关经济数量（表2-10）。

表2-10　主要技术经济指标

工程名称：　　　　第1页　共1页

序号	指标名称		单位	数量	备注
一	基本指标				
1	公路等级				
	K7 +616.5 ~ K12 +569.134				一级
2	设计速度				
	K7 +616.5 ~ K12 +569.134		km/h	80.00	
3	交通量		辆/昼夜		远景交通量
4	占用土地（永久）		亩	589.78	1 亩≈666.7m^2
5	拆迁建筑物		m^2	1268.00	
6	预算总额		万元		
7	平均每公里造价		万元		
二	路　线				
8	路线总长（公路）		公里	4.953	
9	路线增长系数			1.010	
10	平均每公里交点数		个	0.403	
11	平曲线最小半径		m/个	4000/1	
12	平曲线总长		m	1769.881	
13	平曲线长占路线总长			35.675%	
14	直线最大长度		m	1602.079	
15	最大纵坡			1.710%	
			处	1	
16	最短坡长		m	215.380	
			处	1	
17	竖曲线	总长	m	2332.891	
		占路线总长		47.025%	
18	平均每公里纵坡变更次数		次	2.822	
19	竖曲线最小半径				

（续）

序号	指标名称	单位	数量	备注
	凸形	m/个	7800/1	
	凹形	m/个	6000/1	
三	路基、路面			
20	路基宽度			
	K7 +616.5 ~ K12 +569.134	m	69.00	
21	土方量	km^3	407.90	
22	平均每公里土方量	km^3	82.36	
23	标准轴载累计作用次数	万次/每车道	4703.7	
24	路面结构类型及宽度			
	沥青路面（机动车道32m）	km	4.953	
四	桥梁、涵洞			
25	设计车辆荷载			
26	桥面净宽	m		
27	大桥	m/座	106.04/1	
28	中桥	m/座	119.58/2	
29	小桥	m/座	31.04/2	
30	涵洞	道	8.00	
31	平均每公里大、中桥长	m	21.41	
32	平均每公里小桥长	m	6.27	
33	平均每公里涵洞道数	道	1.62	
五	交叉工程			
34	通道	道		
35	人行天桥	m/座		
36	平面交叉			
	与公路平交	处	14.00	
	与铁路平交	处		
	与土路平交	处		
37	管线交叉	处		
六	交通工程及沿线设施			

（续）

序号	指标名称	单位	数量	备注
38	安全设施（公路）	公里	4.953	
39	供电照明设施（公路）	公里	4.953	
七	环境保护			
40	绿化（公路）	公里	4.953	

编制：　　　　　　　　　　　　　　　　　　　　　　　　复核：

3. 路线总体设计图

（1）路线平、纵面缩图。平面缩图应表示出路线（包括比较方案）起讫点、5km（或10km）标高、控制点、地形、主要城镇、与其他交通路线的关系以及县以上境界。简明示出特大桥、大桥、隧道、主要路线交叉、主要沿线设施等的位置和形式。对制约路线方案的不良地质、滞洪区、文物古迹、城镇规划、风景区等的分布范围，必要时可着色，醒目示出其分布。比例尺用1:10000～1:100000。

纵断面缩图一般绘于平面缩图之下，必要时也可单独绘制，简明示出主要公路、铁路、河流、特大桥、大桥、隧道及主要路线交叉等的位置、名称与高程，标注设计高程。水平比例尺与平面缩图相同或与其长度相适应，垂直比例尺用1:1000～1:10000。

（2）总体设计图表。

1）路线方案比较图。平面图所示内容同平、纵缩图中的平面缩图，纵面图所示内容同路线纵断面所示内容。比例尺平面图为1:10000，纵面图与平面图比例相适应。山区复杂路段宜提供全路段1:10000平面图和相应比例尺纵面图。

2）公路平面总体设计图。表示出地形、地物、坐标网格、路线位置、桩号、路基边线、坡脚或坡顶线、桥涵、隧道、路线交叉、沿线排水系统、服务区、停车区、紧急停车带、管理养护区、收费站、沿线取（弃）土场、路（渠）改移等的布设位置。路线位置应标出中心线、路基边线、示坡线、公里桩、百米桩及曲线主要桩位。对沿线的重要地物（村镇、文物、古迹、规划等）和环境敏感区（点）（景区、学校、自然保护区等）及重要设施的范围必要时应示出。比例尺用1:1000或1:2000（图2-23）。

3）公路标准横断面图。表示出主线一般路段的标准横断面及护栏、隔离栅等的设置位置，比例尺用1:200。

4）运行速度曲线图。检验与评价设计速度≤100km/h公路行车安全性，为交通工程设计提供依据，包括小客车、大型车的两个方向。

5）运行速度计算表。包括小客车、大型车两个方向。

6）公路分期修建方案设计图。对分期修建的公路，应根据总体设计及分期实施计划，参照上述平面总体设计和公路典型横断面图的要求，绘出前期及后期工程的平面总体设计及其横断面，包括各种构造物、交通工程及沿线设施的分期实施总体设计方案。

二、道路路线设计图

道路路线是指沿道路长度方向的行车道中心线。道路的路线设计最后结果是以平面图、

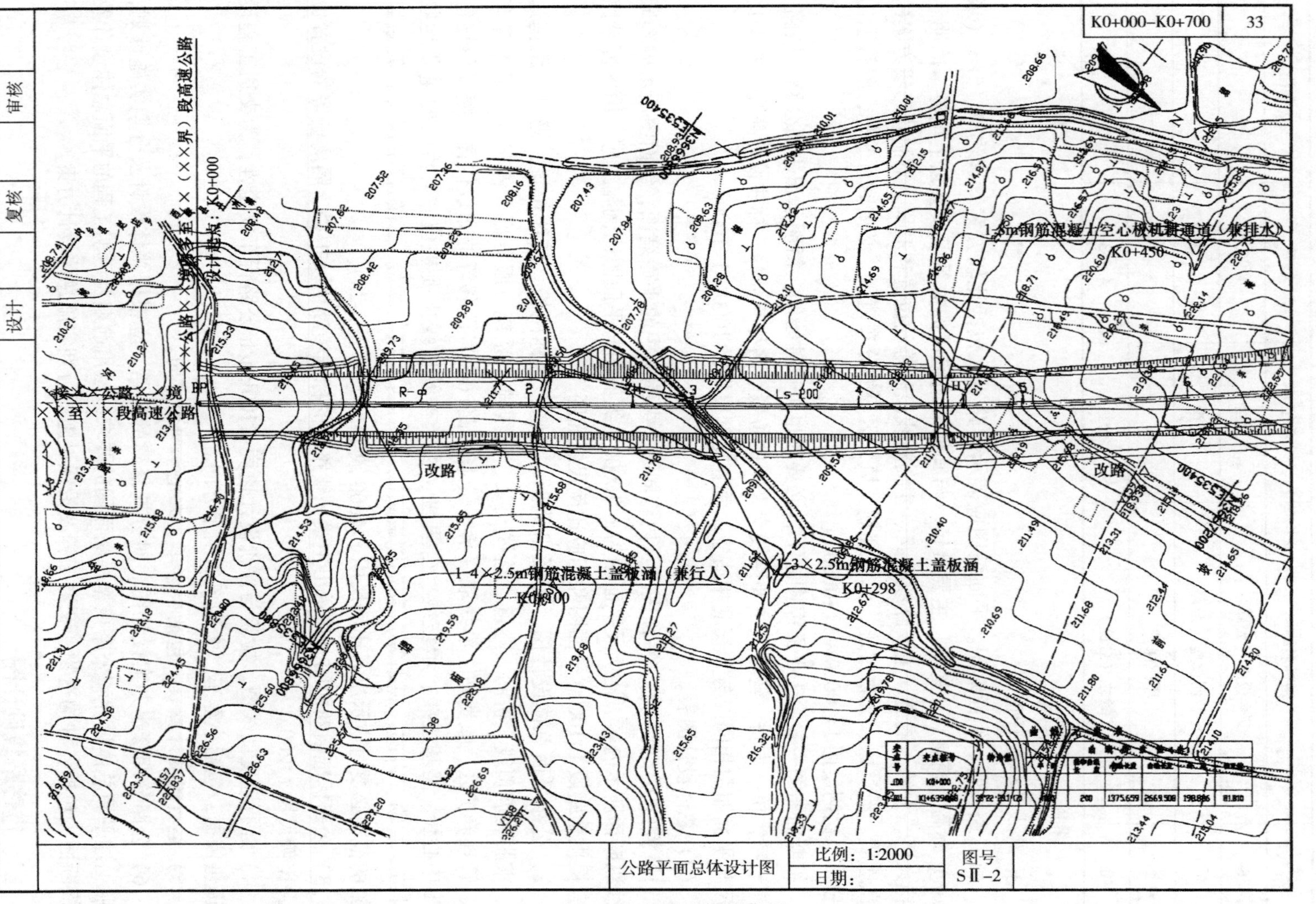

图2-23　线路总体设计图

纵断面图、横断面图来表达的。道路平面图是在地形图上画出的道路水平投影，它表达了道路的平面位置。道路纵断面图是用垂直剖面沿着道路中心线将路线剖开而画出的断面图，它表达道路的竖（高）向位置。道路横断面图是在设计道路的适当位置上按垂直路线方向截断而画出的断面图，它表达了道路的横断面设计情况。

1. 道路平面图

（1）道路平面图简介。路线平面图形成示意（图2-24）

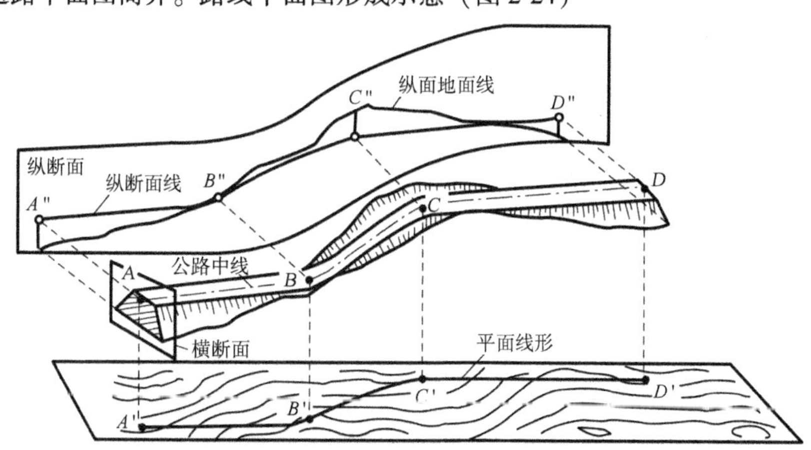

图2-24 路线平面图形成示意

路线平面图是从上向下投影所得到的水平投影图，也就是用标高投影法所绘制的道路线形沿线周围区域的地形图。因此，从路线平面图可获得路线的方向、平面线形（直线和左、右弯道线）以及沿线两侧一定范围内的地形、地貌、地物和地质情况，路线是指道路沿长度方向的行车道中心线。

公路路线平面图综合反映了路线的平面位置、线形和几何尺寸，反映沿线人工构造物和重要工程设施的布置，公路与沿线地形、地物和行政区划的关系等。

路线平面图中会标示出：沿线的地形、地物、线位及里程桩号、断链、平曲线主要桩位与其他交通路线的关系，县级以上境地界等；标注水准点、导线点及坐标网格或指北针图例；示出特大桥、大中桥、隧道、路线交叉位置等；列出平曲线要素和交点坐标等。平面设计图的比例尺一般为1:(2000～15000)。

城市道路平面图一般会标明路线、规划红线、行车道线、人行道线、停车场、绿化、交通标志、人行横道线、沿线建筑物出入口、各种地上地下管线的走向位置、雨水进水口、窨井等，注明交叉口及沿线里程桩，弯道及交叉口处应注明曲线要素、交叉口转角缘石的转弯半径等，比例尺一般为1:500～1:1000。

（2）公路路线平面图识读。公路路线平面图用来表示路线的平面位置、走向以及沿线两侧人工构造物、工程设施等。在路线平面图中，重点识读出沿线的地形、地物，控制点，平曲线类型，曲线要素，曲线主点，里程桩号等信息，以便在工程施工中对路线平面位置进行正确定位；针对路线纵断面图，应重点识别纵断面线形及地面高低起伏状况、纵断面坡度与坡长、竖曲线位置与曲线要素、各里程桩设计高程和填挖高度等，以便依据施工图将公路修筑在正确的位置。

1）路线平面图的识读方法和步骤。

①首先阅读标题栏及角标栏，了解比例尺、图号、页码、里程桩范围等。

②整体浏览图纸，了解平面图中路线的方位、走向和平面线形的状况，图示页范围内的地形、地物等信息。

③阅读曲线要素表，掌握平面图各曲线要素。

④按照从左至右的顺序，对照曲线要素表，掌握平面图中的曲线主点、控制点、构造物等信息。

2）路线平面图识读要点与示例。

①地形。比例：一般公路路线平面图的图框栏中注明了图示的比例。为清晰并以合适的图幅表示路线平面图，一般路线平面图根据不同的地形情况采用不同的比例，通常在山岭重丘区采用1:2000，平原和微丘区采用1:5000的比例，图2-23采用的比例为1:2000。

方位：路线平面图上绘制有指北针 N，用来指明道路在该地区的方位与走向。指北针的箭头所指为正北方向。在平面图上也可采用测量坐标网（“+”为结点）表示方位，其 X 轴向为南北方向（指北N为正），Y 轴向为东西方向（指东E为正）。

比如，表示距坐标原点 X 向为3693200m，Y 向为496200m。

地形：平面图上采用等高线表示地形起伏情况，每隔4条等高线画出1条粗的等高线，并标有相应的高程数字，称为计曲线。等高线越稠密，表示高差越大；反之，高差越小。相邻等高线高差为2m。

根据图2-23中等高线的疏密可看出，该地区西南方向地势较低且平坦，有一条河流经过；东北方向和北部地势较高、山脉纵横。整体来看，东北高，西南低。

地物、地貌：路线平面图覆盖区域的地物、地貌，如河流、房屋、道路、桥梁、电力线、植被等，都是按规定图例绘制的。

②路线。设计路线：粗实线表示道路中心线（设计线）。由一段直线和一条平滑曲线连接的加粗实线表示公路设计路线，它表达的是道路的平面中心线。路线从两山峰间的平坦谷地穿过。道路的宽度相对于长度来说尺寸小得多，公路的宽度只有在较大的比例平面图中才能画清楚，因此道路路线宽度在平面图上不再示出。图2-23中K50到K50+312.129标有 R-∞，表明此段为直线。继续前行，K50+312.129标有ZY，表明开始进入曲线段。

里程桩：路线的长度用里程表示，由左向右递增。道路路线的总长度和各段之间的长度用里程桩号表示。如图2-23所示，里程桩标注在道路中线上，从路线的起点至终点依次按里程顺序编号，在平面图中路线的前进方向从左向右排列。

里程桩分公里桩和百米桩两种。公里桩标注在路线前进方向的左侧，用符号“ ⚲ ”表示桩位，公里数注写在符号的上方，如“ K50 ⚲ ”表示离起点50km。两个公里桩之间是百米桩，标注在路线前进方向的右侧，用垂直于路线的细短线“ | ”表示桩位，用字头朝向路线的阿拉伯数字表示百米数，注写在短线的端部。例如，在K50公里桩的前进方向注写的“ 1 | ”，表示桩号为“K50+100”，说明该点距路线起点为50100m。

平曲线：路线的平面线形是由直线和曲线组成的，在路线的转折处应设有平曲线，平曲线又包括圆曲线和缓和曲线两种类型。最常见且较简单的平曲线为圆弧曲线，各类线形光滑连接。

如图2-25所示，JD1为第一个路线交点，是路线的两直线段的理论交点；α为转角，是路线前进时向左（α_z）或向右（α_y）偏转的角度；R为圆曲线半径，是连接圆弧的半径长度；T为切线长，是切点与交点之间距离；E为外距，是曲线中点（QZ）到交角点（JD）的距离；L为曲线长，是圆曲线两切点之间的弧长。JD1处圆有3个主点，分别为圆曲线与前后直线的切点ZY（直圆点）、YZ（圆直点）和圆曲线中心点QZ（曲中点）；JD2处的缓和曲线有5个主点，分别是曲线与前后直线的切点ZH（直缓点）和HZ（缓直点）、缓和曲线段与圆曲线连接点HY（缓圆点）和YH（圆缓点）、曲线中心点QZ（曲中点）。

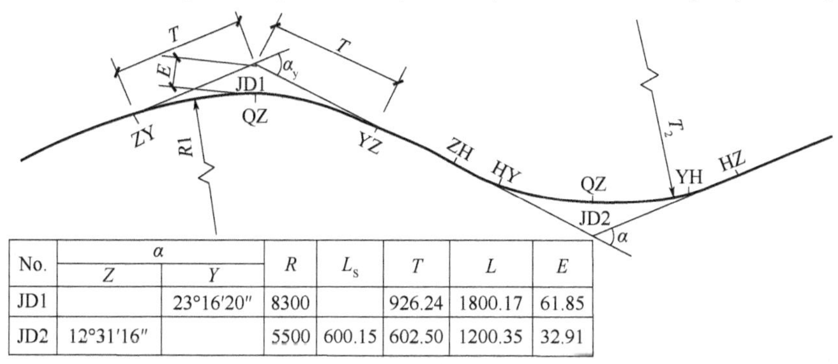

No.	α Z	α Y	R	L_s	T	L	E
JD1		23°16′20″	8300		926.24	1800.17	61.85
JD2	12°31′16″		5500	600.15	602.50	1200.35	32.91

图2-25　平曲线示意图及曲线要素

如图2-26，R-∞表示直线。K51+428.870是ZH的起点，其左侧为直线段，右侧为缓和曲线。L_s-180，表明缓和曲线长为180m。K51+608.870是HY的起点，其左侧为缓和曲线，右侧为圆曲线。R-1600，表明圆曲线半径为1600m。QZ（曲中点）的桩号为K51+736.605，此处为该段圆曲线中心点。此QZ点对应JD29，即两条切线的交点。路线前行，在K51+864.339处YH（圆缓点），预示接下来为缓和曲线。L_s-180，表明缓和曲线长为180m。以上信息详细标注在图2-26右下侧，摘录见表2-11。

表2-11详细标明所在图纸和相邻图纸中曲线元素信息，包括交点号、交点桩号、转角值、半径、缓和曲线、切线长度、曲线长度、外距、校正值的具体数值。这些参数都将用于施工现场路线定位和测量放线。

表2-11　曲线元素

交点号	交点桩号	转角值	曲线要素值/m					
			半径	缓和曲线长度	切线长度	曲线长度	外距	校正值
JD29	K51+738.065	15°35′388″（Z）	1600	180	309.195	615.470	15.782	2.920
JD30	K52+630.922	36°11′363″（Y）	1518.736	180	586.583	1139.377	79.971	33.789

③结构物。路线平面图上还标有道路沿线的结构物，如桥梁、涵洞等。图2-26中K51+280处有1-4×3.5m钢筋混凝土盖板箱涵机耕通道（兼灌溉）；K51+777.500处有3×20m预应力混凝土空心板分离立交，图中用表示。

（3）路线平面图识读举例。如图2-27所示为某公路K88+500~K90+000段的路线平面图，从图纸右上角的角标可以看出该平面图共有65张，本图为其中的第5张。

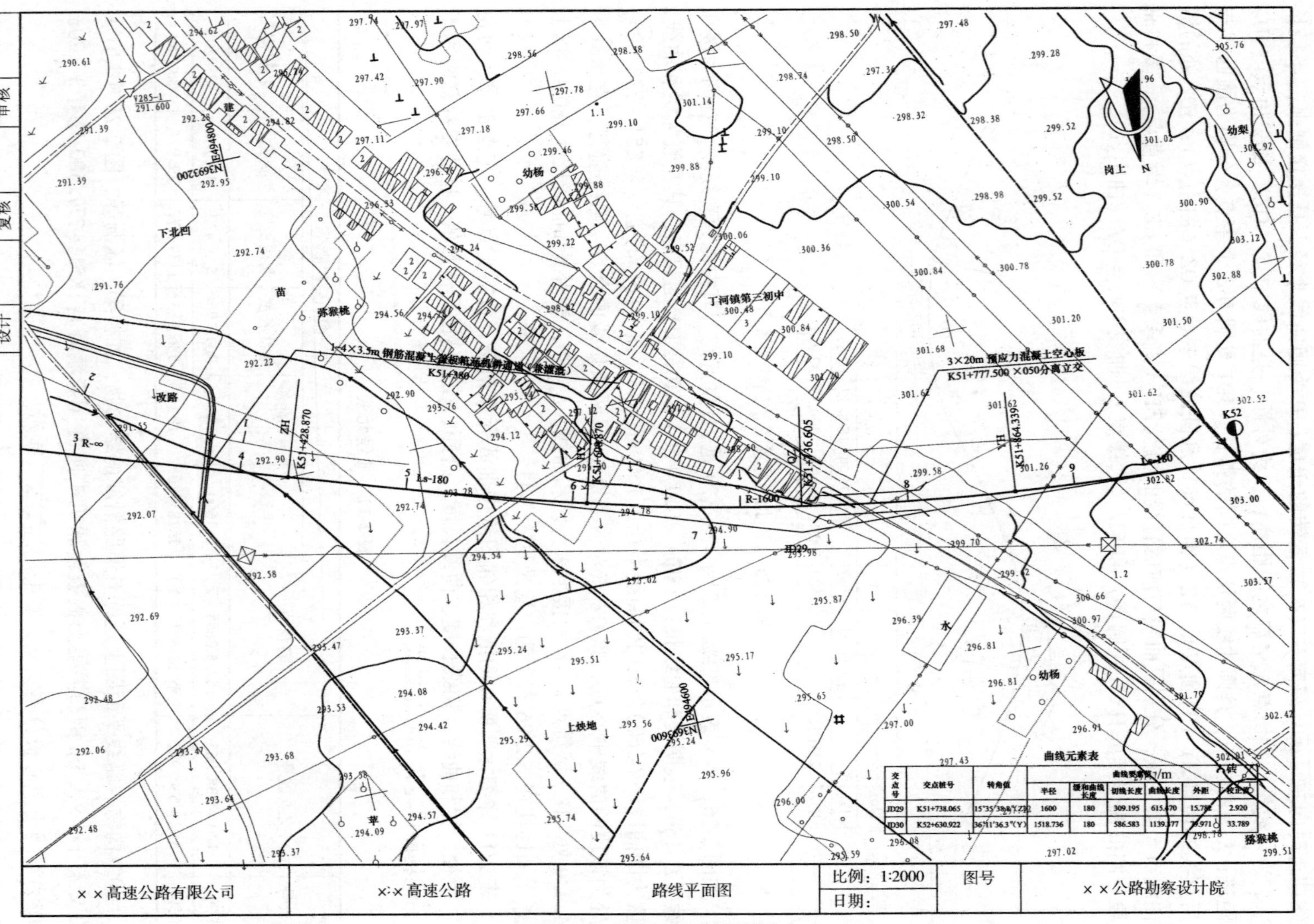

交点号	交点桩号	转角值	半径	缓和曲线长度	切线长度	曲线长度	外距	校正值
			曲线要素值/m					
JD29	K51+738.065	15°35′38.8″(Z)	1600	180	309.195	615.470	[illegible]	2.920
JD30	K52+630.922	36°11′36.3″(Y)	1518.736	180	586.583	1139.377	[illegible]	33.789

图2-26 某高速公路平面图

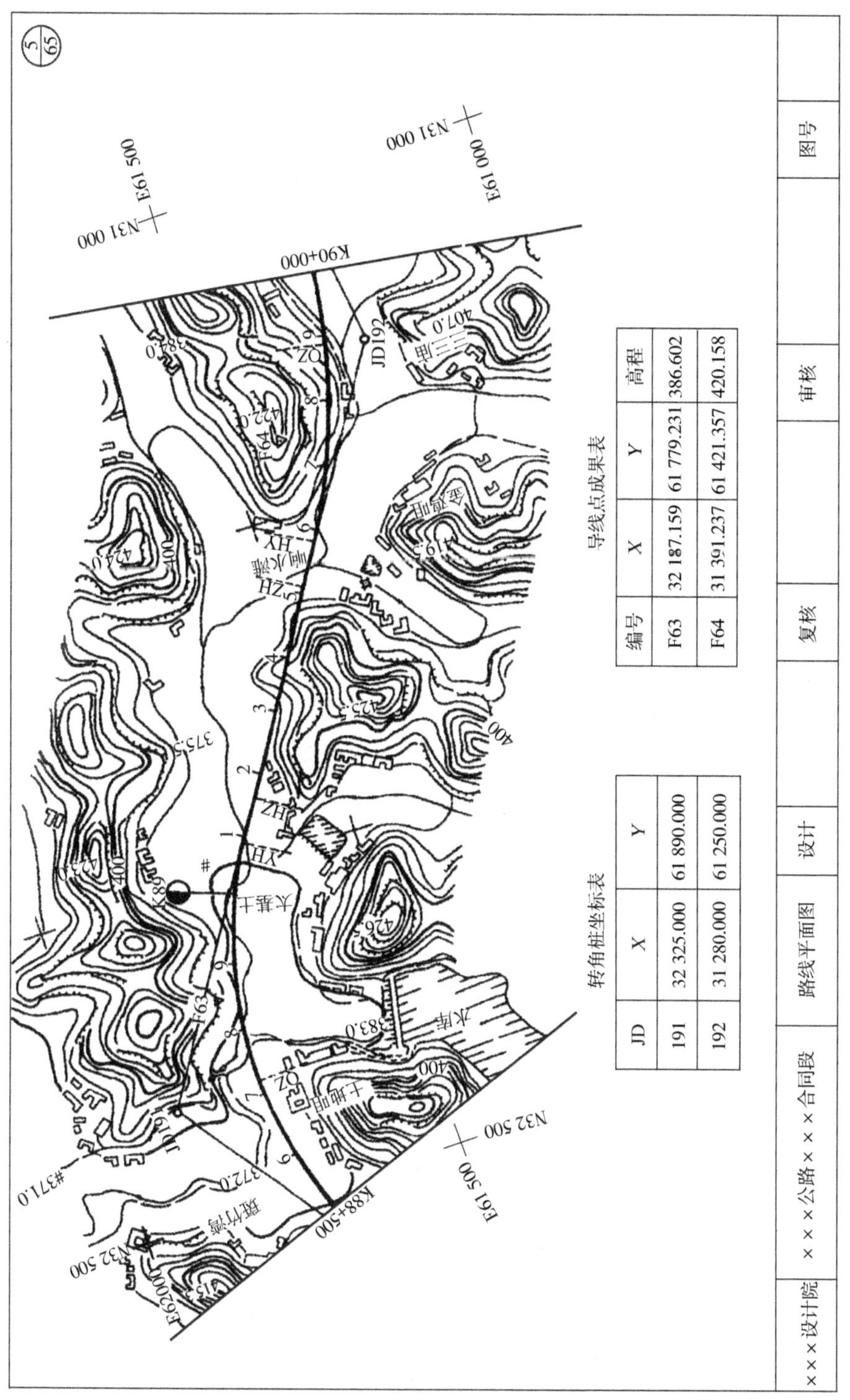

转角桩坐标表

JD	X	Y
191	32 325.000	61 890.000
192	31 280.000	61 250.000

导线点成果表

编号	X	Y	高程
F63	32 187.159	61 779.231	386.602
F64	31 391.237	61 421.357	420.158

图2-27　路线平面图

路线平面图的内容包括地形、路线和资料表三部分，现分别识读如下。

1）地形部分。

①比例：本图采用的比例是1∶5000。

②从图上可以看出，该图采用了坐标网来表示地区方位和路线走向。图中标出了4个坐标网点，其中 E61500 N32500 表示两条垂直线的交点坐标为距坐标原点北32500m、东61500m，其他坐标网点同理。

③图中的等高线和图例表示了路线所在地带的地形地物情况。可以看出，两等高线的高差为4m，图的上方和下方均为丘陵地形，下方有三条小河流和一个水库的水流入到干流河道；中间是地势平坦的川坝。图中还表示出了地名、村庄房屋、桥梁、水库堤坝的位置。

2）路线部分。

①由于路线平面图所采用的绘图比例较小（本图为1∶5000），公路的宽度无法按实际尺寸画出，因此在路线平面图中，路线是用粗实线沿着路线中心线表示的。图中的粗实线表示了公路路线的位置和方向。

②从公里桩的标注可以看出此路线的整公里数为89，从百米桩的标注可以看出图中所示路线的总长为1. 5km。

③从交角点编号JD191和JD192可以看出，公路是沿着路线前进方向，在JD191处向右转弯，在JD192处向左转弯。路线平面图中标出了JD191处的曲线中点QZ（曲中点）、圆曲线终点YH（圆缓点）及缓和曲线终点HZ（缓直点）的位置，以及JDl92处的缓和曲线起点ZH（直缓点）、圆曲线起点HY（缓圆点）和曲线中点QZ（曲中点）的位置。

④图中还标出了导线点（三角点）编号的位置（F63、F64）。

3）资料表部分。图中有两个表，一个是“转角桩坐标表”，列出了交点在大地坐标网中的位置；另一个是“导线点成果表”，列出了导线在大地坐标网中的位置。

4）识读路线平面图的目的。识读路线平面图，目的是让有关技术人员和测量人员比较准确地了解路线周围地形、地物的情况，以及转角点和导线点的具体位置。表中所列的数据是为了便于施工人员迅速准确地恢复中线位置。

5）城市道路平面图。城市道路平面图与公路路线平面图相似，用来表示城市道路的方向、平面线形和车行道布置以及沿路两侧一定范围内的地形和地物情况。

图2-28为某一城市道路的平面图。

本道路平面图表示出了这一市区中心大道交叉路口的平面设计情况。图中表示单面坡机动车道。

道路平面图实例如图2-29所示。

2. 路线纵断面图

路线纵断面图由通过公路中心线，用假想的铅垂剖切面纵向剖切而获得。道路路线由直线和曲线组合而成，所以纵向剖切面既有平面又有曲面，将此纵断面沿路线走向拉直展开，

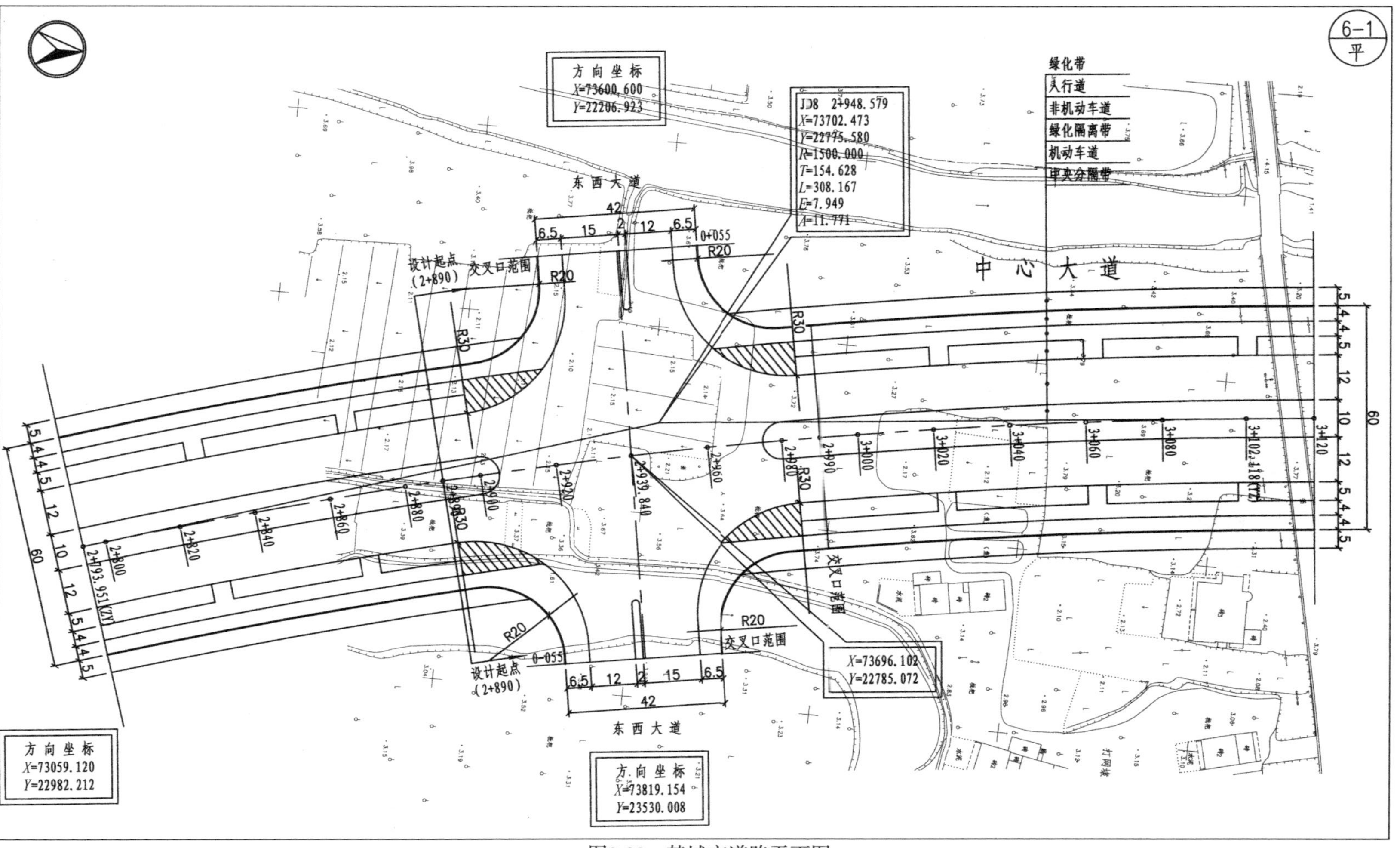

图2-28　某城市道路平面图

图 2-29　道路平面图

并绘制在图纸上，就获得了路线纵断面设计图（图 2-30）。从路线纵断面图可以清楚地获悉路线的纵向设计线形以及沿线地面的高低起伏状况、地质和沿线设置构造物的情况。

3. 路线纵断面图的内容

（1）桩号里程，地面高程与地面线，设计高程与设计线，施工填挖值。

（2）设计线的纵坡度及坡长。

（3）竖曲线及其要素，平曲线资料。

（4）设计排水沟沟底线及坡度、距离、高程，流水方向。

（5）沿线桥涵及人工构造物位置、结构类型及孔径，涵洞有时也只表示出位置。

（6）与铁路、公路交叉的桩号及路名。

（7）沿线跨越河流名称、桩号、现有水位及最高洪水位。

（8）水准点位置、编号和高程。

（9）沿线土壤、地质分布情况。

（10）断链桩位置、桩号及长短链关系。

4. 道路纵断面识读方法

（1）首先阅读标题栏及角标栏，了解图示比例尺、图号、页码、里程桩号范围等。

（2）整体浏览图样，了解纵断面图中路线纵断面设计与地面线大致关系，路基填挖高度与范围，图示纵断面设计线形、坡度线、竖曲线、构造物类型与位置等。

（3）阅读纵断面设计图下方的资料表，掌握该图中对应各里程桩号位置的地面标高、设计高程、填挖高度、不同地质里程桩范围，纵断面设计线的坡度与坡长，平面线形示意图等。

（4）按照从左至右的顺序，对应里程桩号将资料表与图样表示内容对照阅读，掌握每个里程桩位置的相关填挖数据、竖曲线要素、构造物类型和中心桩号，并掌握路线平纵组合状况。

纵断面图的识读方法和平面图的识读方法是一样的。现以图 2-31 所示某公路 K87 +000 ~ K89 +300 段的路线纵断面图为例进行识读。

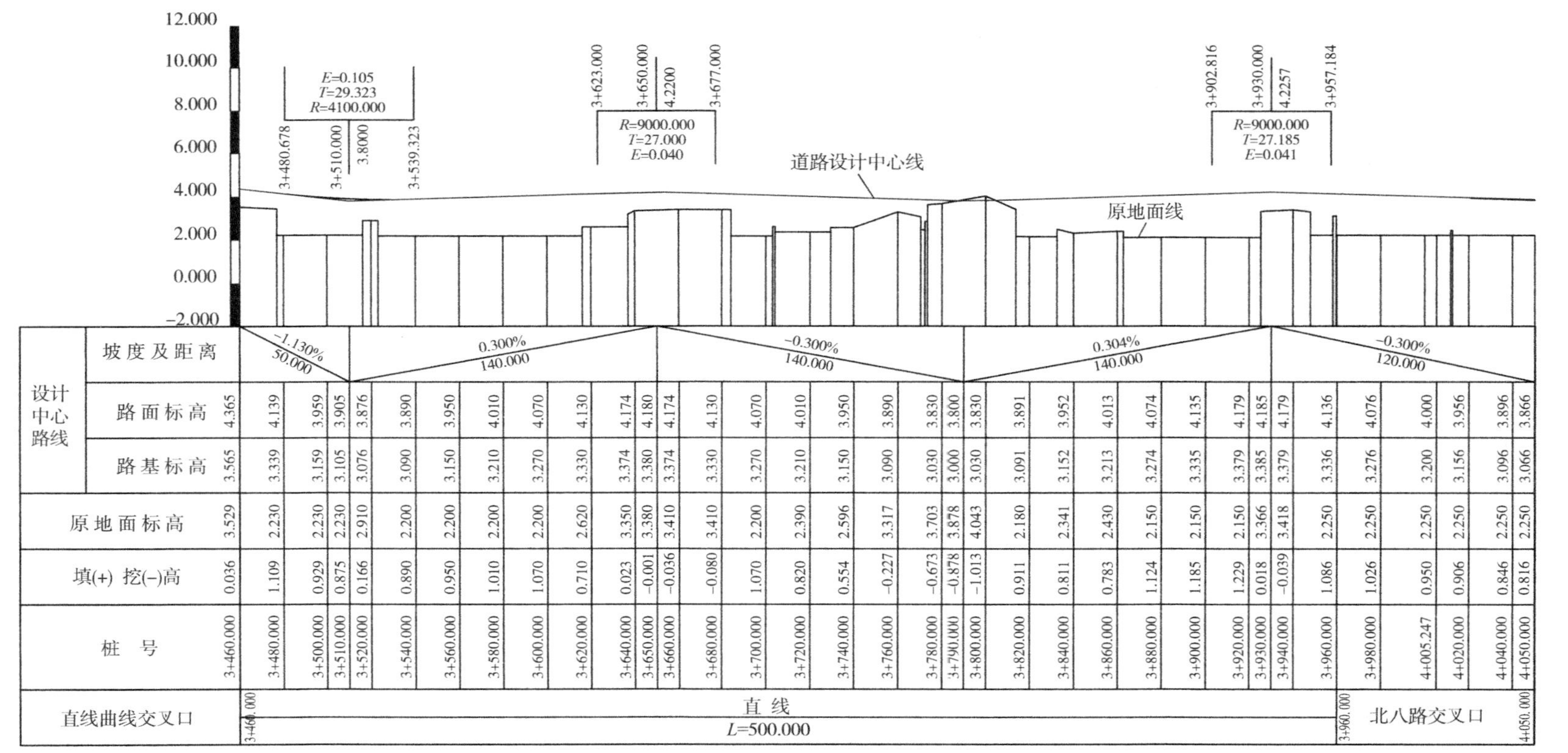

桩号	设计中心路线 路面标高	设计中心路线 路基标高	原地面标高	填(+) 挖(-)高
3+460.000	4.365	3.565	3.529	0.036
3+480.000	4.139	3.339	2.230	1.109
3+500.000	3.959	3.159	2.230	0.929
3+510.000	3.905	3.105	2.230	0.875
3+520.000	3.876	3.076	2.910	0.166
3+540.000	3.890	3.090	2.200	0.890
3+560.000	3.950	3.150	2.200	0.950
3+580.000	4.010	3.210	2.200	1.010
3+600.000	4.070	3.270	2.200	1.070
3+620.000	4.130	3.330	2.620	0.710
3+640.000	4.174	3.374	3.350	0.023
3+650.000	4.180	3.380	3.380	−0.001
3+660.000	4.174	3.374	3.410	−0.036
3+680.000	4.130	3.330	3.410	−0.080
3+700.000	4.070	3.270	2.200	1.070
3+720.000	4.010	3.210	2.390	0.820
3+740.000	3.950	3.150	2.596	0.554
3+760.000	3.890	3.090	3.317	−0.227
3+780.000	3.830	3.030	3.703	−0.673
3+790.000	3.800	3.000	3.878	−0.878
3+800.000	3.830	3.030	4.043	−1.013
3+820.000	3.891	3.091	2.180	0.911
3+840.000	3.952	3.152	2.341	0.811
3+860.000	4.013	3.213	2.430	0.783
3+880.000	4.074	3.274	2.150	1.124
3+900.000	4.135	3.335	2.150	1.185
3+920.000	4.179	3.379	2.150	1.229
3+930.000	4.185	3.385	3.366	0.018
3+940.000	4.179	3.379	3.418	−0.039
3+960.000	4.136	3.336	2.250	1.086
3+980.000	4.076	3.276	2.250	1.026
4+005.247	4.000	3.200	2.250	0.950
4+020.000	3.956	3.156	2.250	0.906
4+040.000	3.896	3.096	2.250	0.846
4+050.000	3.866	3.066	2.250	0.816

图2-30　路面纵断面设计图

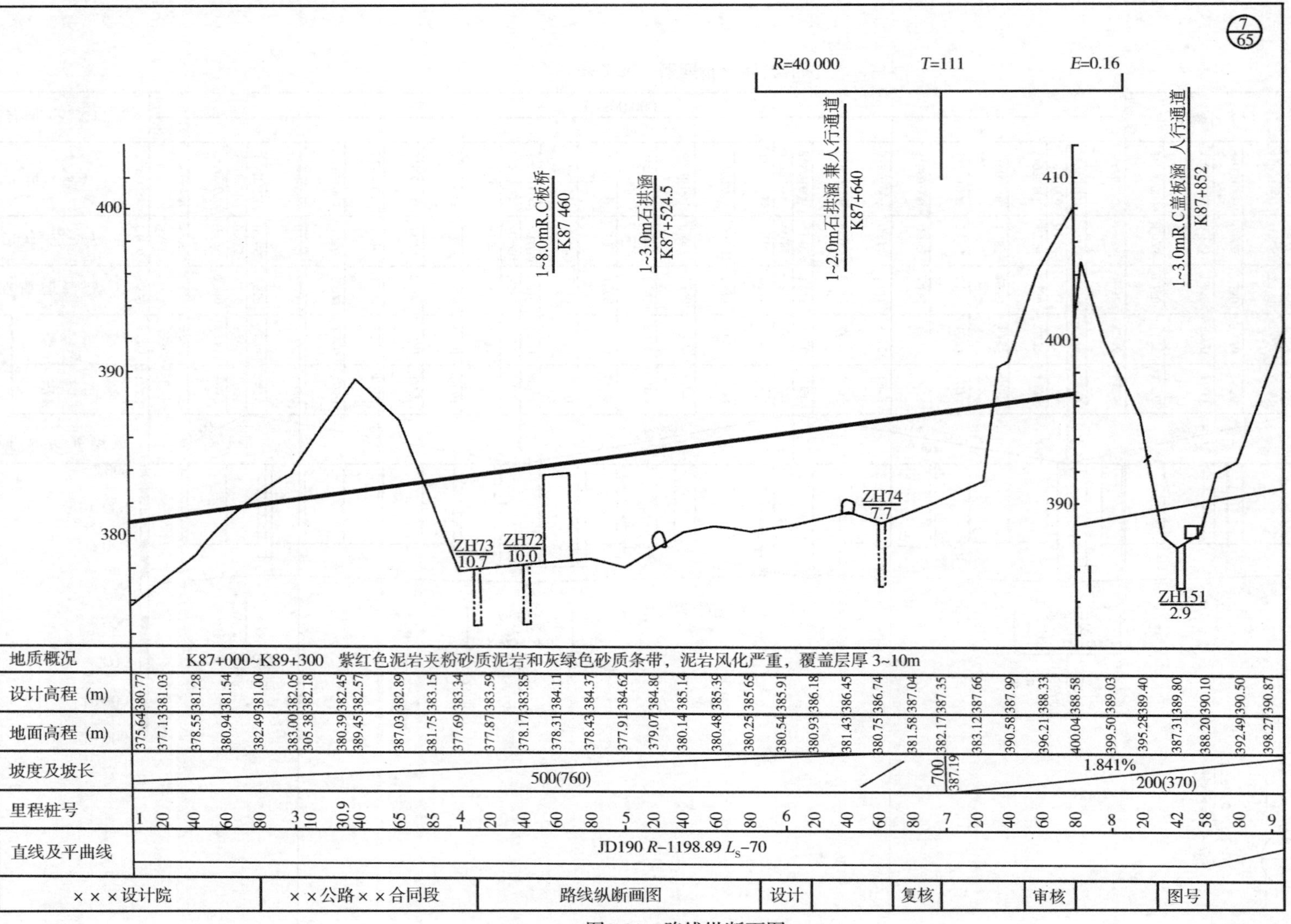
7/65
R=40 000
T=111
E=0.16
1~8.0mR.C板桥 K87 460
1~3.0m石拱涵 K87+524.5
1~2.0m石拱涵 兼人行通道 K87+640
1~3.0mR.C盖板涵 人行通道 K87+852
ZH73 10.7
ZH72 10.0
ZH74 7.7
ZH151 2.9
400
390
380
410
400
390
地质概况
K87+000~K89+300 紫红色泥岩夹粉砂质泥岩和灰绿色砂质条带，泥岩风化严重，覆盖层厚 3~10m
设计高程 (m)
380.77 381.03 381.28 381.54 381.00 382.05 382.18 382.45 382.57 382.89 383.15 383.34 383.59 383.85 384.11 384.37 384.62 384.80 385.14 385.39 385.65 385.91 386.18 386.45 386.74 387.04 387.35 387.66 387.99 388.33 388.58 389.03 389.40 389.80 390.10 390.50 390.87
地面高程 (m)
375.64 377.13 378.55 380.94 382.49 383.00 305.38 380.39 389.45 387.03 381.75 377.69 377.87 378.17 378.31 378.43 377.91 379.07 380.14 380.48 380.25 380.54 380.93 381.43 380.75 381.58 382.17 383.12 390.58 396.21 400.04 399.50 395.28 387.31 388.20 392.49 398.27
坡度及坡长
500(760)
700 387.19
1.841%
200(370)
里程桩号
1 20 40 60 80 3 10 30.9 40 65 85 4 20 40 60 80 5 20 40 60 80 6 20 40 60 80 7 20 40 60 80 8 20 42 58 80 9
直线及平曲线
JD190 R–1198.89 Ls–70
×××设计院
××公路××合同段
路线纵断画图
设计
复核
审核
图号

图2-31 路线纵断面图

5. 图样部分

（1）图样中水平方向表示长度，垂直方向表示高程。

（2）图样中所用比例为：水平方向采用1∶2000（从图中横向比例尺上识读），垂直方向则采用1∶200（从图中纵向比例尺上识读）。

（3）图样中不规则的细折线表示设计中心线处的纵向地面线，是根据一系列中心桩的地面高程连接而成的。图中的粗实线为公路的纵向设计线，表示路基边缘的设计高程。比较设计线与地面线的相对位置，可决定填、挖地段和填、挖高度。

（4）路线纵断面图中，在K87＋700处设有一个凹形竖曲线，是用“┬”符号表示的。其上标注有$R=40000$，表明竖曲线半径为40000m；$T=111$，表明竖曲线的切线长为111m，即从变坡点至竖曲线的起点或终点的距离；$E=0.16$，表明外距为0.16m，即变坡点到竖曲线的垂直距离。而符号两端的垂直细短线则表示竖曲线的起点和终点位置。

（5）从图2-31中可以看出，在K87＋460处设有一孔直径为8m的RC板桥（钢筋混凝土板桥）；在K87＋524.5处设有一孔3m的石拱涵；在K87＋640处设有一孔2m的石拱涵兼人行通道；在K87＋852处设有一孔3m的RC盖板涵（钢筋混凝土盖板涵）兼人行通道。

图中有些符号、数据所表示的内容应查阅有关说明。

6. 资料表部分

（1）地质概况栏清楚地表明：从K87＋000～K89＋300处的地质土壤为紫红色泥岩夹粉砂质泥岩和灰绿色砂质条带，泥岩风化严重，覆盖层厚为3～10m。

（2）坡度及坡长栏表明：从K87＋200～K87＋700段斜线上升且标注有1.284%，表明该段路线纵坡为1.284%的上坡；表格中部有一条竖线，且注有“$\frac{+700}{387.19}$”则表明变坡点从K87＋700段开始，其高程为387.19m。K87＋700～K87＋910斜线上升且标注有1.841%，表明该段路线纵坡为1.841%的上坡。在两坡度线的下面分别注有数字“500（760）”和“200（370）”，则表明由于图纸幅面所限，两段纵坡的长度在图纸上的长度分别为500m和200m，实际整个图纸纵坡的长度应分别为760m和370m。

（3）设计高程栏表明：这一栏里的数字说明对应桩号处的设计高程。

（4）地面高程栏表明：这一栏里的数字说明对应桩号处地面的高程。

（5）桩号栏表明：按测设要求，设置的桩号。

（6）平曲线栏表明：表示该路段的平面线形，栏中“____/”符号表明沿路线前进方向左转，交点号为JD190，平曲线半径为$R=1198.89$m，缓和曲线长度$L_s=70$m。由于图纸幅面所限，未能将整个平曲线的情况完全表达出来。

又如另一道路纵断面图，我们来看一下。

从图2-32的右上角标可知，该图是某公路从K61＋800～K62＋500段的路线纵断面图。

（1）图样。

1）比例。路线纵断面的水平方向表示路线长度（前进方向），竖直方向表示设计线和地面的高程。读图时应注意，由于路线的高差比路线的长度尺寸小得多，如果竖向高度与水平长度用同一种比例绘制，很难把高差明显地表示出来，所以绘制时一般竖向比例要比水平

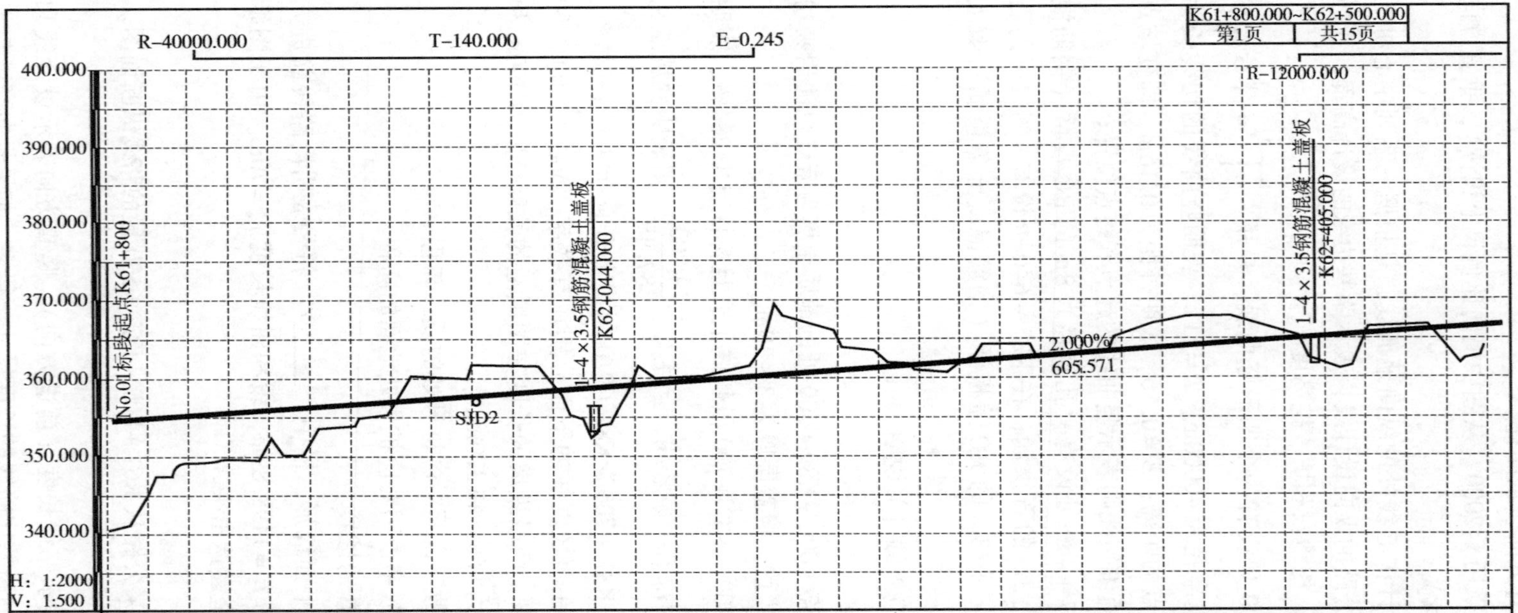

K61+800.000~K62+500.000　第1页　共15页

R−40000.000　T−140.000　E−0.245

R−12000.000

No.01标段起点K61+800

1−4×3.5钢筋混凝土盖板 K62+044.000

1−4×3.5钢筋混凝土盖板 K62+405.000

SJD2

2.000% 605.571

400.000　390.000　380.000　370.000　360.000　350.000　340.000

H: 1:2000
V: 1:500

地质概况：低山地貌为主，局部属河谷阶地，地表岩性以第四系中更新统粉质黏夹卵砾石、碎石、钙质胶结层为主，风华程度以强风化和中风化为主

桩号	填挖高	地面高程	设计高程
K61+800	14.316	340.058	354.374
K61+810	13.696	340.808	354.504
K61+820	9.786	344.838	354.634
K61+832	7.535	347.255	354.790
K61+842	5.871	349.049	354.920
K61+856	5.870	349.234	355.104
K61+876	6.028	349.346	355.374
K61+888	5.620	349.922	355.542
K61+898	5.684	350.000	355.684
K61+924	2.407	353.658	356.065
K61+940	1.215	353.093	356.308
K61+952	−3.574	360.669	356.495
K61+972	−3.045	359.858	356.813
K61+982	−4.479	361.456	356.977
K62+016	−3.832	361.382	357.550
K62+028	−0.001	357.760	357.759
K62+038	3.395	354.541	357.936
K62+052	4.339	353.850	358.189
K62+066	−2.895	361.341	358.446
K62+098	−0.949	360.001	359.052
K62+122	−1.746	361.269	359.523
K62+134	−9.611	369.374	359.763
K62+154	−6.321	366.484	360.163
K62+164	−5.491	365.854	360.763
K62+184	−2.477	363.210	360.763
K62+201	−0.562	361.665	361.103
K62+220	1.013	360.470	361.483
K62+234	−0.660	362.423	361.763
K62+262	−1.836	364.159	362.323
K62+280	0.348	362.335	362.383
K62+300	0.129	362.954	363.083
K62+324	−3.170	366.733	363.563
K62+342	−3.728	367.651	363.923
K62+362	−3.292	367.615	364.323
K62+396	−0.291	365.294	365.003
K62+418	4.544	360.882	365.426
K62+432	−0.589	366.264	365.675
K62+462	−0.384	366.536	366.152
K62+478	4.976	361.400	366.376
K62+488	3.921	362.585	366.506
K62+500	−0.144	366.794	366.650

坡度/坡长：356.772　984.429　2.000%　605.571

直线及平曲线：+R−2000.000　L−425.227　A−632.456　L−200.000

超高渐变图：0.220　−0.220　2.000%　0.000%　+225.227　2.000%　0.220　−0.220　−355.227　2.000%　1/318　+425.227　0.000%　1/303

图2-32　路线纵断面图

比例放大10倍。一般常用比例，水平1:2000或1:5000；垂直1:200或1:500，垂直为水平的10倍。图2-32的水平比例（H）为1:2000，而竖向比例（V）为1:500，这样画出的路线坡度比实际大，看上去也较为明显，在纵断面图的左侧按竖向比例画有高程标尺，便于读图。

2）设计线和地面线。在路线纵断面图中，道路的设计线用粗实线表示，原地面线用细实线表示。路线纵断面设计线，根据地形起伏和公路等级按相应的工程技术标准确定，设计线上各点的标高通常是指路基边缘的设计高程。地面线根据原地面上沿线各点的实测中心桩高程绘制。比较设计线与地面线的相对位置，可知道填挖高度。

3）竖曲线。设计线由直线和竖曲线组成，在设计线的纵向坡度变更处（变坡点），为了便于车辆行驶，一般按技术标准规定设置了圆弧形竖曲线。竖曲线分为凸形和凹形两种，在图中分别用“┌┴┐”和“└┬┘”的符号来表示。符号中部的竖线对准变坡点，符号的水平线两端对准竖曲线的始点和终点，竖曲线要素（半径R、切线长T、外距E）的数值标注在水平线上方。在图2-32中的左侧有凹形竖曲线，其变坡点桩号为K61+982处，变坡点高程为984.429，曲线半径R为4000m，切线长T长140m，外距E为0.245m。

4）构造物。桥涵、隧道、涵洞、通道统称构造物，一般会在设计线的上方或下方用竖直引出线标注。竖直引出线对准构造物的中心线位置，并注出了构造物的名称、规格和里程桩号。例如图2-32在里程桩K62+044.000和K62+405.000分别设有2座单跨盖板涵，用“◻”表示涵洞的中心位置。

5）水准点。路线纵断面图标注有沿线设置的测量水准点，竖直引出线对准水准点，里程桩号注写在竖直引出线的右侧，其编号和高程注写在水平线上方。

（2）设计资料。路线纵断面图的设计资料与图样上下对齐布置，便于阅读，能较好地反映出纵向设计在各桩号处的高程、填挖方量、地质条件和坡度以及平曲线与竖曲线的配合关系。从上至下，资料主要包括：地质概况、填挖高度、地面高程、设计高程、坡度/坡长、直线及平曲线、超高渐变图、桩号。

1）地质概况。图中注出了沿线各路段的地质类型，可直接读出对应路段的地质情况。图2-32地质概况注明为：低山地貌为主，局部属河谷阶地，地表岩性以第四系中粉质黏土夹卵砾石、碎石、钙质胶结层为主，风化程度以强风化和中风化为主。

2）填挖高度。设计线在地面线下方时需要挖方，在地面线上方时需要填方，挖或填的高度值可用各里程桩点对应的设计标高与地面标高之差的绝对值算出。

3）标高。资料表中有设计标高和地面标高两栏，它们是和图样互相对应的，分别表示设计线和地面线上各里程桩的高程。

4）坡度及坡长。对角线表示坡度方向，左下至右上“/”表示上坡，左上至右下“\”表示下坡，坡度和坡长分别标注在对角线的上、下两侧。从K61+984.429处起有一标注为“2.000%/605.571”，表示此段路线是上坡，坡度为2.000%，路段坡长为605.571m。

5）平曲线。在资料表中画有该路段的平曲线线形并标注平曲线要素。直线段用水平线表示，道路左转弯用凹折线“─╰─╯─”表示，右转弯用凸折线“─╭─╮─”表示，缓和曲线段用斜线表示，可对应读取平曲线的位置线形和曲线要素等信息。

6）里程桩号。沿线各点的里程桩号是按测量的里程数值填入的，单位为m，里程桩号从左向右排列。在平曲线的起点、中点、终点和桥涵中心点等处设置了里程加桩。

(3) 图样识读。城市道路纵断面图与公路的图示方法相同。例如，竖直方向绘图比例较水平方向放大10倍表示，水平方向采用1∶1000，竖直方向采用1∶100。识图内容与方法可参照公路纵断面图识读。

(4) 资料识读。城市道路纵断面图的资料表基本上与公路路线纵断面图相同，不仅与图样部分上下对应，而且还标注有关的设计内容。

城市道路除画出道路中心线的纵断面图之外，当纵向排水有困难时，还会画出街沟纵断面图。对于排水系统的设计图信息，可以在纵断面图中读出，或从单独设计图中读出。

三、路线常用表格

反映路线平面线形设计成果的主要表格有直线、曲线及转角表、逐桩表、导线点一览表、路线固定表等。

1. 直线曲线及转角表

各级公路和城市道路不论转角大小均应设置圆曲线（图2-33）。相邻两曲线之间应有一定长度的直线，这个直线是指前一曲线的终点（HZ或YZ）到后一曲线的起点（ZH或ZY）之间的长度。缓和曲线是设置在直线和圆曲线之间或半径相差较大的两个转向相同的圆曲线之间的一种曲率连续变化的曲线。除四级公路外的其他各级公路都应设置缓和曲线。另外，当圆曲线半径大于“不设超高的最小半径”时，可省略缓和曲线。

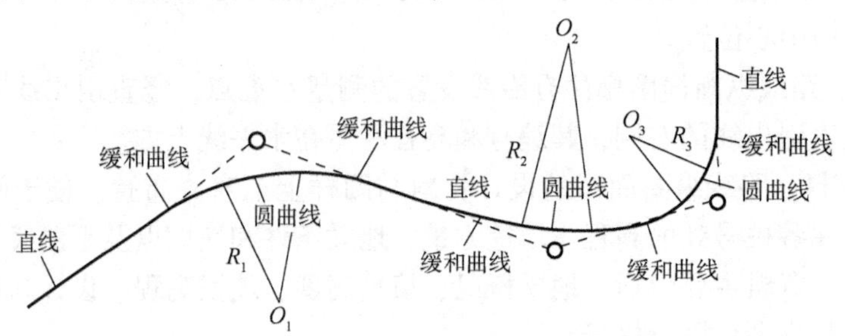

图2-33　平面线形基本组成

直线、曲线及转角表是路线平面设计的重要成果之一，它集中反映了道路平面设计的成果和数据，是施工放线和复测的主要依据。表2-12列出了交点号、交点里程、交点坐标、转角、曲线要素值、曲线主点桩号、直线长、计算方位角、断链等。在路线纵断面、横断面及构造物施工时，都要参考这类表的数据。

表2-12给出了9个交点的22项信息，其中有效信息19项。第一列为交点号，按顺序编排。从第二列起分别为交点坐标、交点桩号、转角值、曲线要素值、曲线位置、直线长度及方向、测量断链。交点坐标X的正方向为N（North），Y的正方向为E（East）。交点(JD)桩号与直圆点（ZY）桩号、切线长（T）有关，JD（桩号）＝ZY（桩号）＋T。

选线人员根据道路等级和地形条件定出一系列直线，相邻两直线相交得到各个交点(JD1、JD2……)，通过测量交点的距离，确定交点之间的关系；或通过测量交点与导线点的坐标关系，确定交点坐标，再根据相邻交点坐标算出交点偏角和距离。

转角或称偏角，是指路线由一个方向偏向另一个方向时，偏转后的方向与原方向的夹角。偏转后的方向位于原方向左侧时，称左偏；位于原方向右侧时，称右偏。

表 2-12 直线、曲线及转角

交点号	交点坐标		交点桩号	转角值	曲线要素值/m					
	X	Y			半径	缓和曲线长度	切线长度	曲线长度	外距	校正值
1	2	3	4	5	6	7	8	9	10	11
起点	41808.204	90033.595	K0 +000.000							
2	41317.589	90464.099	K0 +652.716	右 35°35′23.8″	800.000	0.000	256.755	496.929	40.198	16.62
3	40796.308	90515.912	K1 +159.946	左 57°32′51.8″	250.000	50.000	162.511	301.099	35.692	23.922
4	40441.519	91219.007	K1 +923.562	左 34°32′06.9″	150.000	40.000	66.753	130.413	7.5449	3.093
5	40520.204	91796.474	K2 +503.273	右 78°53′21.9″	200.000	45.000	187.381	320.376	59.534	54.386
6	40221.113	91898.700	K2 +764.966	左 51°40′28.6″	224.130	40.000	128.668	242.141	25.224	15.194
7	40047.399	92.390.466	K3 +271.313	左 34°55′48.9″	150.000	40.000	67.322	131.447	7.715	3.198
8	40190.108	92.905.941	K3 +802.980	右 22°25′23.6″	600.000	0.000	118.930	234.816	11.673	3.044
终点	40120.034	93.480.920	K4 +379.175							

交点号	曲线位置					直线长度及方向			测量断链		备注
	第一缓和曲线起点	第一缓和曲线终点或圆曲线起点	曲线中点	第二缓和曲线终点或圆曲线起点	第二缓和曲线起点	直线长度/m	交点间距/m	计算方位角或计算方向角	桩号	增减长度/m	
1	12	13	14	15	16	17	18	19	20	21	22
起点											
2		K0 +395.940	K0 +644.405	K0 +892.870		395.94	652.715	138°44′01.5″			
3	K0 +997.435	K1 +047.435	K1 +147.984	K1 +248.534	K1 +298.534	104.565	523.85	174°19′25.3″			
4	K1 +856.809	K1 +896.809	K1 +922.016	K1 +947.222	K1 +987.222	558.276	787.539	116°46′33.5″			
5	K2 +315.892	K2 +360.892	K2 +476.079	K2 +591.268	K2 +636.268	328.669	582.803	82°14′26.6″			
6	K2 +636.298	K2 +676.298	K2 +757 +368	K2 +838.439	K2 +878.439	).030	316.078	161°07′48.5″			
7	K3 +203.995	K3 +243.995	K3 +269.719	K3 +295.442	K3 +335.442	325.556	521.546	109°27′19.9″			
8		K3 +684.055	K3 +801.463	K3 +918.871		348.613	534.865	74°31′31″			
终点						460.304	579.233	96°56′54.6″			

在路线测量中，一般规定测交点右角，由右角计算偏角。右角是指前进方向右侧夹角，一般用全测回法测量。右角大小为：右角 =（后视读数）-（前视读数），当后视读数小于前视读数时，前式变为，右角 =（后视读数 +360°）-（前视读数）。

路线偏角的计算：已知相邻两边方位角 θ_i 和 θ_{i+1}，计算该交点的偏角 α，$\alpha=\theta_{i+1}\pm\theta_i$，当 $\alpha>0$ 时，路线为右偏 R；当 $\alpha<0$ 时，路线为左偏 L。如图 2-34，JD1 处路线右偏 35°35′23.8″，JD2 处路线左偏 57°32′51.8″，JD3 处路线左偏 34°32′06.9″。

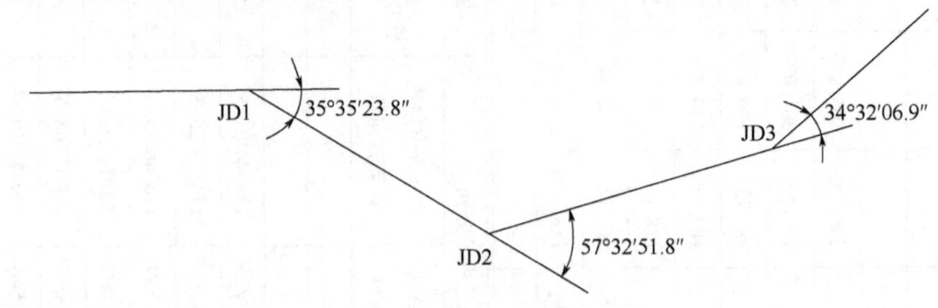

图 2-34　路线转角示意

以直线为主定交点主要用于平原、微丘区，是根据地形、地物条件，选设定作为路线基本轴线的直线，再根据两两直线相交得交点，继而设置圆曲线和缓和曲线，该方法称以直线为主定交点法，也是传统的方法。

以曲线为主定交点常用于互通立交匝道布线、定线或山岭、重丘区高速公路、一级公路选线、定线，是根据地形及环境条件和路线技术要求设置圆曲线（或圆曲线与缓和曲线组合）作为基本轴线，再把曲线的切线画出，延长各切线两两相交定出交点。

2. 逐桩坐标表

逐桩坐标表是等级较高道路平面设计成果组成之一，是道路中线放样的重要资料。等级较高道路的线形指标高，圆曲线半径较大，缓和曲线较长，在测设和放样时采用坐标法，才能保证其测量精度。

逐桩坐标表即各个中桩的坐标（表 2-13）。计算和测量方法按照“从整体到局部”的原则进行。一般是根据导线点坐标用全站仪或 GPS 测量路线交点坐标或从图上直接量取交点坐标，计算交点转角和方位角、交点间距；然后，根据计算结果选定圆曲线半径和缓和曲线长度，计算中线上各桩坐标。

四、路基施工图

1. 路基横断面图的图示方法

路基横断面图的图示方法是在路线中心桩处作一系列垂直于路线中心线的断面图。为了便于计算断面的填挖面积和施工放样，路基横断面图一般画在透明方格纸上。在同一张图纸上路基横断面图是按照桩号的顺序，并从图纸的左下方开始，先由下向上，再由左向右排列的，且在每张路基横断面图的右上角都绘制了角标，以说明图纸的序号及总张数，在最后一张图的右下角绘有图标，如图 2-35 所示。

2. 路基横断面图的作用

路基横断面图的作用是用来表达各中心桩处横向地面的起伏情况，以及路基横断面的设计情况。工程上要求在每一中心桩处，根据测量资料和设计要求顺次画出每一个路基横断面图，用来计算公路的土石方量并作为路基施工的依据。

表 2-13 逐桩坐标

×××公路某段

桩号	坐标/m		方向角	桩号	坐标/m		方向角
	X	Y			X	Y	
K1 +500.00	40632.336	90840.861	116°46′33.0″	K2 +140.00	40471.158	91436.529	82°14′27.0″
K1 +540.00	40614.316	90976.527	116°46′33.0″	K2 +160.00	40473.858	91456.346	82°14′27.0″
K1 +570.00	40600.801	90903.355	116°46′33.0″	K2 +180.00	40476.558	91476.463	82°14‘27.0″
K1 +600.00	40587.286	90930.139	116°46′33.0″	K2 +200.00	40479.258	91495.980	82°14′27.0″
K1 +630.00	40573.623	90957.216	116°46′33.0″	K2 +220.00	40481.959	91515.797	82°14′27.0″
K1 +669.00	40556.202	90991.561	116°46′33.0″	K2 +240.00	40484.659	91535.613	82°14′27.0″
K1 +680.00	40551.246	90991.740	116°46′33.0″	K2 +260.00	40487.359	91555.430	82°14‘27.0″
K1 +700.00	40542.236	91019.416	116°46′33.0″	K2 +280.00	40490.059	91575.247	82°14‘27.0″
K1 +720.00	40533.226	91037.272	116°46′33.0″	K2 +300.00	40492.759	91595.064	82°14′27.0″
K1 +750.00	40519.711	91064.055	116°46′33.0″	ZH +315.00	40494.905	91610.809	82°14′27.0″
K1 +780.00	40506.196	91090.838	116°46′33.0″	K2 +340.00	40497.902	91634.730	84°05′26.5″
K1 +800.00	40497.186	91108.694	116°46′33.0″	HY +360.00	40499.302	91655.568	88°41′08.7″
K1 +820.00	40488.176	91126.549	116°46′33.0″	K2 +380.00	40498.828	91674.665	94°09′37.3″
K1 +840.00	40479.166	91144.405	116°46′33.0″	K2 +400.00	40496.383	91694.506	99°53′23.8″
ZH +856.31	40471.593	91159.412	116°46′33.0″	K2 +420.00	40491.969	91714.005	105°37′10.3″
K1 +870.00	40465.708	91171.216	115°56′42.1″	K2 +440.00	40485.631	91732.965	111°20′56.7″
HY +896.81	40465.191	91195.860	109°08′09.7″	K2 +460.00	40477.431	91751.198	117°04′43.2″
K1 +900.00	40454.177	91198.885	107°55′03.1″	QZ +476.00	40469.544	91765.206	121°41′06.9″
QZ +922.01	40488.963	91220.253	99°38′19.1″	K2 +500.00	40455.794	91784.761	128°32′16.2″
K1 +940.00	40447.061	91238.126	92°38′19.1″	K2 +520.00	40442.573	91799.757	134°32r16.2″
YH +947.00	40446.902	91245.344	89°52′50.9″	K2 +540.00	40427.920	91813.357	139‘59|49.1″
K2 +960.00	40447.413	91258.112	85°46′43.6″	K2 +560.00	40411.983	91825.427	145°43′35.6″
K1 +980.00	40449.567	91277.993	82°29′23.3″	K2 +580.00	40394.921	91835.845	151°27|22.1″
HZ +987.22	40450.531	91285.148	82°14′27.0″	K2 +591_27	40384.857	91840.947	154°41′05.3″
K2 +000.00	40452.257	91297.811	82°14′27.0″	K2 +600.00	40376.910	91844.518	156°56′35.0″
K2 +010.00	40453.607	91307.719	82°14′27.0″	K2 +620.00	40358.262	91851.740	160°17′15.4″
K2 +030.00	40456.307	91327.536	82°14′27.0″	CQ +636.27	40342.893	91857.077	161°07′48.0″
K24 −050.00	40459.007	91347.353	82°14′27.0″	K2 +650.00	40329.916	91861.563	160°31′48.6″
K2 +070.00	40461.707	91367.170	82°14′27.0″	K2 +670.00	40311.219	91866.655	157°30′02.7″
K2 +100.00	40465.757	91396.895	82°14′27.0″	K2 +700.00	40284.324	91881.898	149°57′30.4″
K2 +120.00	40468.459	91416.712	82°14′27.0″				

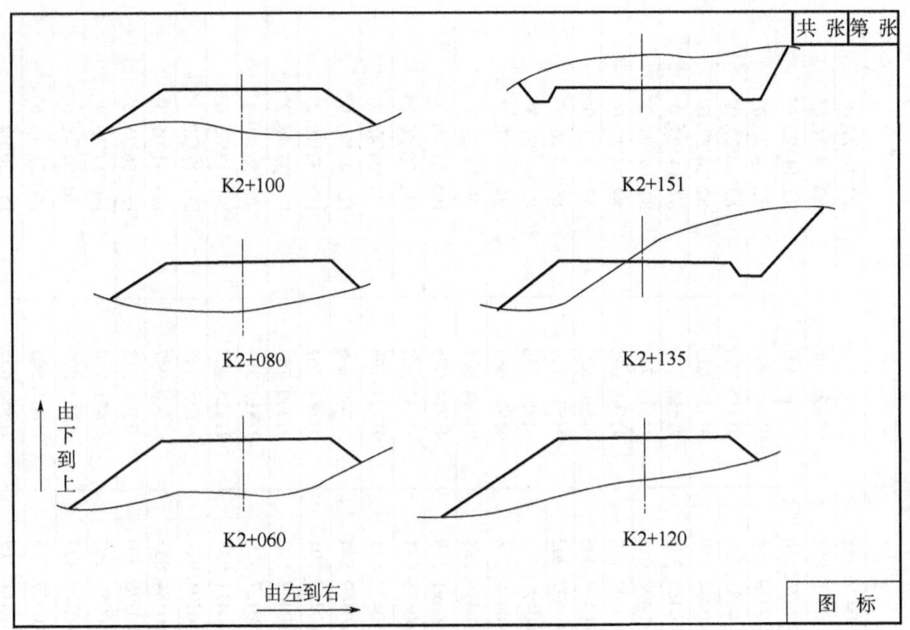

图 2-35　路基横断面图的图示方法

3. 路基横断面图的形式

（1）填方路基。填方路基就是通常所说的路堤，其图示形式如图 2-36a 所示。图下所注是该断面中心线处的填方高度，该断面的填方面积。

（2）挖方路基。挖方路基就是通常所说的路堑，其图示形式如图 2-36b 所示。图下所注是该断面的里程桩号，中心线处的挖方高度，该断面的挖方面积。

（3）半填半挖路基。半填半挖路基是前两种路基的综合，其图示形式如图 2-36c 所示。图下所注是中心线处的填方和挖方高度，该断面的填方和挖方面积。

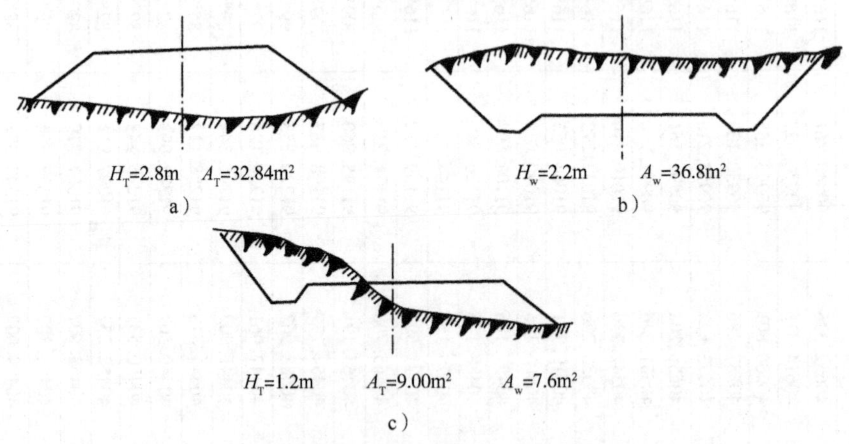

图 2-36　路基横断面的基本形式

a）填方路基　b）挖方路基　c）半填半挖路基

路面、路肩的横坡线通常是用两侧路肩边缘点的连线代替的，目的是为了计算方便。在一般情况下，路基顶面为一水平线，有超高时，顶面为超高横坡的坡度线；有加宽时，则会按规定予以加宽。当某桩号处有超高和加宽时，其方向和位置会在设计图样上的该桩号处明确表示出来。

为了保证路基稳定和行车安全，根据实际需要设置取土坑、弃土堆、护坡道、碎落台、堆料坪等路基附属设施，这些都应视为路基主体工程不可缺少的部分。

（4）取土坑与弃土堆。公路土石方数量在调配过程中或在公路养护中，不可避免地会在公路沿线附近借土或弃土。在公路沿线挖取土方填筑路基或作为养护材料所留下的整齐土坑，称为取土坑。将开挖路基所废弃的土，按一定的规则形状堆放于公路沿线一定距离内，称为弃土堆。无论借土或取土，首先要选择合理的地点。一般应从土质、数量、占地及运输等方面考虑选点；其次，要结合农田水利，改地造田，少占或不占良田，维护自然生态平衡合理选点，从而做到“借之有利，弃之无害”。

路旁取土坑如图 2-37 所示，深度为 1.0m 或稍大一些，宽度依用土量和用地允许而定。平坦地区如果用土量较少，可以沿路两侧设置取土坑，与路基排水和农田灌溉相结合。为防止坑内积水危害路基，当堤顶与坑底高差不足 2.0m 时，在路基坡脚与坑之间需设宽度不小于 1.0m 的护坡平台，坑底设纵横排水坡及相应设施。河水淹没地段的桥头引道近旁，一般不设取土坑；如设取土坑，要距河流中水位边界 10m 以外，并不得长期积水，危害路基或构造物的稳定。

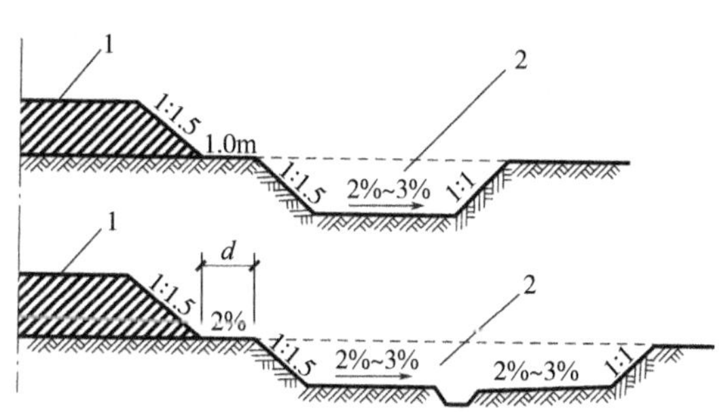

图 2-37　路旁取土坑示意图

1—路堤　2—取土坑

路旁弃土坑如图 2-38 所示。路基的废方应妥善处理，充分利用；如用于公路、农田水利、基建等，做到变废为宝、弃而不乱，对无法加以利用的弃土，应防止乱弃而造成水土流失，危害路基及农田水利，淤塞河道。废方一般选择在沿线附近低洼荒地或路堑下坡一侧堆放。沿河路基的废石方，条件允许时可以部分占用河道，但不能造成河道上游壅水，危及路基及附近农田。如需在路堑上侧弃土，要求堆弃平整，顶面具有适当横坡，并设置平台三角土埂及排水沟渠。积沙或积雪地段的弃土堆，为有利防沙防雪，一般设在迎风一侧。路堑深度大于 1.5m 时，弃土堆距坡顶至少 20m。浅而开阔的路堑两旁不得设弃土堆。

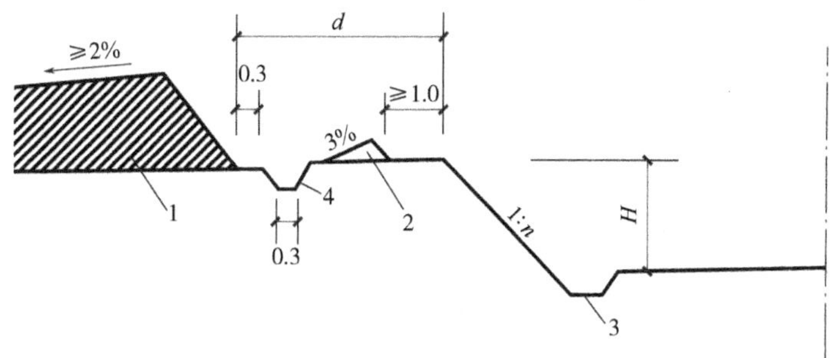

图 2-38　路旁弃土坑示意图

1—弃土堆　2—三角平台　3—边沟　4—截水沟

d—弃土堆内侧坡脚与路堑坡顶的距离；*H*—路堑高度

(5) 护坡道与碎落台。当路堤较高时，为保证边坡稳定，在取土坑与坡脚之间或边坡坡面上，沿纵向保留或筑成有一定宽度的平台，称为护坡道。其目的是加宽边坡横距，减缓边坡平均坡度。护坡道越宽，越有利于边坡稳定，但工程量随之增加，根据实际情况，宽度至少为1.0m，并随填土高度增加而增大。一般情况下，$h<3.0\text{m}$ 时，$d=1.0\text{m}$；$h=3\sim6\text{m}$ 时，$d=2\text{m}$；$h=6\sim12\text{m}$，$d=2\sim4\text{m}$（d 为护坡道宽度）。

碎落台通常设置在路堑边坡坡脚与边沟外侧边缘之间，有时也设在边坡中部，如图2-39所示，其作用是防止零星土石碎落物落入边沟，碎落台宽度一般为1.0~1.5m。兼顾护坡道作用，又适当放宽。对风化严重的岩石边坡或不良土质边坡，一般为1.0~1.5m，其顶部宽度大于0.5m，墙高1~2m。

(6) 堆料坪。为避免在路肩上堆放路面养护用料，在用地条件许可时，可在路肩外缘或边沟外缘设置堆料坪，一般每隔50~100m设置一个，其长度为5~8m，宽度为2m左右，如图2-40所示。

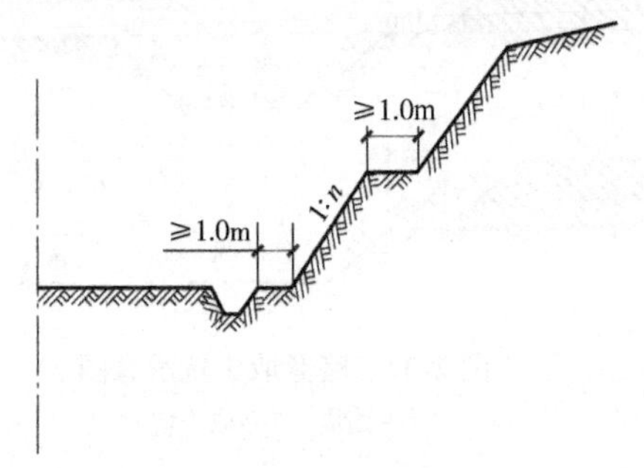

图2-39　碎落台示意图

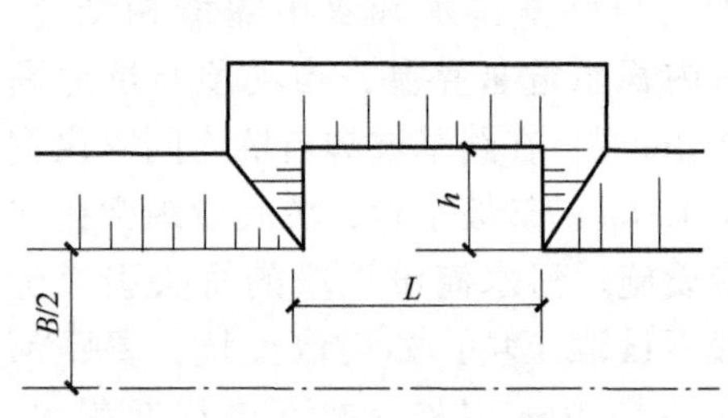

图2-40　堆料坪示意图

4. 路基土石方表

路基土石方是公路工程的一项主要工程量，在公路设计和路线方案比较中，路基土石方数量的多少是评价公路测设质量的主要技术经济指标之一。在编制公路施工组织计划和工程概预算时，还需要确定分段和全线路基土石方数量。

土石方调配的目的是为确定填方用土的来源、挖方土的去向，以及计价土石方的数量和运量等。通过调配，合理地解决各路段土石方平衡与利用问题，从路堑挖出的土石方，在经济、合理的调运条件下以挖作填，尽量减少路外借土和弃土，少占用耕地，以求降低公路造价。

表2-14为某道路路基土石方表。表中桩号为K0+140处横断面填方面积为157.9m^2，与前一个桩号K0+117.089距离为22.91m。其中挖方部分土Ⅰ、Ⅱ、Ⅲ，石Ⅳ、Ⅴ、Ⅵ为根据定额土壤及岩石的分类，Ⅱ类土占15%，Ⅳ类石占85%。填方总数量为3653.6m^3，土的数量为1741.1m^3，石的数量为1980.5m^3。

"利用方数量及调配"栏中包括本桩利用、填缺、挖余、远运利用及纵向调配示意四项，其中填缺土的数量为1741.1m^3，石的数量为1980.5m^3，由于没有本桩利用及挖余量，所以需要远运利用。表2-14中表示了K0+140~K0+406.524段，远运利用及纵向调配的位置及数量，即从K54+630~K54+665段调入土1741.1m^3，石25152.6m^3，运距为3600m。在本段合计栏中，注明了本段调入的土石总量分别为1741.1m^3，25152.6m^3。

表 2-14 某公路某段路基土石方数量计算

× ×高速公路某段路基 第 页 共 页

桩号	横断面面积/m²		距离/m	挖方分类及其数量/m³													填方数量/m³		
				总数量	土						石								
					Ⅰ		Ⅱ		Ⅲ		Ⅳ		Ⅴ		Ⅵ				
	挖方	填方			%	数量	%	数量	%	数量	%	数量	%	数量	%	数量	总数量	土	石
K0+117.089		161.1																	
K0+140		157.9	22.911				15				85						3653.6	1741.1	1980.5
K0+160		160.4	20				15				85						3182.5		2927.9
K0+180		147.7	20				15				85						3080.5		2834.1
K0+200		147.1	20				15				85						2947.6		2711.7
K0+220		133.1	20				15				85						2801.6		2577.5
K0+240		120.3	20				15				85						2534.1		2331.4
K0+260		88.4	20				15				85						2087.3		1920.3
K0+280		38.8	20				15				85						1722.2		1584.5
K0+300		82.4	20				15				85						1662.5		1529.5
K0+320		70.4	20				15				85						1528.4		1406.2
K0+340		53.1	20				15				85						1234.8		1136.0
K0+360		38.9	20				15				85						919.8		846.2
K0+380		33.3	20				15				85						722.5		664.7
K0+406.524		24.2	26.52				15				85						763.2		702.1
合计																	28840.7	1741.1	25152.6
加宽填筑																	1579		

（续）

桩号	利用方数量及调配/m^3							借方数量/m^3 及运距/km		弃方数量/m^3 及运距/km		备注
	本桩利用		填缺		挖余		远运利用及纵向调配示意					
	土	石	土	石	土	石		土	石	土	石	
K0 +117.089												
K0 +140			1741.1	1980.5								
K0 +160				2927.9								
K0 +180				2834.1								
K0 +200				2711.7								
K0 +220				2577.5								
K0 +240				2331.4								1. 本表除填方总数量为压实方外，其余均为自然方 2. 横断面面积填方已扣除路面结构层部分的面积，挖方已计入开挖路槽的面积 3. 横断面填方面积中已含清除表土和压实补偿方面积
K0 +260				1920.3								
K0 +280				1584.5			从K54+630–K54+665调入： 土：1741.1m^3 石：25152.6m^3 运距：3600m					
K0 +300				1529.5								
K0 +320				1406.2								
K0 +340				1136.0								
K0 +360				846.2								
K0 +380				664.7								
K0 +406.524				702.1								
合计			1741.1	25152.6			本段调入：土：1741.1m^3 石：25152.6m^3					
加宽填筑												

备注为对本表的说明，利于工程概预算，主要包括以下三条：①本表除填方总数量为压实方外，其余均为自然方；②横断面面积填方已扣除路面结构层部分的面积，挖方已计入开挖路槽的面积；③横断面填方面积中已含清除表土和压实补偿土方的面积。

5. 路基施工图示例

路基施工图参考如图 2-41 ~ 图 2-45 所示。

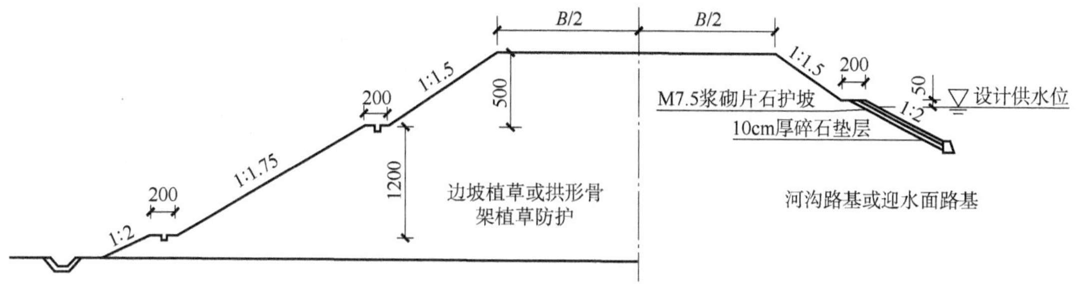

图 2-41 填方段路基断面图

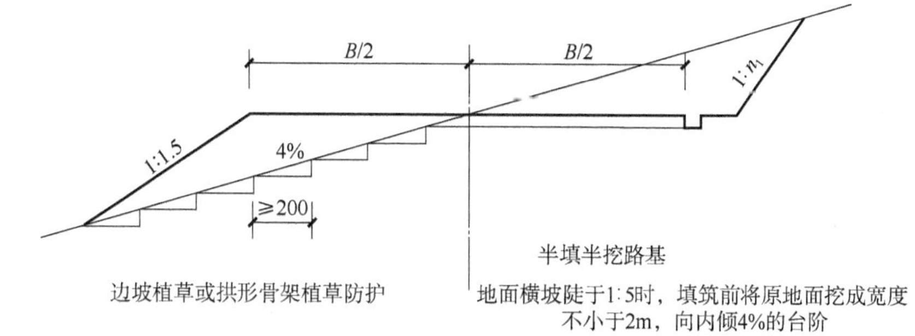

图 2-42 半填半挖路基断面图

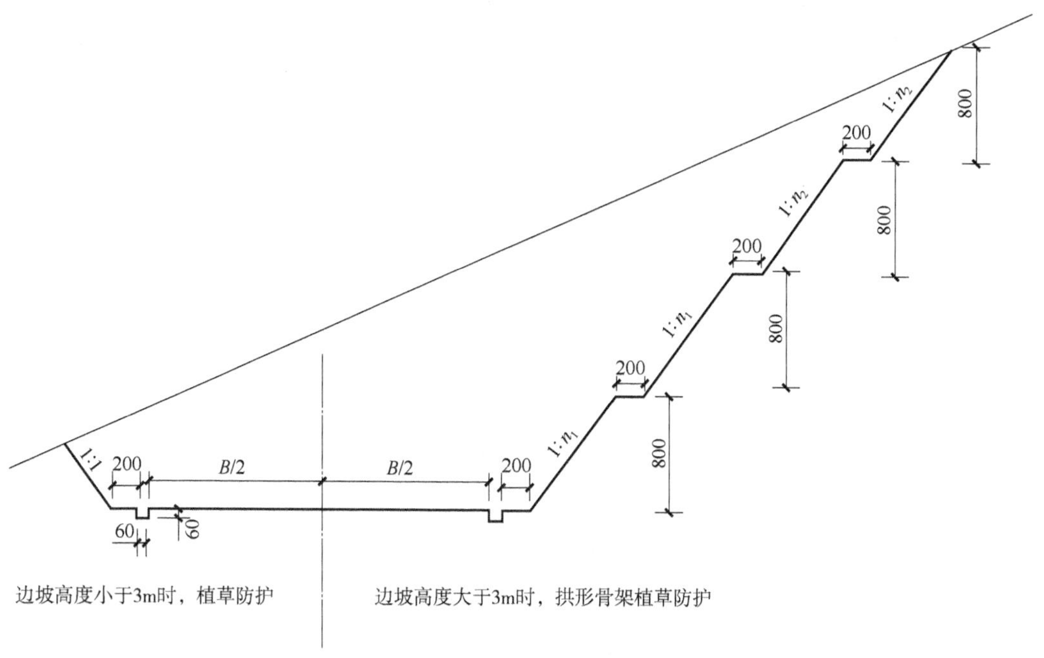

图 2-43 挖方段路基断面图

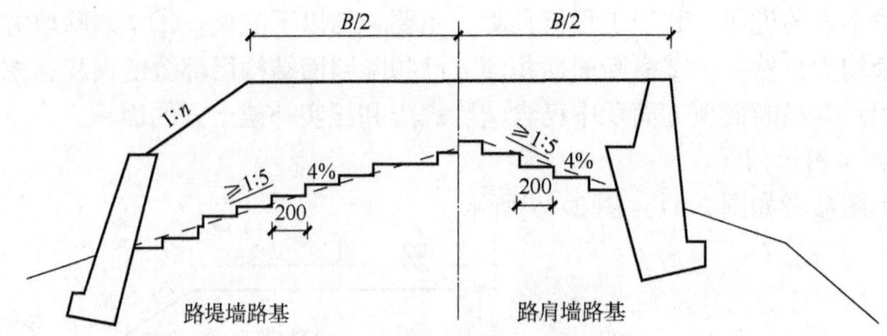

图 2-44 路堤墙路肩路基断面图

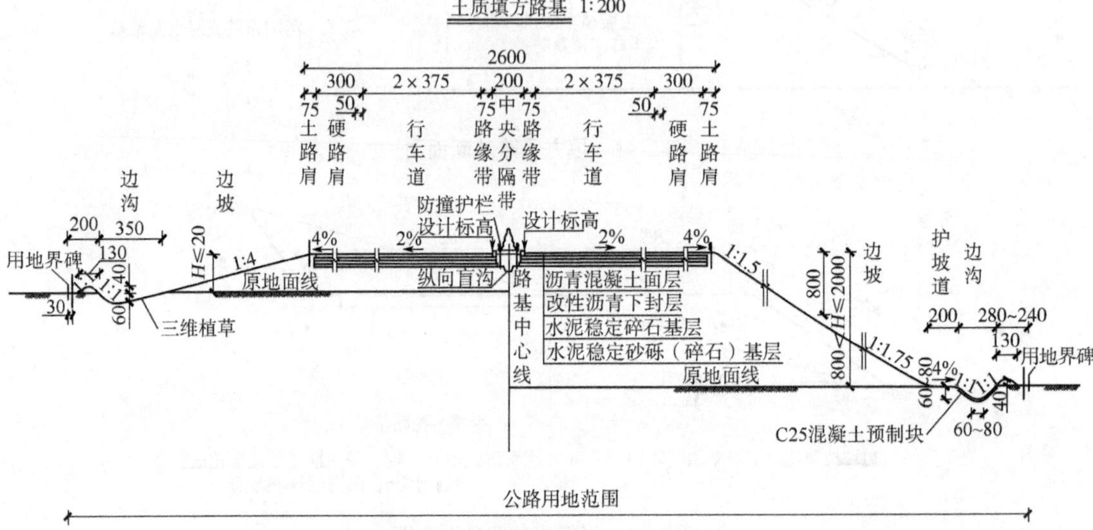

图 2-45 路基标准横断面图示例

图 2-46 为牛腿或进口坡道图，图中坡道设置在有少量机动车出入的临街建筑口，具体可由建设单位会同有关部门现场定。

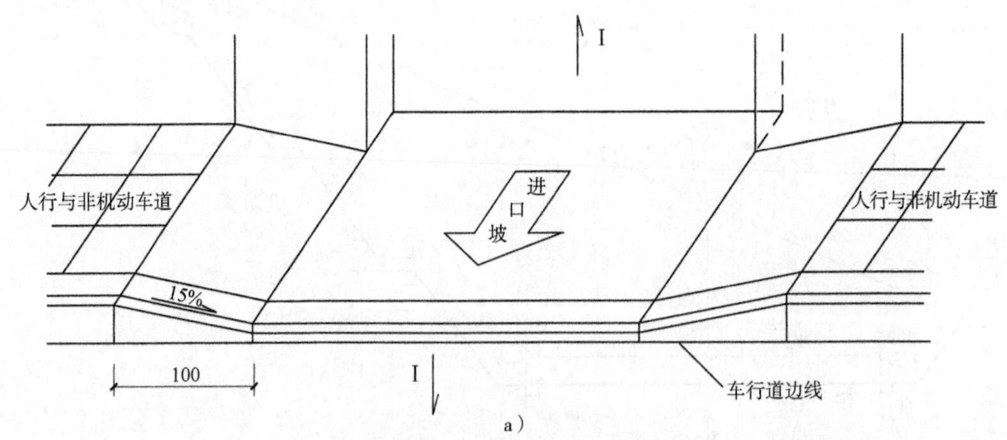

图 2-46 进口坡道图

a）牛腿式进口坡

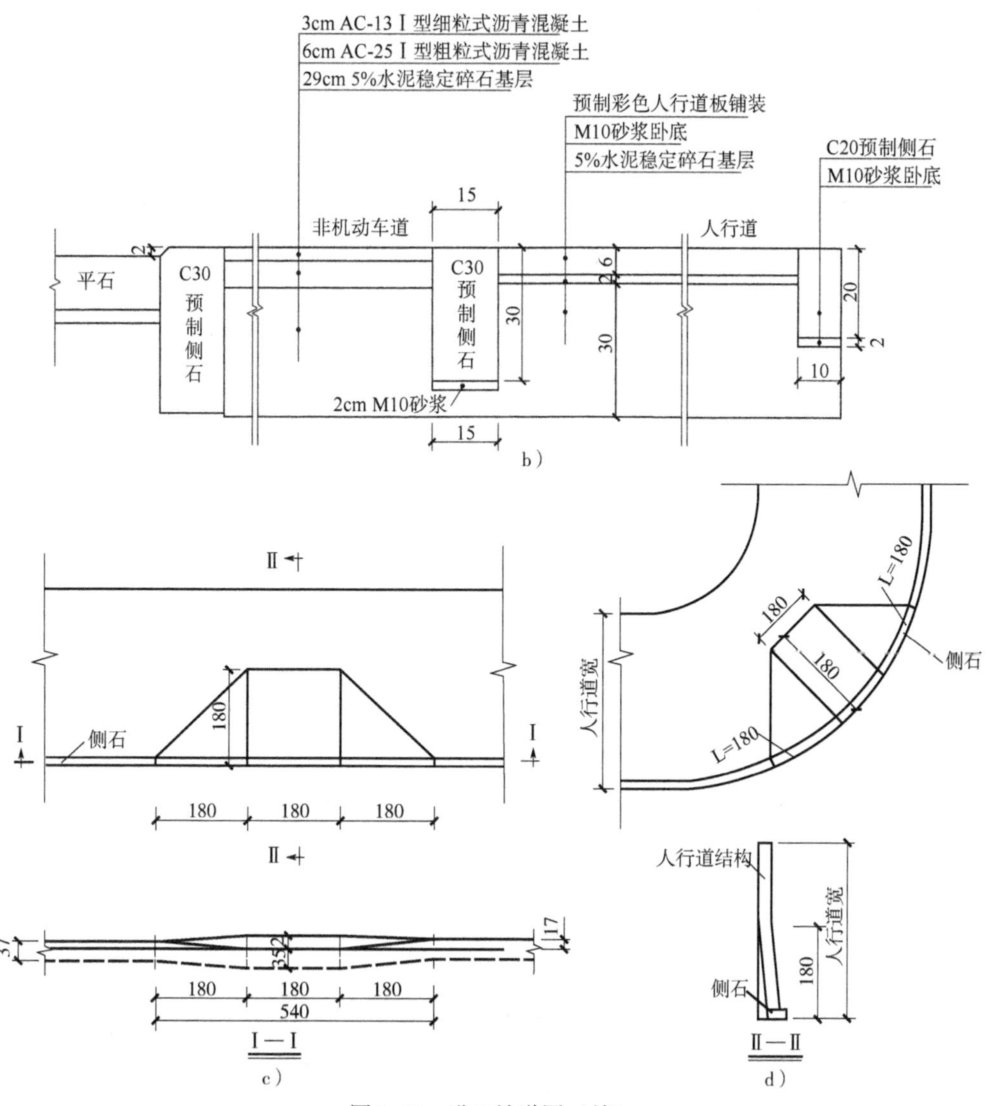

图 2-46　进口坡道图（续）

b）1—1 剖面　c）三面坡缘石坡道　d）交叉口三面坡缘石坡道（设在沿线相交道路交叉口）

图 2-46 中块材颜色宜为中黄色，其铺装宽度均为 50cm；凡有人行横道处均应设本图的缘石道；施工时，块材下土基应压实，各结构层施工均经按有关施工规定进行；盲道在路口的布置方式可根据现状作适当调整。

五、路面施工图

1. 路面简介

路面是用硬质材料铺筑在路基顶面的层状结构，根据其使用的材料和性能不同，可分为柔性路面和刚性路面两类。柔性路面如沥青混凝土路面、沥青碎石路面、沥青表面处治路面等，刚性路面如水泥混凝土路面。

2. 路面结构类型

路面结构类型如图 2-47 所示。

自然区划	$Ⅱ_4$（黄渭间山地、盆地轻冻区）													
路面类型	沥青路面										水泥路面			
所处路段	主线（中湿~干燥）	主线（构造物之间小于80m的路基）	主线（石质挖方段）	主线（潮湿）	连接线	互通匝道	隧道V-1（有仰拱）	隧道V-2（无仰拱）	改移道路	桥面改装	匝道收费广场	汽车通道	机耕通道	人行通道
路基土组	黄土、安山岩、玄武岩、流纹岩										黄土、安山岩、玄武岩、流纹岩			
设计基数	L_d=0.235（mm）										f_{cm}≥5.0MPa			
方案代号	Z-1	Z-2	Z-3	Z-4	L-1	ZD-1	SD-1	SD-2	GY-1	QM-1	SF-1	QC-1	JG-1	RX-1
图式	4 6 8 1 36 18 73 E_0>50MPa	4 6 8 1 20 18 15 72 E_0>50MPa	4 6 8 1 36 10 65 E_0=200MPa	4 6 8 1 36 18 15 88 E_0=30MPa	4 6 1 34 18 63 E_0>50MPa	4 6 8 1 36 18 73 E_0>50MPa	4 6 0.6 C40混凝土 26 C20混凝土基层 15 51.6	4 6 0.6 C40混凝土 26 C20混凝土基层 15 C20混凝土整平层 10 61.6	3 4 34 16 57	4 6 防水层10	24 2 15 15 56 E_0≥40MPa	20 15 35 E_0≥40MPa	20 15 35 E_0≥40MPa	18 15 33 E_0≥40MPa

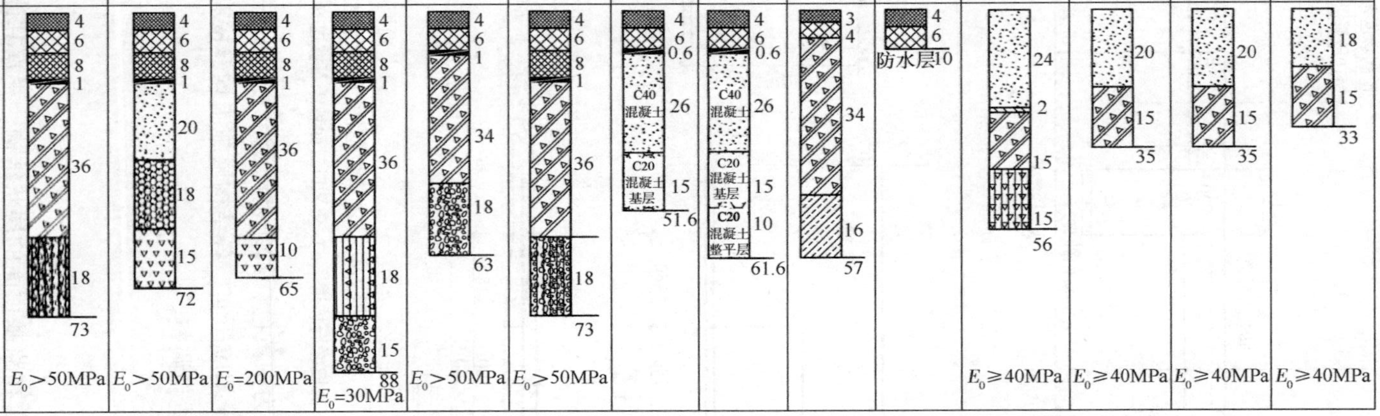

图例

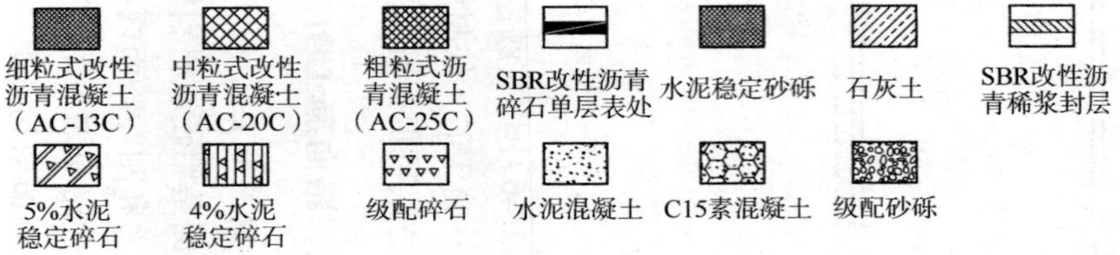

细粒式改性沥青混凝土（AC-13C）　中粒式改性沥青混凝土（AC-20C）　粗粒式沥青混凝土（AC-25C）　SBR改性沥青碎石单层表处　水泥稳定砂砾　石灰土　SBR改性沥青稀浆封层

5%水泥稳定碎石　4%水泥稳定碎石　级配碎石　水泥混凝土　C15素混凝土　级配砂砾

注：

1. 图中尺寸均以cm计。
2. 硬路肩采用与行车道相同的路面结构。
3. 面层碎石采用玄武岩，主线上面层均采用SBS改性剂，在纵坡≥3%以上路段和连续长大纵坡路段中面层也采用SBS改性沥青，隧道上面层沥青混合料需添加阻燃剂。
4. 桥面铺装采用主线路面结构的上、中面层，厚度为10cm，下部设置防水层。
5. 结构物之间路基长度小于80m采用Z-2路面结构。
6. 通道水泥混凝土路面弯拉强度根据交通等级确定。
7. 对于底基层可根据当地的材源采用就地取材的方式采用18cm的水泥稳定碎石底基层或水泥稳定砂砾底基层。

图2-47　路面结构类型

（1）Z-1 类型（$E_0>50$MPa）。从图 2-47 中可以看出，从上至下，细粒式改性沥青混凝土的厚度为 4cm，中粒式改性沥青混凝土的厚度为 6cm，粗粒式沥青混凝土的厚度为 8cm，SBR 改性沥青碎石单层表处的厚度为 1cm，5% 水泥稳定碎石的厚度为 36cm，水泥稳定砂砾的厚度为 18cm。

（2）Z-2 类型（$E_0>50$MPa）。细粒式改性沥青混凝土的厚度为 4cm，中粒式改性沥青混凝土的厚度为 6cm，粗粒式沥青混凝土的厚度为 8cm，SBR 改性沥青碎石单层表处的厚度为 1cm，水泥混凝土的厚度为 20cm，C15 素混凝土的厚度为 18cm，级配碎石的厚度为 15cm。

（3）Z-3 类型（$E_0=200$MPa）。细粒式改性沥青混凝土的厚度为 4cm，中粒式改性沥青混凝土的厚度为 6cm，粗粒式沥青混凝土的厚度为 8cm，SBR 改性沥青碎石单层表处的厚度为 1cm，5% 水泥稳定碎石的厚度为 36cm，级配碎石的厚度为 10cm。

（4）Z-4 类型（$E_0=30$MPa）。细粒式改性沥青混凝土的厚度为 4cm，中粒式改性沥青混凝土的厚度为 6cm，粗粒式沥青混凝土的厚度为 8cm，SBR 改性沥青碎石单层表处的厚度为 1cm，5% 水泥稳定碎石的厚度为 36cm，4% 水泥稳定碎石的厚度为 18cm，级配砂砾的厚度为 15cm。

（5）L-1 类型（$E_0>50$MPa）。细粒式改性沥青混凝土的厚度为 4cm，中粒式改性沥青混凝土的厚度为 6cm，SBR 改性沥青碎石单层表处的厚度为 1cm，5% 水泥稳定碎石的厚度为 34cm，水泥稳定砂砾的厚度为 18cm。

（6）ZD-1 类型（$E_0>50$MPa）。细粒式改性沥青混凝土的厚度为 4cm，中粒式改性沥青混凝土的厚度为 6cm，粗粒式沥青混凝土的厚度为 8cm，SBR 改性沥青碎石单层表处的厚度为 1cm，5% 水泥稳定碎石的厚度为 36cm，水泥稳定砂砾的厚度为 18cm。

（7）SD-1 类型。细粒式改性沥青混凝土的厚度为 4cm，中粒式改性沥青混凝土的厚度为 6cm，SBR 改性沥青碎石单层表处的厚度为 0. 6cm，C40 混凝土的厚度为 26cm，C20 混凝土基层的厚度为 15cm。

（8）SD-2 类型。细粒式改性沥青混凝土的厚度为 4cm，中粒式改性沥青混凝土的厚度为 6cm，SBR 改性沥青碎石单层表处的厚度为 0. 6cm，C40 混凝土的厚度为 26cm，C20 混凝土基层的厚度为 15cm，C20 混凝土整平层的厚度为 10cm。

（9）GY-1 类型。细粒式改性沥青混凝土的厚度为 3cm，中粒式改性沥青混凝土的厚度为 4cm，5% 水泥稳定碎石的厚度为 34cm，石灰土的厚度为 16cm。

（10）QM-1 类型。细粒式改性沥青混凝土的厚度为 4cm，中粒式改性沥青混凝土的厚度为 6cm。

（11）SF-1 类型（$E_0\geqslant40$MPa）。水泥混凝土的厚度为 24cm，SBR 改性沥青稀浆封层的厚度为 2cm，5% 水泥稳定碎石的厚度为 15cm，4% 水泥稳定碎石的厚度为 15cm。

（12）QC-1 类型（$E_0\geqslant40$MPa）。水泥混凝土的厚度为 20cm，5% 水泥稳定碎石的厚度为 15cm。

（13）JG-1 类型（$E_0\geqslant40$MPa）。水泥混凝土的厚度为 20cm，5% 水泥稳定碎石的厚度为 15cm。

（14）RX-1 类型（$E_0\geqslant40$MPa）。水泥混凝土的厚度为 18cm，5% 水泥稳定碎石的厚度为 15cm。

路面结构图如图 2-48 所示。

整体式填方段路面结构图

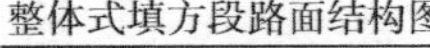

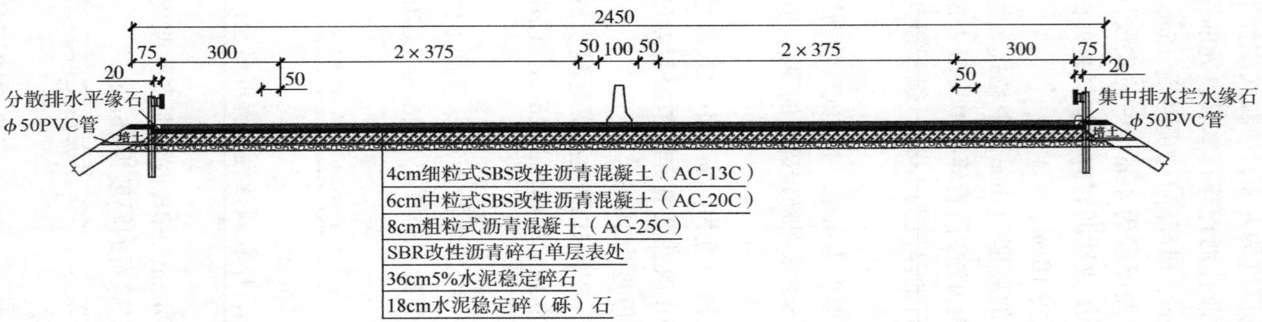

2450
75 300 2×375 50 100 50 2×375 300 75
20 50 50 20
分散排水平缘石
ϕ50PVC管
集中排水拦水缘石
ϕ50PVC管
培土

4cm细粒式SBS改性沥青混凝土（AC-13C）
6cm中粒式SBS改性沥青混凝土（AC-20C）
8cm粗粒式沥青混凝土（AC-25C）
SBR改性沥青碎石单层表处
36cm5%水泥稳定碎石
18cm水泥稳定碎（砾）石

整体式挖方段路面结构图

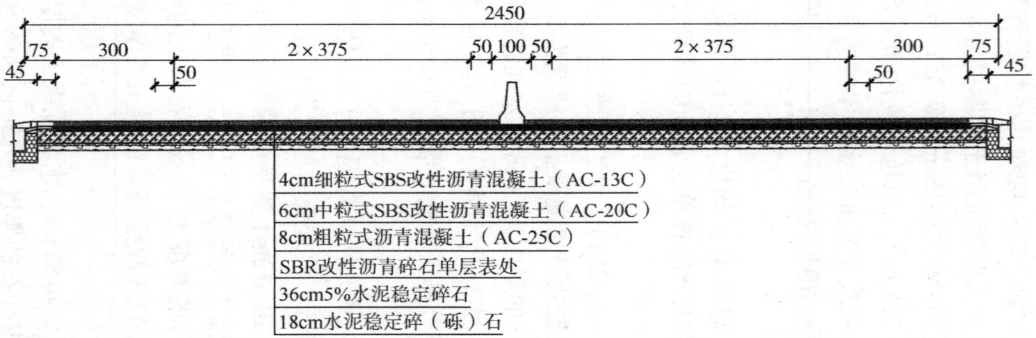

2450
75 300 2×375 50 100 50 2×375 300 75
45 50 50 45

4cm细粒式SBS改性沥青混凝土（AC-13C）
6cm中粒式SBS改性沥青混凝土（AC-20C）
8cm粗粒式沥青混凝土（AC-25C）
SBR改性沥青碎石单层表处
36cm5%水泥稳定碎石
18cm水泥稳定碎（砾）石

注：

1.本图尺寸均以cm计，比例示意。

2.本设计中：沥青混凝土上面层采用SBS改性AC-13C型，上面层石料采用硬质、耐磨石料，磨光值应大于42，中面层采用AC-20C型，在纵坡≥3%以上路段和连续长大纵坡路段中面层也采用SBS改性沥青，下面层采用AC-25C型，沥青与面层石料的粘附性不低于4级，否则掺加1%~2%石灰予以改善；基质沥青及非改性沥青均采用A级70号道路石油沥青；沥青混合料压实度≥98%（以马歇尔试验密度为标准密度）或最大理论密度的93%~97%，确保路面实际空隙率不大于7%，防止沥青路面水损害。

3.沥青层与半刚性基层间设透层和封层，面层之间须设置粘层。透层油采用煤油回配的AL（M）-1型，用量为0.6~1.5L/m²，透层油宜紧接在基层碾压成型后表面稍变干燥但尚未硬化的情况下喷洒；下封层结合料采用SBR改性沥青碎石封层，改性乳化沥青用量1.0~1.2/（kg/m²），采用S12石料，用量为5~8m³/1000m²。粘层油，用量为0.3~0.5L/m。透层、封层与粘层均采用撒布车施工。

4.水泥稳定碎石基层7天无侧限抗压强度≥3.5MPa，且水泥剂量控制在5%以内；水泥稳定砂砾底基层7天无侧限抗压强度不低于2MPa。

5.路面国际平整度指数 | R | <2.0m/km、标准偏差（σ）<1.0mm，表面构造深度TD≥0.50mm，横向力系数SFC60≥50。

图2-48　路面结构横断面图

路面横向主要由中央分隔带、行车道、路肩、路拱等组成（图 2-49）；路面纵向结构层由面层、基层、垫层、联结层等组成（图 2-50）。

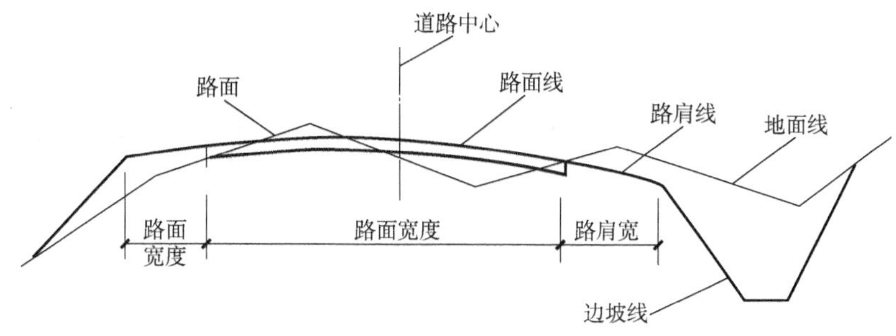

图 2-49 路面横向组成

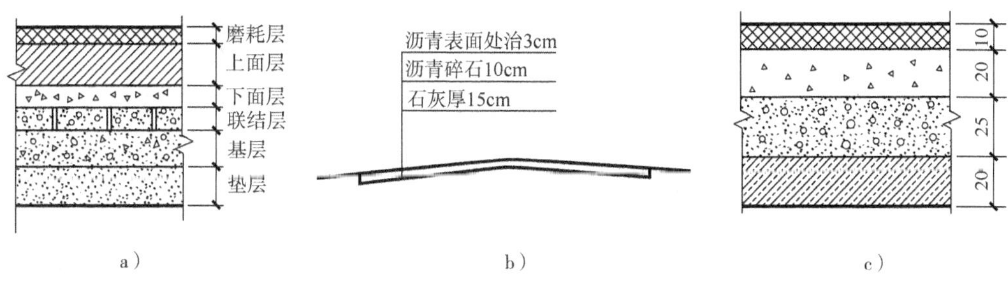

图 2-50 路面纵向结构示意图

a）路面结构 b）引出标注法 c）断面表示法

面层：直接承受车轮荷载反复作用和自然因素影响的结构层叫面层，可由一至三层组成。因此面层应具备较高的力学强度和稳定性，同时还应具备耐磨性和耐水性。

基层：基层是设置在面层之下，并与面层一起将车轮荷载的反复作用传递到底基层、垫层和土基中。因此，对基层材料的要求是应具有足够的抗压强度、密度、耐久性和扩散应力（即应有较好的力学性能）。

垫层：垫层是底基层和土基之间的层次，它的主要作用是加强土基、改善基层的工作条件。垫层往往是为蓄水、排水、隔热、防冻等目的而设置的，所以通常设在路基潮湿以及有冰冻翻浆现象的路段。

联结层：联结层是在面层和基层之间设置的一个层次。它的主要作用是加强面层与基层的共同作用或减少基层裂缝对面层的影响，设在基层上的结构层，为面层的组成部分。

（1）水泥混凝土路面组成。

如图 2-51 所示，水泥路面结构图中，从上到下依次为 25cm 厚 C40 水泥混凝土、20cm 厚石灰粉煤灰碎石基层、22cm 厚石灰煤渣碎石底基层、22cm 厚石灰粉煤灰碎石底基层。中间带及路肩平石 50cm 宽，路基放坡为 1∶1.5。

“注”中表达了图上未详尽表达的内容，以文字描述需表达的内容更精准。

（2）沥青混凝土路面组成。

1）路面横断面图。表示行车道、路肩、中央分隔带的尺寸，路拱的坡度等。

2）路面结构图。用示意图的方式画出并附图例表示路面结构中的各种材料，根据图例

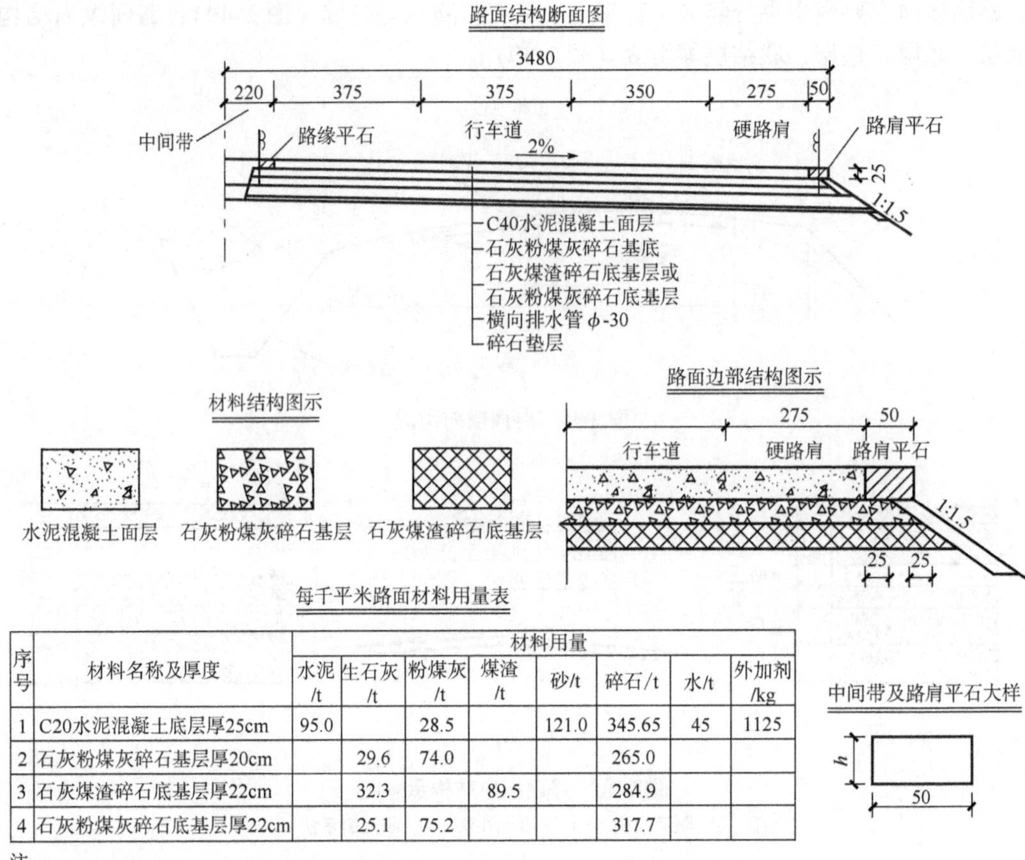

每千平米路面材料用量表

序号	材料名称及厚度	材料用量							
		水泥/t	生石灰/t	粉煤灰/t	煤渣/t	砂/t	碎石/t	水/t	外加剂/kg
1	C20水泥混凝土底层厚25cm	95.0		28.5		121.0	345.65	45	1125
2	石灰粉煤灰碎石基层厚20cm		29.6	74.0			265.0		
3	石灰煤渣碎石底基层厚22cm		32.3		89.5		284.9		
4	石灰粉煤灰碎石底基层厚22cm		25.1	75.2			317.7		

注：

1.本图尺寸以cm计。

2.标准轴载采用BZZ-100。

3.硬路肩和路缘带的路面结构同行车道。

4.中间带路缘平石和路肩平石均采用现浇C20混凝土。

5.中间带路缘及路肩平石的高度*h*与路面面层结构厚度相同。

6.横向排水管下铺设5cm碎石垫层，并以砂浆封底。

7.中间带构造详见中间带设计图。

图 2-51　水泥路面结构图

内容，可以从图 2-52 看出，各层从上到下依次为：沥青混凝土抗滑表层、中粒式沥青混凝土、粗粒式沥青混凝土、沥青封层、水泥稳定碎石基层、低剂量水泥稳定碎石底基层。

行车道路面底基层与路肩的分界处，其宽度超出基层 25cm 之后以 1∶1 的坡度向下延伸。底基层与基层分界处，其宽度超过 15cm 之后以 1∶1.5 的坡度向下延伸。中央分隔带路缘石高出路面 15cm。

图中“注”的部分表达了辅助的说明，是对于图中未表达清楚的内容做有益补充。

3）缘石大样图。缘石大样见图 2-53。图中标示出缘石与相连部位的关系（多层填料）以及底座的混凝土强度等级 C20、缘石的各部构造做法和尺寸标出，施工时严格遵照图样描述。

4）路拱大样图。路拱大样如图 2-54，路拱的形式有抛物线、双曲线和双曲线中插入曲线等类型，以满足路面横向排水的要求。路拱大样图的任务就是清楚表达路面横向的形状，一般垂直向比例大于水平向比例。*X* 向为道路横坡水平距离，*Y* 向为道路横坡在该点的相对标高。每个分段均有坡度表示。

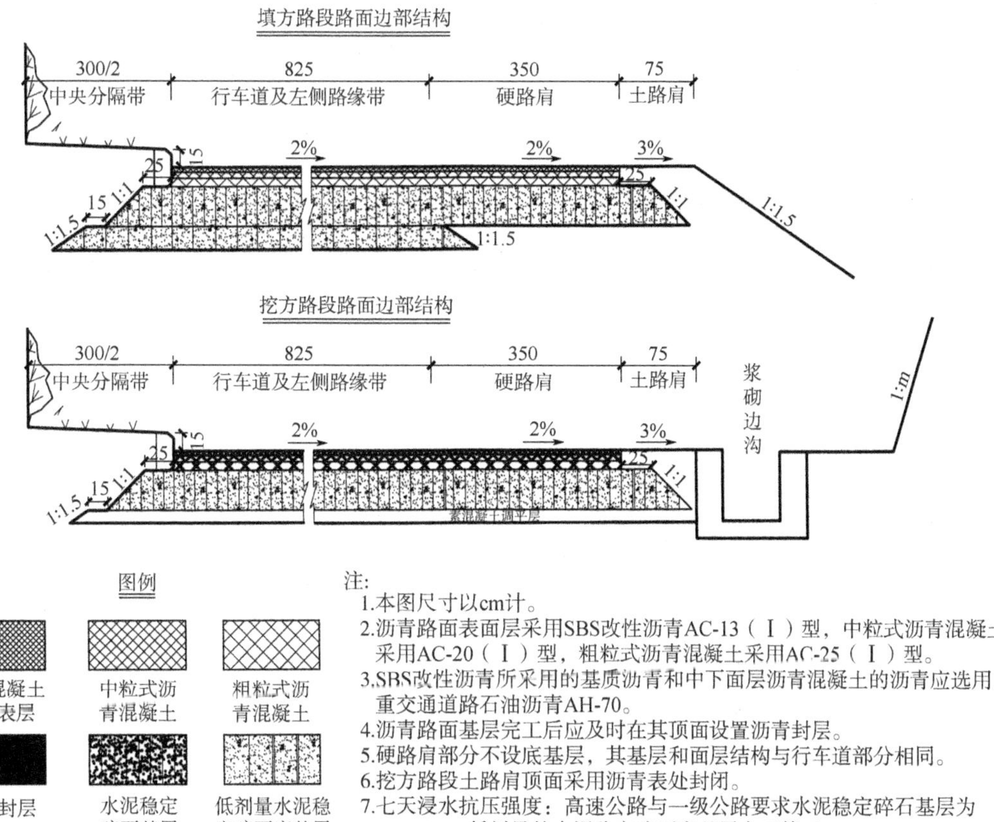

图 2-52　沥青路面结构图

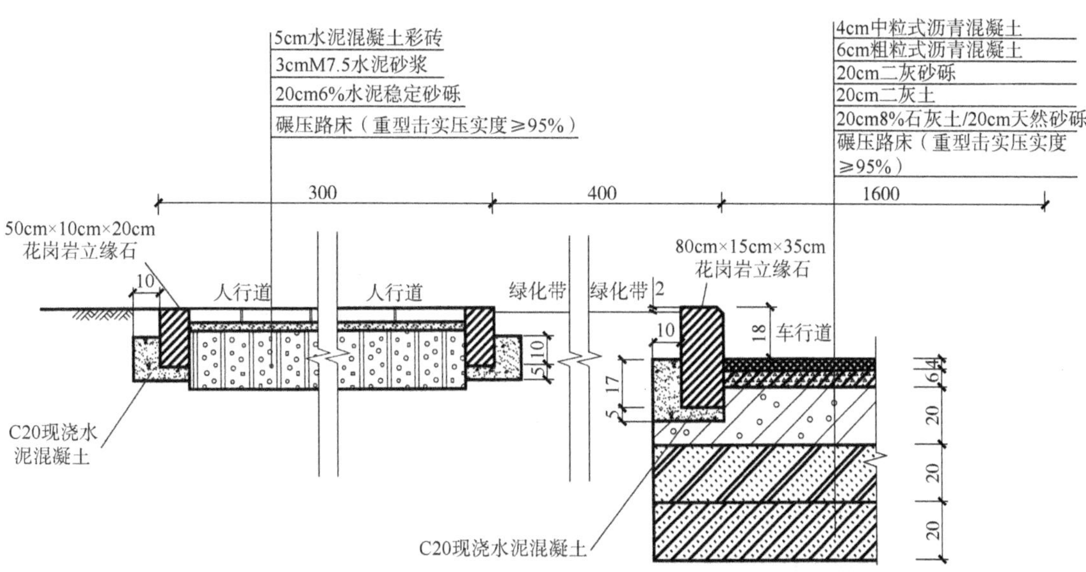

图 2-53　缘石大样图

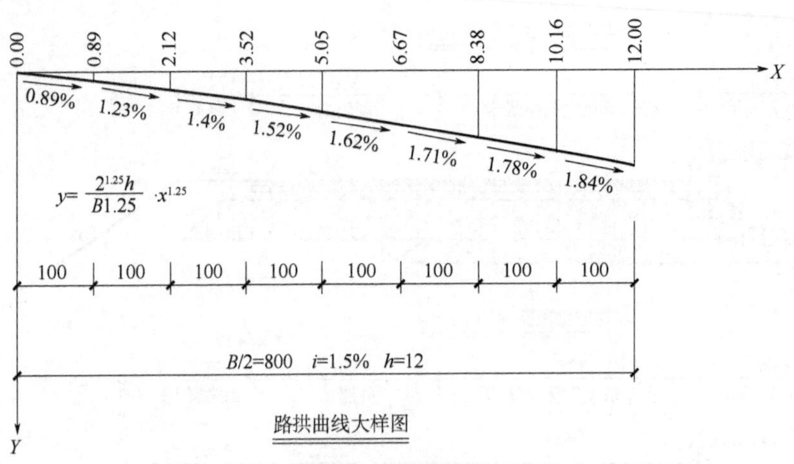

图 2-54　路拱大样图

(3) 水泥混凝土路面接缝。

1) 接缝设置的原因。混凝土面层是由一定厚度的混凝土面板组成的，具有热胀冷缩的性质。由于一年四季气温的变化，混凝土板会产生不同程度的膨胀和收缩。这些变形会受到面板与基础之间的摩阻力和粘结力，以及板自重和车轮荷载等的约束。致使板内产生过大的应力，造成板的断裂或拱胀破坏。

为了避免这些缺陷，水泥混凝土路面不得不在纵横两个方向设置许多接缝，以把整个路面分割成为许多板块。水泥混凝土路面的接缝可分为纵缝和横缝两大类。与路线中线平行的接缝称为纵缝，与路线垂直的接缝称为横缝。

2) 纵缝及其构造。

①纵向缩缝。纵向缩缝采用假缝加拉杆型，其构造如图 2-55a 所示。设置拉杆，可以防止板块横向位移使缝隙扩大，拉杆应设置在板厚的 1/2 处；在缩缝上部设置的槽口。槽口深度要适中，一般为板厚的 1/4 ~1/5，槽口宽度根据施工条件，宜尽可能窄些，通常为 3 ~8mm。

②纵向施工缝。由于施工条件等原因，当一次铺筑宽度小于路面宽度，需分两次以上浇筑时，则应设置纵向施工缝。纵向施工缝构造如图 2-55b 所示，采用平缝，缝宽 5 ~10mm，缝深为 3 ~4cm。在板厚中央设置拉杆，以防止接缝张开及板的上下错动。

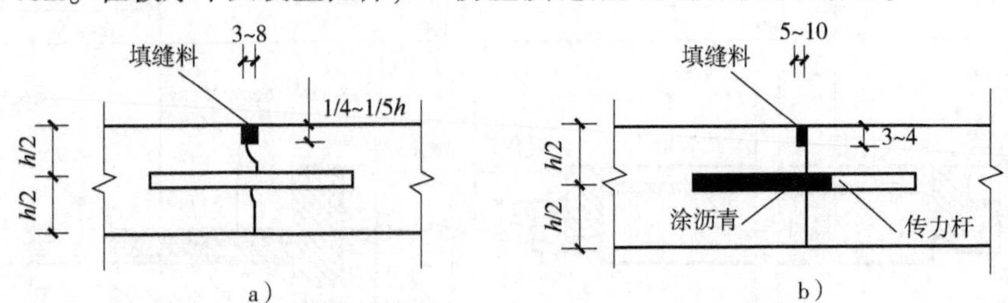

图 2-55　纵缝构造图

a) 纵向缩缝　b) 纵向施工构造图

3) 横缝及其构造。横缝一般分为横向缩缝、胀缝和横向施工缝。

①胀缝的构造。在胀缝处混凝土面板完全断开，因而也称之为真缝。胀缝的构造如图 2-56所示。胀缝必须贯穿到底，缝壁垂直，缝宽为 2.0 ~2.5cm，在板厚的中央设置传力杆。

传力杆的一半以上应涂沥青或加塑料套，并加长10cm的小套子，套底和传力杆头之间留3cm的空隙（用纱头填）。其下部设接缝板（木板涂以沥青），上部3～4m范围内灌填缝料进行封层。同结构物相接处或与其他公路交叉处的胀缝，无法设置传力杆时，可采用边缘钢筋型或厚边型，其构造如图2-56b、c所示。

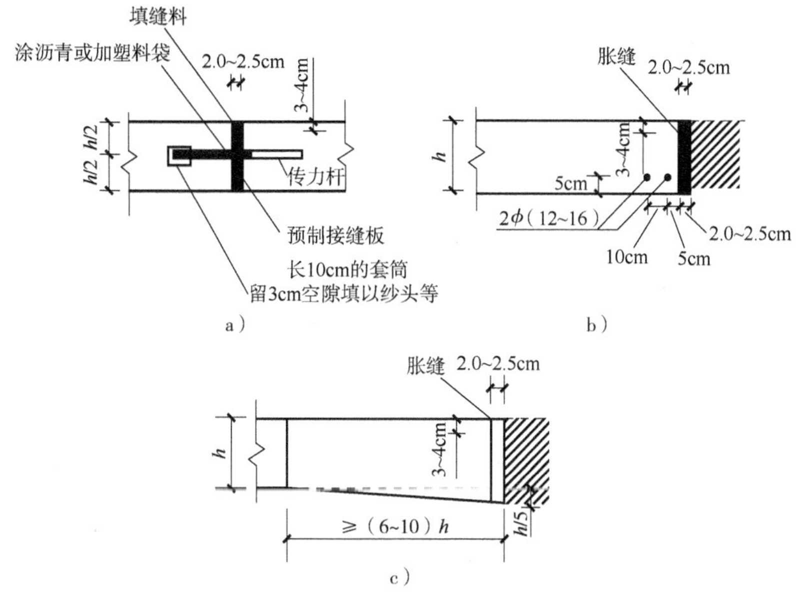

图2-56 胀缝构造图

a）传力杆型 b）边缘钢筋型 c）厚边型

②缩缝的构造。一般采用假缝形式（图2-57a），即只在板的上部设缝隙。缝隙宽约5～10mm，深度约为板厚的1/3～1/4，一般为4～6cm，假缝内需浇灌填缝料。

交通繁忙或地基水文不良路段，在板厚中央设置传力杆（图2-57b）。

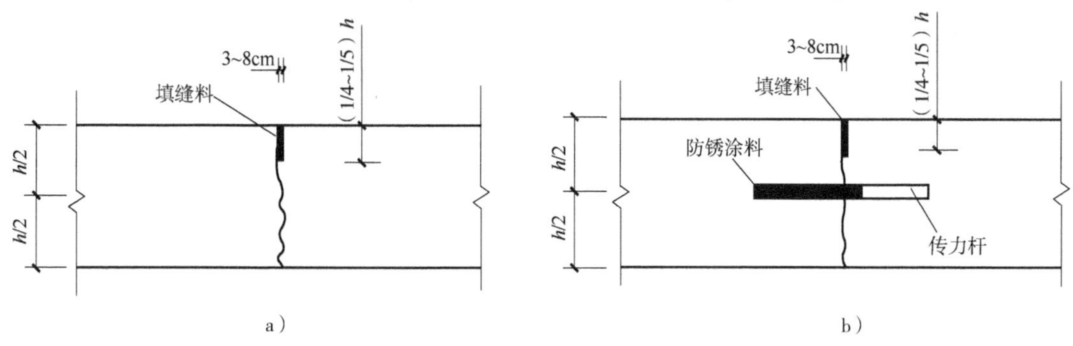

图2-57 缩缝构造图

a）不设传力杆的假缝 b）设置传力杆的假缝

③施工缝的构造。如图2-58施工缝上部深为板厚1/3～1/4或4～6cm，宽为8～12mm，内浇灌填缝料。中央设传力杆或专门的拉毛模板，将混凝土接头处做成凹凸不平的表面。

4）水泥混凝土路面与构筑物的衔接。与混凝土路面连接部位有沥青路面和桥梁时，相接部位与一般路段有所不同。

①混凝土路面与沥青路面相接。在混凝土路面与沥青路面相接时，在沥青路面面层下埋

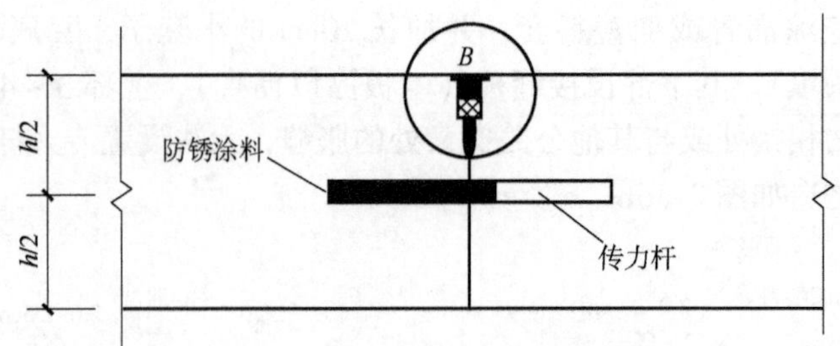

图 2-58　施工缝构造图

设长度为 3m 的混凝土板，此板在混凝土路面相接的一端的厚度与混凝土面板相同，另一端不小于 15cm。如图 2-59 所示为某高等级公路采用水泥混凝土埋板连接。埋设在混凝土板与混凝土路面相接处的拉杆，应采用螺纹钢，直径一般为 25cm，长 70cm，间距 40cm。对于其他各等级公路，由于交通量不大，水泥混凝土路面与沥青路面相接，可只采用水泥混凝土埋板连接。

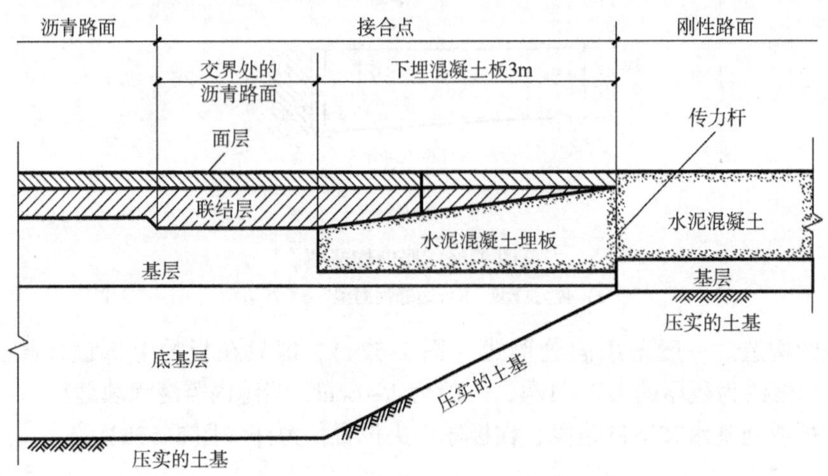

图 2-59　水泥路面与沥青路面交接处构造施工图

②混凝土路面与桥梁相接。在混凝土路面与桥梁相接处，设置桥头搭板。搭板与混凝土路面之间采用钢筋混凝土面板过渡，其长度不小于 5m。搭板与钢筋混凝土面板之间的接缝设置传力杆。钢筋混凝土面板与混凝土面板之间设置胀缝（图 2-60）。当与桥梁为斜交时，钢筋混凝土面板的锐角部分采用钢筋网补强（图 2-61）。

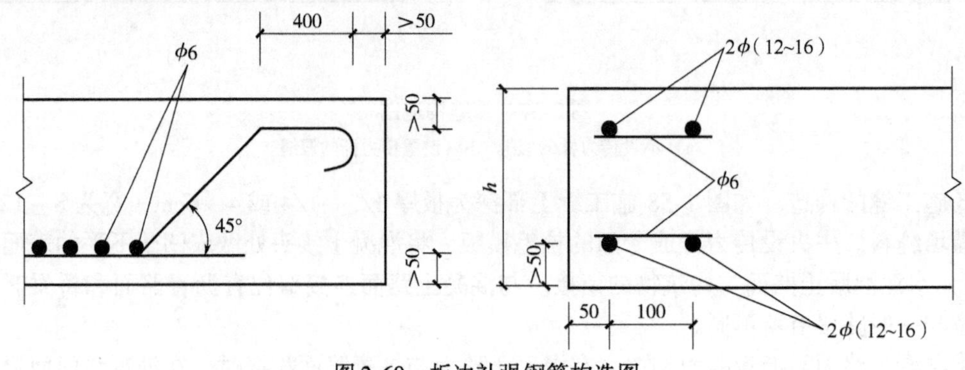

图 2-60　板边补强钢筋构造图

③补强钢筋构造图。混凝土面板纵横自由边边缘下的基础，当有可能产生较大的变形时，在板边缘加设补强钢筋，角隅加设发针形钢筋或钢筋网。

混凝土面板边缘部分的补强，选用2根直径为12～16mm的螺纹钢筋，布置在板的下部，距板底为板厚的1/4，且大于5cm，间距为10cm，钢筋两端应向上弯起，如图2-60所示。钢筋保护层的最小厚度不应小于5cm。

角隅补强部分选用2根直径为14mm的螺纹钢，布置在板的上部，距板顶不应小于5cm，距板边为10cm，如图2-62所示。钢筋保护层的最小厚度不应小于5cm。

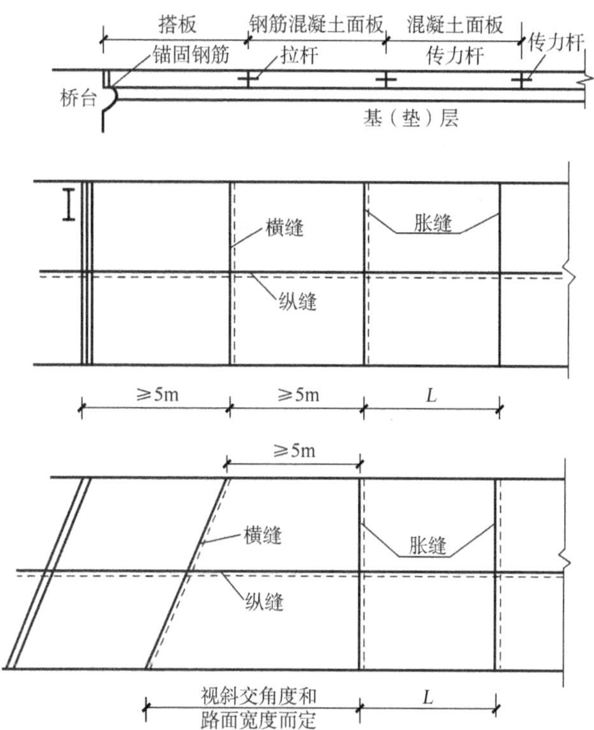

图2-61 混凝土路面与桥梁相接布置图

3. 路面施工图

路面横断面见图2-48。路面横断面图与路基标准横断面图相比，其相同之处在于土路肩、硬路肩、行车道等部分的尺寸标注基本上是一样的，不同之处在于前者比后者所用的比例要大，前者一般采用1:100的比例。路基顶面不是一条水平线，而是将路拱的坡度画出，并标注了路拱的坡度及方向，除此之外，还将路面结构层及中央分隔带较为

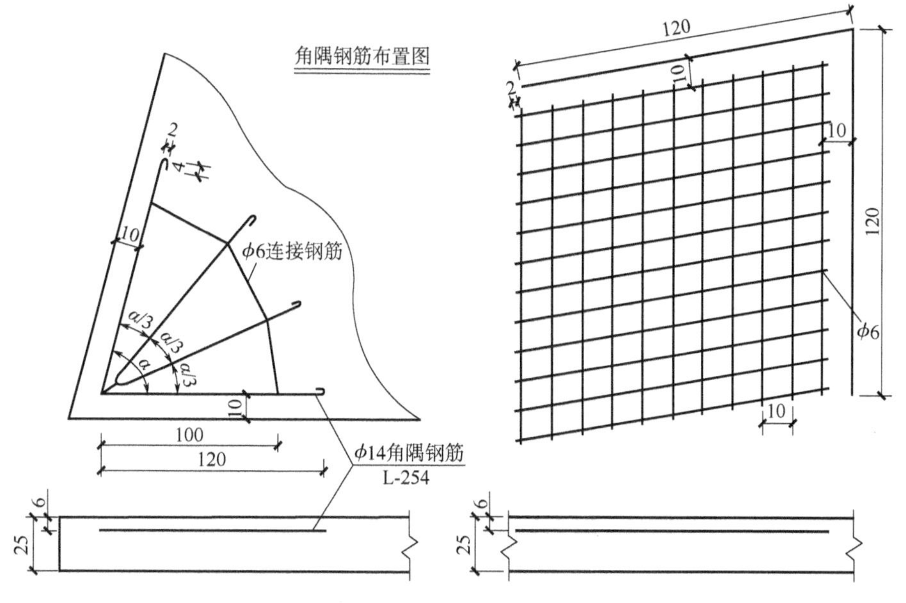

图2-62 角隅钢筋布置图

清楚地用示意图的方式画了出来。此图的目的是要让施工人员对路面结构能有一个轮廓性的了解。

图中分层的路面结构的尺寸标注分别为各分层的厚度，它表示在整个路段的路面施工过程中，面层和基层的厚度保持不变，即细粒式改性沥青混凝土的厚度为4cm，中粒式改性沥青混凝土的厚度为6cm，粗粒式沥青混凝土的厚度为8cm，SBR改性沥青碎石单层表处的厚度为1cm，5%水泥稳定碎石的厚度为36cm，水泥稳定砂砾的厚度为18cm。

中央分隔带处、路肩、边缘处的尺寸标注及图示，是表明需按照数值标注要求，避免施工中产生差错，控制好施工的精度。

附注说明中表明在沥青层与半刚性基层间需要设透层和封层，面层之间需要设置粘层，透层油的、下封层以及粘层油的材料与施工方法；水泥稳定碎石基层和水泥稳定砂砾底基层的施工强度要求；路面国际平整度指数、表面构造深度、横向力系数等施工标准要求。

六、路面施工图识读

1. 某沥青混凝土路面施工图

如图2-63所示，为某沥青混凝土路面施工图。

（1）沥青混凝土路面横断面图。沥青混凝土路面横断面图与路基标准横断面图相比，其相同之处在于土路肩、硬路肩、行车道等部分的尺寸标注基本上是一样的；不同之处在于前者比后者所用的比例要大，前者一般采用1∶100的比例。路基顶面不是一条水平线，而是将路拱的坡度画出，并标注路拱的坡度及方向。除此之外，用示意图的方式将路面结构层及中央分隔带较为清楚地表示出来。图2-61的作用是要让施工人员对路面结构能有一个概括性的了解。

（2）中央分隔带及路面结构图。中央分隔带及路面结构图左侧的尺寸标注分别为5cm、7cm、20cm和h，表示在整个路段的路面施工过程中，面层和基层的厚度保持不变，即沥青混凝土的厚度为5cm，沥青碎石的厚度为7cm，石灰土稳定碎石的厚度为20cm，h表示底基层的厚度。h在不同路段，其数值会发生变化，其变化与路基的回弹模量E_0有关。

中央分隔带处的尺寸标注及图示告诉施工人员，两路缘石中间需要填土，填土顶部从路基中线向两路缘石倾斜，其坡度均为1%。水平标注的5cm和竖直标注的7cm、5cm则表示安装路缘石的混凝土底座的尺寸，底座下的石灰土稳定碎石在底座外侧边缘开始以1∶1的坡度向下延伸。图中还将路缘石和底座的水泥混凝土强度等级标注出来，目的是提醒施工人员，避免施工中产生差错。

行车道路面底基层在与硬路肩的分界处，其宽度超出基层25cm之后以1∶1的坡度向下延伸。

硬路肩的面层、基层和底基层，其尺寸标注分别为5cm、15cm、20cm，则表示整个路段中硬路肩的结构层均保持该厚度不变。在硬路肩与土路肩的分界处，基层的宽度超出面层10cm之后以1∶1的坡度延伸至底基层的底部。

（3）缘石大样图。缘石大样图的作用是在预制或现浇施工时，施工人员能按此图制作安装模板。

2. 水泥混凝土路面结构图（图2-64）

（1）路面结构图A、B。在施工中，当采用路面结构图A或图B时，图中标注的尺寸为

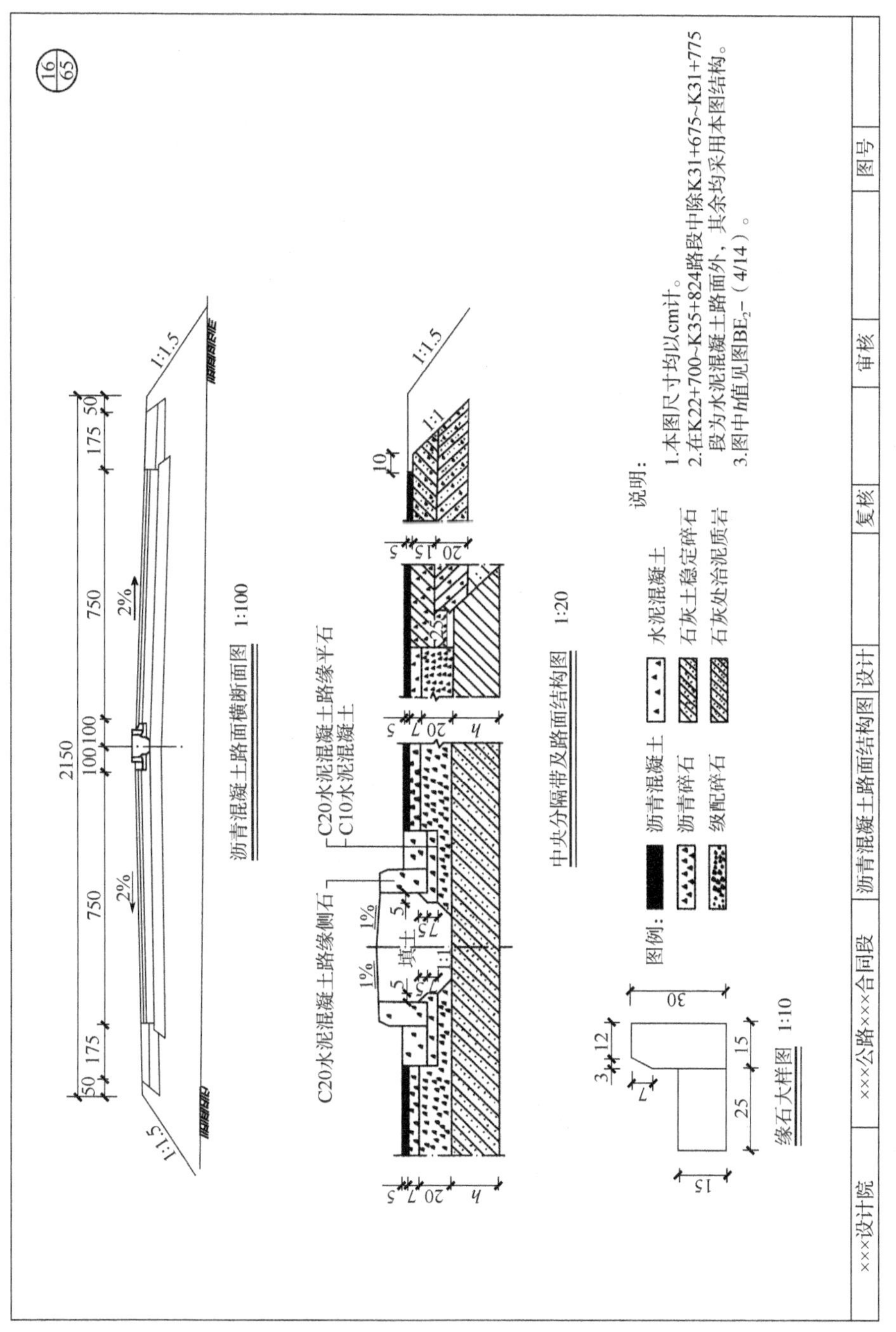

图2-63　沥青混凝土路面结构图

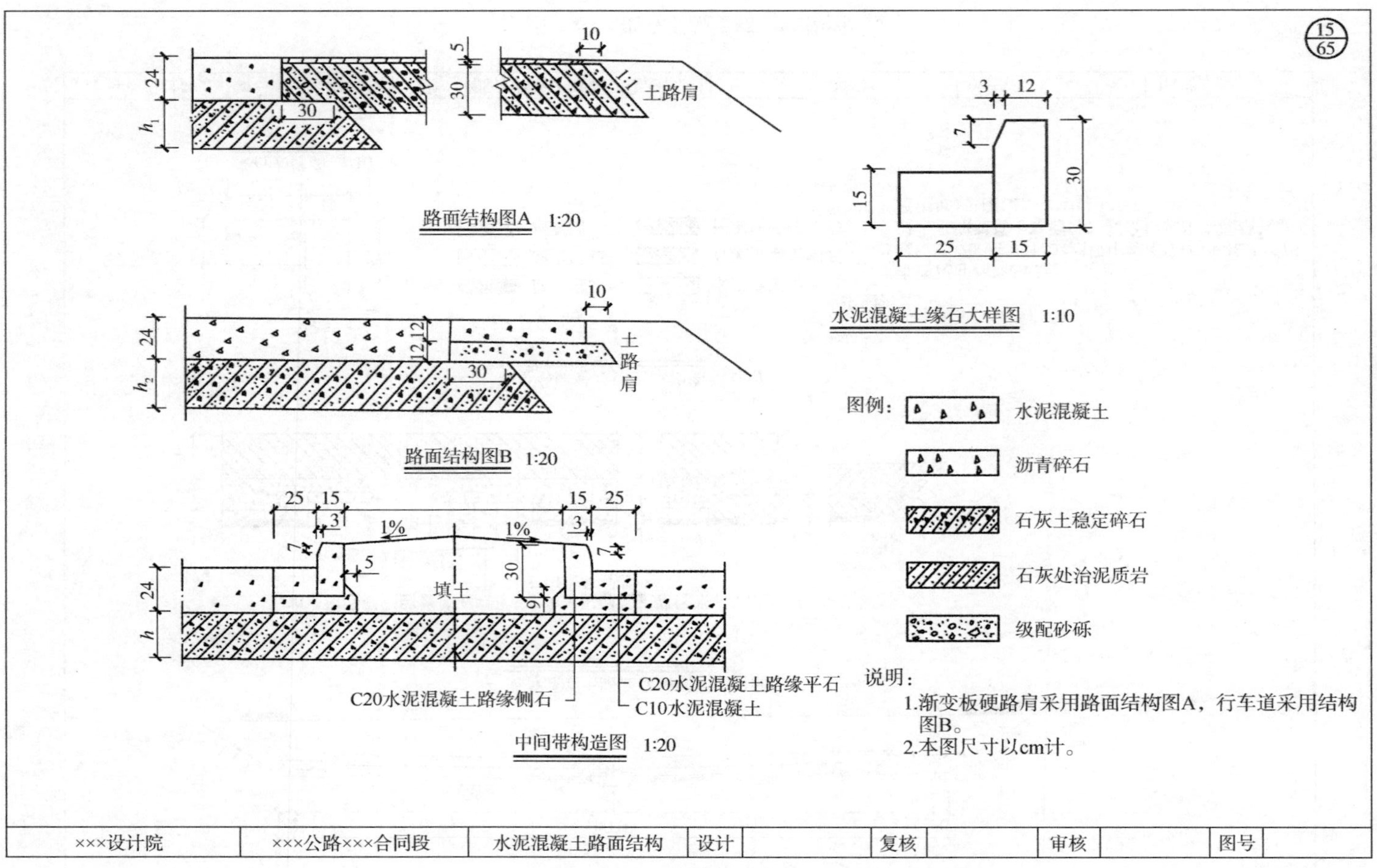

图2-64 水泥路面结构图

30cm，则表示路面基层的顶面在靠近硬路肩处比路面宽出 30cm，并以 1:1 的坡度向下分布。标注尺寸为 10cm 则表示硬路肩面层下的基层比顶面面层宽出 10cm。

(2) 中间带构造图。中间带构造图将中间带的各部尺寸、构件位置、选用材料情况等都表示了出来，其目的就是让有关施工人员能按图中的要求施工放线、安装、检查及验收，避免争执。

(3) 水泥混凝土缘石大样图。水泥混凝土缘石大样图的作用是在预制或现浇施工时，施工人员能按此图制作安装模板。

七、路基防护施工图

1. 简介

路基防护与加固设施，主要包括边坡坡面防护、沿河路堤的冲刷防护与加固、工程防护、湿软地基的加固与处治以及支挡建筑物等。

2. 工程防护

当不宜使用植物防护时，或者是要考虑就地取材时，采用砂石、水泥、石灰等矿质材料进行坡面防护是常用的防护形式。它主要有砂浆抹面、勾缝或喷涂以及石砌护坡或护面墙等，这些形式各自适合于一定条件。

抹面防护适于石质挖方坡面，岩石表面易风化，但比较完善，尚未剥落，如页岩、泥灰岩、千枚岩的新坡面。对比应及时予以封面，以预防风化成害。常用的抹面材料有石灰浆等，其中石灰为胶结料，要求精选。混合料如加纸筋或竹筋，可提高强度，防止开裂；如掺加适量制盐副产品卤水，可使抹面加速硬化和预防开裂。抹面防护使用年限为 8 ~ 10 年，高速公路路基边坡不宜采用。

图 2-65 为喷浆支护图，喷浆施工简便，效果较好，适用于易风化而坡面不平整的岩石挖方边坡，厚度一般为 5 ~ 10cm。喷浆的水泥用量较大，重点工程可选用。比较经济的砂浆是用水泥、石灰、河砂及水按 1:1:6:3 配合。喷浆前后的处治与抹面相同。

图 2-65 喷浆支护图

上述方法可以局部处治，综合使用，并与放缓边坡等方法加以比较，力求适用和经济。如果在坡面防护时着色或修饰，还有助于改善路容。

路基坡面为防止地面水流或河水冲刷，可以使用干砌片石防护。图 2-66 所示为浸水路堤单层或双层护面示意。重要路段或暴雨集中地区的土质高边坡，以及桥面附近坡面与岩坡、地面排水沟渠等，亦可干砌片石加固。

图 2-67 为石砌护坡图，干砌片石护坡适用于易受水流侵蚀的土质边坡、严重剥落的软质岩石边坡、周期性浸水及受水流冲刷较轻（流速小于 2 ~ 4m/s）的河岸或水库岸坡的坡面防护。浆砌片（卵）石护坡适用于防护流速较大（3 ~ 6m/s）、波浪作用较强，有流水、漂浮物等撞击的边坡。对过分潮湿或冻害严重的土质边坡应先采取排水措施，再行铺筑。浆砌

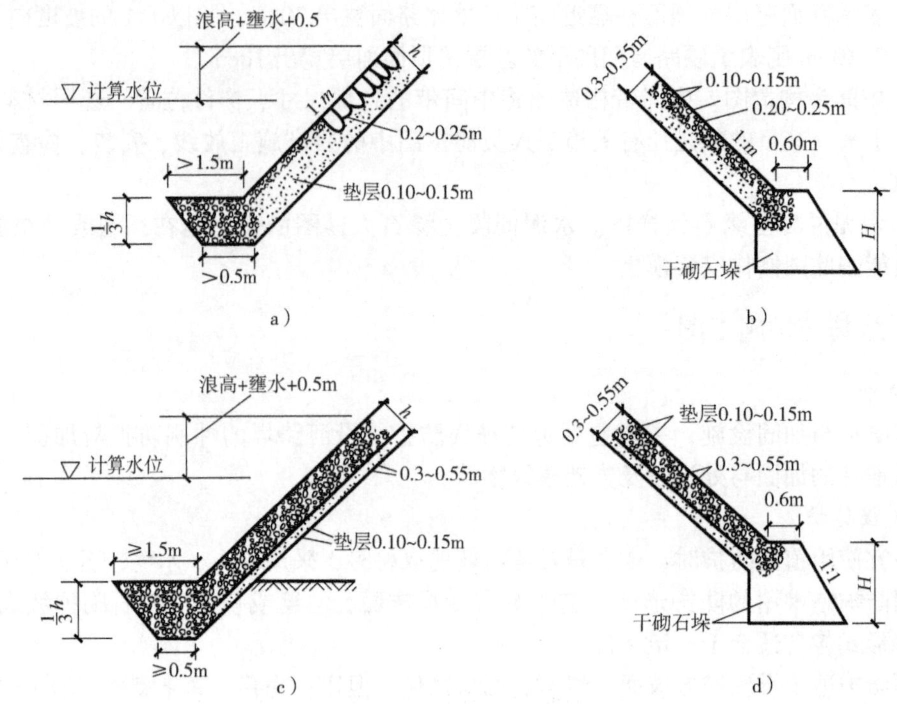

图 2-66　干砌片石防护示意图

a)、b) 单层　c)、d) 双层

H—干砌石垛高度，约 20～30cm；h—护面墙厚度，大于 20cm

图 2-67　石砌护坡图

预制块防护适用于石料缺乏地区，预制块的混凝土强度不应低于 C15。

图 2-68 为某道路边坡护砌设计图，图中包括图样、工程数量表和附注说明三部分内容。

（1）图样部分看出护坡结构形式、尺寸和材料等信息。图中 A 式浆砌片石护坡坡度为 1∶1.5～1∶2，护坡材料采用 30cm M7.5 浆砌片石和 10cm 砂砾垫层等。C 式浆砌片石护上部及下部边坡防护边坡坡度分别为 1∶1.75、1∶2，护坡材料分别采用人字形骨架植草护坡和 30cm M7.5 浆砌片石满铺护坡。

应采用不同图例表示不同贴补厚度及不同路面结构的范围。

六、立交道路纵断面图

1. 线型

设计路面线：粗实线。

自然地面线：细实线。

竖曲线切线：细虚线。

变坡点：直径 2mm 中粗线圆圈。

盲沟底线：中粗虚线。

边沟底线：中粗长虚线。

地下水位线：双点划线。

2. 纵断面图中应标注的内容

（1）竖曲线要素。

（2）道路沿线的桥梁、涵洞等构造物、交叉口（标注桩号及名称）。

（3）在互通式立交纵断面图中，匝道端部的位置、桩号应采用竖直引出线标注。

（4）立交工程纵断面图中，应示出上、下层构造物底部全宽，并示出其底部高程。

七、道路标准横断面图

1. 主要内容

标准横断面图应表示以下内容：

（1）道路总宽度及各功能带（车行道、辅道、人行道、绿化带）宽度、横坡度。

（2）道路中心线和道路定位线。

（3）各功能带分界处的相对标高。

（4）道路填、挖方边坡坡度。

（5）道路排水边沟、截水沟的位置及宽度。

（6）道路红线宽度。

（7）现状道路改造工程中，应示出新、旧道路横断面中心线的位置关系。

（8）沥青混凝土路面采用抛物线路拱时，应在标准横断面图中画出路拱曲线大样图。

2. 制图要求

（1）路面线、路肩线、边坡线采用粗实线。

（2）路面厚度采用中粗线。

（3）原有地面线采用细实线。

（4）道路中心线采用细点划线。

八、路面结构图

1. 主要内容

（1）车行道、辅道、人行道路面结构各层的材料及厚度，路面中采用玻纤格栅、土工格栅、土工布等材料应在图中示出。

（2）道路边缘立道牙及平道牙安装结构；基层每层应比上一层每侧宽 25 ~ 35cm。

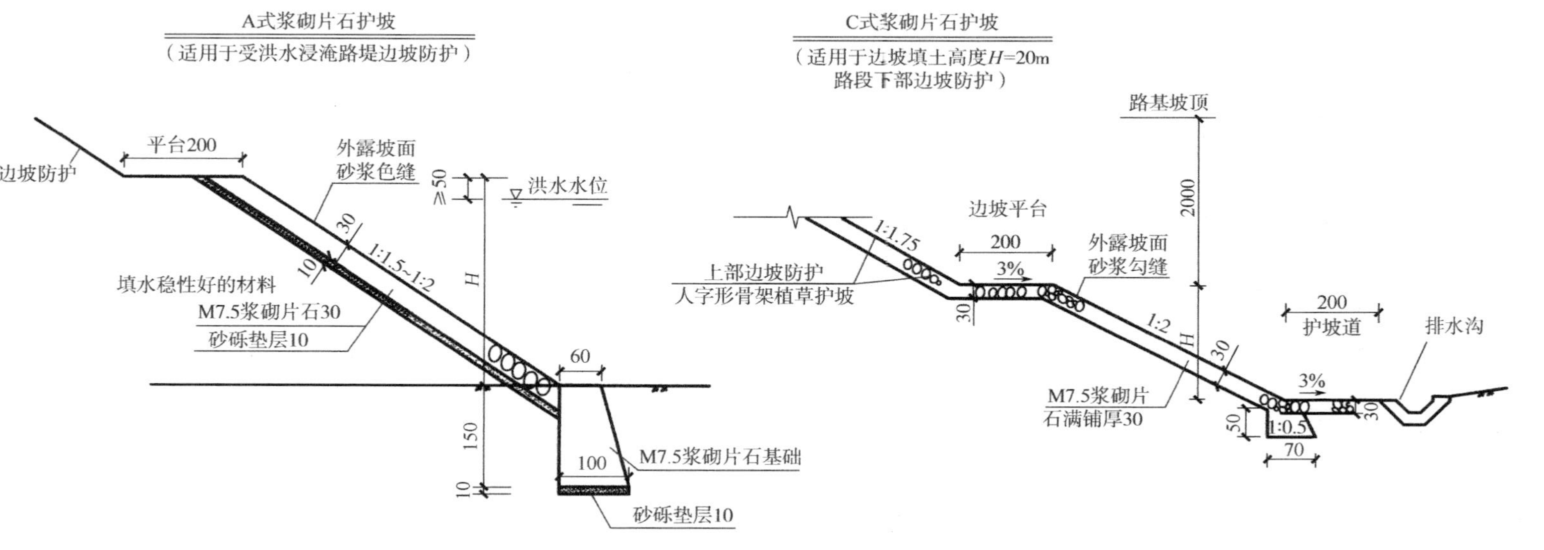

浆砌片石护坡工程数量表

材料名称 \ 材料名称 / 单位	M7.5浆砌片石	天然砂砾	挖基土方	备注（边坡率n）
	m³/m	m³/m	m³/m	
A式浆砌片石护坡	0.541H+1.372	0.181H+0.154	0.671H+1.000	n=1.5
	0.608H+1.381	0.202H+0.161	0.806H+1.602	n=1.75
	0.671H+1.390	0.224H+0.168	0.894H+1.638	n=2
C式浆砌片石护坡	0.671H+1.30	—	0.671H+1.40	n=2

注：

1.本图除高度H以m计外，其余尺寸均以cm计。
2.本图为M7.5浆砌片石护坡设计图。
3.浆砌片石护坡（A、B式）内侧设10cm厚砂垫层作反滤层。
4.伸缩缝（充填沥青麻筋）设置间距为10~15m。
5.填水稳性好的材料采用碎石土、卵砾石土、天然砂砾、碎石或填石，要求碎石、卵砾石含量不小于40%，抗压强度不小于25MPa，天然砂砾、碎石丰富地段，可优先采用天然砂砾、碎石。

图2-68　某道路边坡护砌设计图示例

（2）工程数量表识读能取得每延米护砌所用各种材料的数量，如 A 式浆砌片石护坡边坡率 $n=1.5$ 时采用的 M7.5 浆砌片石为（$0.541H+1.372$）m^3/m、天然砂砾为（$0.1810H+0.154$）m^3/m 等。

（3）附注说明文字要重点识记，一般会注解说明图中的尺寸标注的单位、使用范围和技术要求等，它是图样与工程数量表识读准确的保证，如图中注。

护面墙是浆砌片石的坡面覆盖层，用于封闭各种软质岩层和较破碎的挖方边坡。要求墙面紧贴坡面，表面砌平，厚度可不一。护面墙石料应符合规格。护面墙除自重外，不承受其他荷载，亦不承受墙背土压力。其构造与布置如图 2-69 所示。墙高与厚度及路堑边坡的关系参见表 2-15。

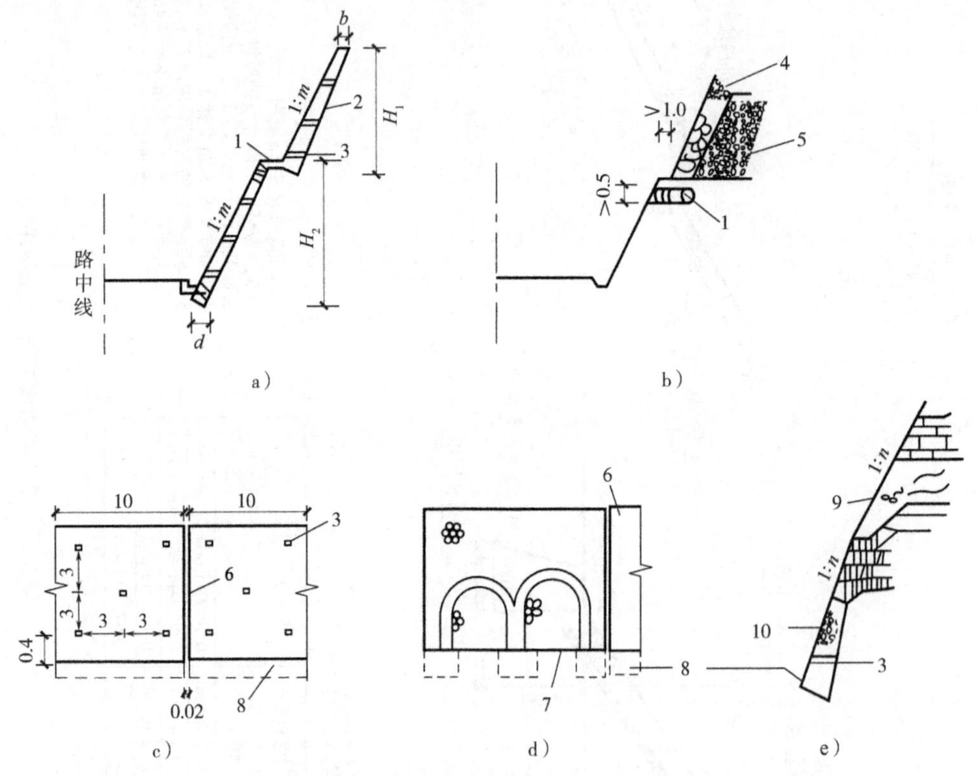

图 2-69　护面墙示意图（尺寸单位：m）

1—平台　2—耳墙　3—泄水孔　4—封顶　5—松散夹层　6—伸缩缝　7—软地基　8—基础　9—支补墙　10—护面墙

表 2-15　护面墙的厚度

护面墙高度 H/m	路堑边坡	路面墙厚度/m	
		顶宽 b	底宽 d
42	1:0.5	0.40	0.40
≤6	陡于 1:0.5	0.40	$0.40+0.10H$
$6<H\leq10$	1:0.5～1:0.75	0.40	$0.40+0.05H$
$10<H\leq15$	1:0.75～1:1	0.60	$0.60+0.05H$

护面墙高一般不超过10m，若超过10m可以分级砌筑，每一级高度6～10m，中间设平台，墙背可设耳墙，纵向每10m设一条伸缩缝，墙身应预留泄水孔。基础要求稳固，顶部封闭。若墙基软硬不匀，可设拱跨过软弱地基。坡面常有各种不同地质现象，开挖后形成凹陷。应以石砌圬工填塞平整，称为支补墙。

3. 支挡建筑物

支挡建筑物是用来防止路基变形或支撑路基或山体的位移，保证路基的稳定。支挡建筑物包括路基边坡支撑（挡土墙、土（石）垛及其他具有支承作用的构筑物）和堤岸支撑（沿河驳岸、浸水挡土墙）。

挡土墙是用来支撑天然边坡或人工填土边坡以保持土体稳定的建筑物。在公路工程中，它广泛应用于支撑路堤或路堑边坡、隧道洞口、桥梁两端及河流岸壁等。

（1）按挡土墙位置不同分类：路肩挡土墙、路堤挡土墙、路堑挡土墙、山坡挡土墙、桥头挡土墙等。挡土墙各部分名称如图2-70所示，详细见表2-16。墙背的倾角方向，按照面向外侧站立的人的俯仰情况，分俯斜、仰斜和垂直三种。墙背向外侧倾斜时，为俯斜墙背图2-70c，α为正；墙背向填土一侧倾斜时，为仰斜墙背图2-70a，α为负；墙背铅垂时，为垂直墙背图2-70b，α为零。如果墙背具有单一坡度，称为直线形墙背；若多于一个坡度，则称为折线形墙背。

（2）挡土墙按墙体材料不同分类分为石砌挡土墙、砖砌挡土墙、混凝土挡土墙、钢筋混凝土挡土墙、木质挡土墙和钢板挡土墙。

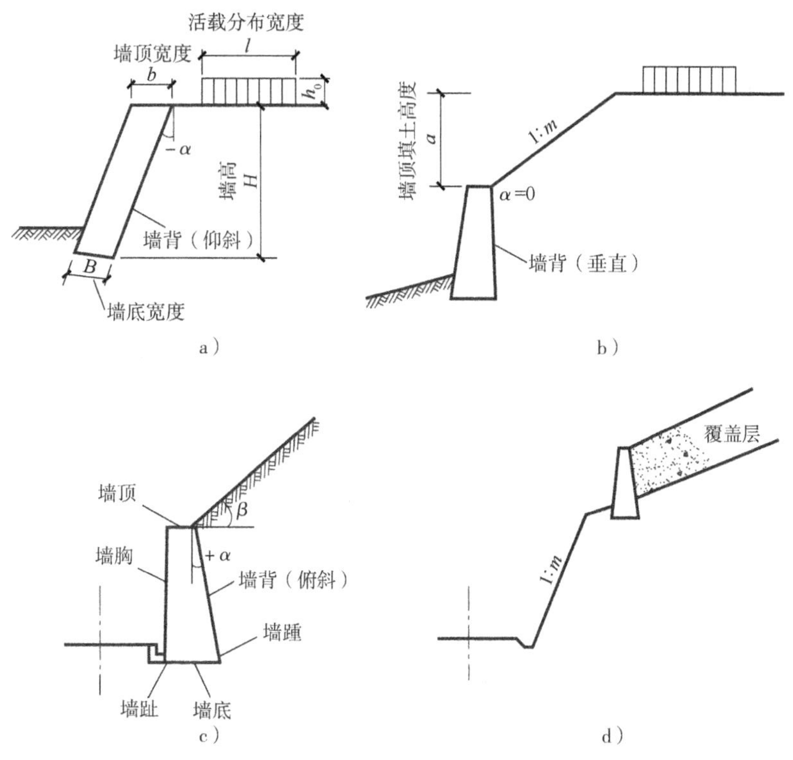

图2-70 挡土墙的各部分名称

a）路肩挡土墙 b）路堤挡土墙 c）路堑挡土墙 d）山坡挡土墙

表 2-16 挡土墙的使用位置

名称	示意图	作用
路肩挡土墙		1. 支挡陡坡路堤下滑 2. 抬高公路路基高程 3. 收缩坡脚，减少占地，减少填方量
路堤挡土墙		1. 在陡山坡上填筑路堤时，用以支挡路堤下滑 2. 收缩坡脚，避免与其他建筑物相互干扰，减少填方量 3. 保证沿河路堤不受水流冲刷
路堑挡土墙		1. 在山坡陡峻处，用以减少挖方数量，降低边坡高度，避免山坡因开挖而失去稳定 2. 在地质不良地段，用以支挡可能滑坍的山坡山体
山坡挡土墙		支挡山坡覆盖层或滑坡下滑
桥头挡土墙		支承桥梁上部建筑及保证桥头填土稳定

(3) 挡土墙按结构形式分类分为重力式、半重力式、衡重式、悬臂式、扶壁式、锚杆式、拱式、锚定板式、桩板式和垛式等。

各类挡土墙的特点及适用范围见表 2-17。挡土墙类型的选择应根据所支挡土体的稳定平衡条件，考虑荷载的大小和方向、地形、地质状况、冲刷深度、基础的承载力设计值和不均匀沉降、可能的地震作用、与其他构筑物的衔接、墙面的外观美感、施工难易、造价高低、环境特点等因素，综合比较后确定。

表 2-17　挡土墙的特点及适用范围

名称	示意图	特点及适用范围
重力式	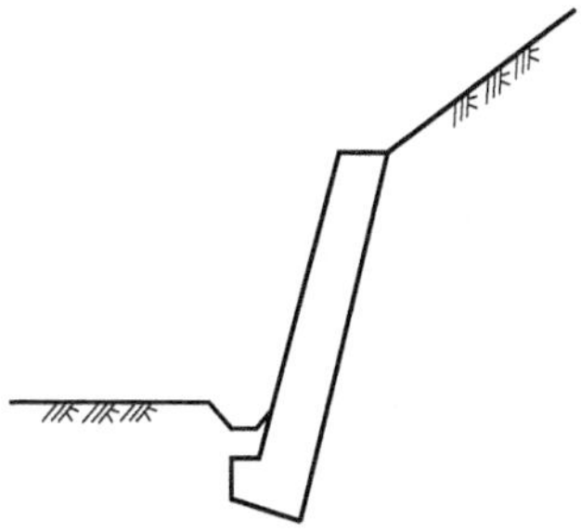	依靠墙自重承受土压力、结构简单、施工方便，由于墙身重，对地基承载力的要求较高 适用于一般地区，浸水地区和地震地区的路堤和路堑等支挡工程。墙高不宜超过12m，干砌挡土墙的高度不宜超过6m。高速公路、一级公路不应采用干砌挡土墙
衡重式	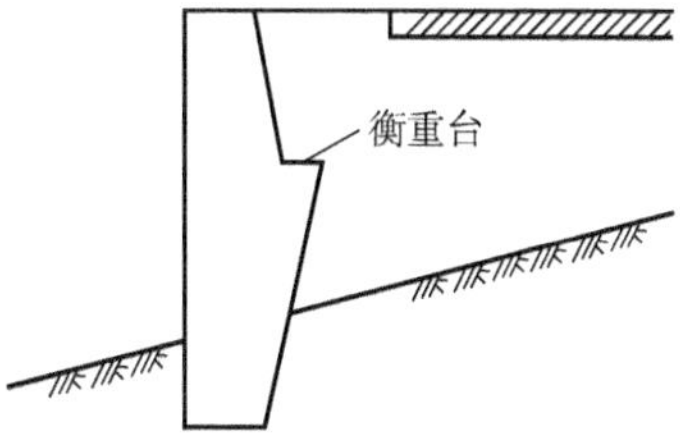	设置衡重台使墙身后移，并利用衡重台上的填土，增加墙身稳定 适用于陡山坡的路肩墙、路堤墙和路堑墙（兼有拦挡落石作用）
混凝土半重力式	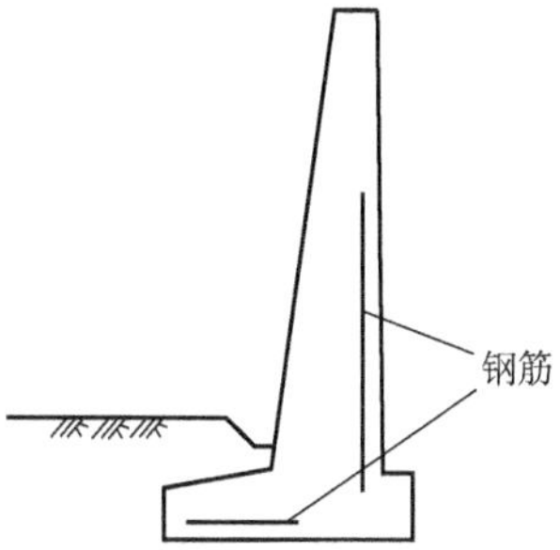	在墙背设少量钢筋，并将墙趾展宽（保证基底必要的宽度），以减薄墙身，节省圬工 一般适用于低墙
悬臂式	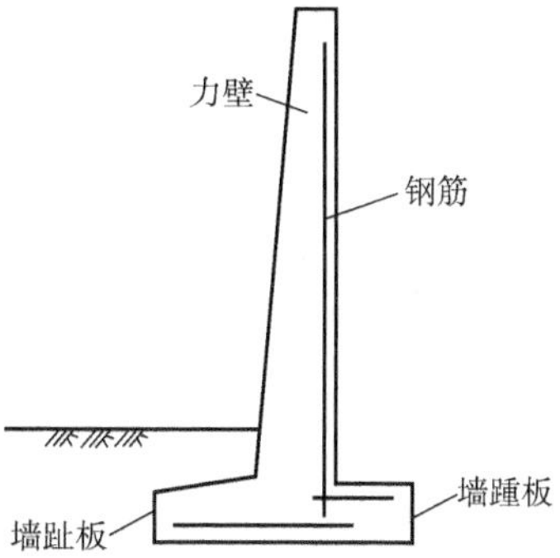	墙身及基础均采用钢筋混凝土浇筑，断面尺寸较小。由力壁、墙趾板、墙踵板三部分组成。墙高时，力壁下部弯矩较大消耗钢筋较多，不经济 适用于缺乏石料地区、地基承载力较低的填方路段及挡土墙高度不大于5m 的情况
扶壁式	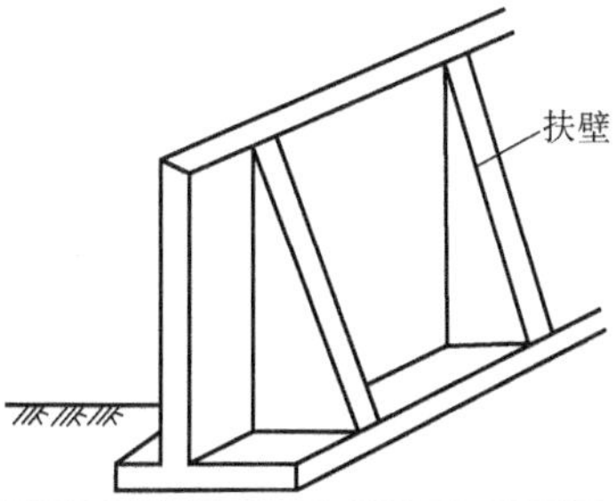	相当于沿悬臂式挡土墙的墙长，每隔一定距离设置一道扶壁，使力壁和墙踵板连接起来，更好受力 在高墙时较悬臂式经济

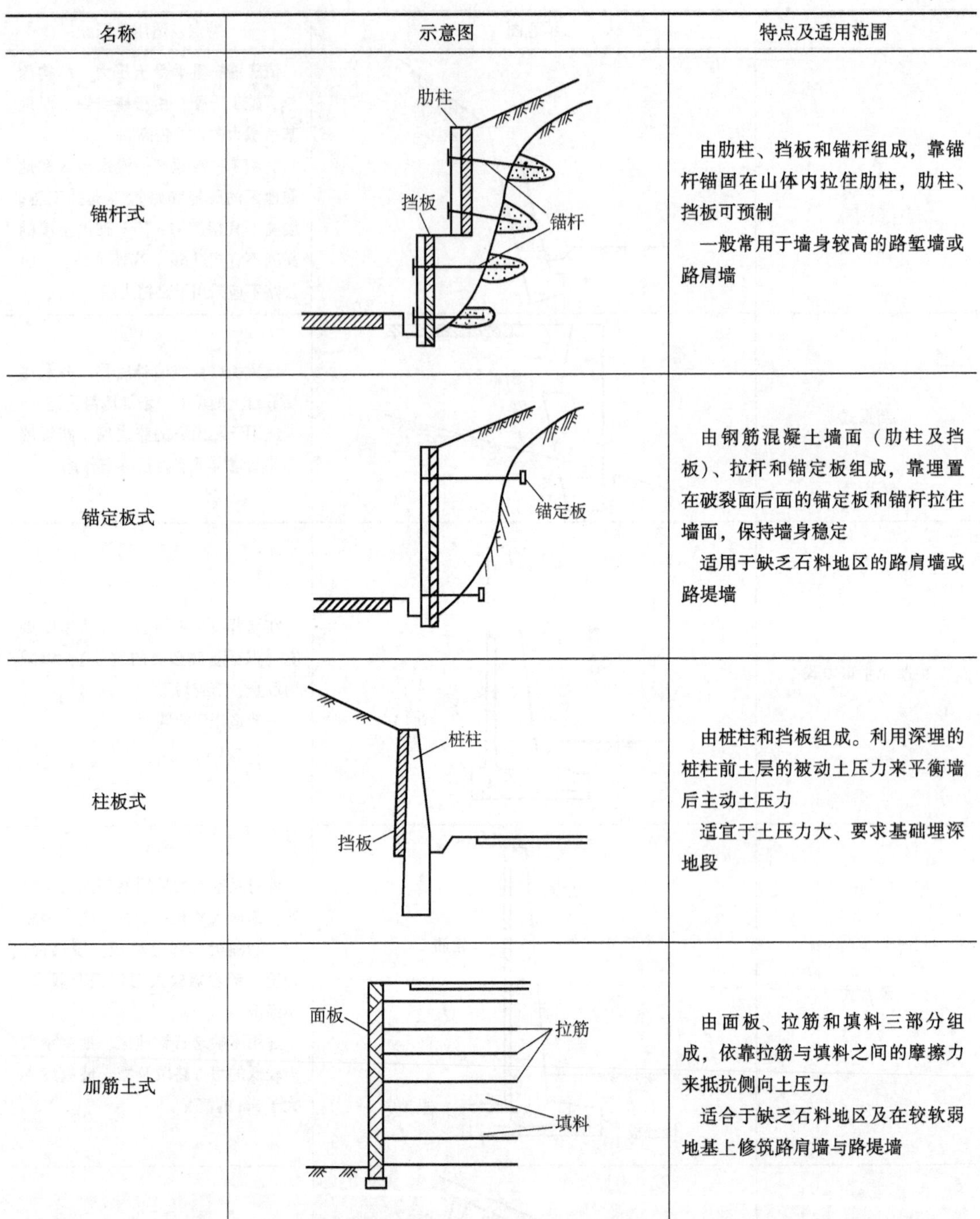

（续）

名称	示意图	特点及适用范围
锚杆式	肋柱、挡板、锚杆	由肋柱、挡板和锚杆组成，靠锚杆锚固在山体内拉住肋柱，肋柱、挡板可预制 一般常用于墙身较高的路堑墙或路肩墙
锚定板式	锚定板	由钢筋混凝土墙面（肋柱及挡板）、拉杆和锚定板组成，靠埋置在破裂面后面的锚定板和锚杆拉住墙面，保持墙身稳定 适用于缺乏石料地区的路肩墙或路堤墙
柱板式	桩柱、挡板	由桩柱和挡板组成。利用深埋的桩柱前土层的被动土压力来平衡墙后主动土压力 适宜于土压力大、要求基础埋深地段
加筋土式	面板、拉筋、填料	由面板、拉筋和填料三部分组成，依靠拉筋与填料之间的摩擦力来抵抗侧向土压力 适合于缺乏石料地区及在较软弱地基上修筑路肩墙与路堤墙

图 2-71、图 2-72 为某道路左侧衡重式路肩墙设计图示例。图 2-71 与图 2-72 应对应起来进行识读。

图 2-71 中给出了比例尺、挡墙基础底面设计线、墙顶设计线、伸缩缝、衡重台、地面线的位置，以及相应的路肩墙的起讫桩号、路肩标高、地面标高、墙底标高等信息，从泄水孔布置图可知每隔 2 ~ 3cm 设置一个泄水孔，泄水孔离地面线的距离大于或等于 0. 15cm。

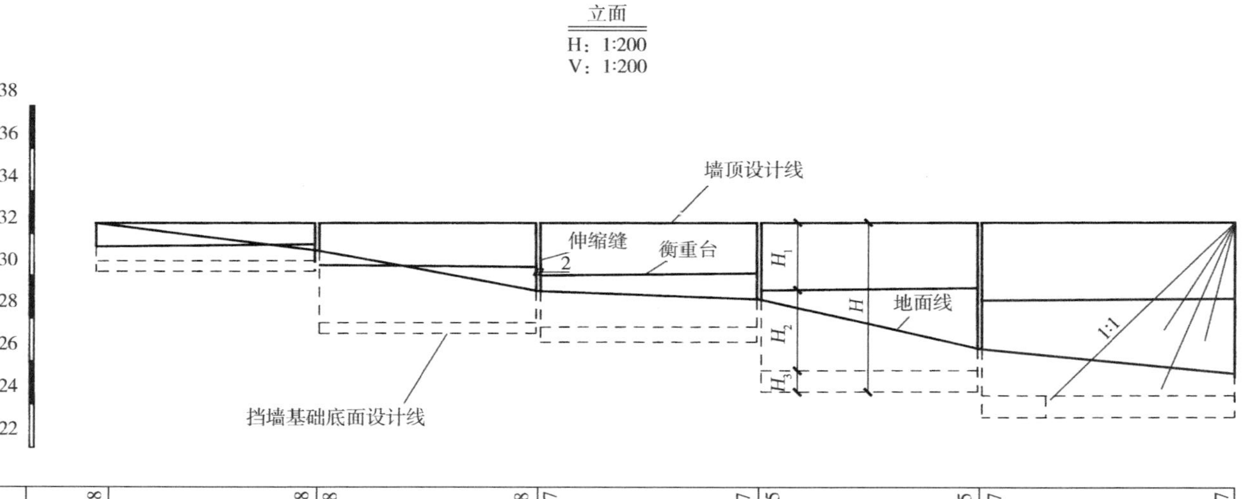

起讫桩号	+800	+810	+820	+830	+840	+851.5
墙底标高	330.18	330.18 / 327.28	327.28 / 326.87	326.87 / 324.55	324.55 / 323.37	323.37
地面标高	332.18	331.18	329.26	328.87	326.55	325.39
路肩标高	332.18	332.28	332.39	332.49	332.59	332.69

泄水孔布置示意图

衡重台
地面线
200~300
≥30

图2-71　某道路左侧衡重式路肩墙示例（一）

标准横断面

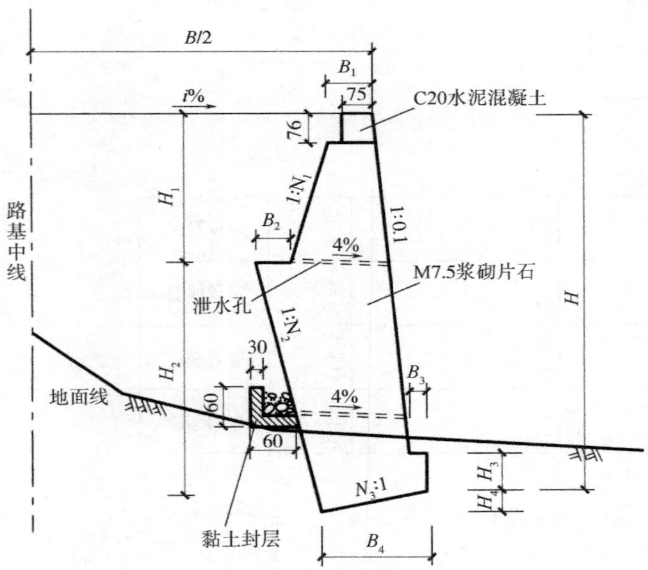

挡墙尺寸及每延米工程数量表

桩号	墙高H (m)	B_1 (m)	B_2 (m)	B_3 (m)	B_4 (m)	H_1 (m)	H_2 (m)	H_3 (m)	H_4 (m)	N_1	N_2	N_3	浆砌片石 (m^3/m)	地基修正后承载力要求 /kPa	黏土封层 (m^3/m)
K53+800	2	0.75	0.60	0.30	1.74	0.80	1.20	0.50	0.35	0.35	0.25	0.20	3.14	85	0.27
K53+810	2.1	0.75	0.60	0.30	1.73	0.80	1.30	0.50	0.35	0.35	0.25	0.20	3.28	85	0.27
	5	0.75	0.30	0.30	1.78	2.00	3.00	0.50	0.36	0.30	0.2	0.20	7.86	300	0.27
K53+820	5.11	0.75	0.30	0.30	1.77	2.00	3.11	0.50	0.35	0.30	0.2	0.20	8.03	300	0.27
	5.52	0.75	0.40	0.40	2.06	2.40	3.12	0.70	0.41	0.35	0.25	0.20	10.01	300	0.27
K53+830	5.62	0.75	0.40	0.40	2.04	2.40	3.22	0.70	0.41	0.35	0.25	0.20	10.18	300	0.27
	7.94	0.90	1.10	0.40	2.98	3.20	4.74	0.90	0.60	0.35	0.25	0.20	21.03	300	0.27
K53+840	8.04	0.90	1.10	0.40	2.97	3.20	4.84	0.90	0.59	0.35	0.25	0.20	21.29	300	0.27
	9.22	1.10	1.50	0.50	3.81	3.80	5.42	1.00	0.76	0.35	0.25	0.20	30.51	300	0.27
K53+851.5	9.32	1.10	1.50	0.50	3.81	3.80	5.52	1.00	0.76	0.35	0.25	0.20	30.85	300	0.27

工程数量表

项目	浆砌片石 /m^3	C20混凝土 /m^3	挖基土方 /m^3	回填土方 /m^3	封层黏土 /m^3	砂砾层 /m^3
数量	2278	57	3922	2480	27	9

注：

1.图中尺寸除标高以m计外，其余均以cm计。
2.挡墙墙身及基础均采用M7.5浆砌片石砌筑，墙面用M10砂浆勾缝。
3.伸缩缝内沿内、外、顶三面填塞沥青麻筋，填塞深度不小于15cm。
4.如地面标高与实际不符时，应根据实际情况调整基底标高及墙高。
5.距墙顶76cm、外侧边缘75cm范围内现浇C20混凝土。

图2-72　某道路左侧衡重式路肩墙示例（二）

图2-72为某道路左侧衡重式路肩墙的标准横断面设计图，图中包括图样、工程数量表和附注三部分内容。

（1）图样部分识读能取得挡土墙结构形式、尺寸和材料等信息，图示为衡重式路肩墙，上部水泥混凝土砌筑，下部浆砌片石砌筑等。

（2）尺寸与工程数量表识读能取得每段的细部尺寸和材料数量等信息，如挡墙尺寸及每延米工程数量表中说明了图样中字母取值，如K53+800段墙高$H=2$m，$B1=0.75$m，$N1=0.35$等，同时注明了每延米工程数量，如浆砌片石3.14m^3/m，黏土封层0.27m^3/m等。另外，工程数量表中注明了各项目的工程数量，如浆砌片石2278m^3等。

（3）附注说明的文字要重点识记，一般会注解说明图中的尺寸标注的单位、使用范围和技术要求等，它是图样与工程数量表识读准确的保证，如图中注“1. 图中尺寸除标高以米计外，其余尺寸均以厘米计；4. 如地面标高与实际不符时，应根据实际情况调整基底标高及墙高”等。

4. *冲刷防护*

冲刷防护主要用于防止水流对路基（如沿河路堤、河滩路堤、水泽区路堤、桥头引道等）的冲刷与淘刷。冲刷防护包括直接防护和间接防护两种。

（1）间接防护措施。设置导流构筑物可改变水流方向，消除和减缓水流对堤岸的直接破坏。同时，可减轻堤岸近旁淤积，彻底解除水流对局部堤岸的损害，起到安全保护的作用。导流构筑物是桥涵和路基的重要附属工程，由于涉及水流改变方向，影响范围较大，工程费用较高，务必慎重。导流构筑物用于防护堤岸的改河工程，一般限于小型工程，如裁弯取直、挖滩改道、清除孤石，在小河的局部段进行。

导流构筑物主要是设坝，按其与河道的相对位置，一般可分为丁坝、顺坝或格坝。导流构筑物的布置，应综合河道宽窄、水流方向和工程经济等，综合考虑，全面治理，要避免河床过多压缩，或因水位提高和水流改向，从而危害对岸或附近地段的农田水利、地面及堤岸等。导流构筑物综合布置示例如图2-73所示。

顺坝大致与堤岸平行，主要作用为导流、束水、调整流水曲度和改善流态。格坝在平面上成网格状，设于顺坝与堤岸之间，防止高水位使水流溢入，冲刷内岸坡和坡脚，并促进格间的淤积。丁坝大致与堤岸垂直或斜交，将水流挑离堤岸，束河归槽，改变流态。顺坝亦称导流坝，丁坝亦称挑水坝。

（2）直接防护措施。为了防止流水直接危害沿河、滨海路堤以及有关海、河堤坝护岸的堤岸边坡和坡脚，必须采取一定防止冲刷的措施。

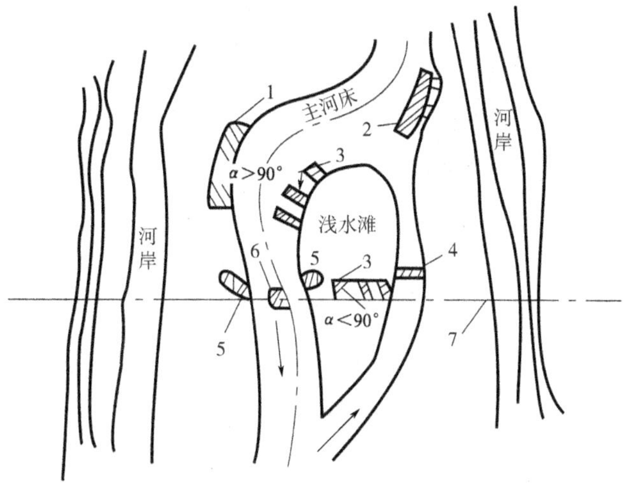

图2-73　导流构筑物综合布置示例

1—顺水坝　2—格坝　3—挑水坝　4—拦水坝
5—导流坝　6—桥墩　7—路中线

堤岸防护直接措施包括植物防护（图2-74）、石砌防护或抛石防护

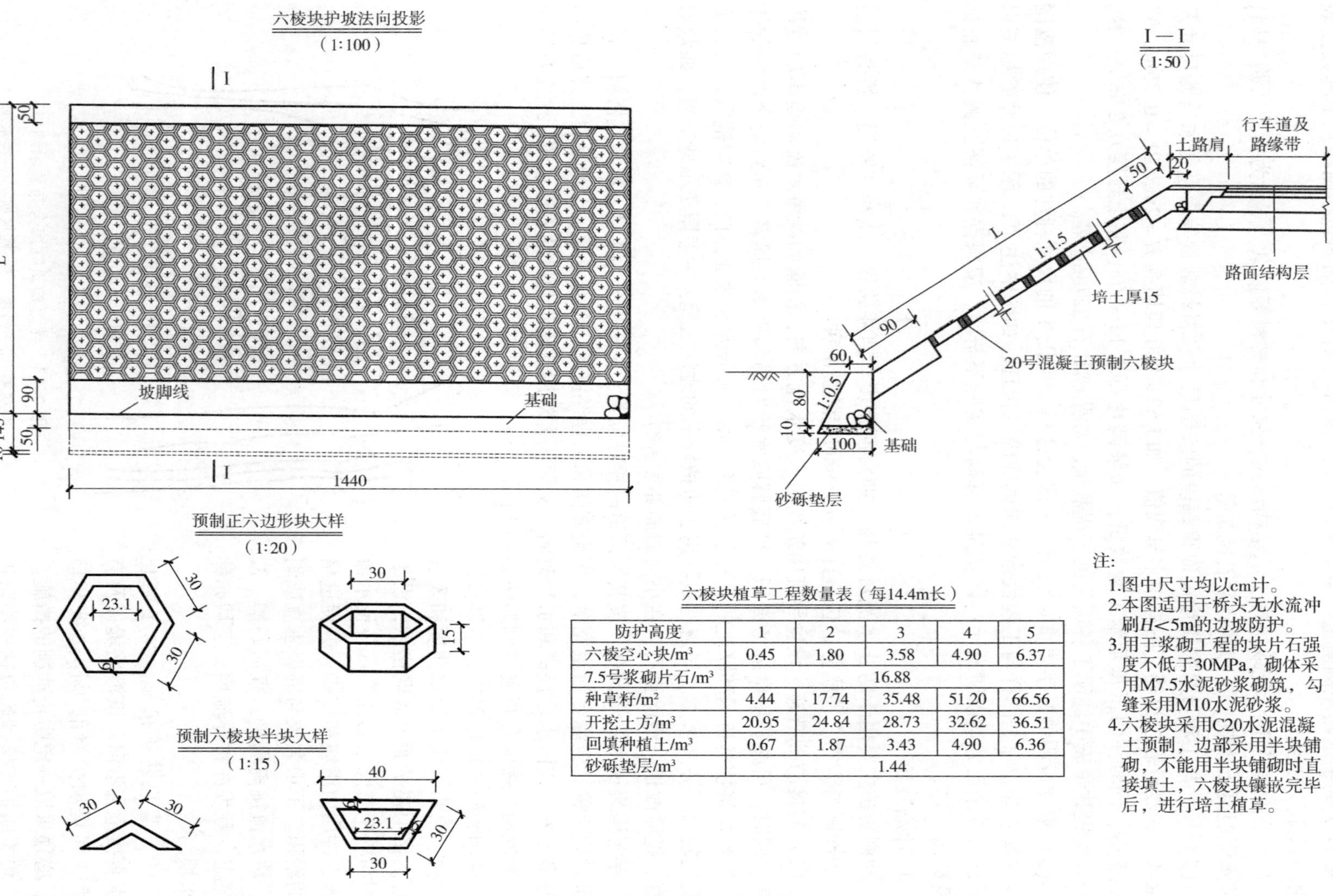

六棱块植草工程数量表（每14.4m长）

防护高度	1	2	3	4	5
六棱空心块/m³	0.45	1.80	3.58	4.90	6.37
7.5号浆砌片石/m³	16.88				
种草籽/m²	4.44	17.74	35.48	51.20	66.56
开挖土方/m³	20.95	24.84	28.73	32.62	36.51
回填种植土/m³	0.67	1.87	3.43	4.90	6.36
砂砾垫层/m³	1.44				

图2-74　植物防护设计图

（图 2-75）与石笼防护（图 2-76），以及必要时设置的支挡结构物驳岸等。其中，植物防护与石砌防护，同坡面防护所述相近，但堤岸的防冲刷主要原因是洪水流，水位变迁不定，水流速度较大，相应的要求更高。

图 2-76 中石笼是用铁丝编织成框架，内填石料，设在坡脚处，以防急流和大风浪破坏堤岸，也可用来加固河床，防止淘刷。铁丝框架可以箱形或圆形，笼内填石的粒径，最小不小于 4.0cm，一般为 5～20cm，外层应用棱角突出的大石料，内层可用较小石块填充。石笼在坡脚排列，用于防止冲刷淘底时，应平铺并与坡脚线垂直，而且堤岸一端固定，另一端不必固定，淘刷后可以向下沉落贴于底面；用于防止堤岸边坡冲刷时，则垒码平铺成梯形。单个石笼的大小以不被速度较快的水流冲动为宜，铺设时须用碎（砾）石垫层铺平，底层各角可用铁棒固定于基底。

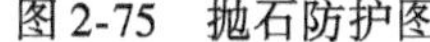

图 2-75　抛石防护图

图 2-76　石笼防护图

图 2-77 为某石砌护坡—桥头防护设计图示例。图中包括桥头锥坡平面图、立面图、桥头锥坡横断面图、踏步大样、剖面图、工程数量表和附注。

1）桥头锥坡平面图识读能取得护坡结构形式、材料为 M7.5 浆砌片石锥坡。

2）立面图中标明了泄水孔、伸缩缝、踏步的位置，并可读出桥头防护及一般填方路基边坡防护的位置。

3）桥头锥坡横断面图给出了 M7.5 浆砌片石防护及 M7.5 浆砌片石的布置方式。

4）踏步大样绘出了踏步的详细尺寸及浇筑混凝土的强度等级类别。每延米工程数量表给出了各个项目的工程数量，如浆砌片石护坡每延米的工程数量为（$0.54H+0.42$）m^3。

5）Ⅰ—Ⅰ剖面图绘出了截面Ⅰ—Ⅰ的详细结构形式、尺寸及所采用的护坡材料。

6）附注说明的文字要重点识记，一般会注解说明图中的尺寸标注的单位、使用范围和技术要求等，它是图样与工程数量表识读准确的保证，如图中注 3“石砌护坡每 10m 设一伸缩缝，伸缩缝用沥青麻絮填塞”等。

如图 2-78 所示，抛石防护，类似在坡脚处设置护脚，亦称抛石垛，抛石不受气候条件限制。路基沉实以前均可施工，季节性浸水或长期浸水均可用。

5. 坡面防护

坡面防护主要是保护易受自然因素影响使强度、稳定性降低而导致的路基边坡破坏。坡面防护还可以达到美化路容、协调自然环境的目的。坡面防护设施仅起到将坡面封闭隔离的作用，不承受外力作用，所以，要求被防护的路基边坡本身是稳定的。公路边坡生态防护方

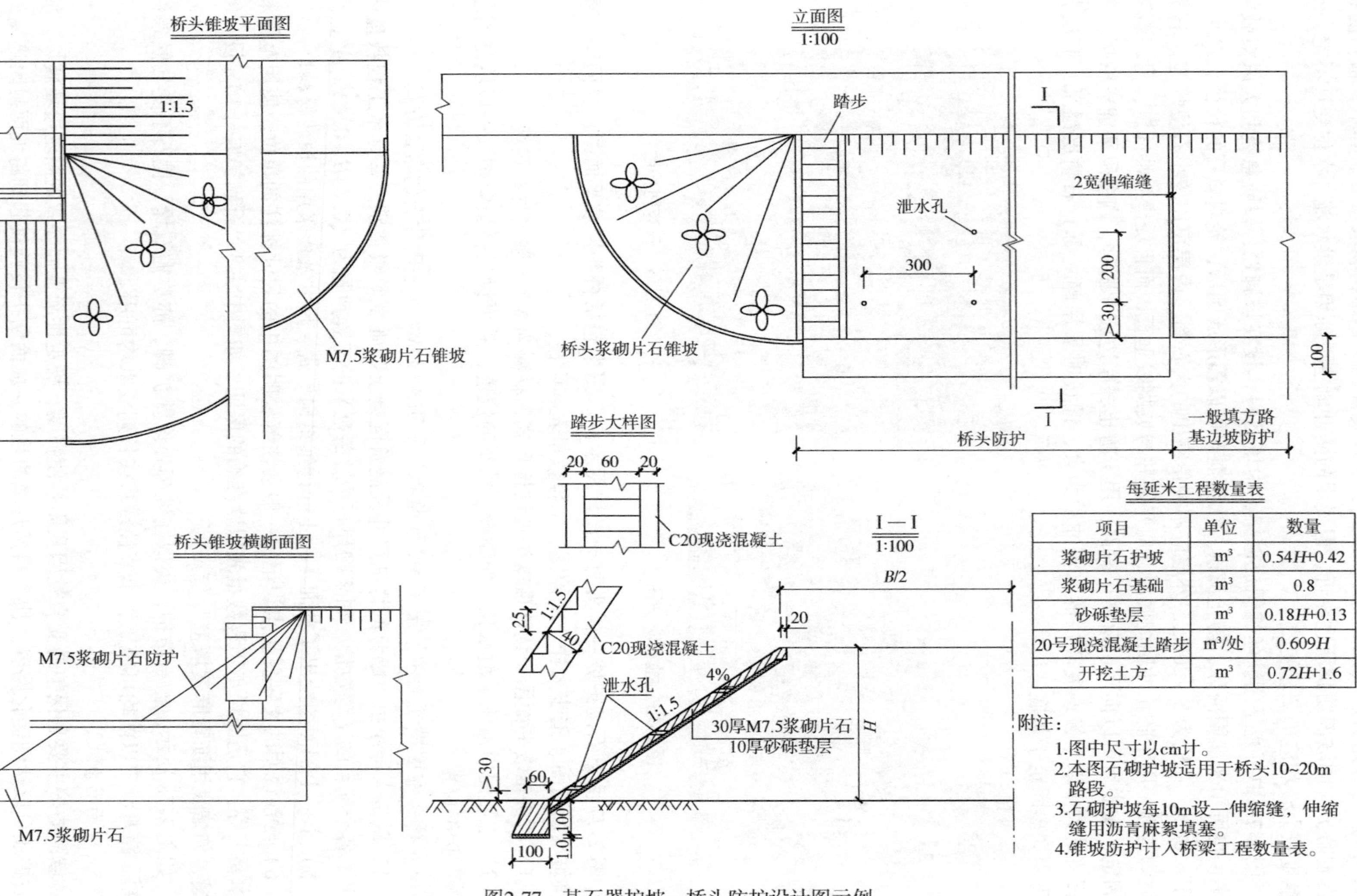

每延米工程数量表

项目	单位	数量
浆砌片石护坡	m^3	$0.54H+0.42$
浆砌片石基础	m^3	0.8
砂砾垫层	m^3	$0.18H+0.13$
20号现浇混凝土踏步	m^3/处	$0.609H$
开挖土方	m^3	$0.72H+1.6$

附注：

1.图中尺寸以cm计。

2.本图石砌护坡适用于桥头10~20m路段。

3.石砌护坡每10m设一伸缩缝，伸缩缝用沥青麻絮填塞。

4.锥坡防护计入桥梁工程数量表。

图2-77 某石器护坡—桥头防护设计图示例

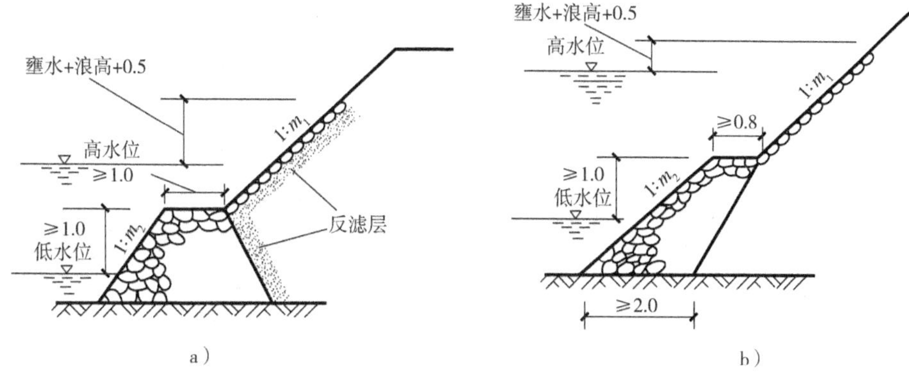

图 2-78 抛石防护示意图（尺寸单位：m）
a）新堤石垛 b）旧堤石垛

式的分类方法很多，按“是否需要借助外力营造植物生长环境”分类如下：

（1）需要借助外力的方式。

1）框架护坡。指采用混凝土、浆砌片（块）石、浆砌卵（砾）等做骨架形成正方形、菱形、正六边形、拱形、主肋加斜向横肋或波浪形横肋，以及几种几何图形组合等形式的框格，框格内采用种草或铺草皮。图 2-79 为某道路植草护坡设计图。

如图 2-79 所示，图中包括拱形骨架护坡法向投影图、各截面剖面图、工程数量表和附注。拱形骨架护坡法向投影图、各截面图识读能取得护坡结构形式、尺寸和材料等信息。

①拱形骨架护坡法向投影图中标明了路基边缘线、间距为 3.5m 的 ϕ8cm 泄水孔、流水槽、导流槽、坡脚、坡脚线、基础、直镶边石的位置，同时给出了拱形骨架护坡的相关尺寸。

②剖面图Ⅰ—Ⅰ绘出了详细的路面结构图，并标明行车道及路缘带、土路肩位置，其中边坡坡度为 1∶(1.5～1.75)，边坡设置有预制 C20 混凝土镶边石，基础下部设置有砾石垫层。

③由拱形骨架防护工程数量表可以读出不同边坡坡率、不同防护高度、不同项目的工程数量，如边坡坡度为 1∶2.0，防护高度为 4.0m，每 14.5m 长种草籽的工程量为 72.965m^2。

④附注说明的文字要重点识记，一般会注解说明图中的尺寸标注的单位、使用范围和技术要求等，它是图样与工程数量表识读准确的保证，如图中注 2“本图适用于四车道路基填土高度≥3m 土质路段”等。

2）挂网喷播。通常是先挂网、后喷播，通过加了特殊物质的喷射物在网上的凝固硬化来创造一个既能让植物生长发育而种植基质又不被冲刷的多孔稳定结构，包括三维植被网、植被混凝土、客土喷播等。

图中包括边坡防护布置图、锚钉大样图、客土喷播示意图、工程数量表和附注。

①边坡防护布置图识读能取得护坡结构形式、尺寸和材料等信息。边坡防护布置图中标明了截水沟、边坡顶线、高强土工网、平台排水沟、边沟、路面位置，边坡坡度为 1∶m_1，1∶m_2，沿边坡长每间隔 1m 设置锚钉，沿边坡设有高强土工网。

②锚钉大样图分别绘出了应用于硬质岩石边坡及应用于软质岩石边坡的详细结构。

③客土喷播示意图绘出了高强土工网、草、客土、锚钉的设置方法。

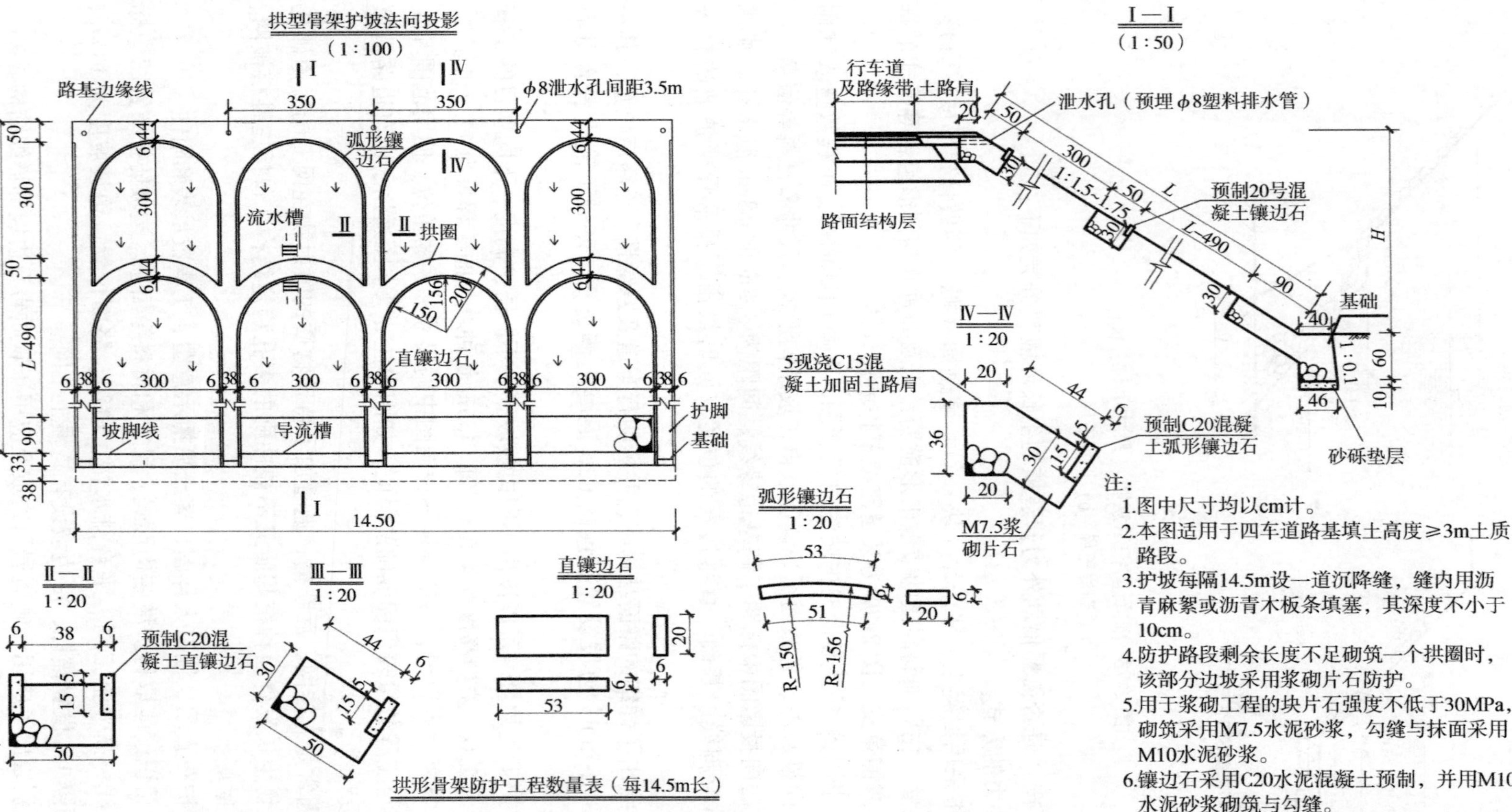

拱形骨架防护工程数量表（每14.5m长）

项目名称＼坡率	边坡坡率1∶1.5（1∶1.75）								边坡坡率1:2.0					
防护高度H/m	3.0	4.0	5.0	6.0	7.0	8.0	10.0	12.0	3.0	4.0	5.0	6.0	7.0	8.0
7.5号浆砌片石/m³	15.041(15.519)	16.393(17.031)	26.655(27.453)	28.007(28.964)	38.269(39.386)	39.621(49.807)	(61.741)	(73.674)	16.015	30.293	37.189	38.866	49.453	51.130
30号水泥混凝土/m³	0.567(0.643)	0.783(0.885)	1.051(1.178)	1.267(1.420)	1.535(1.713)	1.751(2.006)	(2.541)	(3.076)	0.723	1.042	1.362	1.630	1.950	2.218
砂垫层/m³	0.667(0.667)	0.667(0.667)	0.667(0.667)	0.667(0.667)	0.667(0.667)	0.667(0.667)	(0.667)	(0.667)	0.667	0.667	0.667	0.667	0.667	0.667
种草籽/m²	14.237(51.898)	66.87(76.084)	73.801(86.568)	95.434(110.755)	103.364(121.239)	124.998(131.722)	(166.393)	(201.063)	59.836	72.965	86.095	112.928	126.058	152.891
开挖土方/m³	18.781(19.260)	20.133(20.772)	30.395(31.193)	31.747(32.705)	42.009(43.126)	43.361(53.548)	(65.481)	(77.414)	19.756	30.343	40.93	42.607	53.194	54.871
回填种植土/m³	4.424(5.190)	6.587(7.608)	7.380(8.657)	9.543(11.075)	10.336(12.124)	12.50(13.172)	(16.639)	(20.106)	5.984	7.297	8.610	11.293	12.606	15.289

注：

1. 图中尺寸均以cm计。
2. 本图适用于四车道路基填土高度≥3m土质路段。
3. 护坡每隔14.5m设一道沉降缝，缝内用沥青麻絮或沥青木板条填塞，其深度不小于10cm。
4. 防护路段剩余长度不足砌筑一个拱圈时，该部分边坡采用浆砌片石防护。
5. 用于浆砌工程的块片石强度不低于30MPa，砌筑采用M7.5水泥砂浆，勾缝与抹面采用M10水泥砂浆。
6. 镶边石采用C20水泥混凝土预制，并用M10水泥砂浆砌筑与勾缝。
7. 边坡修正完毕，再进行护坡放样；基础砌筑前，基底应夯实，其压实度应大于88%，骨架施工应采用挖槽法进行。
8. 每隔3.5m设一道8cm硬塑料管泄水孔（每处长0.44m），泄水孔后应采用大粒径的碎石做反滤层。
9. 余见相关设计图及总说明。
10. 工程数量表中括号数值为1∶1.75路堤边坡。
11. 回填种植土厚度为10cm。

图2-79　某道路拱架护坡设计示意图

④主要工程数量表给出了高强土工网、混合草种、客土、锚钉的工程量，如混合草种每平方米工程量为0.02kg。

⑤附注说明的文字要重点识记，一般会注解说明图中的尺寸标注的单位、使用范围和技术要求等，它是图样与工程数量表识读准确的保证，如图中注2“坡面处理：坡面必须清除危石，整理平顺，严禁有死角，反坡超欠挖。若有反坡超欠挖大于30cm，必须凿顺或用浆砌片石回填平顺”等。

（2）不需借助外力的方式。不需借助外力的方式指直接栽植。直接栽植分两种情况：①坡面覆有较厚土层、有利植物生长的，采用种草（含液压喷播）、铺草皮、栽植香根草等植物、干根网状护坡等方式；②坡面几乎无土覆盖，但坡顶、坡底、平台可以生长植物，比如采用栽植攀援性和垂吊性植物等。

当坡面冲刷比较严重，边坡较陡，径流速度大于0.6m/s，容许最大速度为1.8m/s时，应根据具体条件（坡度与流速等），分别采用平铺（平行于坡面）、水平叠铺、垂直坡面或与坡面成一半坡角的倾斜叠铺草皮，还可采用片石铺砌成方格或拱式边框，方格或框内再铺草皮。图2-80为某道路植草护坡设计图示例。

如图2-80所示，图中包括边坡植草护坡剖面图、植草护坡平面图、工程数量表和附注说明三部分内容。

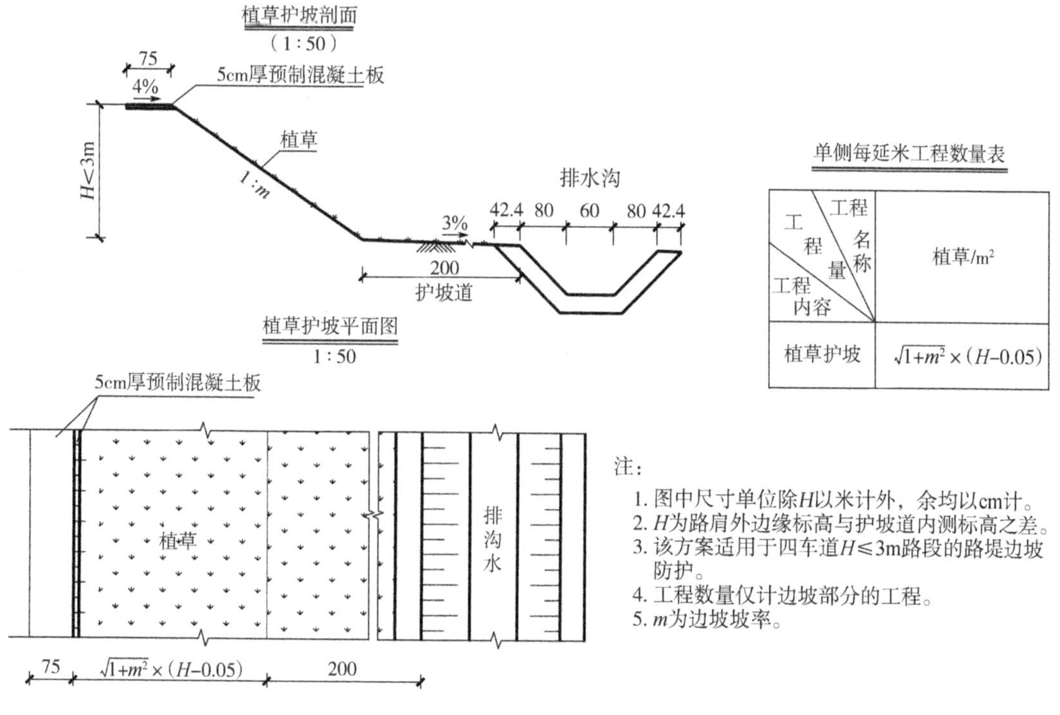

图2-80 某道路植草护坡设计图示例

1）边坡植草护坡剖面图、平面图识读能取得护坡结构形式、尺寸和材料等信息。边坡植草护坡剖面图中土路肩宽75cm，坡度为4%，其下设置有5cm厚预制混凝土板，边坡坡度为1:m，在边坡及护坡道进行植草，护坡道坡度为3%，长度为2m，护坡道旁设置有排水沟，尺寸详见图中。

2）植草护坡平面图表示出植草护坡的平面结构形式并可读出边坡植草长度为 $(1+m^2)^{1/2}\times(H-0.05)$。

3）工程数量表给出了单侧每延米工程数量。

4）附注说明的文字要重点识记，一般会注解说明图中的尺寸标注的单位、使用范围和技术要求等，它是图样与工程数量表识读准确的保证，如图中注“2. H 为路肩外边缘标高与护坡道内侧标高之差”等。

6. 路基防护工程数量表

工程量即工程的实物数量，是以物理计量单位或自然计量单位所表示各个分项或子分项工程和构配件的数量。

路基防护工程数量表（表 2-18）主要内容包括各个起讫桩号的工程名称、位置、工程的主要尺寸及说明、单位、数量、工程项目及数量（包括：M7.5 浆砌片石、C20 水泥混凝土预制块、开挖土方、砂砾垫层、植草、客土、高强土工网、锚钉、客土混合草种、回填种植土、回填土方等）。

表 2-18 中序号 168 的起讫桩号为 K53 +730 ~ K53 +775，采用拱形骨架护坡 B，在路基的左侧，平均防护高度 $H=6\text{m}$，拱形骨架厚 30cm，拱窗内植草，路堑边坡率 1:1，第一级边坡防护。同时，示出了工程项目及数量，其中 M7.5 浆砌片石 92.3m^3、C20 水泥混凝土预制块 3.1m^3、开挖土方 93.1m^3、砂砾垫层 2.1m^3、植草 209.4m^2、回填种植土 24.8m^3。

八、路基路面排水工程施工图

1. 路基排水简介

道路排水系统作用：①在施工期可以提高施工效率，保障施工人员及设备的安全；②在运营期，是保证道路发挥其功能的必要设施，可以减少道路的返修率，降低维护费用，提高汽车运行的平稳性和安全性。

危害和影响公路结构的水，按水源不同可分为地表水和地下水两大类。道路排水系统包括路基地面排水系统、路基地下排水系统和路面排水系统。

道路排水系统图主要包括全线排水系统布置图和单个排水设施构造图。全线排水系统布置图表明全线排水系统的布置情况主要通过平、纵、横图样来实现；单个排水设施构造图表达单个排水设施具体构造和技术要求，属细部构造详图。识读道路排水系统图时，应重点识读其结构类型、截面尺寸和组成部分所使用的材料等信息。

2. 路面排水

表面水的渗入是路面水的主要来源，另外，当地下水位较高时，地下水将通过毛细作用进入路面结构下部，中央分隔带及道路两侧有临时滞水时，水分也有可能进入路面结构内部。路面结构内的水分会浸湿各结构层材料和路基土，使整个路面结构体系强度下降，变形增加。

（1）路面表面排水。在路线纵坡平缓、汇水量不大、路堤不高且坡面有较强耐冲刷能力时，应优先采用横向漫流分散排放的排水方式。

在表面水有可能冲刷路堤边坡坡面的情况下，应采用将路表水汇集于拦水带内，由泄水口和急流槽集中排放的方式。拦水带沿路肩外侧边缘设置，可由沥青混凝土现场浇筑，或者由水泥混凝土预制块铺砌而成。

表 2-18 路基防护工程数量

序号	起讫桩号	工程名称	位置	主要尺寸及说明	单位	数量	工程项目及数量											备注
							M7.5浆砌片石/m^3	C20水泥混凝土预制块/m^3	开挖土方/m^3	砂砾垫层/m^3	植草/m^2	客土/m^2	高强土工网/m^2	锚钉/套	客土混合草种/kg	回填种植土/m^3	回填土方/m^3	
165	K53+680~K53+780	拱形骨架护坡B	右侧	平均防护高度 $H=7m$,拱形骨架厚30cm,拱窗内植草。路堑边坡率1:1。第三级边坡防护	m	100	273.9	8.3	275.6	4.6	487.8					61.6		六车道
166	K53+710~K53+765	拱形骨架护坡B	右侧	平均防护高度 $H=6m$,拱形骨架厚30cm,拱窗内植草。路堑边坡率1:1.25。第四级边坡防护	m	55	116.0	4.3	117.0	2.5	306.8					32.5		六车道
167	K53+830~K53+840	植草A	右侧	平均防护高度 $H=2.1m$,第一级坡面植草防护。边坡率1:1.5	m	10					37.0							六车道
168	K53+730~K53+775	拱形骨架护坡B	左侧	平均防护高度 $H=6m$,拱形骨架厚30cm,拱窗内植草。路堑边坡率1:1。第一级边坡防护	m	45	92.3	3.1	93.1	2.1	209.4					24.8		六车道
169	K53+775~K53+800	植草A	左侧	平均防护高度 $H=2.7m$,第一级坡面植草防护。边坡率1:1.5	m	25					119.4							六车道
170	K53+800~K53+845	衡重式路肩墙	左侧	平均防护高度 $H=2\sim9.32m$,浆砌片石防护。具体设计尺寸详见路基防护工程设计图0244工程数量详见路基防护工程表(挡土墙)	m	45.3												

图 2-81 所示拦水缘石、急流槽、排水沟构成一完整路面排水系统，适用于路面水采用集中排水方式的填方路段，识读图样可得拦水缘石设置位置。为避免高路堤边坡被路面水冲

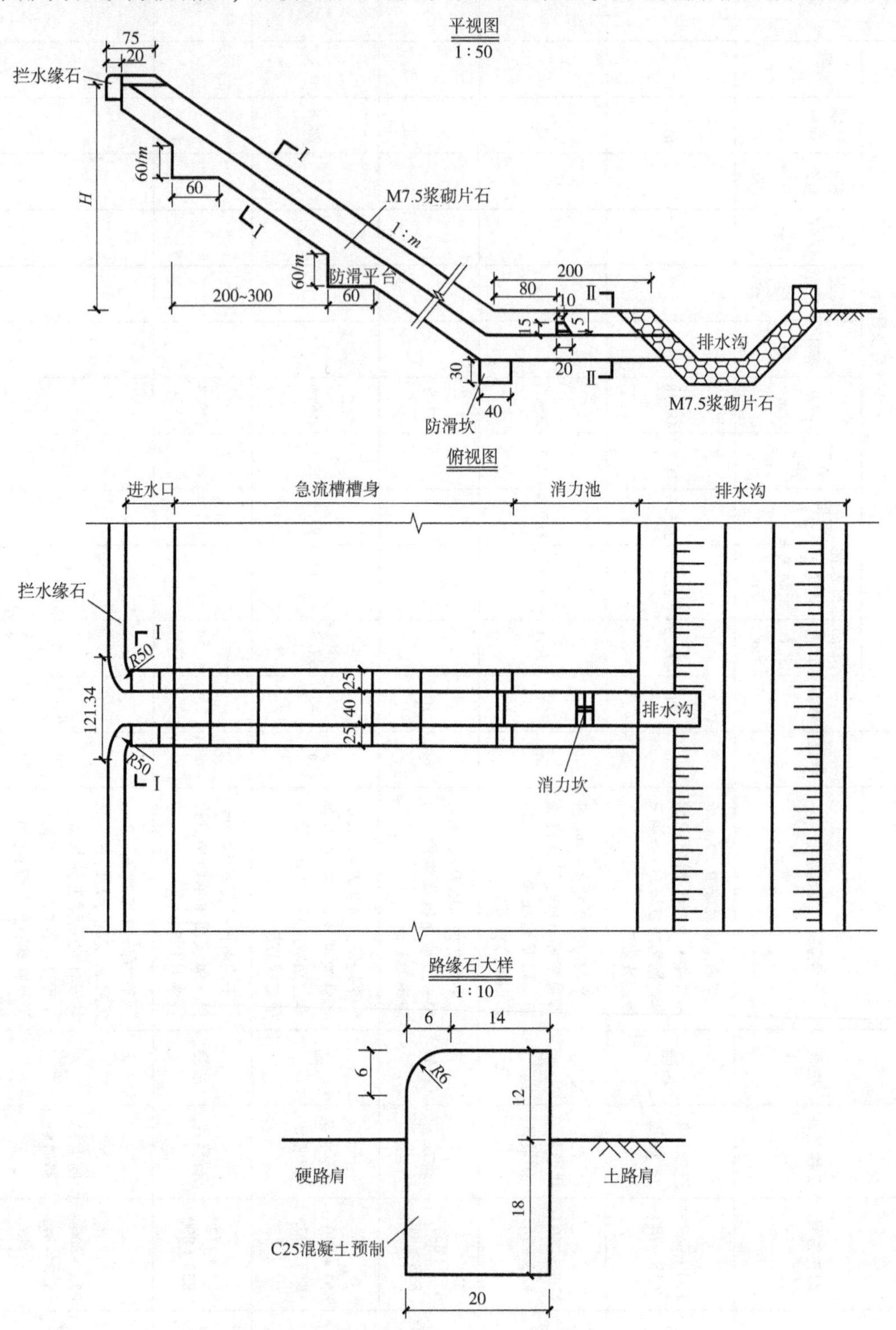

图 2-81　填方路面集中排水系统图（单位：cm）

刷，拦水缘石设置在路肩边部，在适当地点设急流槽，将水引离路基。如图 2-81 所示，与高路堤急流槽连接处设有喇叭口，且路缘石开口及流水进入路堤边坡急流槽的过渡段连接圆顺。

由图可得拦水缘石断面形状、尺寸和组成材料的种类。拦水缘石，C25 混凝土预制块，长、宽、高尺寸为 20cm×20cm×30cm，边缘 6cm×6cm 抹角，路缘石露出路面部分 12cm。施工中，设拦水缘石路段的路肩应适当加固。

（2）中央分隔带排水。中央分隔带排水是高速公路及一级公路地表排水的主要内容。其排水设施由排水沟（明沟、暗沟）、渗沟、雨水井、集水井、横向排水管等组成。

设置中央分隔带排水设施时，应根据分隔带宽度、绿化和交通安全设施的形式和分隔带表面的处理方式等，选择不同的排水方式。

1）一般路段。如图 2-82 所示，中央分隔带盆形底部设置碎石盲沟，盲沟内纵向埋设内径 100mm 软式透水管，路面水由纵向碎石盲沟渗入纵向排水管中，通过每隔一定距离设置的内径 100mm 的 PVC 横向排水管，引路堤边坡排出。盲沟用碎石充填并用土工布包裹形成反滤层。

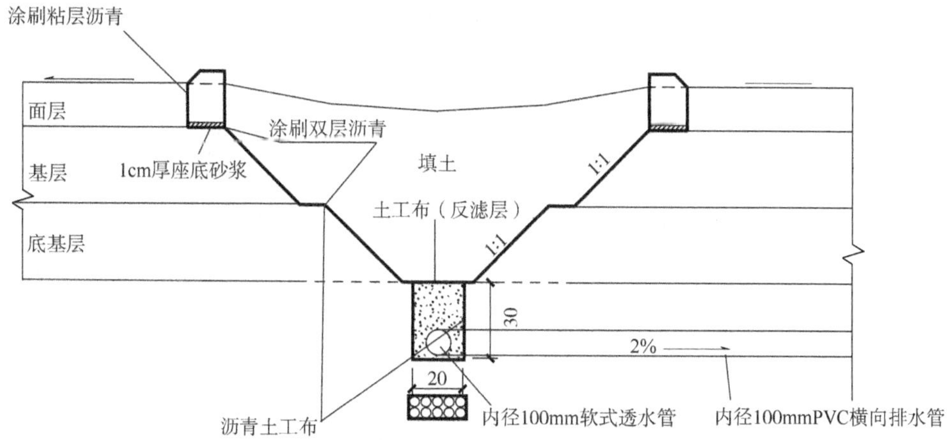

图 2-82 一般路段中央分隔带排水示例

施工中，横向排水沟可左右交错设置或单侧设置。图 2-83 为某道路填方路段和挖方路段排水示例，包括图样、工程数量表和附注三部分。由图样看出，该道路中央分隔带下排水系统排水设施主要由纵向排水盲沟、纵向排水盲沟集水槽、土工布、$\phi5$ 纵向软式排水管、$\phi10$ 横向排水管等组成。边沟下排水系统排水设施主要由级配碎石垫层、反滤织物（土工布）、防渗土工布（包裹渗沟四周）、碎石渗沟、C15 混凝土座、$\phi15$ 纵向软式排水管和 M7.5 浆砌片石矩形边沟组成。

由注 2 可知，中央分隔带下排水适用于填方路段，边沟下排水适用于土质挖方路段。注 1 “图中尺寸以 cm 计” 注解说明了图中的尺寸标注的单位。注 3、注 4 和注 5 强调了施工中关键技术要求，例如“中央分隔带下排水，其纵向排水盲沟坡度同路线坡度，但不得小于 0.5%，否则应调整坡度。横向排水管接至边坡，出口部分伸出 5cm，以防堵塞；为防止路面渗水进入路面基层和路基，沿中央分隔带的纵向开挖面铺设土工布，为防止细粒进入中央分隔带下纵向盲沟，其外都应用土工布包裹，在路基边沟下的纵向排水盲沟的外部也应用土工布包裹；横向排水管每间隔 40～50m 设置一道，中央分隔带下纵向盲沟横向排水管设置在一般路段右侧和超高路段内弧侧，超高路段外弧侧边沟下不设纵向排水设施”。

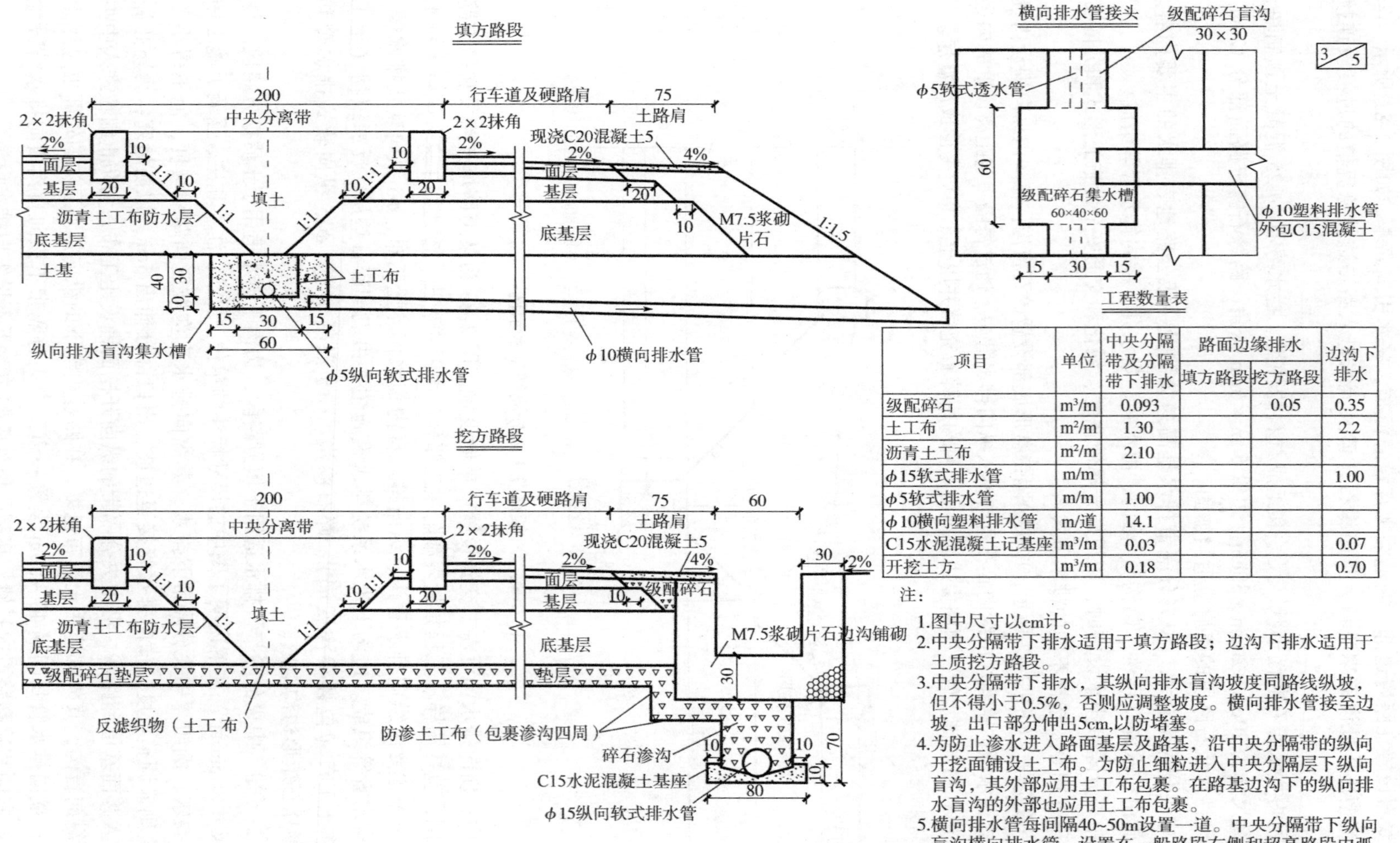

工程数量表

项目	单位	中央分隔带及分隔带下排水	路面边缘排水		边沟下排水
			填方路段	挖方路段	
级配碎石	m³/m	0.093		0.05	0.35
土工布	m²/m	1.30			2.2
沥青土工布	m²/m	2.10			
ϕ15软式排水管	m/m				1.00
ϕ5软式排水管	m/m	1.00			
ϕ10横向塑料排水管	m/道	14.1			
C15水泥混凝土记基座	m³/m	0.03			0.07
开挖土方	m³/m	0.18			0.70

注：

1.图中尺寸以cm计。
2.中央分隔带下排水适用于填方路段；边沟下排水适用于土质挖方路段。
3.中央分隔带下排水，其纵向排水盲沟坡度同路线纵坡，但不得小于0.5%，否则应调整坡度。横向排水管接至边坡，出口部分伸出5cm,以防堵塞。
4.为防止渗水进入路面基层及路基，沿中央分隔带的纵向开挖面铺设土工布。为防止细粒进入中央分隔层下纵向盲沟，其外部应用土工布包裹。在路基边沟下的纵向排水盲沟的外部也应用土工布包裹。
5.横向排水管每间隔40~50m设置一道。中央分隔带下纵向盲沟横向排水管，设置在一般路段右侧和超高路段内弧侧。超高路段外弧侧边沟下不设纵向排水设施。
6.边沟下纵向盲沟出口见相应设计图。中央分隔带填土计入路面工程数量表中。

图2-83　中央分隔带下排水系统和边沟下排水系统示例

由图中工程数量表可看出中央分隔带及中央分隔带下排水、边沟下排水系统单位长度所需材料的种类和数量。如中央分隔带及排水系统所需材料包括级配碎石0.093m^3/m，土工布1.30m^2/m、沥青土工布2.10m^2/m、ϕ5软式透水管1.00m/m、ϕ10横向塑料排水管14.1m/道、C15水泥混凝土基础0.03m^3/m、开挖土方0.18m^3/m。边沟下排水系统所需材料包括级配碎石0.35m^3/m，土工布2.2m^2/m，ϕ15软式透水管1.00m/m，C15水泥混凝土基础0.07m^3/m，开挖土方0.70m^3/m。

2）超高路段。图2-84为某道路超高路段排水断面设计图，包括图样、工程数量表和附注三部分。其中图样由超高路段反向排水断面图、超高路段正向排水断面图、长挖超高路段排水断面图和横向塑料排水管外包大样图四个图样构成。

几种情况中央分隔带排水设施均包括：设在左右幅路面基层之间的纵向排水沟；按设计图样的桩号集水井和横穿路基的横向排水管；横向排水管出口的排水设施。

反向排水断面图：路堤超高地段外侧路面水通过在分隔带内纵向设置的矩形路面排水沟汇集超高侧的路表水，并每隔一定间距设置一道集水井，通过外径315mm的PVC-U管将水引入边坡急流槽内。

正向排水断面图：路堑超高地段外侧路面水通过在分隔带内纵向设置的矩形路面排水沟汇集超高侧的路表水，通过外径315mm的PVC-U管将水引入边坡急流槽内。

长挖超高路段排水断面图可识读路堑超高地段外侧路面水通过在分隔带内纵向设置的矩形路面排水沟汇集超高侧的路表水，通过外径315mm的PVC-U管将水引入边沟内。

横向塑料排水管外包大样图为横向塑料排水管断面图，可识读横向排水管混凝土基础采用现浇C25混凝土，宽50cm，高50cm。排水管居中放置，距混凝土基础四壁均为9.25cm。

图2-84中工程数量表识读能取得路基宽24.5m时，反向排水、正向排水和长挖排水情况下一道横向排水管所用各种材料的数量，如反向排水情况下，一道横向排水管采用的C25水泥混凝土为2.48m^3、回填碎石为2.79m^3。ϕ315U－PVC横向排水管14.42m，开挖土石方为6.40m^3。

设计图中附注说明文字要重点识记。注1“本图为超高排水断面图，管径以mm计”注解说明了图中的尺寸标注的单位。注2“超高路段反向排水断面适用于外侧为路堤的情况；超高路段正向排水断面适用于外侧为路堑、内侧为路堤的情况；长挖超高路段排水断面适用于挖方长度大于集水井间距临界长度的超高路段”说明了图样的适用范围。

图2-85～图2-87分别为纵向排水沟结构设计图、纵向排水沟钢筋构造图及集水井钢筋构造图。纵向排水沟和集水井是中央分隔带排水系统中重要的设施。

识读图2-83能取得纵向排水沟坡度、细节大样等信息。图中纵向排水沟两端挡土混凝土块采用C25混凝土浇筑，沿线路方向每隔一定距离设置一个集水井，内净尺寸：30cm（宽）×70cm（长）×148cm（高），壁厚0.1m，井身采用C25混凝土，井口设置长69cm、宽37cm的铸铁箅子。工程数量表可识读得到一处集水井所需的工程材料和数量，包括C25混凝土井身0.345m^3、铸铁箅子为41.0kg、开挖土基0.73m^3，C25混凝土挡块0.05m^3。

附注说明列举的施工技术要求施工技术人员应重点识读，主要包括：纵向排水沟沟底坡度同路线坡度；纵向排水沟集中预制；纵向排水沟两端混凝土挡土块设置于超高段的起点和终点沟端处；路面盲沟出口用9cm×10cm×5cm金属管引入集水井，其数量计数铸铁箅子中；根据线路纵坡坡率，集水井设置间距为20～50m。

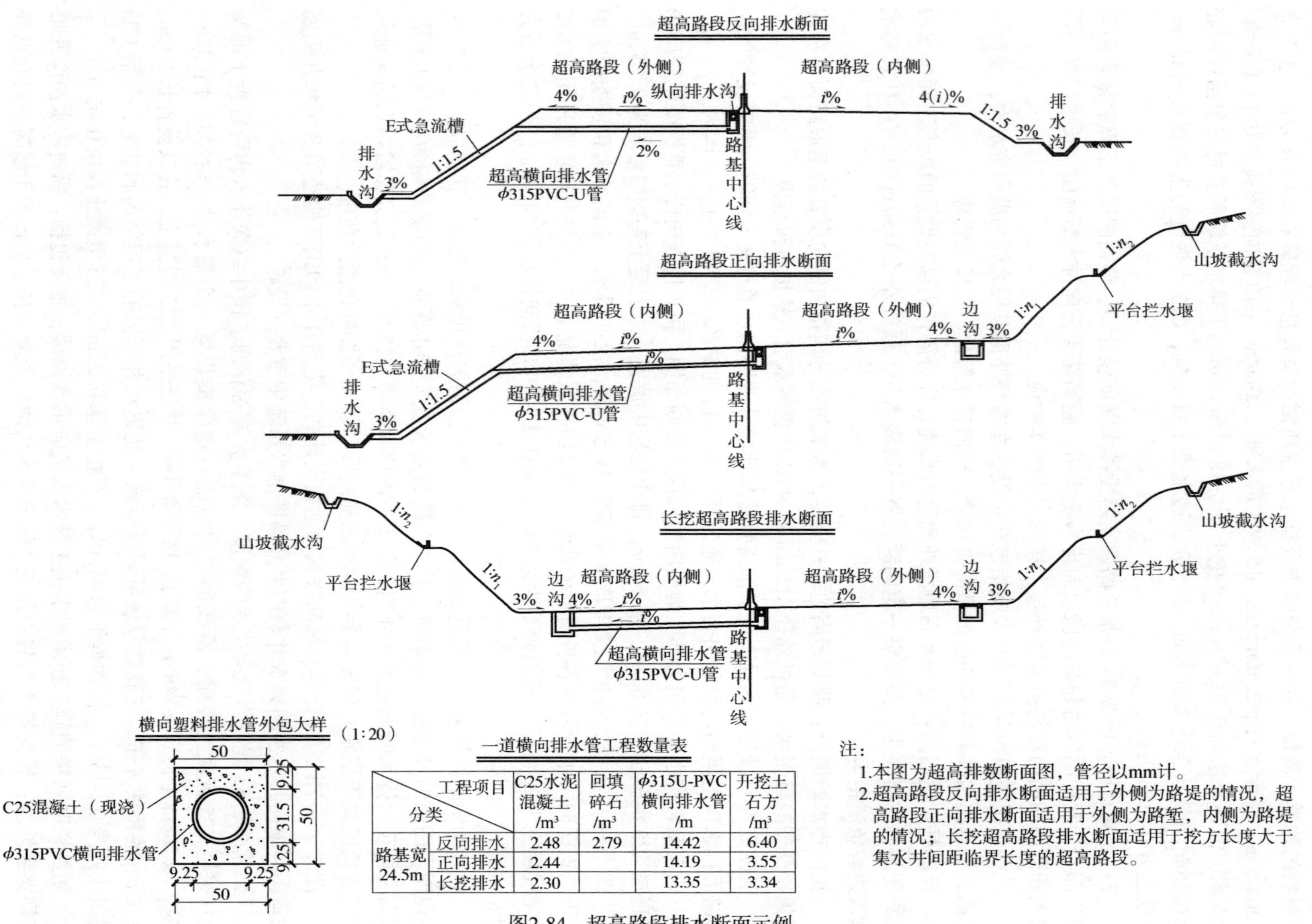

一道横向排水管工程数量表

分类 \ 工程项目		C25水泥混凝土/m^3	回填碎石/m^3	ϕ315U-PVC横向排水管/m	开挖土石方/m^3
路基宽24.5m	反向排水	2.48	2.79	14.42	6.40
	正向排水	2.44		14.19	3.55
	长挖排水	2.30		13.35	3.34

注：

1.本图为超高排数断面图，管径以mm计。

2.超高路段反向排水断面适用于外侧为路堤的情况，超高路段正向排水断面适用于外侧为路堑，内侧为路堤的情况；长挖超高路段排水断面适用于挖方长度大于集水井间距临界长度的超高路段。

图2-84　超高路段排水断面示例

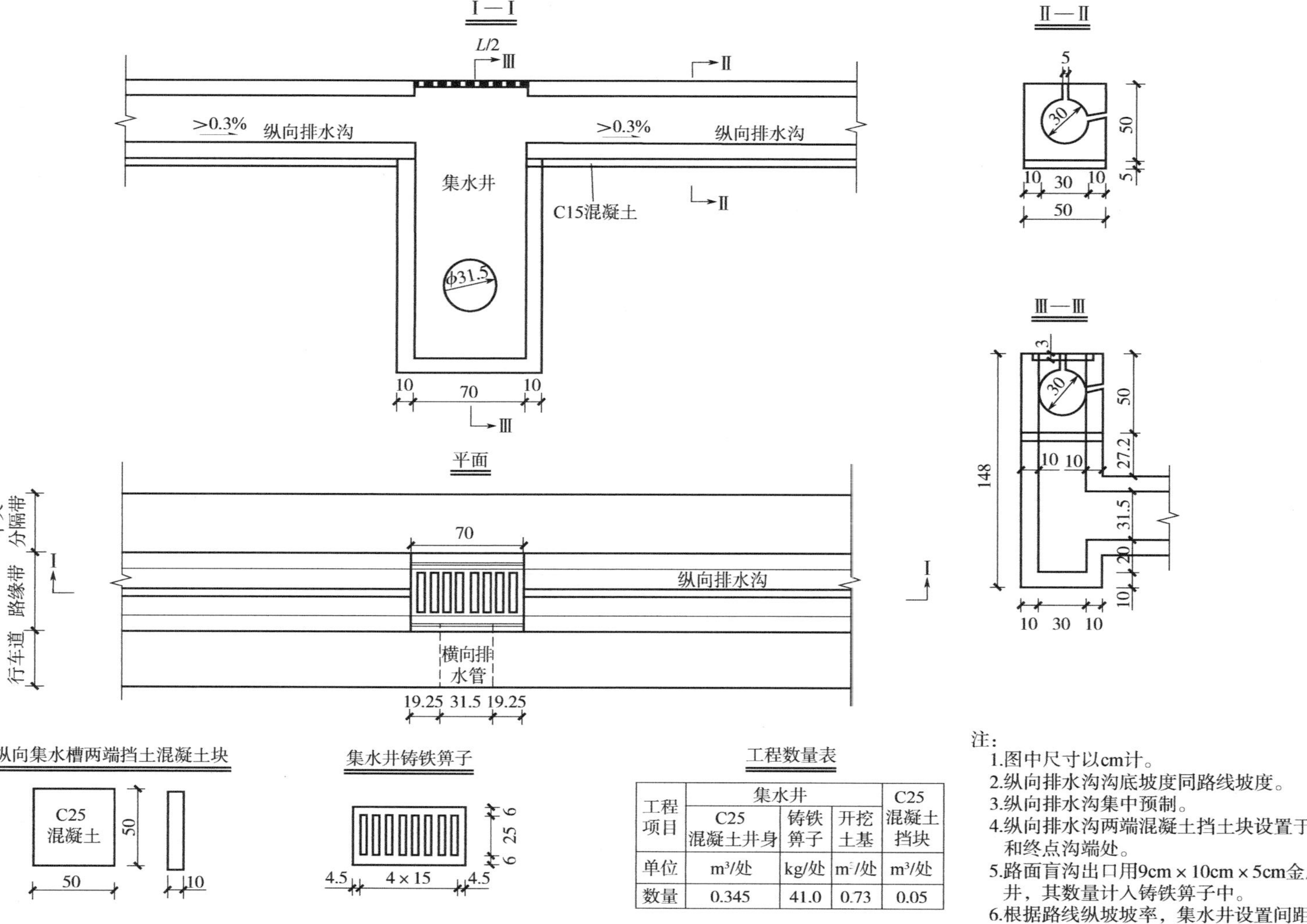

工程数量表

工程项目	集水井			C25混凝土挡块
	C25混凝土井身	铸铁箅子	开挖土基	
单位	m³/处	kg/处	m³/处	m³/处
数量	0.345	41.0	0.73	0.05

注：
1.图中尺寸以cm计。
2.纵向排水沟沟底坡度同路线坡度。
3.纵向排水沟集中预制。
4.纵向排水沟两端混凝土挡土块设置于超高段的起点和终点沟端处。
5.路面盲沟出口用9cm×10cm×5cm金属管引入集水井，其数量计入铸铁箅子中。
6.根据路线纵坡坡率，集水井设置间距为20~50m。

图2-85　超高路段纵向排水沟结构设计图示例

纵向排水沟横断面

1∶10

纵向排水沟钢筋大样

1∶10

每延米纵向排水沟工程数量表

工程项目		工程数量
钢筋①	直径/mm	10
	每根长度/m	2.93
	根数/根	6
	重量/kg	10.85
钢筋②	直径/mm	10
	每根长度/m	1.00
	根数/根	15
	重量/kg	9.26
预制C25混凝土/m³		0.169
现浇C15混凝土/m³		0.025
开挖土方/m³		0.275

纵向排水沟横断面钢筋构造

1∶10

每节纵向排水沟纵向断面钢筋构造图

1∶10

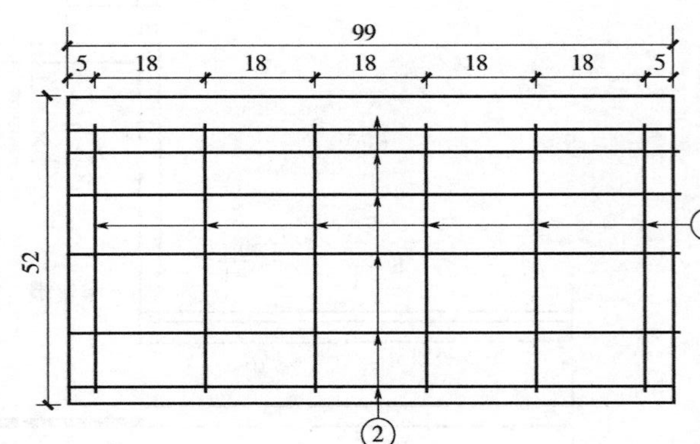

注：

1.本图尺寸除管径、钢筋直径以mm计外，余均以cm计。

2.本图为主线超高路段纵向排水沟设计图。

3.纵向排水沟每节长度为1m；管接处采用双面沥青浸制布并灌注水泥浆。

4.纵向排水沟中钢筋①连续设置，①、②钢筋之间绑扎。

5.纵向排水沟在基层顶面处每延米预留一处ϕ20泄水孔。

6.纵向排水沟底铺筑5cm厚C15混凝土基础，并用水泥砂浆灌注接缝。

图2-86　超高路段纵向排水沟钢筋构造图示例

图 2-84 能看出纵向排水沟横断面结构形状、尺寸和排水沟配筋等信息，例如，纵向排水沟横断面为开口圆形，内径 300mm，开口宽度 4cm，排水沟结构为混凝土，C25 浇筑沟身，断面尺寸 50cm×50cm，沟底铺筑 5cm 厚 C15 混凝土基础。工程数量表可取得每延米纵向排水沟所用工程材料和数量，材料包括钢筋、混凝土及开挖土方。

附注说明列举的应用范围和施工注意事项应重点识读，是设计图正确实施的保证。主要包括：本图为主线超高路段纵向排水沟设计图；纵向排水沟每节长度为 1m，管接处采用双面沥青浸制布并灌注水泥浆；纵向排水沟中钢筋①连续设置，①、②钢筋之间绑扎；纵向排水沟在基层顶面处每延米预留一处 ϕ20 泄水孔；纵向排水沟底铺筑 5cm 厚 C15 混凝土基础，并用水泥砂浆灌注接缝。

图 2-85 能看出集水井配筋信息，工程数量表识读可取得一处集水井所需钢筋型号，以及各型号钢筋长度、根数、重量等信息。

附注说明列举了图中标注尺寸的单位和施工注意事项，包括：注 1 “图中尺寸除钢筋直径以 mm 计外，其余均以 cm 计”；注 2 “集水井采用 C25 混凝土现浇”。

3. 路基地下排水

路基地下排水的目的是为了提高路基和坡体的稳定，提高路堤基底的承载力，使路面免遭地下水的影响。

拦截、汇集和排出地下水，或降低地下水位，使路基免遭破坏的结构物，称为地下排水结构物。公路上常用的地下排水结构物（或地下排水设施）有暗沟、渗沟和渗井等，其特点是排水量不大，主要以渗流方式汇集水流，并就近排出路基范围以外。对于流量较大的地下水，应设置专用地下管道、巷道予以排除。

（1）暗沟（管）。暗沟是相对于地面排水的明沟而言，暗沟又称盲沟，是指设在地面以下引导水流的沟渠，本身无渗水和汇水作用。暗沟分为洞式和管式两大类，用于将路基范围内的泉水和地下集中水流排出路基范围以外。

当路基范围内遇有个别泉眼、泉水外涌、路线不能绕避时，为将泉水引至填方坡脚以外或挖方边沟，加以排除，可在泉眼与出口之间开挖沟槽，修建暗沟。

暗沟造价一般高于明沟，同时，一旦淤塞，疏通费事，甚至需开挖重建。因此，设计时必须与修建明沟方案进行经济比较，择优选用。

图 2-88 为盲沟位置示意图，可看出盲沟的设置位置，一侧边沟下面所设的盲沟，用以拦截流向路基的层间水，防止路基边坡滑坍和毛细水上升危害路基。路基两侧边沟下面均设置盲沟，可用以降低地下水位，防止毛细水上升至路基工作区范围内，形成水分积聚而造成冻胀和翻浆，或土基过湿而降低强度。

（2）渗沟。采用渗透方式将地下水汇集于沟内，并通过沟底通道将水排至指定地点，此种地下排水设施统称为渗沟，它的作用是降低地下水位或拦截地下水。

渗沟根据排水层的形式可分为三种：一是盲沟，即设在路基边沟下边的暗沟；二是管式渗沟，是用排水管作为排水层排泄地下水，管式渗沟排水顺畅，适用于地下水分布范围广、藏水量大、渗沟较长的路段；三是洞式渗沟，当地下水流量较大且范围较广，而当地石料丰富时，可采用石砌方洞。

渗沟由碎石（砾石）或管（洞）排水层、反滤层和封闭层所组成。封闭层是为了防止土粒落进填充石料的孔隙，以免造成渗沟堵塞而设置的，同时也能起到防止地面水渗入沟内的作用。

反滤层是为了汇集水流，并用以防止含水层中土粒堵塞排水层而设置的。反滤层应尽可能选用颗粒大小均匀的砂石材料，分层填埋，相邻两层颗粒直径之比不小于1:4，设计时填料的颗粒应为含水层土的最大粒径的8～10倍。

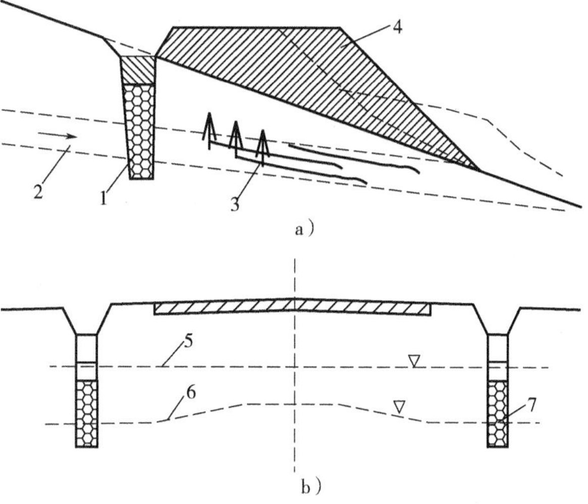

图2-88 盲沟位置示意图

a）一侧边沟下设盲沟 b）两侧边沟下设盲沟

1，7—盲沟 2—层间水 3—毛细水 4—可能滑坡线

5—原地下水位 6—降低后地下水位

根据地下水位分布情况，渗沟一般会设置在边沟、路肩、路基中线以下或路基上侧山坡适当位置。渗沟尽可能与地下水流向相互垂直，使之能拦截更多的地下水。填石渗沟的底坡应大于1%，带有沟管的可以放宽到0.5%。

图2-89可看出渗沟的结构形式、截面尺寸和组成部分所用的材料。图样中路基横断面图可知渗沟设置在路基两侧边沟下；由渗沟断面图可知渗沟断面设计为梯形，下底60cm，上底100cm，高80cm，渗沟的底部采用C15混凝土浇筑，做防渗基础，沟底厚度10cm，顶面及两侧采用渗水土工布包裹，底面铺设 $D=10$cm HDPE双壁打孔波纹板。渗沟内填筑2～4cm砾碎石，沟底用C15混凝土浇筑。

工程数量表可取得每延米渗沟所需的工程材料和数量信息，例如2～4cm碎砾石0.65m^3、打孔波纹板1m、C15混凝土0.099m^3、土工布2.45m^2、挖基0.65m^3。

注2“本设计适用于：a. 土层含水量较大、排水困难的土质路床地段；b. 有地下水初露的挖方路堑地下排水”阐述了该设计适用范围；注3和注4列举了施工关键技术要求，例如：对于路床土体不能满足设计要求的，可根据土体强度高低来决定换填处理厚度，并结合换填深度决定是否设置渗沟及渗沟沟底标高；渗沟应与透水层衔接紧密，在渗沟底部埋设一根直径为100mm的HDPE打孔波纹管，沟底做内倾约10%的坡度以利水排入波纹管中；渗沟沟底纵坡大于0.5%，出口应开挖至地面线以外，在地形有利时再集中排出路基；渗沟的出口采用M7.5砂浆砌片石封端并留泄水孔，防止渗沟中颗粒随水带出；渗沟的底部采用C15混凝土做防渗基础，顶面及两侧采用渗水土工布包裹，渗沟材料选用天然碎砾石，粒径2～4cm，饱水抗压强度大于30MPa，材料应满足有关规范要求；在排水困难的低洼路段，采用线外开沟并埋置直径30cm钢筋混凝土圆管将渗沟积水排出，交接处设置集水井，排水管如需横穿过路基，采用直径为20cm的PVC管连接，管外包C15强度等级混凝土。

图2-90为某黄土路段填挖交界处路基横向渗沟设计图，可看出横向渗沟的设置位置、渗沟的结构形式、截面形状尺寸和组成部分所使用的材料等。例如该渗沟截面尺寸为40cm×40cm，在渗沟底部埋设一根直径15mm带孔硬塑料排水管排水。顶面、底部及两侧采用渗水土工布包裹，渗沟内填筑级配碎石。有地下水时，横向渗沟设置在黄土路段纵向填挖交接处。

为避免孔隙水或基岩裂隙水渗入填方区软化路基，纵向填挖交界处和半填半挖交界处也应酌情设置顺路线纵向的排水渗沟，并于适当位置引出。如图2-91所示，可看出某岩质路段填挖交界处横向渗沟的设计位置、结构形式、截面尺寸和组成部分所使用的材料等。渗沟

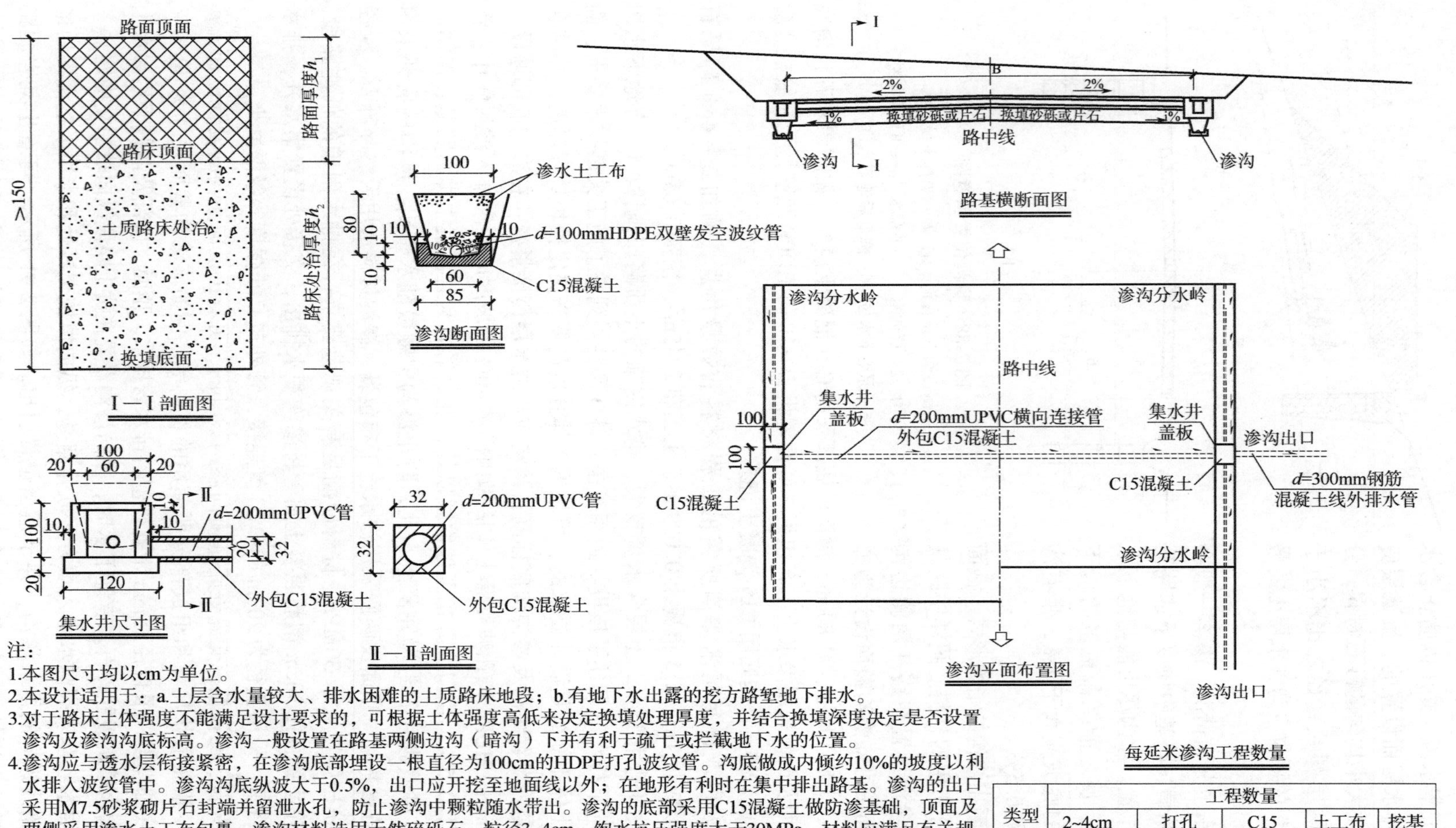

注：

1.本图尺寸均以cm为单位。

2.本设计适用于：a.土层含水量较大、排水困难的土质路床地段；b.有地下水出露的挖方路堑地下排水。

3.对于路床土体强度不能满足设计要求的，可根据土体强度高低来决定换填处理厚度，并结合换填深度决定是否设置渗沟及渗沟沟底标高。渗沟一般设置在路基两侧边沟（暗沟）下并有利于疏干或拦截地下水的位置。

4.渗沟应与透水层衔接紧密，在渗沟底部埋设一根直径为100cm的HDPE打孔波纹管。沟底做成内倾约10%的坡度以利水排入波纹管中。渗沟沟底纵波大于0.5%，出口应开挖至地面线以外；在地形有利时在集中排出路基。渗沟的出口采用M7.5砂浆砌片石封端并留泄水孔，防止渗沟中颗粒随水带出。渗沟的底部采用C15混凝土做防渗基础，顶面及两侧采用渗水土工布包裹，渗沟材料选用天然碎砾石，粒径3~4cm，饱水抗压强度大于30MPa，材料应满足有关规范要求。在排水困难的底洼路段，采用线外开沟并埋置直径30cm钢筋混凝土圆管将渗沟积水排出，交接处设置集水井，排水管如需横穿过路基，采用直径为20cmUPVC管连接，管外包C15混凝土。集水井采用C15混凝土浇筑，盖板采用钢筋混凝土，尺寸：长90cm×宽90cm×厚10cm，配筋参照《桥涵标准图》中涵洞人行道板钢筋设置。

5.集水井用C15混凝土数量：0.928m³/个；盖板用C20钢筋混凝土；0.081m³/块。每延米横向连接管数量：C15外包混凝土0.071m³/m。

每延米渗沟工程数量

类型	工程数量				
	2~4cm碎砾石/m³	打孔波纹管/m	C15混凝土/m³	土工布/m²	挖基/m³
渗沟	0.65	1.00	0.099	2.45	0.65

图2-89　某道路渗沟设计图示例

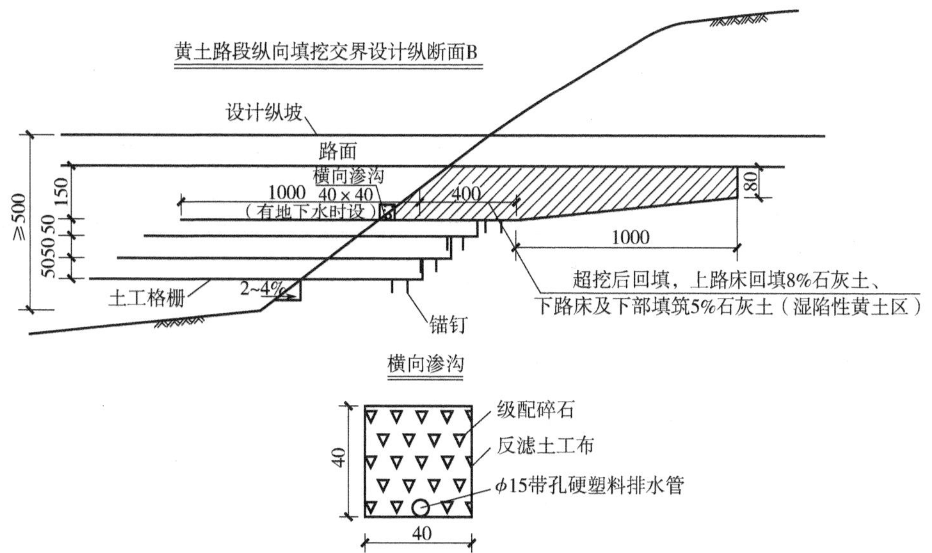

图 2-90　黄土路段填挖交界处路基横向渗沟及大样图

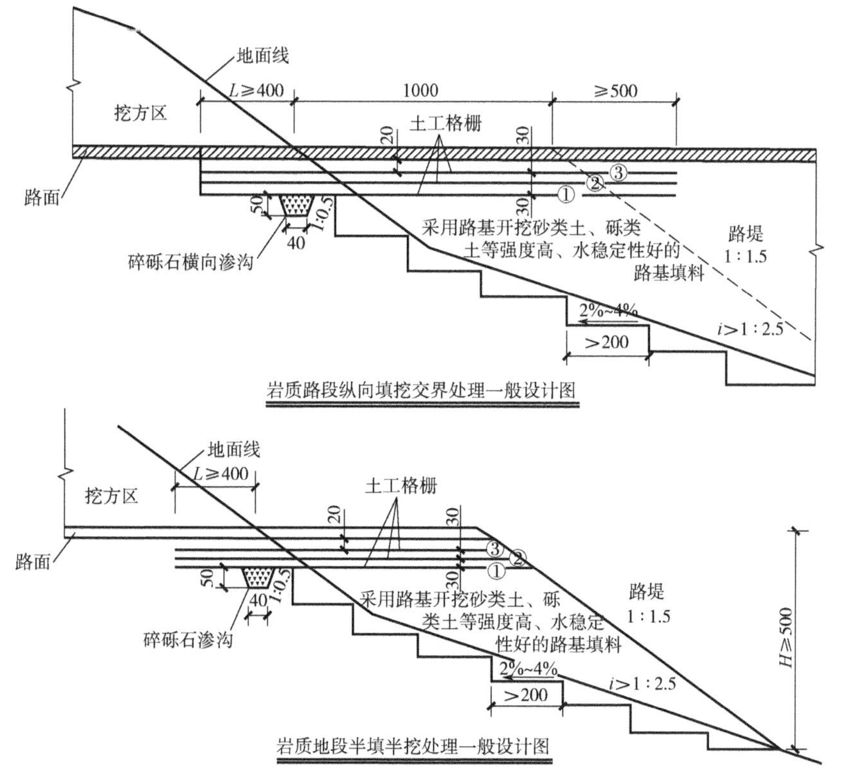

图 2-91　岩质路段填挖交界处横向渗沟

为梯形断面，盲沟，填充碎砾石。

（3）渗井。当路基附近的地面水或浅层地下水无法排除，影响路基稳定时，可设置渗井，将地面水或地下水经渗井通过下透水层中的钻孔流入下层透水层中排出。

图 2-92 为某道路渗井设计图，图中渗井的设置位置、结构形式、截面形状尺寸和组成

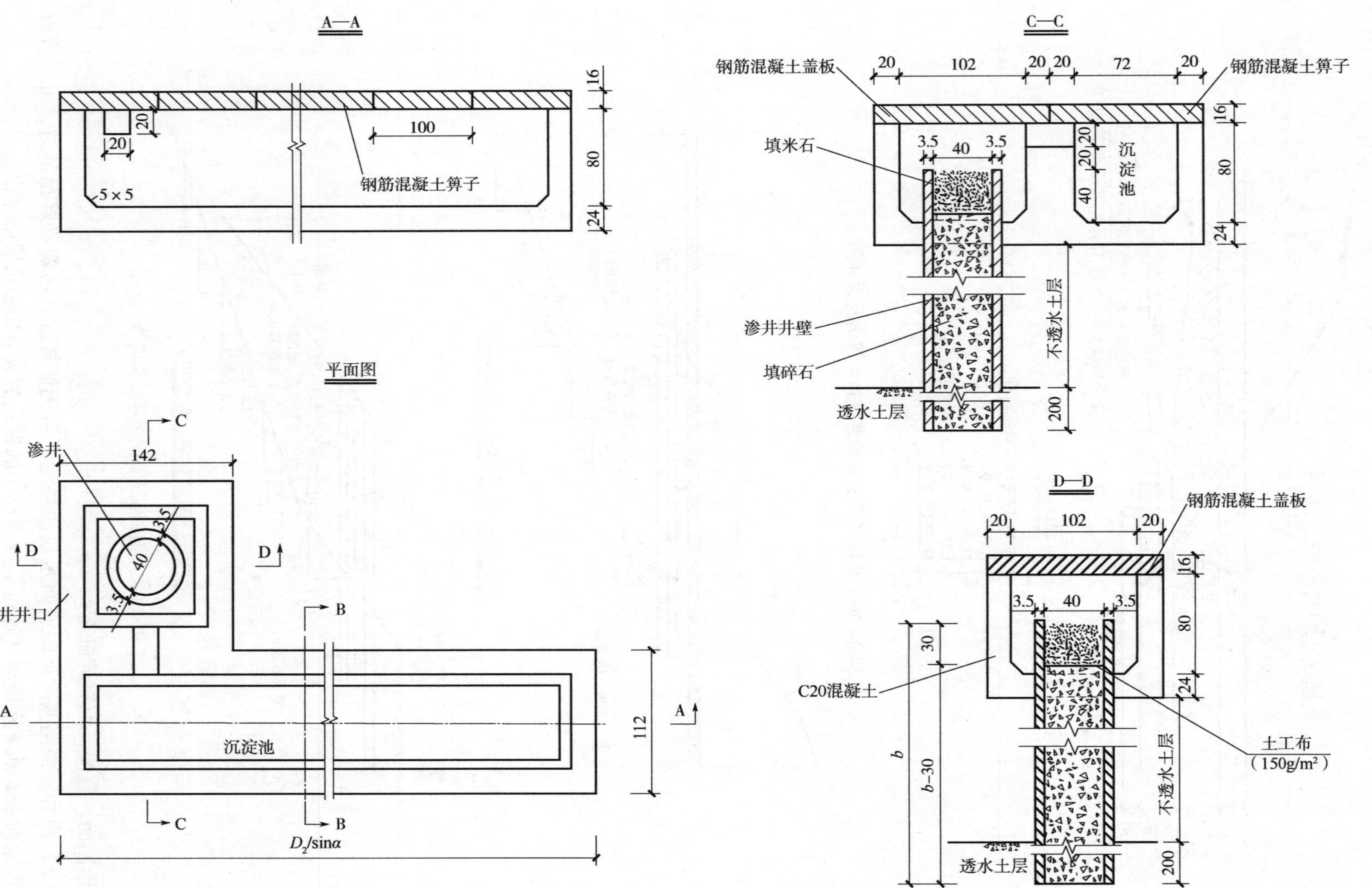

图2-92 某道路渗井设计图示例（尺寸单位：cm）

部分所使用的材料等。例如渗井断面为圆形，内径40cm，壁厚3.5cm，深度至透水土层下，钢筋混凝土盖板，板厚16cm，铺设有钢筋混凝土箅子。渗井上层填筑米石，采用渗水土工布（150g/m²）包裹，渗井下层填筑碎石。

4. 路基地面排水

路基地面排水的任务是及时排出地表径流，将路基范围内的土基湿度降低到一定的范围内，保持路基常年处于干燥和中湿状态，确保路基路面具有足够的强度与稳定性。

常用的路基地表排水设施有边沟、截水沟、排水沟、跌水、急流槽、渡水槽等，必要时还有倒虹吸、蒸发池、油水分离池等，它们分别设置在路基的不同部位，共同形成完整的路基地面排水系统。

（1）边沟。边沟位置在路基边缘，即挖方路基的路肩外侧或低路堤的坡脚外侧，多与路中线平行，用于汇集和排除降落在路基范围内以及流向路基的少量地表水。

边沟的断面形状有梯形、矩形、三角形和流线形，如图2-93所示。其中 b 表示边沟底宽，H 表示边沟深度。流线型边沟又称碟形边沟。

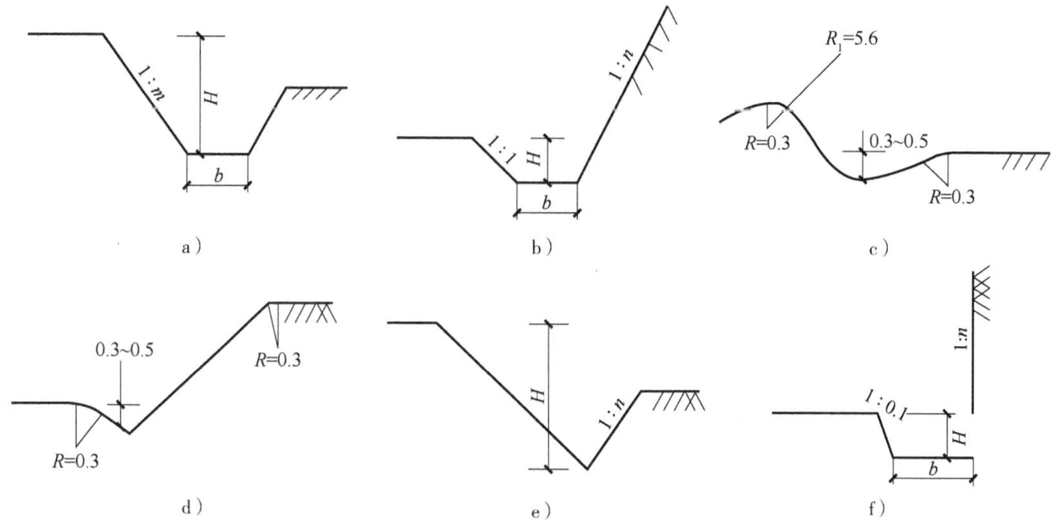

图2-93　边沟断面形状示意图

a）、b）梯形　c）、d）流线形　e）三角形　f）矩形

一般情况下土质边沟宜用梯形，石质边沟宜用矩形，矮路堤或机械化施工时用三角形，积雪、积砂路段用流线形。梯形土质边沟的边坡，靠路基一侧一般为1:1～1:1.5，另一侧则可与挖方边坡相同；三角形土质边沟的边坡，约为1:2～1:3；矩形边沟的边坡用于石方地段或石块铺砌时，可以直立，有时可稍有倾斜。

各种边沟的深度，约为0.4～0.6m，干旱地区或水流较少地段，可降低至0.3m，但不得小于0.3m，多雨地区或水流汇集地区，可适当放宽。梯形和矩形边沟的底宽，一般均应等于或大于0.4m。沟底会设大于0.5%的纵坡以防淤泥。边沟不宜过长，尽量使沟内水流就近排至路旁自然水沟或低洼地带。为了防止边沟满溢或冲刷，在平原区或山岭重丘区，梯形边沟长度不宜超过300m，三角形边沟不宜超过200m。

1）图2-94为某道路路堑边沟设计图，主要包括图样、工程数量表和附注说明等。从图中可以看出A、B、C三种排水沟的截面形式、尺寸和衬砌类型等。A型边沟和B型边沟均

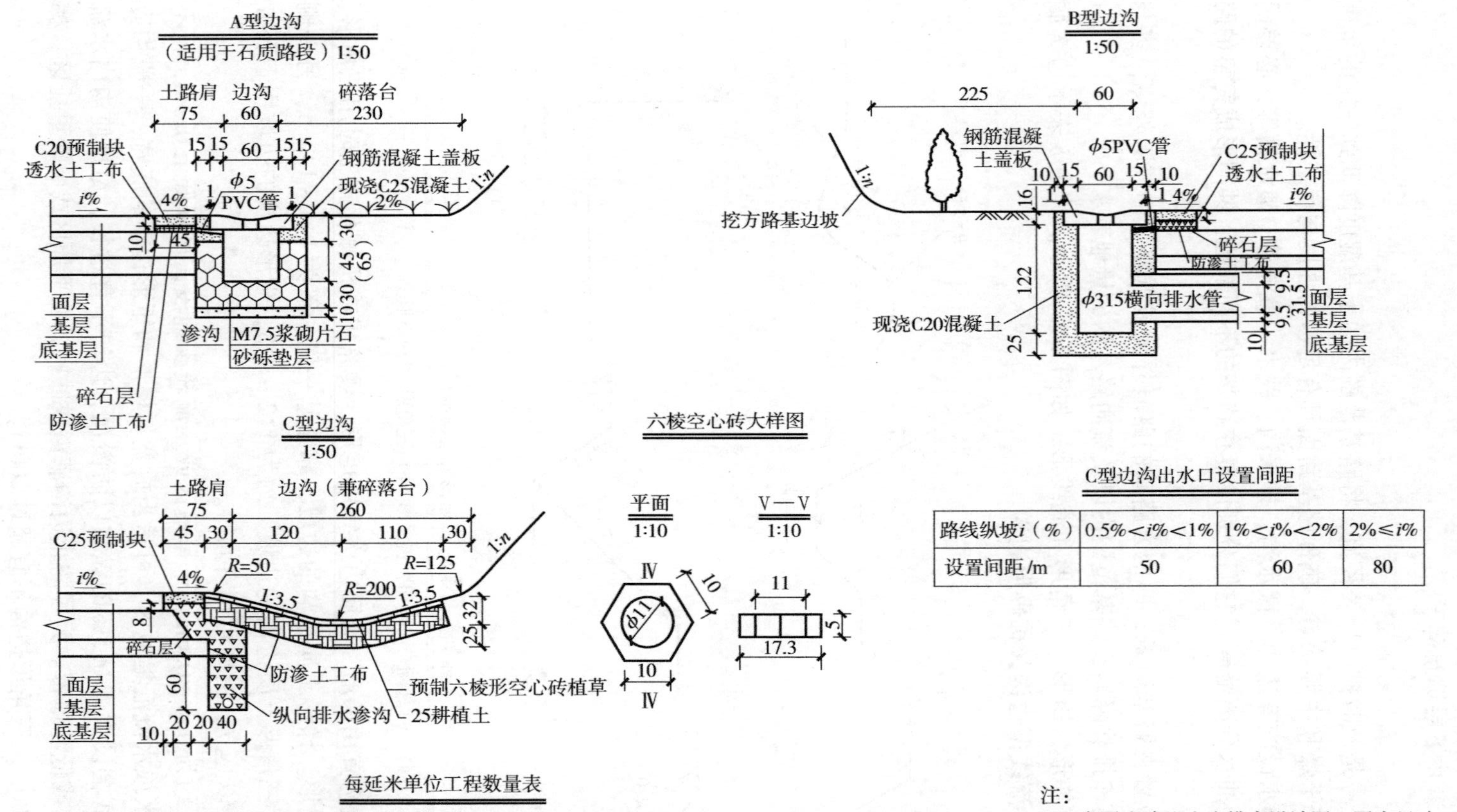

C型边沟出水口设置间距

路线纵坡i（%）	$0.5\%<i\%<1\%$	$1\%<i\%<2\%$	$2\%\leqslant i\%$
设置间距/m	50	60	80

每延米单位工程数量表

断面编号	断面尺寸底宽$B\times$高h/（cm×cm）	M7.5浆砌片石/m³	砂砾垫层/m³	回填耕植土/m³	C20混凝土现浇/m³	C25混凝土现浇/m³	防渗土工布/m²	挖土石方/m³	适用范围
A型边沟	A1式60×75	0.63	0.12			0.14		0.93	一般挖方长度＜300m的路段
	A2式60×95	0.75	0.12			0.14		1.05	一般挖方长度≥300m的路段
B型边沟	60×138				0.914			0.965	长度≥40m挖方超高路段内侧
C型边沟	60×70			0.67			3.33		土质或边沟出口间距较短的挖方路段

注：

1. 本图为路垫边沟排水设计图，图中尺寸单位以cm计。
2. 每10m设一道伸缩缝，采用沥青麻絮填塞。
3. M7.5浆砌片石砌筑的沟底和沟内侧部分用M10水泥砂浆勾缝。
4. 钢筋混凝土盖板尺寸与工程数量见左表。
5. 其他未尽事宜，请参考本项目相关设计图或规范执行。

图2-94　某道路边沟设计图示例

为加钢筋混凝土盖板形式。

①A 型边沟：适用于挖方长度 <300m 的石质路段，矩形截面。

根据截面尺寸（底宽×高）不同，A 型边沟分为两种：A1 和 A2，A1 为 60cm×75cm，A2 为 60cm×95cm。

衬砌为 M7.5 浆砌片石，沟底和沟内侧部分用 M10 水泥砂浆勾缝。

排水沟底部为 10cm 的砂砾垫层，顶面为 30cm 的 M7.5 的浆砌片石。

②B 型边沟：矩形截面，边沟底宽为 60cm，高 138cm，衬砌为现浇 C20 混凝土，25cm 厚度。

③C 型边沟：将边沟与碎落台合二为一设计成浅碟形，与路基和边坡顺应自然。

路基侧、流线底端和边坡侧曲率半径分别为 50cm、200cm、125cm。

回填 25cm 耕植土，表面预制六菱形空心砖植草。

由 C 型边沟出水口设置间距表可知 C 型边沟出水口间距与路线纵坡大小有关，例如路线纵坡≥2%时，设置间距为 80m。

2）图 2-94 中工程数量表识读可取得每延米边沟所用各种材料的数量：

①A1 式边沟采用的 M7.5 浆砌片石为 0.63m^3/m、砂砾垫层为 0.12m^3/m、C25 混凝土现浇 0.14m^3/m，挖土石方为 0.93m^3/m。

②A2 式边沟采用的 M7.5 浆砌片石为 0.75m^3/m、砂砾垫层为 0.12m^3/m、C25 混凝土现浇 0.14m^3/m，挖土石方为 1.05m^3/m。

此外，从工程数量表可得各边沟的适用范围。例如：A 型边沟适用于挖方长度 <300m 的石质路段；B 型边沟适用于长度≥40m 挖方超高路段内侧；C 型边沟，适用于土质或边沟出口间距较短的挖方路段。

3）设计图中附注文字是图样与工程数量表识读准确的保证，一般会注解说明图中的尺寸标注的单位、使用范围及技术要求等，需重点识记。

4）图 2-94 中 A 型边沟及 B 型边沟的钢筋混凝土盖板设计如图 2-95 所示。长挖超高路段加深边沟钢筋构造如图 2-96 所示。图 2-95 及图 2-96 均包括图样、工程数量表和附注三部分。

①图样部分可识读取得边沟盖板底层和顶层钢筋布置信息，例如由图 2-95，盖板设计断面尺寸为 88cm×74cm，厚 15cm。

②图 2-95 中工程数量表识读得到每块盖板工程材料种类和数量，例如每块盖板需⏀12 单根长 90cm 的钢筋 6 根，(⏀) 8 单根长 88.2cm、80.6cm、83.0cm、84.0cm、64.0cm 的钢筋各 2 根，设计强度为 C25 的混凝土 0.10m^3。由图 2-96 工程数量表识读可得每延米加深边沟钢筋型号和数量。

③图 2-95 中附注表明图中尺寸除钢筋直径以 mm 计外，其余均为 cm 计。由图 2-96 附注可识读每个横向排水管出口钢筋重量减少 0.60kg。

（2）截水沟（天沟）。截水沟，又称天沟，一般设置在挖方路基边坡顶以外或填方路基上侧适当距离，拦截并排出路基上方流向路基的地表径流，以减轻边沟的水流负担，保护挖方边坡和填方坡脚不受水流冲刷和损害。降水量少的可不设截水沟，降水量大的可设多道截水沟。

截水沟尽量与绝大多数地表水流方向垂直，以提高拦截能力和缩短沟的长度，截水沟的

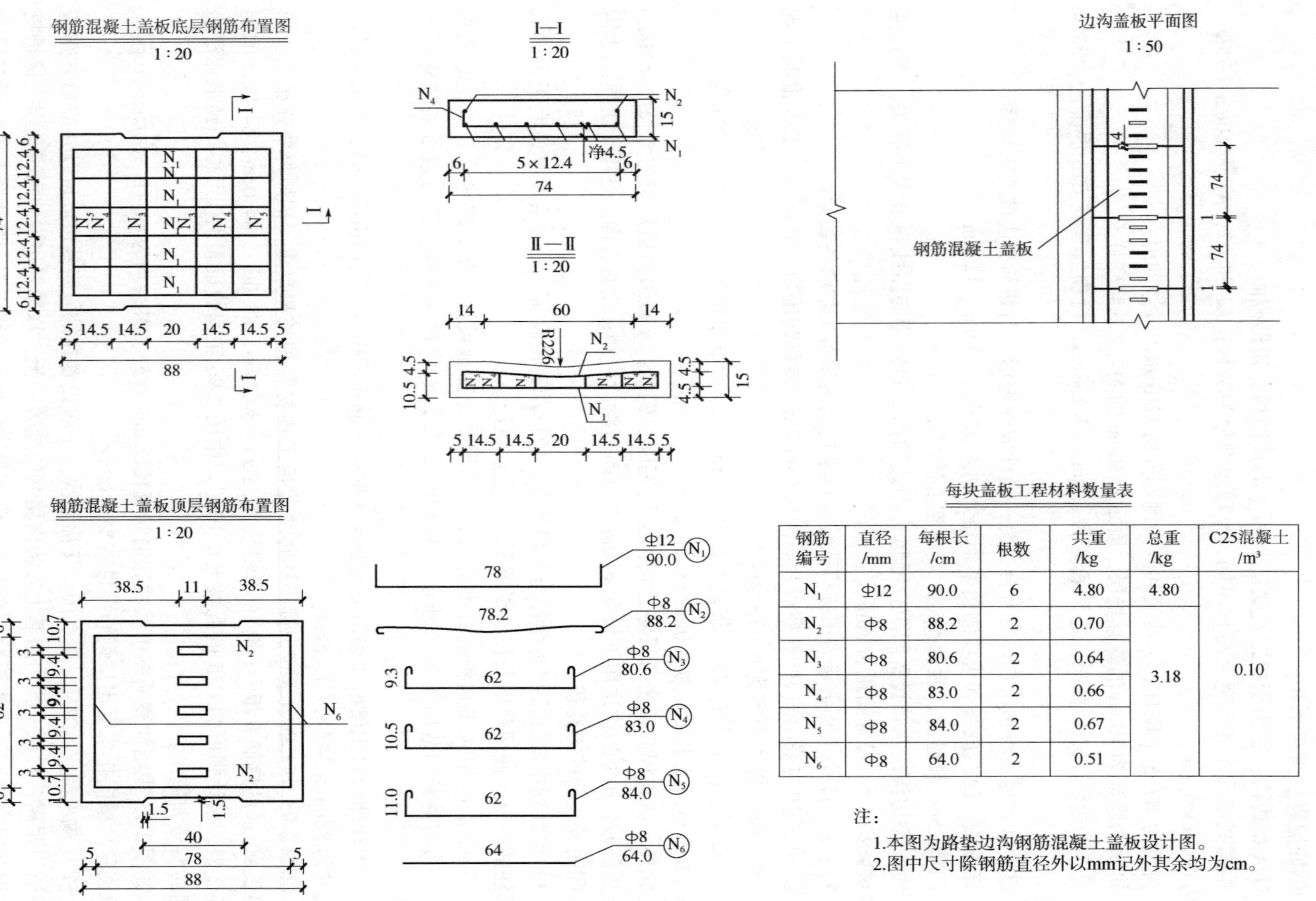

每块盖板工程材料数量表

钢筋编号	直径/mm	每根长/cm	根数	共重/kg	总重/kg	C25混凝土/m³
N_1	Φ12	90.0	6	4.80	4.80	0.10
N_2	Φ8	88.2	2	0.70	3.18	
N_3	Φ8	80.6	2	0.64		
N_4	Φ8	83.0	2	0.66		
N_5	Φ8	84.0	2	0.67		
N_6	Φ8	64.0	2	0.51		

注：

1.本图为路垫边沟钢筋混凝土盖板设计图。

2.图中尺寸除钢筋直径以mm计外其余均为cm。

图2-95 沟盖板设计图示例

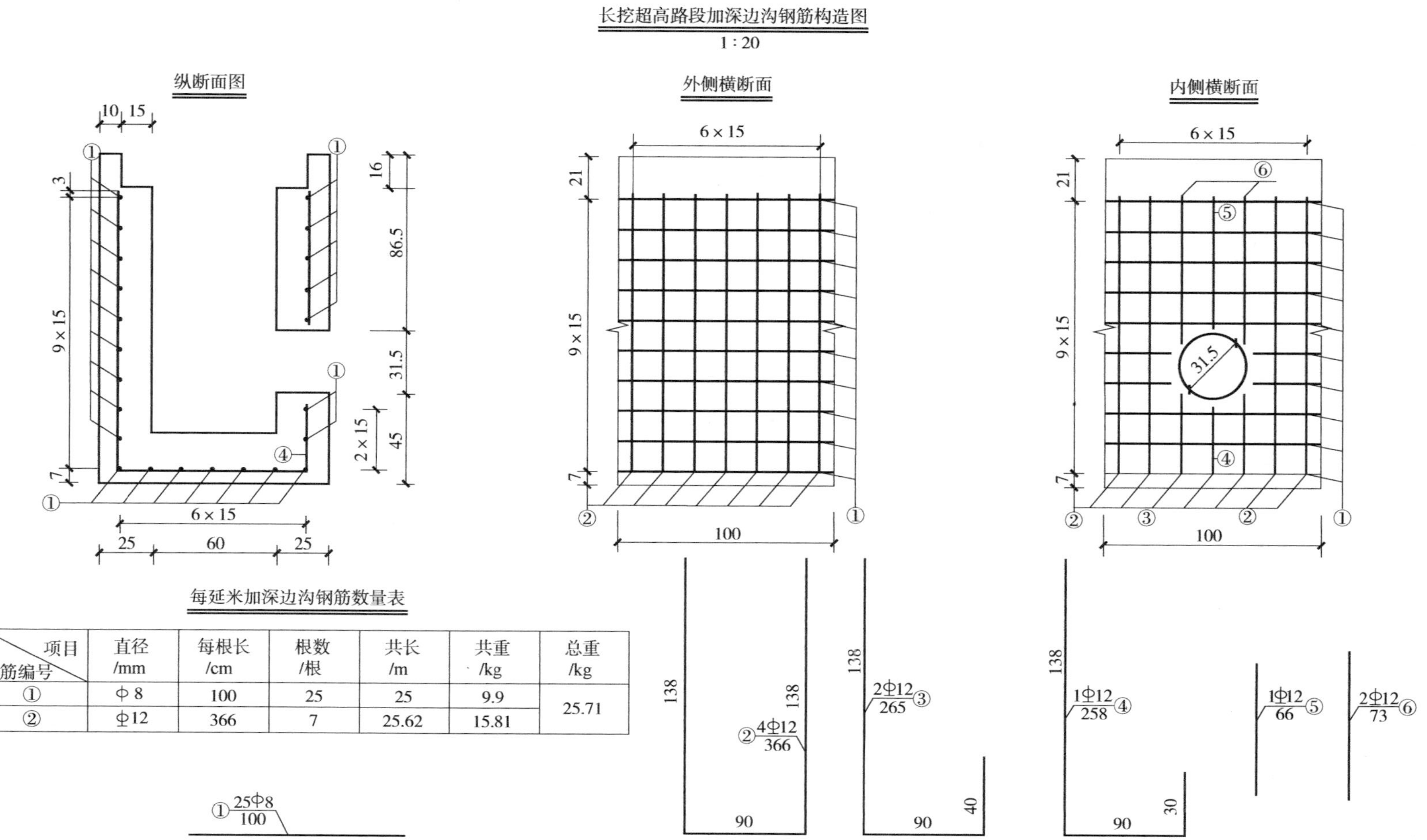

项目 / 钢筋编号	直径 /mm	每根长 /cm	根数 /根	共长 /m	共重 /kg	总重 /kg
①	Φ8	100	25	25	9.9	25.71
②	Φ12	366	7	25.62	15.81	

注：
1. 图中尺寸除钢筋直径以mm计外，其余均以cm计。
2. 每个横向排水管出口钢筋重量减少0.60kg。

图2-96 长挖超高路段加深边沟钢筋构造图

长度以200～300m为宜，超过500m时，可考虑配以急流槽或涵洞等泄水构造物将水流引入指定地点。横断面多为梯形，底宽不小于0.5m，纵坡不小于0.5%，距路堑坡顶的距离视土质而定。

如图2-97所示，截水沟采用梯形断面，距离路堑坡顶距离d，一般为5m，土质不良地段可取10.0m或更大。截水沟下方一侧，可堆置挖沟的土方，要求做成顶部向沟倾斜2%的土台。图2-98所示为截水沟的两种横断面图例：土沟和石沟。

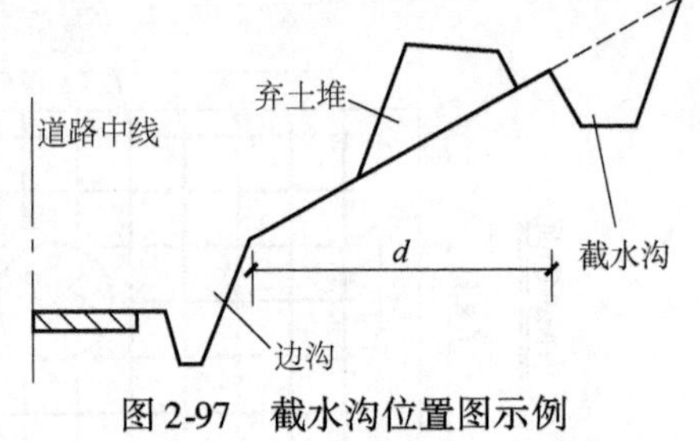

图2-97 截水沟位置图示例

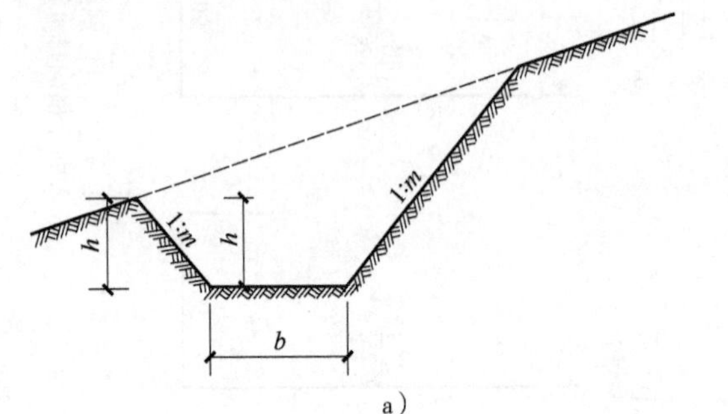

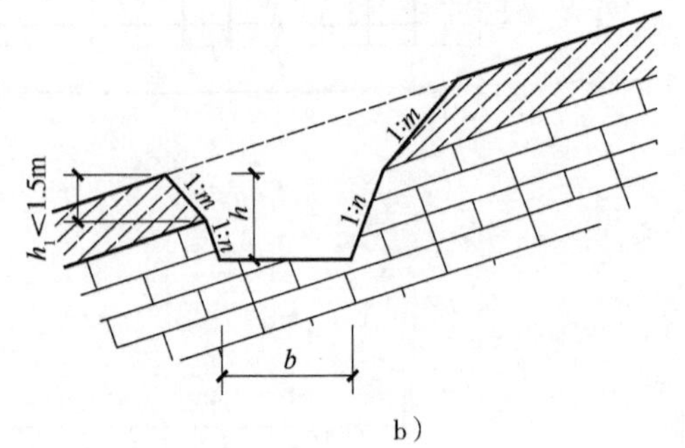

a)　　b)

图2-98 截水沟的横断面图例

a）土沟 b）石沟

图2-99所示，可识读出截水沟的结构形式、截面尺寸和组成部分所使用的材料等。截水沟过水面设计为梯形，内空底宽50cm，沟深50cm，截水沟采用M7.5浆砌片石砌筑，沟底、沟壁均厚25cm，内坡比为1∶0.5。该山坡截水沟适用于石质路段。

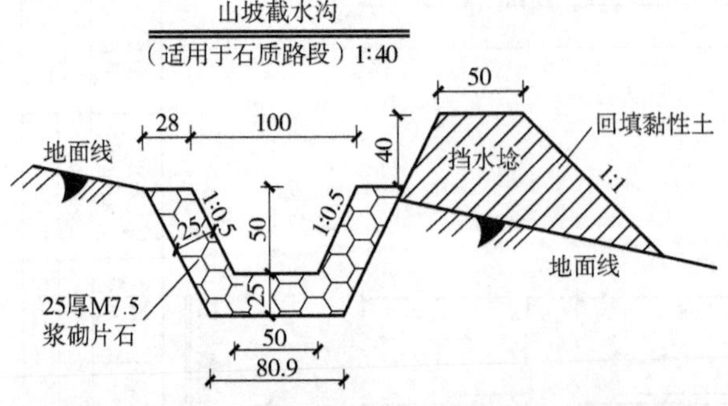

图2-99 截水沟的横断面结构示例（尺寸单位：cm）

（3）排水沟。排水沟指的是将路基范围内各种水源的水流（如边沟、截水沟和路基附近低洼处积水），引排至桥涵或路基范围以外的水沟，其位置灵活性较大。

图2-100为某道路排水沟与其他渠道衔接示意图。排水沟水流注入其他沟渠或水道时，应使原水道不产生冲刷或淤积。通常应使排水沟与原水道两者成锐角相交，交角不大于45°，有条件可用半径$R=10b$（b为沟顶宽）的圆曲线朝下游与其他水道相接。此外，排水沟应具有合适的纵坡，以保证水流畅通，不致流速太大而产生冲刷，亦不可流速太小而形成淤积，为此宜通过水文水力计算而择优选定。一般情况下，可取0.5%～1.0%，不小于0.3%，亦不宜大于3%。排水沟的横断面，一般采用梯形，尺寸大小应经过水力水文计算选定。

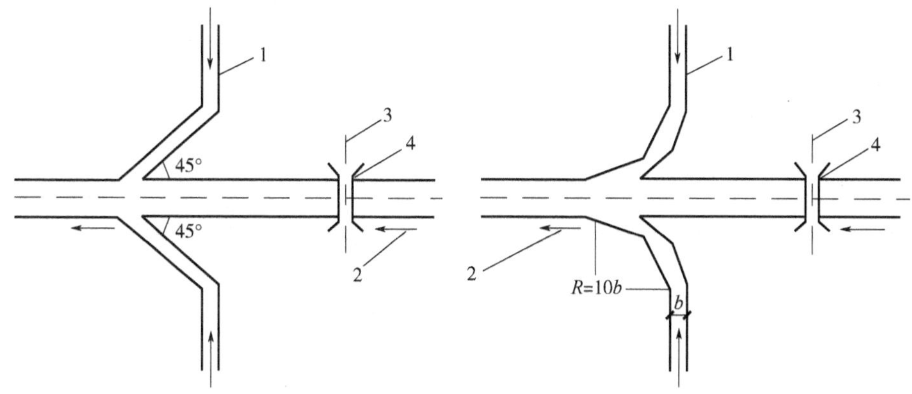

图 2-100 排水沟与水道衔接示例

1—排水沟 2—其他渠道 3—路基中心线 4—桥涵

排水沟的横断面一般采用梯形，尺寸大小应经过水力水文计算选定。如图 2-101 所示，可识读出排水沟的结构形式、截面尺寸和组成部分所使用的材料等。例如，A 式排水沟为梯形，过水断面底宽采用 60cm 或 80cm，高为 60cm，排水沟边坡坡度为 1∶1，采用 M7.5 浆砌片石砌筑，沟底、沟壁均厚 25cm。平台排水沟过水断面设计为矩形，底宽 40cm，高 50cm，M7.5 浆砌片石砌筑的沟底和沟壁，厚度均为 25cm。

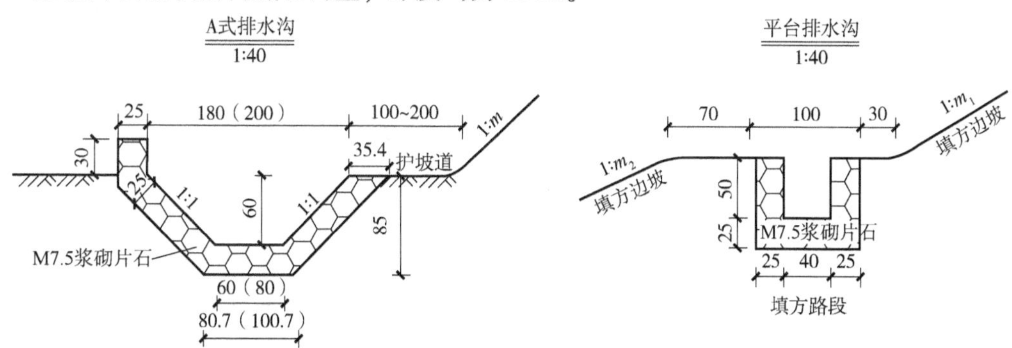

图 2-101 某道路排水沟图示（尺寸单位：cm）

（4）跌水。在陡峭或特殊陡坎地段设置的沟底为阶梯，水流呈瀑布式跌落的沟槽称作跌水。跌水的作用是在较短的距离内，降低水流流速，消减水流能量。跌水一般设置在涵洞进出水口处、截水沟与边沟的连接处，跌水分为进水口、消力池和出水口三个组成部分（图 2-102），跌水由单级和多级之分，多级跌水适用于连接沟渠的水位落差较大，需要消能或改善水流方向的沟渠连接处。

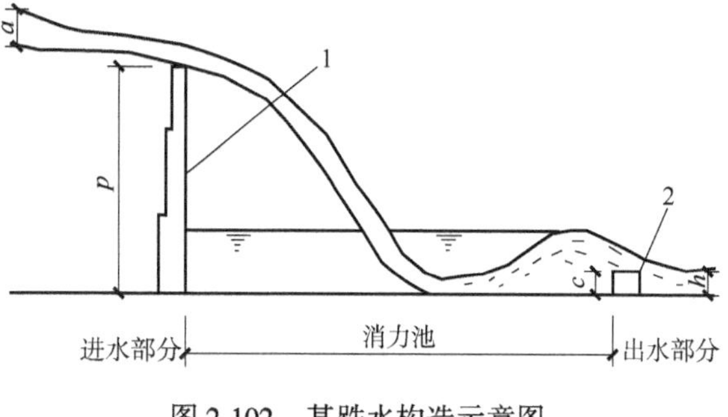

图 2-102 某跌水构造示意图

1—护墙 2—消力坎

边沟水流流向桥涵进水口时，为避免边沟流水产生冲刷，应作适当处治。图 2-103 所示为某涵洞进口设置跌水井作为单级跌水，连接某边沟和涵洞。图 2-104 为某多级跌水纵剖面图，每级跌水长度为2.5m，各级跌高为0.05m，跌水底坡为2%，沟渠纵坡为8%。

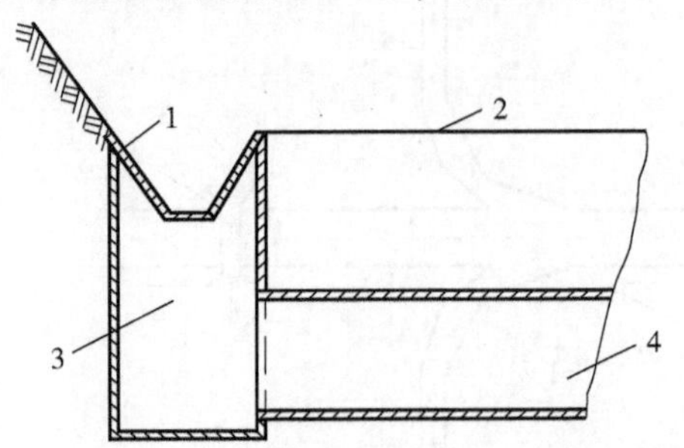

图2-103　某边沟与涵洞单级跌水连接图

1—边沟　2—路基　3—跌水井　4—涵洞

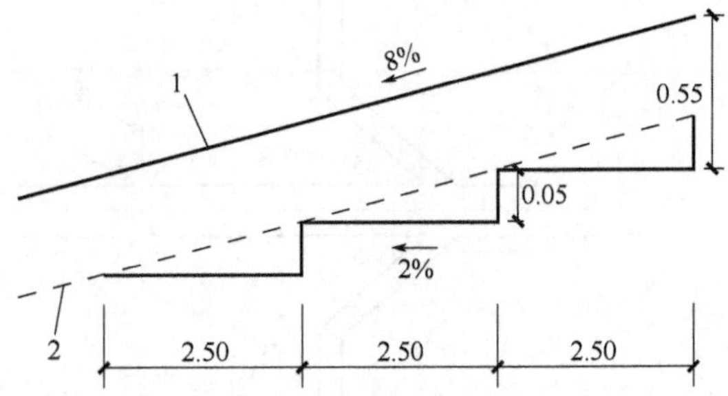

图2-104　某多级跌水纵剖面图（尺寸单位：m）

1—沟顶线　2—沟底线

（5）急流槽。急流槽结构由三部分构成：进口、槽身和出水口。急流槽与跌水一样，可解决陡坡地段的排水，主要用于边沟与排水沟、排水沟与排水沟、截水沟与排水沟、超高路段横向排水管与排水沟的衔接。但急流槽的纵坡，比跌水的平均纵坡更陡，可达60°。

图2-105～图2-107为某道路急流槽设计图，包括图样、工程数量表和附注说明三部分。

各类型急流槽图样均由纵剖面图、平面图、侧面图三个图样构成。首先，由图样上可看到急流槽与排水沟、截水沟等的相对位置。急流槽与设计的排水沟、截水沟等顺接，利于保证排水顺畅。其次，图样分别反映该道路排水系统所用A、B、C三种急流槽的结构形式、截面尺寸、衬砌类型及勾缝处理方式等。

从工程数量表中可得到急流槽所用材料和数量。附注说明文字一般会注解说明图中尺寸标注的单位、技术使用范围和技术要求等，是图样识读准确的保证。

以A式急流槽为例，如图2-105所示，由平面图，急流槽由进口、槽身和出口三部分组成，由槽身处断面图识读可得槽身采用矩形截面，槽宽60cm，墙厚30cm，墙高有110cm、90cm不等，墙身采用M7.5浆砌片石，消力及出水部分同样采用矩形截面，槽宽60cm，墙厚30cm，墙高有110cm、90cm不等，墙身采用M7.5浆砌片石。

工程数量表表明A式急流槽采用的M7.5浆砌片石用于两个工程项目：防滑平台、进水口+槽身+消力池，坡度为1:1.5时，数量分别为0.225m^3/个、（1.298H+2.586）m^3/处；坡度为1:2时，数量分别为0.169m^3/个、（1.610H+2.506）m^3/处。防滑平台和进水口+槽身+消力池两个工程项目，坡度为1:1.5时，开挖土方数量分别为0.225m^3/处、（1.974H+3.812）m^3/处；坡度为1:2时，数量分别为0.169m^3/处、（2.415H+3.692）m^3/处。A式急流槽所用C25混凝土预制为0.013m^3/处。

注1“图中尺寸以cm计”阐述了图中所标注尺寸的单位；注2“本图为A式急流槽设计图，适用于路基填挖交界边沟出口处、路基排水沟往自然沟渠排水出口处需要设置急流槽的地方”说明了该设计应用范围。注3～注6强调了技术要求和注意事项，主要包括：H为边沟顶与路基坡脚之高差；急流槽应分段砌筑，每隔5～10m设一道伸缩缝，用沥青麻筋进行防水处理；M7.5浆砌片石外露部分采用M7.5水泥砂浆勾缝；互通匝道采用括号内数据。

图2-106为该路段B式急流槽设计图，图样包括平面图、立面图和断面图。可看出该急流槽设计位置在高路堑边坡处，适用于接山坡截水沟。边坡平台上设置平台截水沟，尺寸为50cm×50cm，槽身遇边坡平台时，平台处与平台截水沟连通。急流槽断面图识读可得边坡设置一道梯坎型急流槽，边坡比与路堑边坡一致。出口与梯形断面排水沟顺接；由断面图，

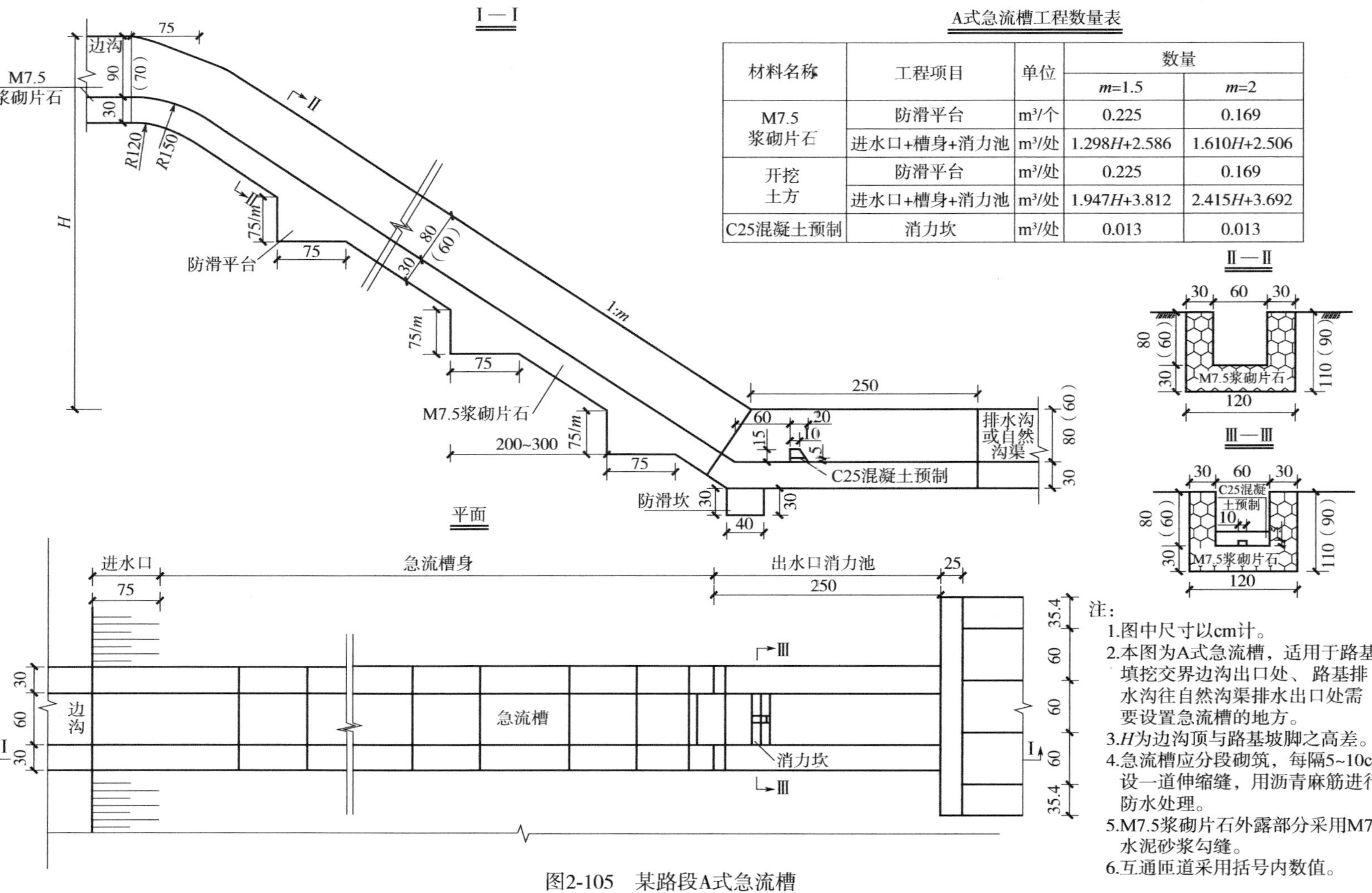

A式急流槽工程数量表

材料名称	工程项目	单位	数量	
			m=1.5	m=2
M7.5浆砌片石	防滑平台	m^3/个	0.225	0.169
	进水口+槽身+消力池	m^3/处	1.298H+2.586	1.610H+2.506
开挖土方	防滑平台	m^3/处	0.225	0.169
	进水口+槽身+消力池	m^3/处	1.947H+3.812	2.415H+3.692
C25混凝土预制	消力坎	m^3/处	0.013	0.013

注：

1. 图中尺寸以cm计。
2. 本图为A式急流槽，适用于路基填挖交界边沟出口处、路基排水沟往自然沟渠排水出口处需要设置急流槽的地方。
3. H为边沟顶与路基坡脚之高差。
4. 急流槽应分段砌筑，每隔5~10cm设一道伸缩缝，用沥青麻筋进行防水处理。
5. M7.5浆砌片石外露部分采用M7.5水泥砂浆勾缝。
6. 互通匝道采用括号内数值。

图2-105　某路段A式急流槽

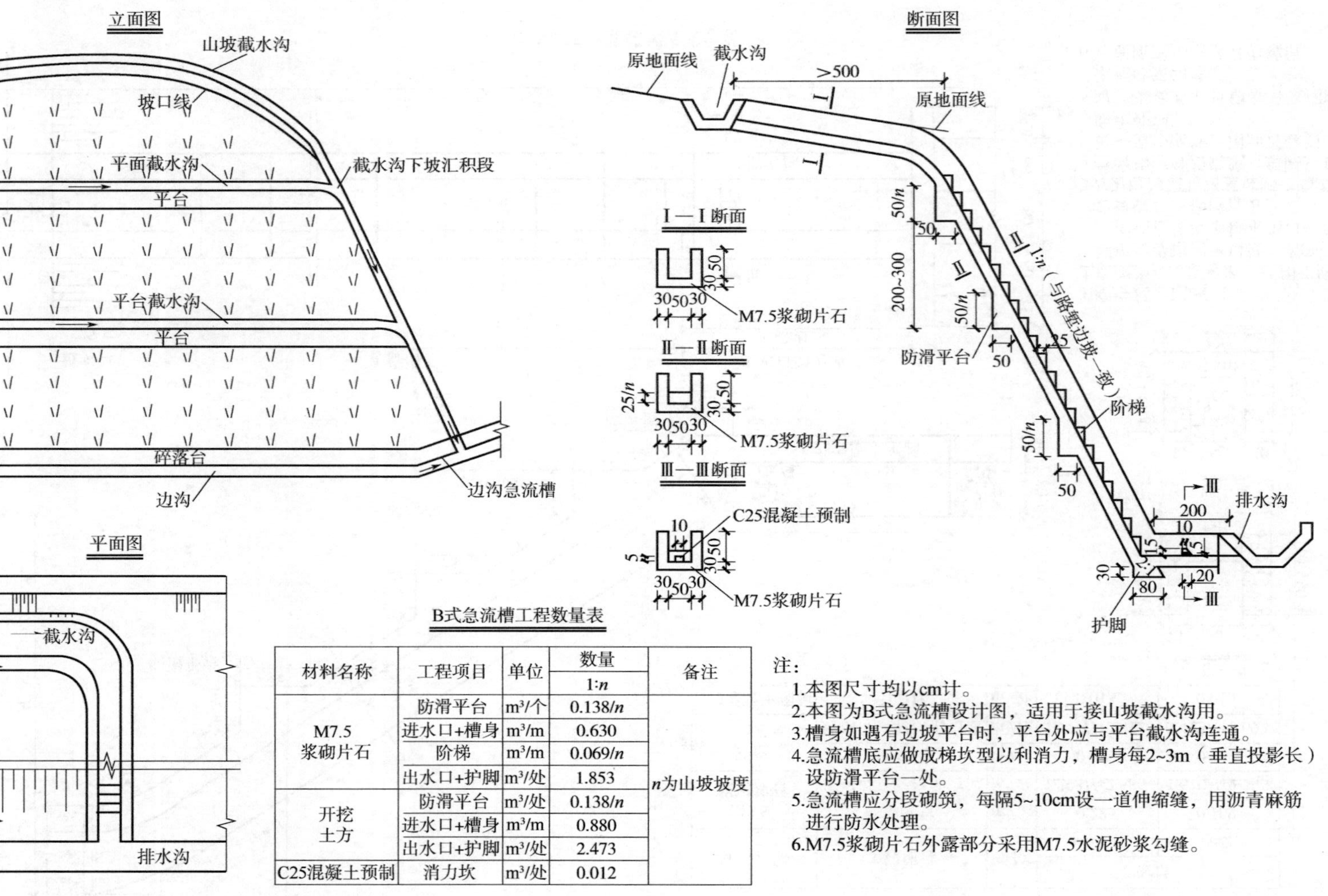

B式急流槽工程数量表

材料名称	工程项目	单位	数量	备注
			1:n	
M7.5浆砌片石	防滑平台	m³/个	0.138/n	n为山坡坡度
	进水口+槽身	m³/m	0.630	
	阶梯	m³/m	0.069/n	
	出水口+护脚	m³/处	1.853	
开挖土方	防滑平台	m³/处	0.138/n	
	进水口+槽身	m³/m	0.880	
	出水口+护脚	m³/处	2.473	
C25混凝土预制	消力坎	m³/处	0.012	

注：

1.本图尺寸均以cm计。
2.本图为B式急流槽设计图，适用于接山坡截水沟用。
3.槽身如遇有边坡平台时，平台处应与平台截水沟连通。
4.急流槽底应做成梯坎型以利消力，槽身每2~3m（垂直投影长）设防滑平台一处。
5.急流槽应分段砌筑，每隔5~10cm设一道伸缩缝，用沥青麻筋进行防水处理。
6.M7.5浆砌片石外露部分采用M7.5水泥砂浆勾缝。

图2-106　某路段B式急流槽

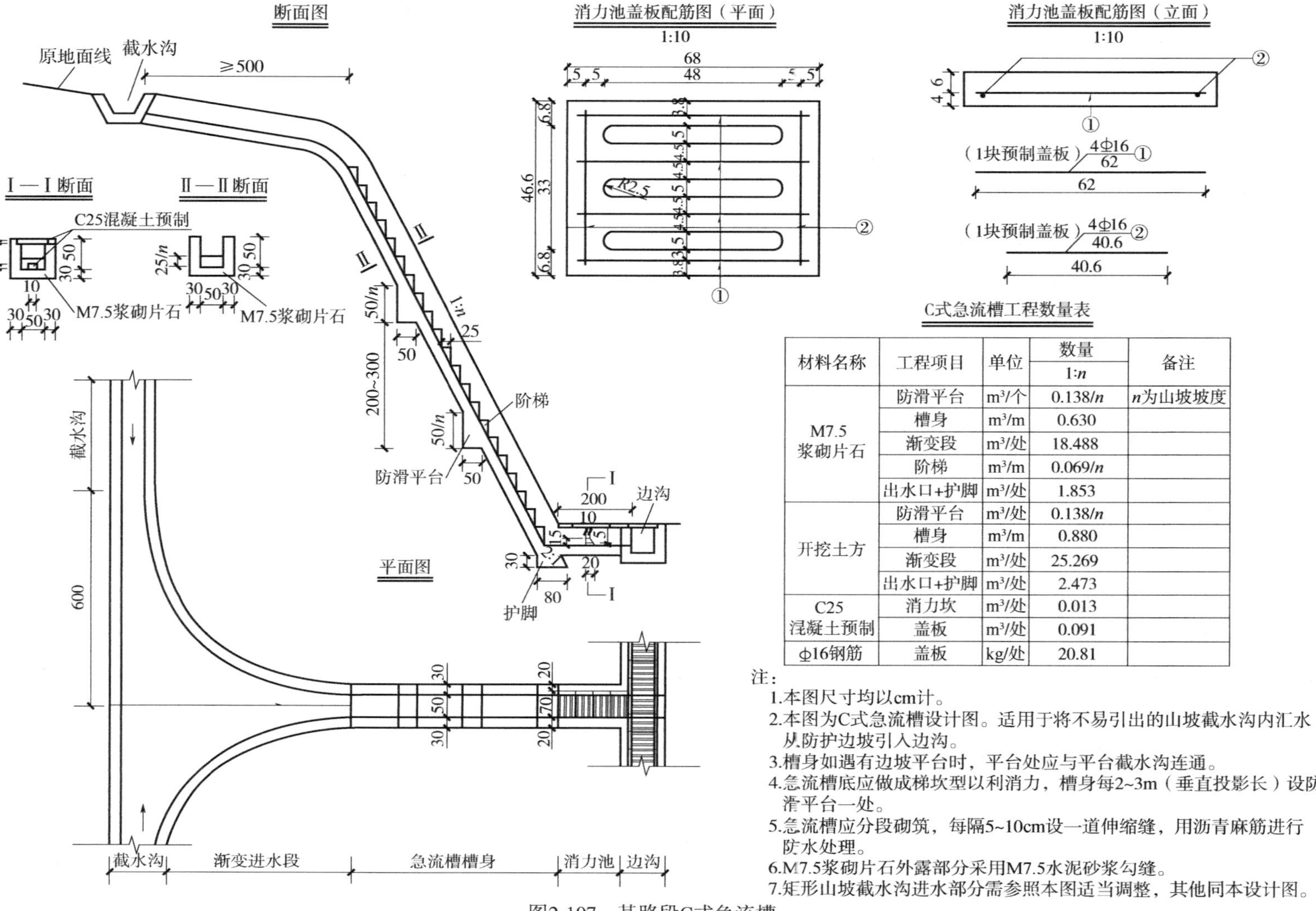

C式急流槽工程数量表

材料名称	工程项目	单位	数量 1:n	备注
M7.5浆砌片石	防滑平台	m^3/个	0.138/*n*	*n*为山坡坡度
	槽身	m^3/m	0.630	
	渐变段	m^3/处	18.488	
	阶梯	m^3/m	0.069/*n*	
	出水口+护脚	m^3/处	1.853	
开挖土方	防滑平台	m^3/处	0.138/*n*	
	槽身	m^3/m	0.880	
	渐变段	m^3/处	25.269	
	出水口+护脚	m^3/处	2.473	
C25混凝土预制	消力坎	m^3/处	0.013	
	盖板	m^3/处	0.091	
Φ16钢筋	盖板	kg/处	20.81	

注：

1.本图尺寸均以cm计。
2.本图为C式急流槽设计图。适用于将不易引出的山坡截水沟内汇水从防护边坡引入边沟。
3.槽身如遇有边坡平台时，平台处应与平台截水沟连通。
4.急流槽底应做成梯坎型以利消力，槽身每2~3m（垂直投影长）设防滑平台一处。
5.急流槽应分段砌筑，每隔5~10cm设一道伸缩缝，用沥青麻筋进行防水处理。
6.M7.5浆砌片石外露部分采用M7.5水泥砂浆勾缝。
7.矩形山坡截水沟进水部分需参照本图适当调整，其他同本设计图。

图2-107　某路段C式急流槽

进水槽、槽身和出水槽均用 M7.5 浆砌片石铺砌，矩形截面，槽宽 50cm，槽身 50cm，壁厚 30cm。出水口设置消力槛，C25 混凝土预制。

附注说明中技术要求应重点识记，例如：急流槽底应做成梯坎型以利消力，槽身每 2~3m（垂直投影长）设防滑平台一处；急流槽应分段砌筑，每隔 5~10m 设一道伸缩缝，用沥青麻筋进行防水处理；M7.5 浆砌片石外露部分采用 M7.5 水泥砂浆勾缝。

图 2-107 为该路段 C 式急流槽设计图，附注说明可得该急流槽适用于将不易引出的山坡截水沟内汇水从防护边坡引入边沟。

图 2-107 中包括急流槽平面图、急流槽断面图和消力池盖板配筋图。

由急流槽平面图看出，急流槽由渐变进水段、槽身段、消力池三段组成，衔接坡顶梯形截水沟和坡底矩形边沟，沟壁线性美观，截水沟及急流槽直线段线性顺直，过渡段采用曲线线性圆滑渐变过渡，有利于排水畅通，无冲刷和阻水现象。消力池顶部均设置有盖板，识读工程数量表可得盖板采用 C25 钢筋混凝土预制。

由急流槽断面图看出，急流槽底设计为梯坎型以利消力，进水槽、槽身和出水槽均用 M7.5 浆砌片石铺砌，矩形截面，槽宽 50cm，槽身 50cm，壁厚 30cm。出水口设置消力槛，C25 混凝土预制。识读消力池盖板配筋图可得盖板配筋信息。

由 A、B、C 三种急流槽设计图附注说明，可知急流槽施工中，均采用分段砌筑的方法，每段长度 5~10m，接头处设置沥青麻筋伸缩缝，进行防水处理，槽身用 M15 水泥砂浆抹面。M7.5 浆砌片石外露部分采用 M7.5 水泥砂浆勾缝。

（6）倒虹吸与渡水槽。当水流需要横跨路基，同时受到设计标高的限制时，可以采用管道或沟槽，从路基底部或上部架空跨越。前者称倒虹吸，后者为渡水槽，分别相当于涵洞和渡水桥，两者属于路基地面排水的特殊结构物，并且多半是配合农田水利所需而采用。

1）倒虹吸。倒虹吸的设置往往是因路基横跨原有沟渠，且沟渠水位高于路基设计标高，不能按正常条件下设置涵洞，此时采用倒虹吸是可行的方案之一。借助上下游沟渠水位差，利用势能迫使水流降落，经路基下部管道流向路基另一侧，再复升流入下游水渠。

图 2-108 为倒虹吸管上游进口构造图。可得水流入倒虹吸前设置沉砂池，并在竖井进口处设置拦泥栅，主要防止污泥及其他杂物进入倒虹吸，填塞吸管而造成水流不畅。

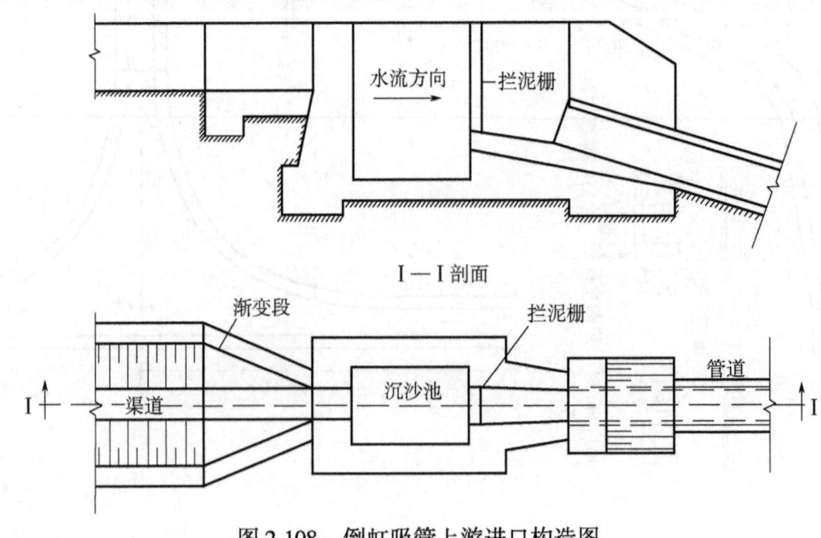

图 2-108　倒虹吸管上游进口构造图

图 2-109 包括倒虹吸平面布置图和纵剖视图。该倒虹吸工程主要由进口段、管身段、出口段等部分组成。该工程为竖井式倒虹吸，倒虹吸进、出口均采用竖井，竖井截面尺寸为 2m×2m，进水口倒虹吸竖井地面下高 7.37m，出水口倒虹吸竖井地面下高 10.63m。虹吸管全长为 56.47m，内径为 150cm，管壁 28cm，管座采用 C25 混凝土基础，下铺 10% 灰土垫层。进、出口连接渠采用明渠开挖。其中靠近倒虹吸进口设 20m 长的水平段，底宽由 25m 渐变至 15cm，上游进口渠底标高为 253.907m。靠近倒虹吸出口设 20m 长的水平段，底宽由 15m 渐变至 25cm，下游出口渠底标高为 257.166m。

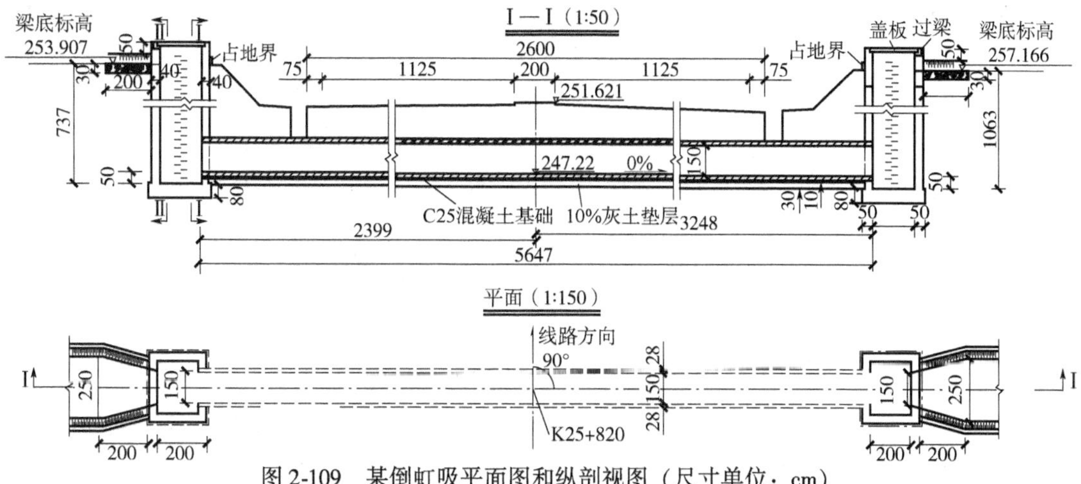

图 2-109　某倒虹吸平面图和纵剖视图（尺寸单位：cm）

2）渡水槽。原水道与路基设计标高相差较大，如果路基两侧地形有利，或当地确有必要，可设简易桥梁，架设水槽或管道，从路基上部跨越，以沟通路基两侧的水流（图 2-110）。

道路渡水槽，包括渡槽平面图和纵剖面图。由剖面图看出渡水槽由进出水口、槽身和下部支承部分组成；平面图可得渡槽平面由进口渐变段、槽身段、出口渐变段三部分组成。渡槽底坡 i = 1/500，槽墩基础处理采用灰土垫层，灰土垫层采用 2:8 灰土（体积比）。

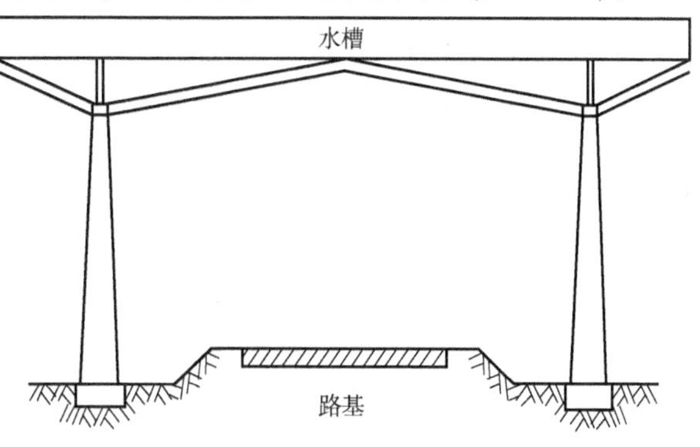

图 2-110　渡水槽示意

（7）蒸发池。气候干旱地区，路线穿越平坦地形，排水出路困难的路段，可在距离路基适当的地方设置蒸发池，依靠自然蒸发将水排出。蒸发池边缘距路基边沟应不小于 5m，池的容积按汇水量确定，面积较大的蒸发池不得小于 $20m^2$，深度可达 1.5～2m。

（8）油水分离池。一般情况下，路基地表排水沟应尽可能地将水引排至桥涵或自然排水沟渠中，不得已排入对水质特别敏感的水体中（如饮用水源），且所排污水水质不能满足相关标准的规定时，可设置油水分离池。

油水分离池宜采用沉淀法处理。污水进入油水分离池前，应先通过格栅和沉淀池。油水分离池的大小应根据所在路段排水沟汇入的水量确定，并保证流入分离池的油水能有足够的时间分离或过滤净化。

5. 路基路面综合排水系统

路基路面的各个组成部分，为完成各自的排水任务，需采用不同的排水设施，而要完成整个的排水任务，将全部地面水有效地拦截、汇集、引导和宣泄到路基范围之外，就必须将各种排水设备组成一个完整的综合排水系统，使各处的水均能顺畅地排出。

图 2-111 为某工程某标段路基标准横断面图，根据该设计公路等级相应的路基横断面标准形式，表示该道路中线上各点垂直于路线前进方向的竖向剖面，包括填方路基标准横断面图、挖方路基标准横断面图及半填半挖路基标准横断面图。由图可识读该路段综合排水设计，包括路基边沟、截水沟、排灌渠等的位置和断面形式。由该图附注可知采用 1∶100 的比例，图中尺寸均以 cm 计。图 2-111a 为整体式填方路基标准横断面设计图；图 2-111b、图 2-111c为整体式挖方路基标准横断面设计图，其中图 2-111b 适用于黄土挖方路段，图 2-111c 适用于石质挖方路段；图 2-111d 为整体式半填半挖路基标准横断面图。

由图 2-111a，H 为路基填高，h 为边沟深度，该黄土路堤高度≤5m 时路面采用集中排水方式，填高 >5m 时路面水经衬砌拱导流槽排出；填石路堤路面采用分散排水方式。土路肩采用 C25 混凝土进行硬化处理。此外，由附注可知，施工要求填土高度小于等于 5m 的路段，设 1m 宽护坡道；填土高度大于 5m 的路段，设 2m 宽护坡道。当填方边坡高度 H≤8m 时，边坡坡率为 1∶1.5；当填方边坡高度 8m < H≤12m 时，边坡上部 8m 为 1∶1.5，8m 以下为 1∶1.75，采用折线坡，不设平台；当填方边坡高度 12m < H 时，边坡上部 8m 为 1∶1.5，8 ~ 20m为 1∶1.75，20m 以下为 1∶2.0，用台阶式边坡，各变坡处设 2m 宽平台，平台外倾横坡为 3%。边沟详见《路基排水工程设计图》及路基排水边沟工程数量表。

图 2-111b 适用于黄土挖方路段，图 2-111c 适用于石质挖方路段，H 为路基填高，h 为边沟深度，挖方平台上，设置平台挡水堰将其封闭。边沟净深 h 详见《路基排水工程设计图》及路基排水边沟工程数量表。

图 2-111d 为该标段整体式半填半挖路基，路基边坡坡率：黄土路堑 n_1 = 0.3 ~ 0.5，n_2 = 0.5 ~ 0.75；微风化石质 n_1∶n_2 = 0.3 ~ 0.5；强风化石质 n_1∶n_2 = 1∶0.75 ~ 1∶1。

图 2-112 为主线黄土地段路基路面排水系统布置示意图。如图 2-112 注中路面排水：①正常路段是一般填方由挡水缘石经 D 式坡面急流槽或骨架导流槽引入排水沟排出，挖方路段由路拱自然漫流至边沟排出；②超高路段是在中央分隔带旁路缘带范围设置纵向排水沟，经集水井、横向排水管流经急流槽或边沟排出。路基排水由边沟、截水沟、平台沟及排水沟组成。填挖交界处由 A 式急流槽引导边沟水流进入排水沟或河沟等排水区。

图 2-113 所示为主线石质路基路面排水系统布置示意图。路面排水：①正常路段是一般填方由路拱自然漫流经或骨架导流槽引入排水沟排出；挖方路段由路拱自然漫流至边沟排出。②超高路段：在中央分隔带旁路缘带范围设置纵向排水沟，外侧路面水由路拱自然漫流至纵向排水沟内，经集水井、横向排水管流经急流槽或边沟排出。

土路肩排水系统：一般填方路段设置纵向碎石盲沟，挖方路段设置纵向碎石盲沟及横向 ϕ5 泄水孔。路基排水：由边沟、截水沟、平台沟及排水沟组成。填挖交界处由 A 式急流槽引导边沟水流进入排水沟或河沟等排水区。

图 2-114 为衬砌拱 + 六棱块植草防护设计及护坡排水设计图，图中尺寸路基边坡填土高度以 m 计外，其余均以 cm 计。浆砌片石周边不足以安放半块六棱块时，则以浆砌片石镶铺。坡面六棱块内及护道除排水槽外，均采用铺草皮防护。表中所列工程数量不含排水沟铺砌数量，括号内数值适用于 1∶1.75 边坡率。

整体式填方路基

（设计车速v=80km/h，路基宽度B=24.5m）

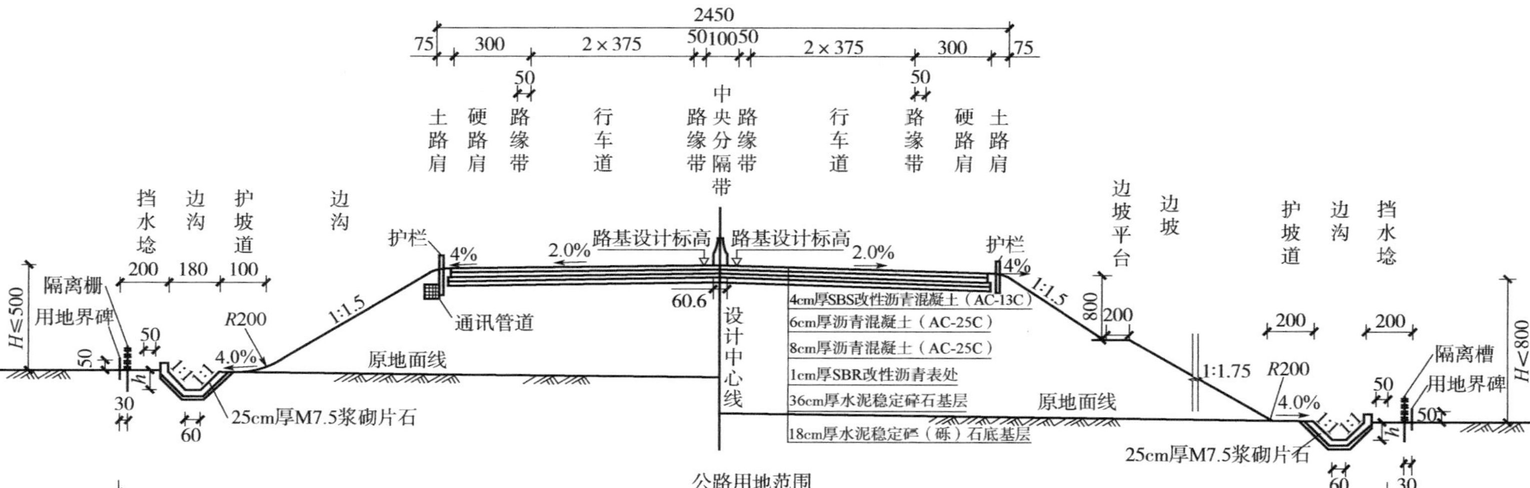

注：

1. 本图为填方路基标准横断面设计图，图中尺寸均以cm计，H为路基填高，h为边沟深度。
2. 黄土路堤填高≤5m时路面采用集中排水方式，填高>5m时路面水经衬砌拱导流槽排出；填石路堤路面采用分散排水方式。土路肩采用C25混凝土进行硬化处理。
3. 填土高度小于等于5m的路段，设1m宽护坡道；填土高度大于5m的路段，设2m宽护坡道。
4. 当填方边坡高度H≤8m时，边坡率为1:1.5；当填方边坡高度8m<H≤12m时，边坡上部8m为1:1.5,8m以下为1:1.75，采用折线坡，不设平台；当填方坡度高度12m<H时，边坡上部为1:1.5，8~20m为1:1.75，20m以下为1:2.0，用台阶式边坡，各变坡处设2m宽平台，平台外倾横坡3%。
5. 当地面横坡大于1:5时，原地面应挖成宽度不小于2m的台阶，并设4%内倾横坡。
6. 路基设计标高为左侧路缘带与中央分隔带相接处的路面标高。
7. 路基压实采用高速公路重型压实标准，按照《公路路基设计规范》（JTG D30—2015）执行。
8. 具体防护详见路基防护工程设计图。
9. 边沟详见《路基排水工程设计图》及路基排水边沟工程数量表。

图2-111a 整体式填方路基标准横断面设计图

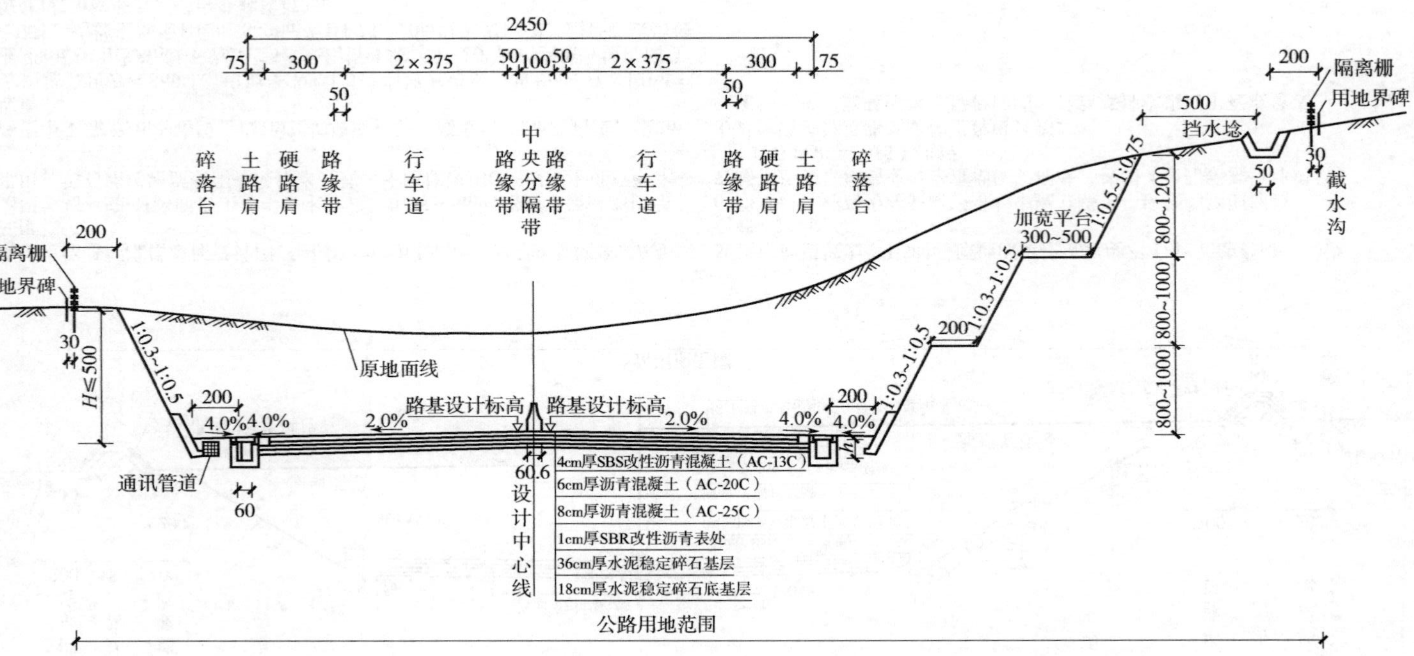

注：

1. 本图适用于黄土挖方路段。图中尺寸均以cm计，H为路基挖深，h为边沟深度。
2. 挖方平台生，设置平台档水堰将其封闭。
3. 土路肩采用C25混凝土进行硬化处理。
4. 路基设计标高为左侧路缘带与中央分隔带相接处的路面标高。
5. 路基压实采用高速公路重型压实标准，按照《公路路基设计规范》（JTG D30—2015）执行。
6. 具体防护详见路基防护工程设计图。
7. 边沟净深h详见《路基排水工程设计图》及路基排水边沟工程数量表。

图2-111b　适用于整体式黄土挖方路基标准横断面设计图

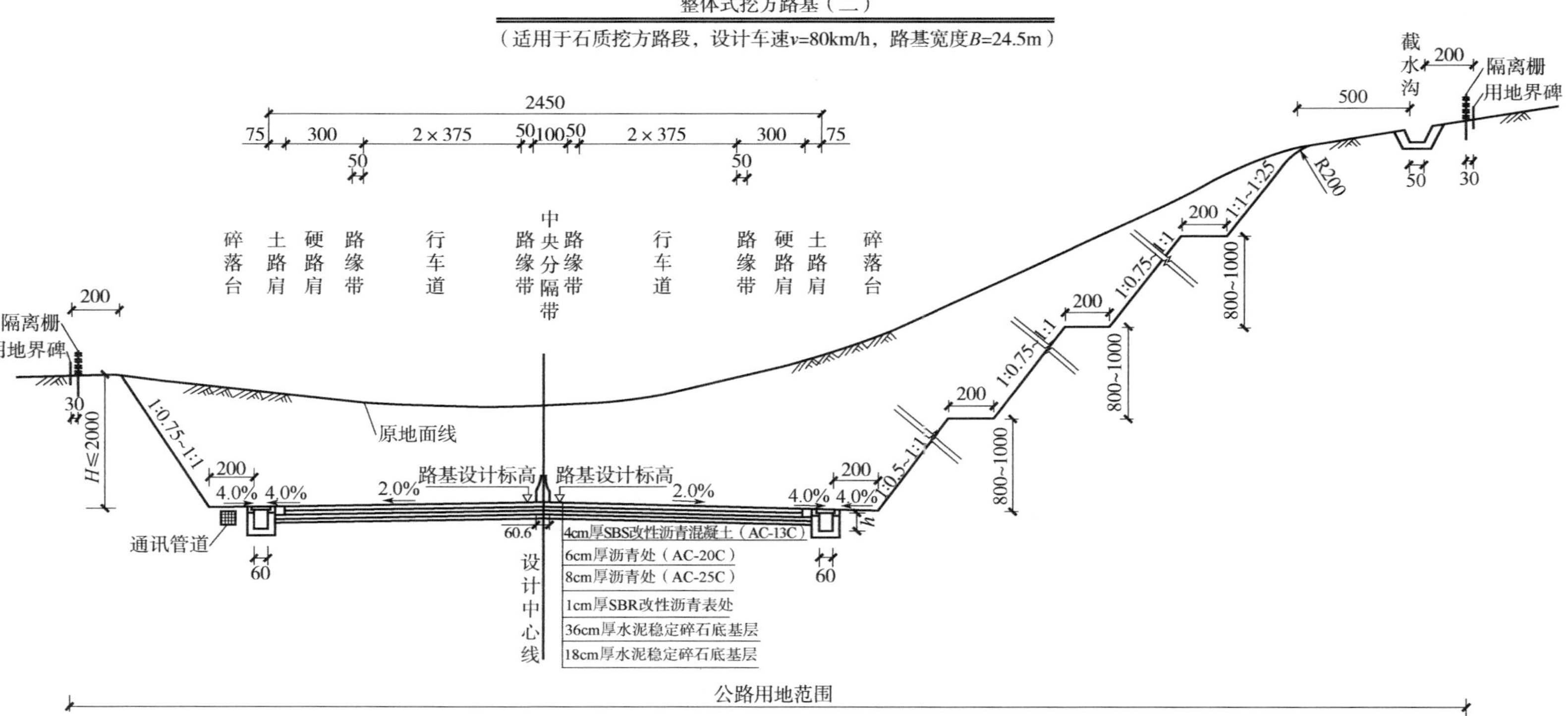

注：

1. 本图适用于石质挖方路段。图中尺寸均以cm计，H为路基挖深，h为边沟深度。
2. 挖方平台上，设2m宽平台花坛，花坛内填土撒播草籽、种植灌木。
3. 土路肩采用C25混凝土进行硬化处理。
4. 路基设计标高为左侧路缘带与中央分隔带相接处的路面标高。
5. 路基压实采用高速公路重型压实标准，按照《公路路基设计规范》（JTG D30—2015）执行。
6. 具体防护详见路基防护工程设计图。
7. 边沟净深h详见《路基排水工层设计图》及路基排水边沟工程数量表。

图2-111c　适用于整体式石质挖方路基标准横断面设计图

整体式半填半挖路基

（设计车速v=80km/h，路基宽度B=24.5m）

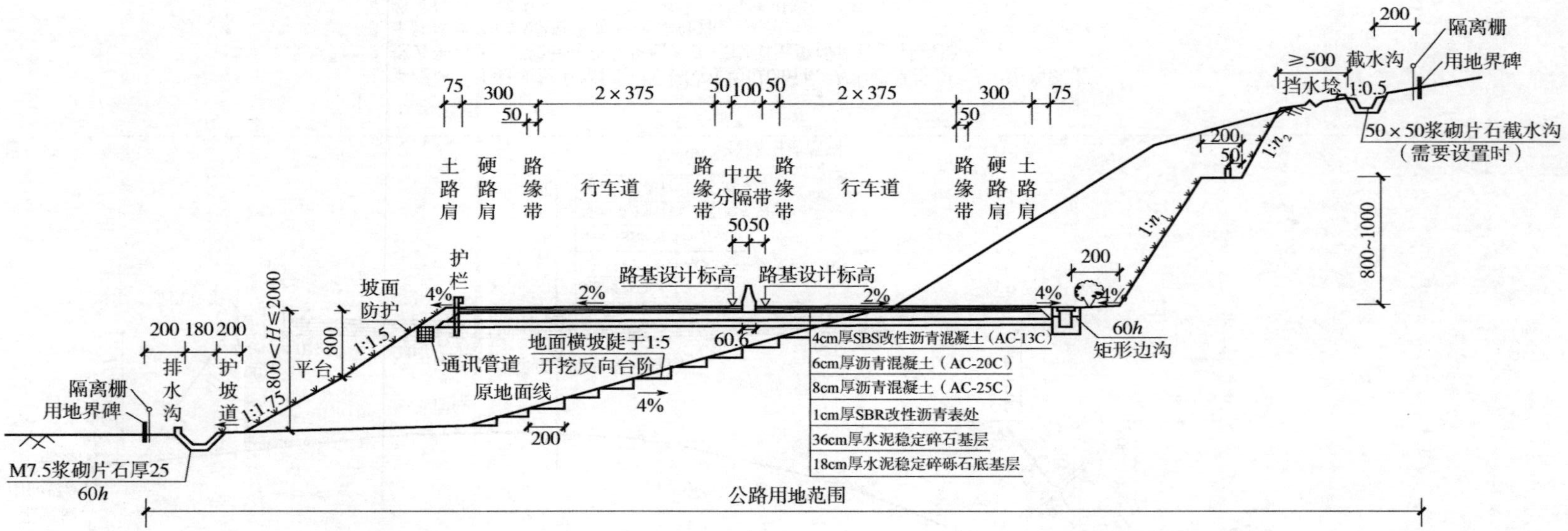

注：

1.图中尺寸均以cm计。

2.路基边坡坡率：黄土路堑n_1=0.3~0.5,n_2=0.5~0.75；微风化石质n_1，n_2=0.3~0.5；强风化石质n_1，n_2=1∶0.75~1∶1。

3.路基压实度严格按照《公路路基设计规范》处理。

图2-111d　整体式半填半挖路基标准横断面设计图

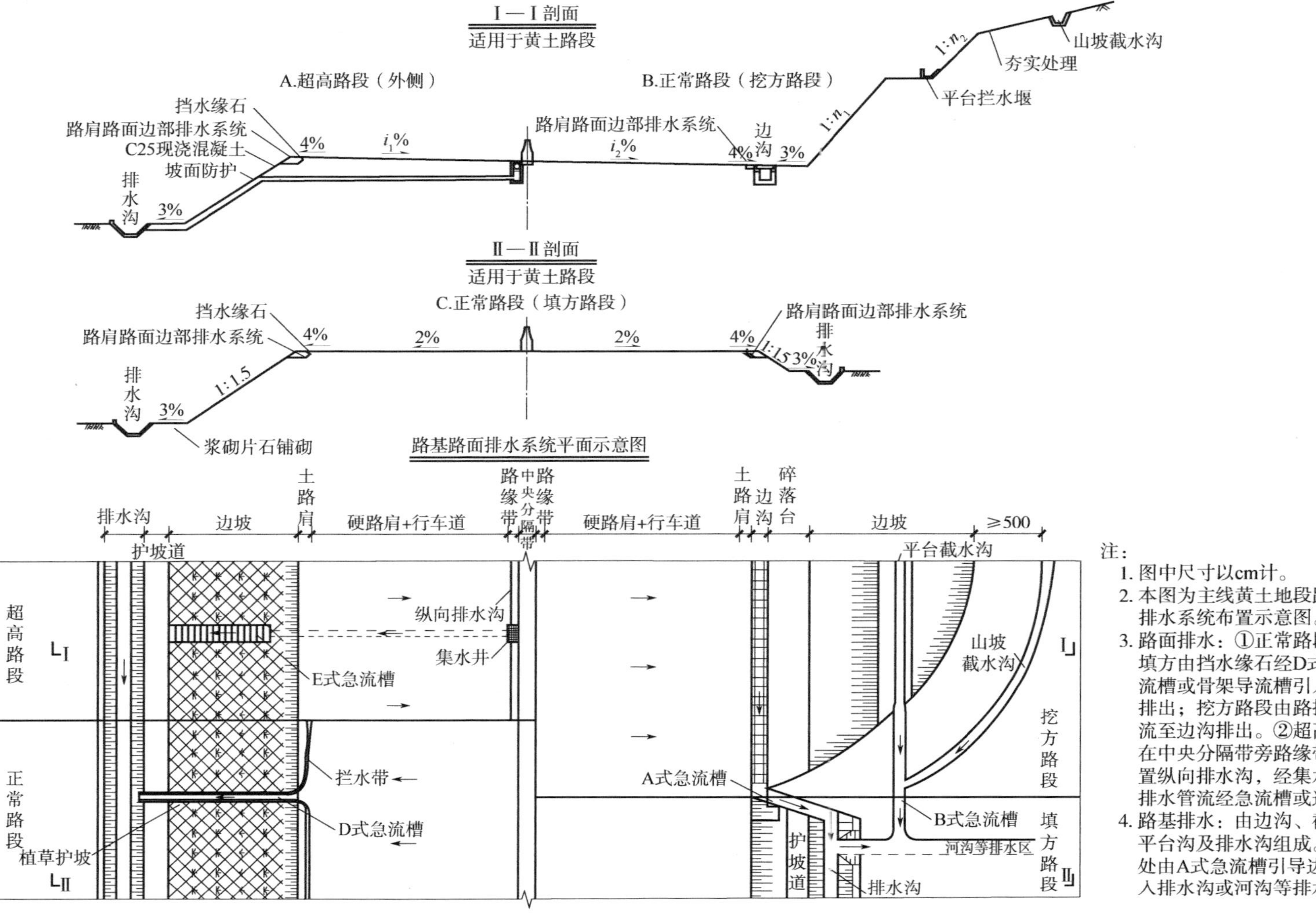

注：

1. 图中尺寸以cm计。
2. 本图为主线黄土地段路基路面排水系统布置示意图。
3. 路面排水：①正常路段：一般填方由挡水缘石经D式坡面急流槽或骨架导流槽引入排水沟排出；挖方路段由路拱自然漫流至边沟排出。②超高路段：在中央分隔带旁路缘带范围设置纵向排水沟，经集水井、横向排水管流经急流槽或边沟排出。
4. 路基排水：由边沟、截水沟、平台沟及排水沟组成。填挖交界处由A式急流槽引导边沟水流进入排水沟或河沟等排水区。

图2-112 路基、路面排水系统布置图（主线黄土地段）

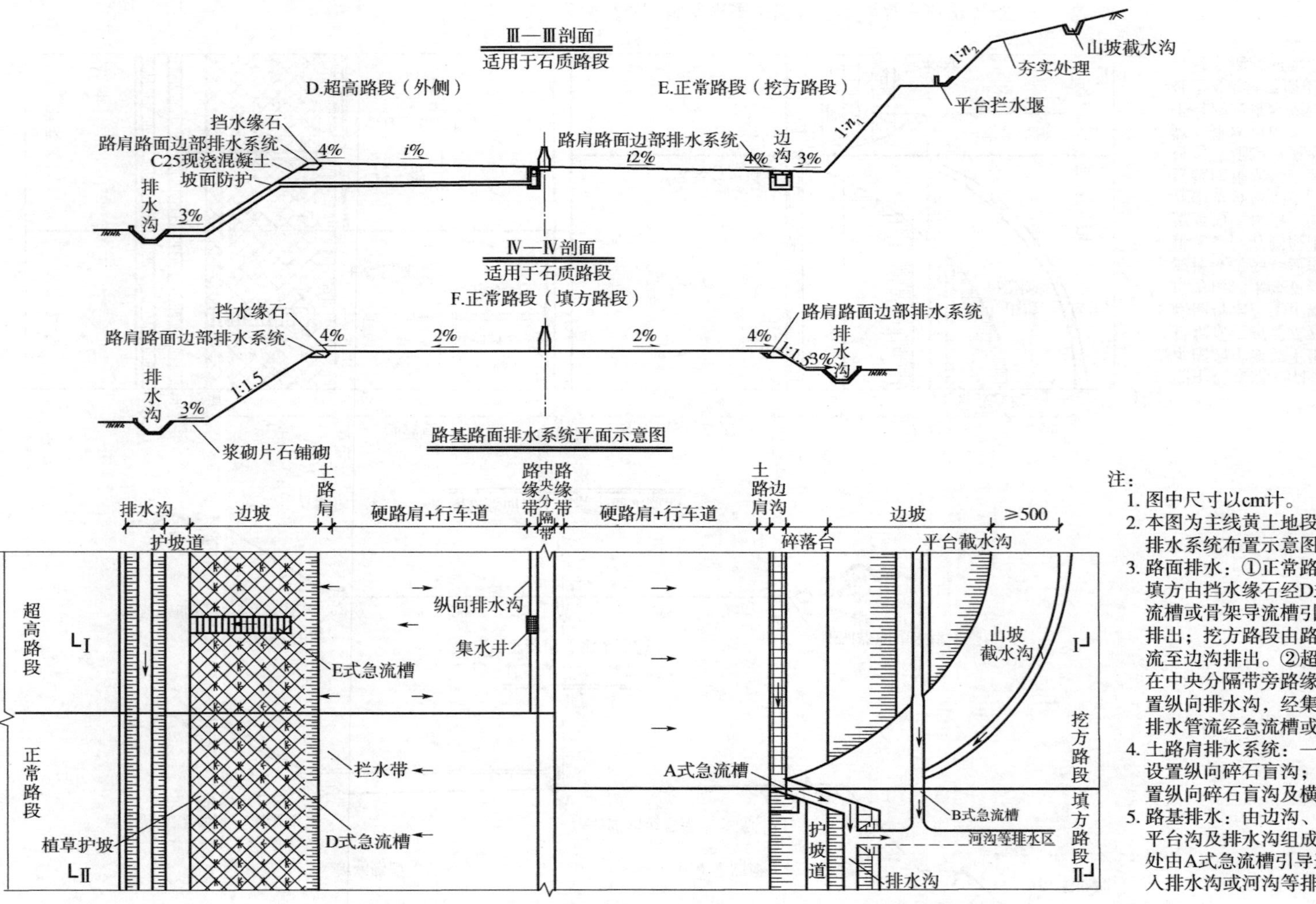

注：
1. 图中尺寸以cm计。
2. 本图为主线黄土地段路基路面排水系统布置示意图。
3. 路面排水：①正常路段：一般填方由挡水缘石经D式坡面急流槽或骨架导流槽引入排水沟排出；挖方路段由路拱自然漫流至边沟排出。②超高路段：在中央分隔带旁路缘带范围设置纵向排水沟，经集水井、横向排水管流经急流槽或边沟排出。
4. 土路肩排水系统：一般填方路段设置纵向碎石盲沟；挖方路段设置纵向碎石盲沟及横向ϕ5泄水孔。
5. 路基排水：由边沟、截水沟、平台沟及排水沟组成。填挖交界处由A式急流槽引导边沟水流进入排水沟或河沟等排水区。

图2-113　路基、路面排水系统布置图（主线石质路基）

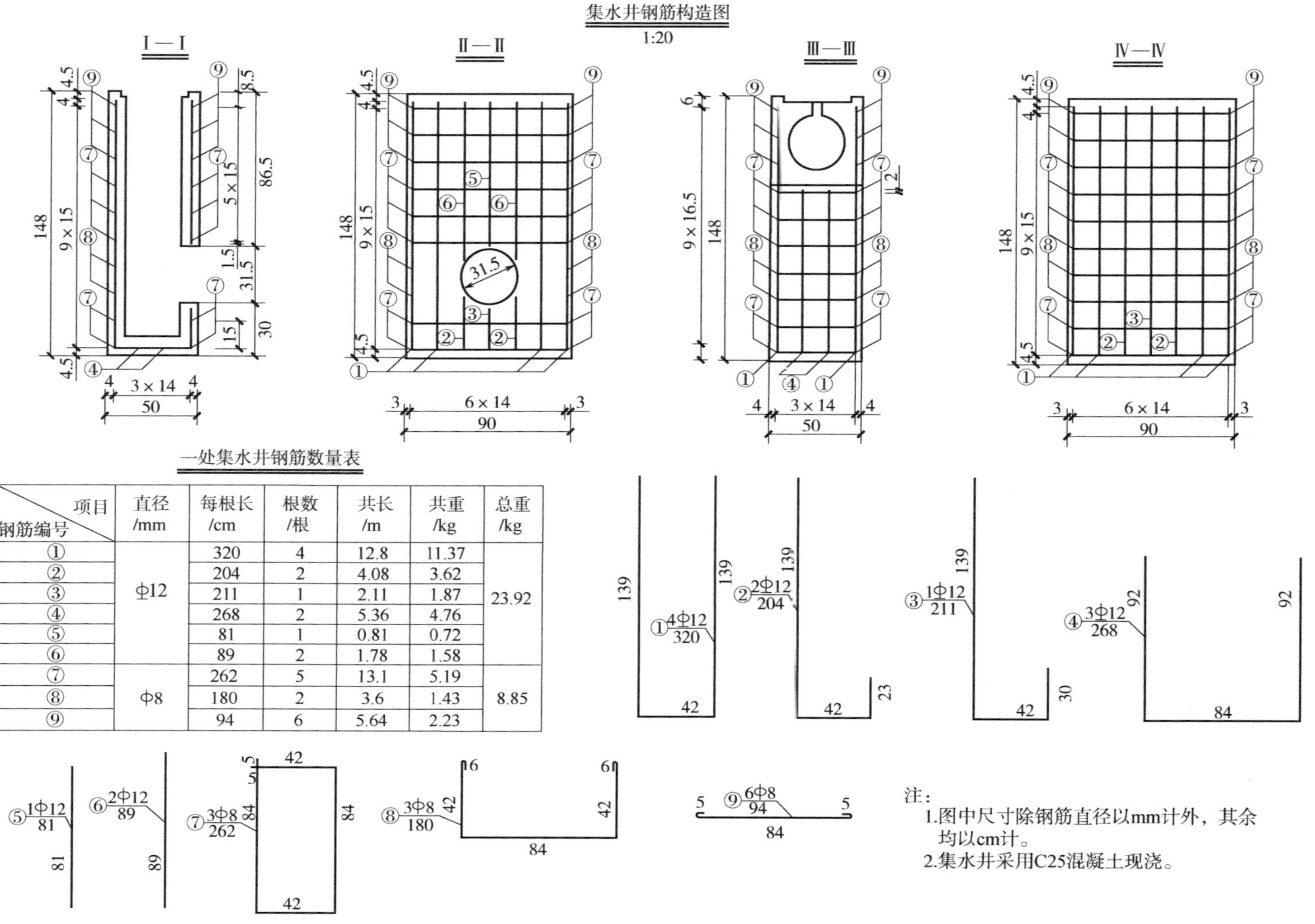

钢筋编号＼项目	直径/mm	每根长/cm	根数/根	共长/m	共重/kg	总重/kg
①	Φ12	320	4	12.8	11.37	23.92
②		204	2	4.08	3.62	
③		211	1	2.11	1.87	
④		268	2	5.36	4.76	
⑤		81	1	0.81	0.72	
⑥		89	2	1.78	1.58	
⑦	Φ8	262	5	13.1	5.19	8.85
⑧		180	2	3.6	1.43	
⑨		94	6	5.64	2.23	

注：
1.图中尺寸除钢筋直径以mm计外，其余均以cm计。
2.集水井采用C25混凝土现浇。

图2-87 超高路段集水井钢筋构造图示例

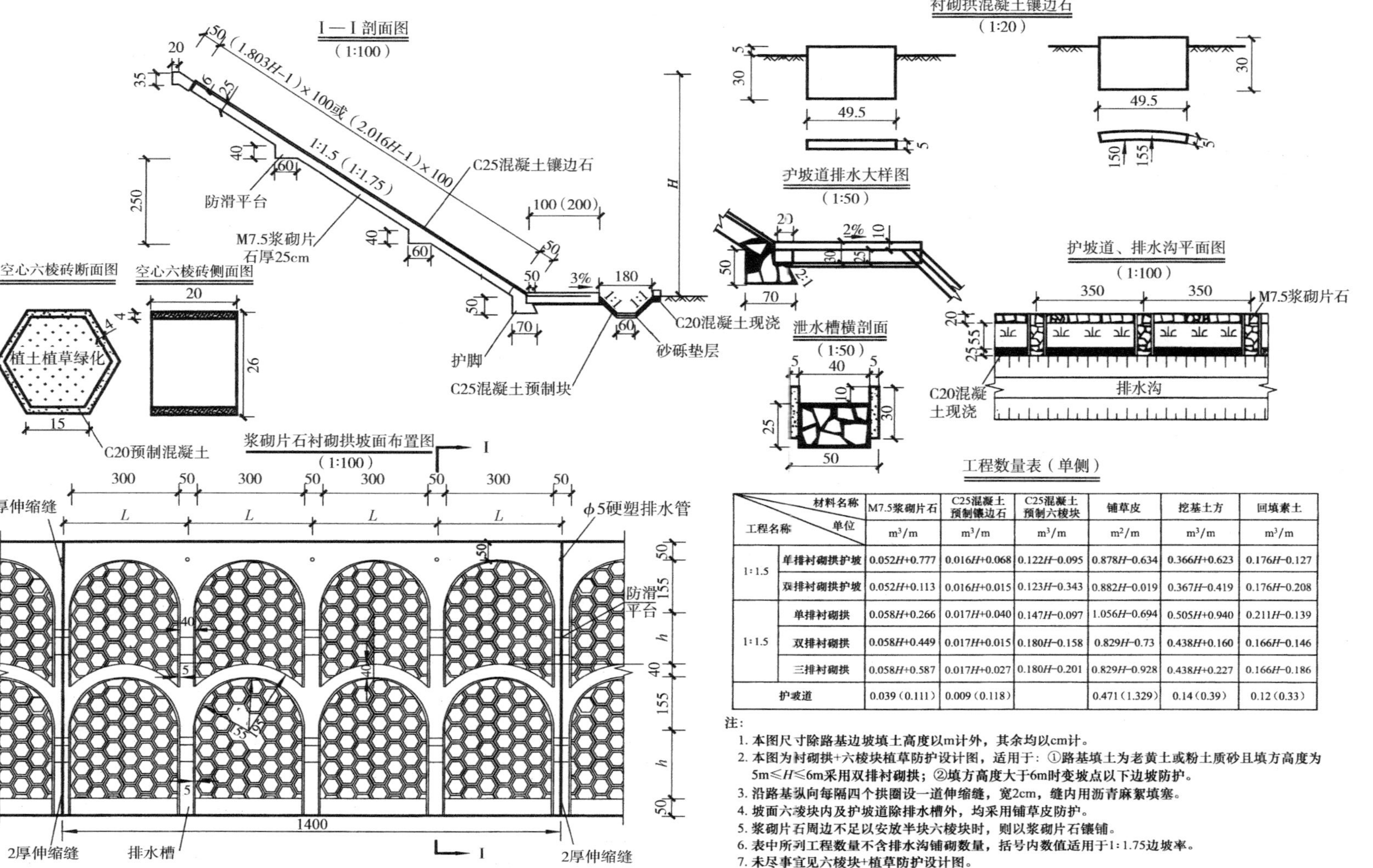

工程数量表（单侧）

工程名称 \ 材料名称（单位）		M7.5浆砌片石	C25混凝土预制镶边石	C25混凝土预制六棱块	铺草皮	挖基土方	回填素土
		m³/m	m³/m	m³/m	m²/m	m³/m	m³/m
1:1.5	单排衬砌拱护坡	0.052H+0.777	0.016H+0.068	0.122H−0.095	0.878H−0.634	0.366H+0.623	0.176H−0.127
	双排衬砌拱护坡	0.052H+0.113	0.016H+0.015	0.123H−0.343	0.882H−0.019	0.367H−0.419	0.176H−0.208
1:1.5	单排衬砌拱	0.058H+0.266	0.017H+0.040	0.147H−0.097	1.056H−0.694	0.505H+0.940	0.211H−0.139
	双排衬砌拱	0.058H+0.449	0.017H+0.015	0.180H−0.158	0.829H−0.73	0.438H+0.160	0.166H−0.146
	三排衬砌拱	0.058H+0.587	0.017H+0.027	0.180H−0.201	0.829H−0.928	0.438H+0.227	0.166H−0.186
护坡道		0.039（0.111）	0.009（0.118）		0.471（1.329）	0.14（0.39）	0.12（0.33）

注：

1. 本图尺寸除路基边坡填土高度以m计外，其余均以cm计。
2. 本图为衬砌拱+六棱块植草防护设计图，适用于：①路基填土为老黄土或粉土质砂且填方高度为5m≤H≤6m采用双排衬砌拱；②填方高度大于6m时变坡点以下边坡防护。
3. 沿路基纵向每隔四个拱圈设一道伸缩缝，宽2cm，缝内用沥青麻絮填塞。
4. 坡面六棱块内及护坡道除排水槽外，均采用铺草皮防护。
5. 浆砌片石周边不足以安放半块六棱块时，则以浆砌片石镶铺。
6. 表中所列工程数量不含排水沟铺砌数量，括号内数值适用于1:1.75边坡率。
7. 未尽事宜见六棱块+植草防护设计图。

图2-114　浆砌片石护坡排水图

道路排水施工图案例参考如图2-115~图2-117所示。

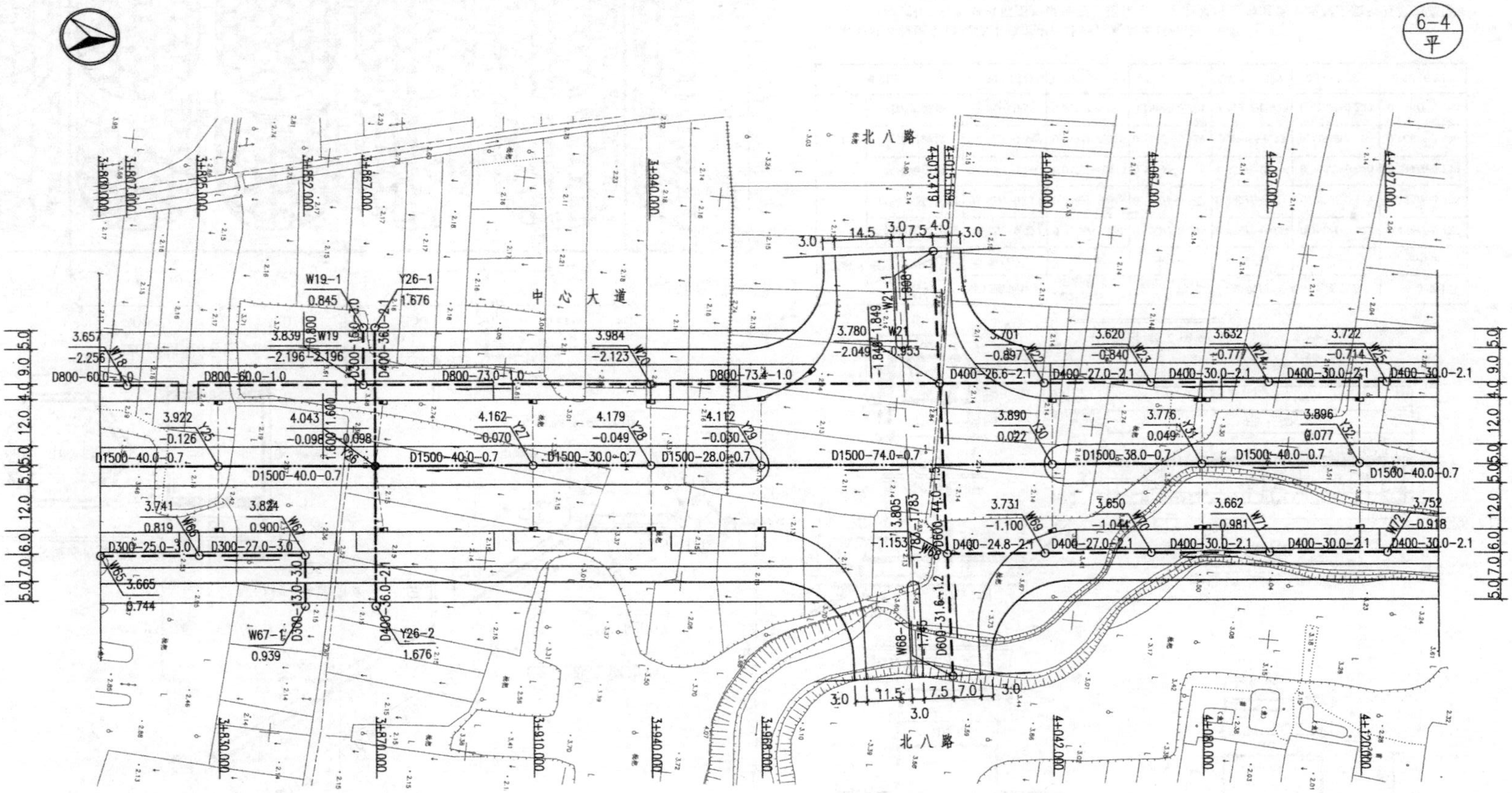

图2-115　排水管道平面图

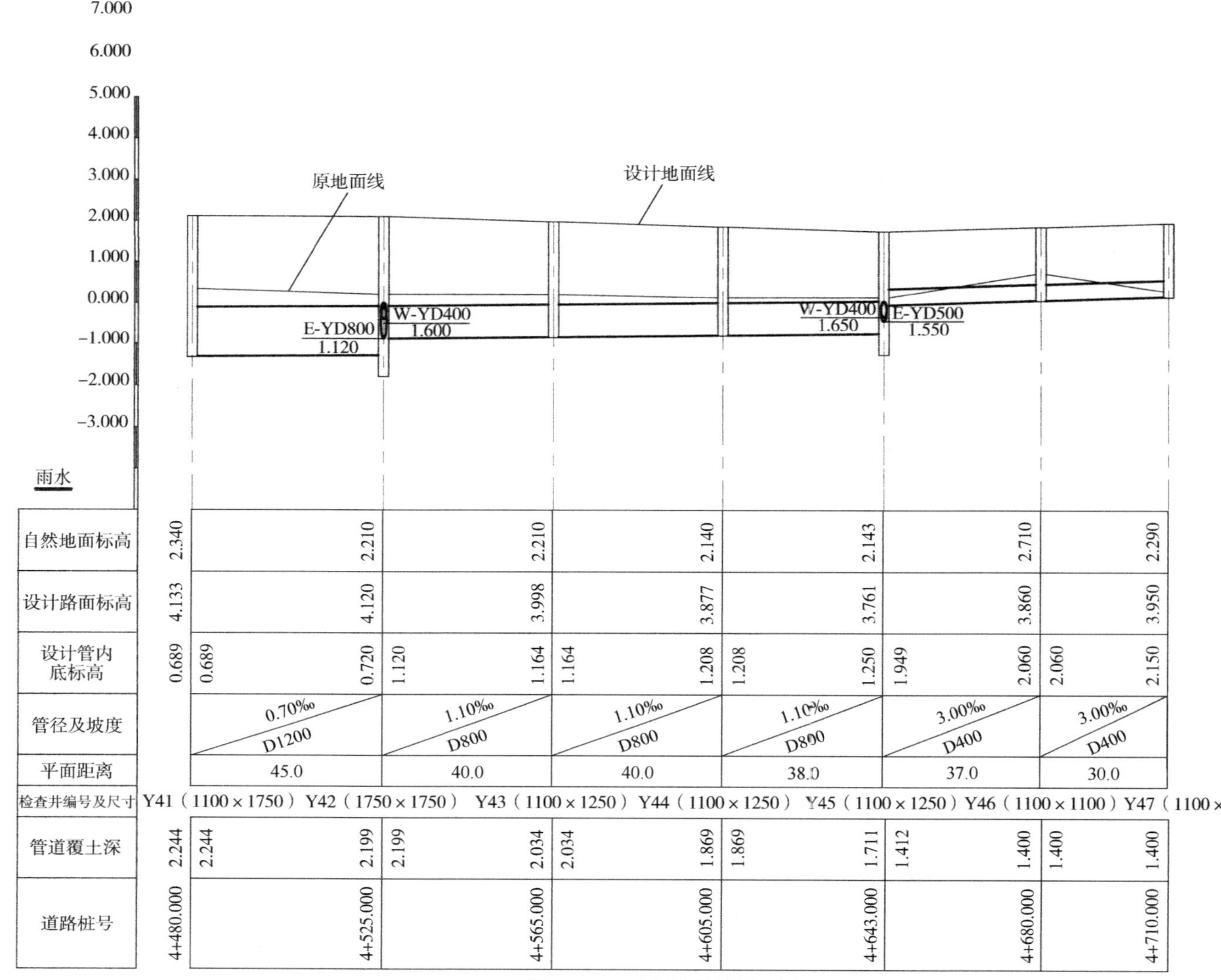

	Y41	Y42	Y43	Y44	Y45	Y46	Y47
检查井编号及尺寸	Y41（1100×1750）	Y42（1750×1750）	Y43（1100×1250）	Y44（1100×1250）	Y45（1100×1250）	Y46（1100×1100）	Y47（1100×1100）
自然地面标高	2.340	2.210	2.210	2.140	2.143	2.710	2.290
设计路面标高	4.133	4.120	3.998	3.877	3.761	3.860	3.950
设计管内底标高	0.689						
管道覆土深	2.244						
道路桩号	4+480.000	4+525.000	4+565.000	4+605.000	4+643.000	4+680.000	4+710.000

	Y41—Y42	Y42—Y43	Y43—Y44	Y44—Y45	Y45—Y46	Y46—Y47
设计管内底标高	0.689 / 0.720	1.120 / 1.164	1.164 / 1.208	1.208 / 1.250	1.949 / 2.060	2.060 / 2.150
管径及坡度	0.70‰ D1200	1.10‰ D800	1.10‰ D800	1.10‰ D800	3.00‰ D400	3.00‰ D400
平面距离	45.0	40.0	40.0	38.0	37.0	30.0
管道覆土深	2.244 / 2.199	2.199 / 2.034	2.034 / 1.869	1.869 / 1.711	1.412 / 1.400	1.400 / 1.400

图2-116　雨水管道纵断面图

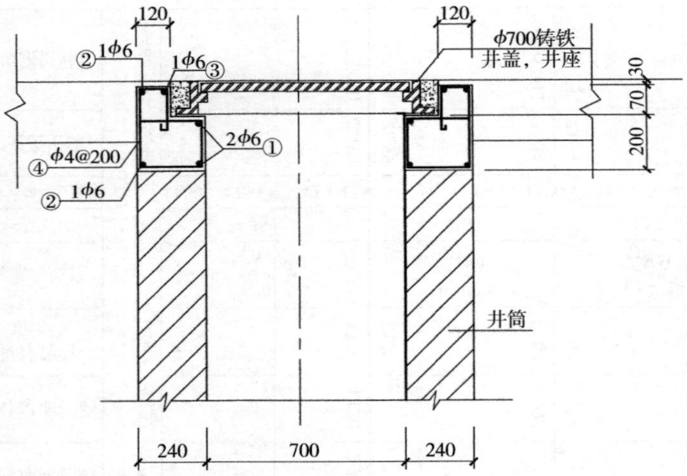

I—I 剖面图

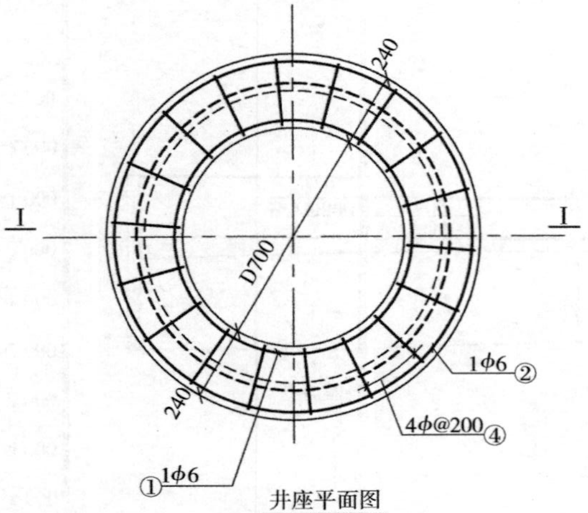

井座平面图

每个井座钢筋与混凝土工程量

编号	简图/mm	直径d/mm	根长/mm	根数	共长/m	混凝土/m
①	D=760 搭接300	ϕ6	2690	2	5.38	0.182
②	D=1120 搭接300	ϕ6	3820	2	7.64	
③	D=1000 搭接300	ϕ6	3440	1	3.44	
④	230, 80, 200, 120, 160	ϕ4	850	18	15.30	

说明：1.井座采用C30混凝土。
2.ϕ-HPB235。
3.本井座主要用于沥青路面的检查井。

图2-117 排水检查井钢筋混凝土井座详图

第三章　桥梁施工图

第一节　桥梁施工工艺要求及图示

一、桥梁总体施工工序流程

桥梁总体上按照由下至上的顺序进行施工，先施工基础（桩基础先施工桩再施工承台)，再施工桥墩和桥台（先施工墩台身，再施工墩台帽)，然后施工上部结构，最后施工桥面系等附属工程（图 3-1)。

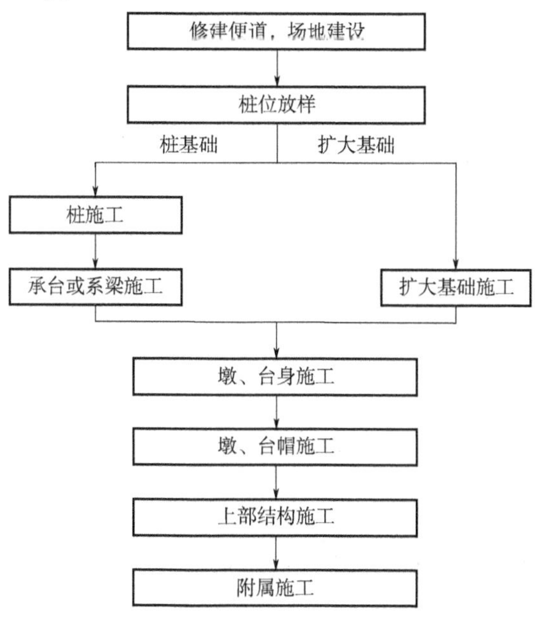

图 3-1　桥梁总体施工工序流程

二、施工工艺要求

1. 标识标牌

试验室内标识、标牌设置明确，标识清晰，标识标牌项目有：工地试验室名称牌、试验室组织机构图、岗位操作规程、试验人员公示牌、试验人员职责、试验流程图、试验检测形象进度图、各功能室门牌，试验规章制度及操作规程标牌（试验室工作岗位责任制、试验检测工作程序、试验仪器设备操作规定、试验仪器的定期标定、保养、维修制度、试验室安全和卫生管理制度、试验资料管理的台账制度、标准养护室的管理检测制度、取样要求和样品管理制度、不合格数据管理制度、试验报告表格填写要求等)，以及安全、消防等标牌（图3-2）。

a） b） c） d） e）

图3-2　工地试验室

a）工地试验室外景　b）样品间　c）功能室、办公室

d）水泥胶砂试件养护　e）压力机安全护罩

2. 预制梁场布设

（1）场地选址。

1）以方便、合理、安全、经济及满足工期为原则，结合施工合同段所属预制梁板的尺寸、数量、架设要求以及运输条件等情况进行综合选址。

2）原则上不宜设在主线征地范围内。若确实存在用地困难等特殊情况需要将预制场设于主线征地范围内时，应报项目建设单位审批。

（2）场地布置形式。

预制场的布置取决于现场的面积、地形、工程规模、安装方法、工期及机械设备情况等，条件不同，布置方法差异较大。

1）路基外预制场。比较普遍，制梁区使用大型龙门吊，在路基一侧设置预制场；如一般工程量不大，则不采用龙门吊，但要有足够存放全部梁片的场地，必要时可在路基两侧制梁。

2）路基上预制场。在其他地方设置预制场困难时，可将预制场设在路基上。要求桥头引道上有较长的平坡，并且路基比较宽（一般应大于24m）。但此类预制场严重影响引道路基的施工。布置时首先要留足桥头架桥机的拼装场地，并偏向一侧设置梁区，以便留出道路。

3）桥下预制场。在很多跨河桥下有高出河面的场地，但这些场地都比较窄长，不可能像河滩上那样大面积布置预制场。可根据场地情况，沿一孔垂直线路方向顺桥平行布置。

4）桥上预制场。桥梁施工在市内时，现场没有预制场地，若在城外预制梁片，运梁十分困难，可考虑在桥墩之间拼装支架，制作安装2～3孔主梁，然后把施工完成的跨径部分作为预制场，并依次使预制场扩展出去。要求预制台座可活动，大梁安装采用跨墩龙门吊较方便。

5）远距离预制场。远距离预制场可在与施工现场完全无关的条件下预制梁，有利于集中管理，场地面积不受限制，梁片数量大时尤为有利；但梁运输距离远，运输费用大。这种预制场一般适用于城市立交桥，其布置可因地制宜，充分利用现有机械，场地尽可能扩大，提前预制多片梁。

（3）场地建设原则。

1）场地建设前施工单位应将梁场布置方案报监理工程师审批，方案内容应包含各类梁板的台座数量、模板数量、生产能力、存梁区布置及最大存梁能力等。

2）宜采用封闭式管理，场地内应按办公区、生活区、构件加工区、制梁区和存梁区、废料处理区等科学合理设置，功能明确，标识清晰。生活区应与其他区隔开，生活用房按照驻地建设相关标准建设。

3）各项目预制场应统筹设置，建设规模和设备配备应结合预制梁板的数量和预制工期相适应。

4）场内路面宜做硬化处理，主要运输道路应满足重车通行要求，基础不好的道路应增设碎石掺石屑垫层。场内不允许积水，四周设置砖砌排水沟，并采用M7.5砂浆抹面。

5）预制梁场应尽量按照“工厂化、集约化、专业化”的要求规划、建设，钢筋骨架定位胎膜、自动喷淋养护等设施应满足施工生产要求：

预制梁场钢筋加工、混凝土拌和应尽量使用合同段既有的钢筋加工场、拌和站。

预制梁板钢筋骨架应统一采用定位胎膜进行加工，并设置高强度砂浆垫块确保钢筋保护层。

设置自动喷淋养护设备，预制梁板采用土工布包裹喷淋养护（北方地区应根据气候情况采用蒸汽保湿养护），养护水应循环使用。

（4）预制梁板台座布设原则。

1）预制梁板的台座强度应满足张拉要求，台座尽量设置于地质较好的地基上，在不良地基路段，应先进行地基处理。为防止发生张拉台座不均匀沉降、开裂事故，影响预制梁板的质量，先张法施工的张拉台座不得采用重力式台座，应采用钢筋混凝土框架式台座。

2）底模宜采用通长钢板，不得采用混凝土底模。推荐使用不锈钢底模板，钢板厚度不小于6mm。并确保钢板平整、光滑，防止粘结造成底模“蜂窝”“麻面”，底模钢板应采用防止变形措施。

3）存梁区台座混凝土强度等级不低于C20，台座尺寸应满足使用要求。用于存梁的枕梁应设在离梁两端面各50~80m处，且不影响梁片吊装，支垫材质应采用承载力足够的非刚性材料，且不污染梁底。

4）梁板预制完成后，移梁前应对梁板喷涂统一标识和编号，标识内容包括预制时间、张拉时间、施工单位、梁体编号、部位名称等。

5）空心板、箱梁最多存放层数应符合设计文件和相关技术规范要求。设计文件无规定时，空心板叠层不得超过3层，小箱梁堆叠存放不超过2层。预制梁存放时（特别是叠层存放）应采用支撑等措施确保安全稳定。

6）标识标牌。预制梁场内标识、标牌设置明确，标识清晰，标识标牌项目有：预制场简介牌、施工平面布置图、工艺流程图、操作规程、材料标识牌、混凝土配合比牌、钢筋大样图、消防保卫牌、安全警告警示牌等（图3-3）。

3. 拌和站设置

在公路工程中设置的拌和站分水泥混凝土拌和站、沥青混合料拌和站和稳定土拌和站。

（1）拌和站选址。

拌和站尽量靠近主体工程施工部位，做到运输便利，经济合理，并远离生活区、居民区，尽量设在生活区、居民区的下风向。

（2）场地建设。

1）拌和站应根据工程实际情况集中布置，宜采用封闭式管理，四周设置围墙，入口设置彩门和值班室。

2）拌和站建设应综合考虑施工生产情况，合理划分拌和作业区、材料计量区、材料库、运输车辆停放区、试验区、集料堆放区及生活区，内设洗车池（洗车台）、污水沉淀地和排水系统。生活区应与其他区隔离，生活用房按照“驻地建设”相关标准建设。

3）拌和站场地面积、搅拌机组配置及产能应满足生产、施工需求和工程进度需求，一般不低于表3-1的规定。

表3-1 拌和站建设要求

项次	拌和站类型	场地面积/m^2	每个拌和站搅拌机最低配置
1	水泥混凝土拌和站	5000	2台拌和机（每台至少有3个水泥罐、4个集料仓）
2	沥青混凝土拌和站	3500	1台拌和机（每台至少有3个沥青罐、冷热集料仓各5个）
3	水稳拌和站	15000	1台拌和机（每台至少有3个水泥罐、4个集料仓）

a）

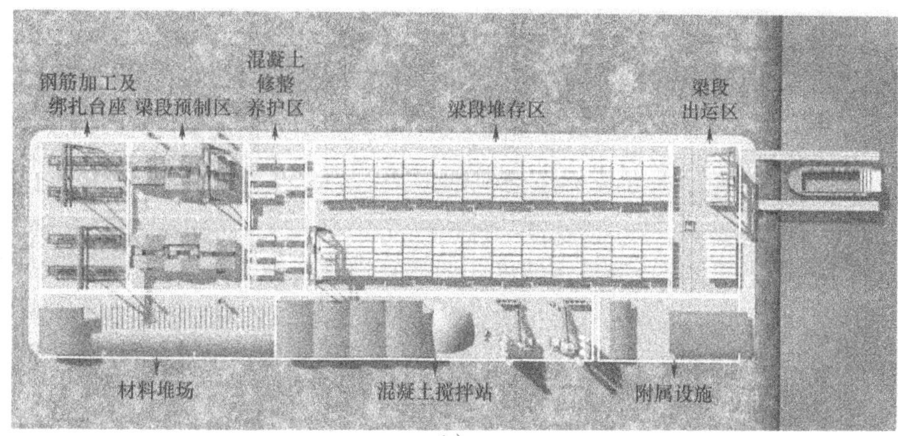

b）

c）

d）

图 3-3　预制梁场

a）梁场效果图　b）梁场布置　c）路基外梁场　d）路基上梁场

4）场地（含堆料区、加工区）应做硬化处理，主要运输道路应采用不小于 20cm 厚的 C20 混凝土硬化，基础不好的道路应增设碎石掺石屑垫层，场内排水宜按照中间高四周低的原则预设不小于 1.5% 的排水坡度，四周宜设置砖砌排水沟，并采用 M7.5 砂浆抹面。

5）拌和站各罐体宜连接成整体，安装缆风绳和避雷设施，每一个罐体应喷涂成统一的颜色，并绘制项目名称及施工单位名称，两者竖向平行绘制。

（3）原材料堆放要求。

1）凡用于工程的砂石料应按级配要求，不同粒径、不同品种分场存放，每区醒目位置设置材料标识牌，并采用不小于 30cm 厚的混凝土或厚度小于 60cm 的浆砌片石隔墙等构造物分隔，隔墙高度应确保不串料（一般不小于 2.5m），储料仓预留一定空间方便装载机上料。

2）水泥混凝土、路面面层储料场应用混凝土进行硬化处理，路面基层储料场可用水稳材料进行硬化处理。料场底应高于外部地面，修筑成向外顺坡（不小于 3%），并在料场口设置排水沟，防止料场积水。

3）水泥混凝土、路面面层储料场应搭设顶棚，防止太阳直接照晒或雨淋，顶棚宜采用轻型钢结构，高度应满足机械设备操作空间（一般不宜小于 7m），并满足受力、防风、防雨、防雪等要求，路面基层、底基层储料场地中细集料堆放区宜搭设防雨大棚，防止石料雨淋。

4）所有拌和机的集料仓应搭设防雨棚，并设置隔板，隔板高度不宜小于 100cm，确保不串料。

（4）拌和设备要求。

1）混凝土拌和应采用强制式拌和机，单机生产能力不宜低于 $90m^3/h$。拌和设备应采用质量法自动计算，水、外掺剂计量应采用全自动电子称量法计量，禁止采用流量或人工计量方式，保证工作的连续性、自动性，且具备电脑控制及打印功能。减水剂罐体应回设循环搅拌水泵。

2）水稳拌和应采用强制式拌和机，设备具备自动计量功能，一般设自动计量补水器加水。

3）沥青混合料采用间歇式拌和机，配备计算机及打印设备。

4）拌和站计量设备应通过当地有关部门标定后方可投入生产，使用过程中应不定期进行复检，确保计量准确。

5）拌和站应根据拌和机的功率配备相应的备用发电机，确保拌和站有可靠的电源使用。

（5）其他要求。

1）作业平台、储料仓、集料仓、水泥罐等涉及人身安全的部位均应设置安全防护装置，传动系统裸露的部位应有防护装置和安全检修保护装置。

2）每次拌和作业完成后，及时清洗机具，清理现场，做到场地整洁。

3）临近居民区施工产生的噪声应符合现行国家标准《建筑施工场界环境噪声排放标准》GB 12523 的规定。

4）应根据需要设置机动车辆、设备冲洗设施、排水沟及沉淀池，施工污水处理达标后方可排入市政污水管网或河流。

5）砂石料场底部、上料台、上料输送带下部废料应经常性清理并保持清洁，严禁装载机铲料时铲底。地面应定期洒水，对粉尘源进行覆盖遮挡。

6）水泥、粉煤灰等材料进料时，应保证材料罐顶的密封性能，预留通气孔应设有降尘措施；当粉尘较大时，应暂时停止上料，待处理完后方可继续。

7）沥青混合料拌和站推荐设置碎石加工除尘与石灰水循环水洗，确保细集料洁净无杂质。

8）纤维材料、抗车辙剂、抗剥落剂等外加剂必须采用仓库存放，地面设置架空垫层，高度为离地面30cm，以免受潮。

9）拌和站标识、标牌应设置有：拌和站简介牌、混凝土配合比牌、材料标识牌、操作规程、消防保卫牌、安全警告警示牌等（图3-4）。

图3-4　混凝土拌和站

a）拌和站外景　b）总体布置　c）大门　d）洗车池　e）车辆停放
f）沉淀池　g）外加剂库房　h）料仓标牌　i）料仓布置　j）配料斗布置

4. 钢筋加工厂

（1）一般规定。

1）钢筋加工厂的规模及功能应满足现场施工需求。功能区划分包括加工制作区、原材料堆放区、半成品/成品堆放区、废料堆放区、运输及安全通道等，并设置明显的标志标牌。

2）钢筋加工厂设置应满足储备三个月用料的能力，并满足钢筋笼或钢结构件组拼和吊运空间。

（2）场地建设。

1）钢筋加工厂的场地应进行混凝土硬化处理，厂内地面硬化后应比厂外地面略高，厂内运输车道宽度和硬化厚度应满足钢筋运输车辆通行要求。

2）为便于集中管理，钢筋加工厂宜采用封闭式棚架结构，棚架立柱采用钢管，骨架及檩条采用型钢，屋面材料采用彩钢瓦，加工棚起拱线高度一般7～10m，加工棚的抗风等级和抗雪压能力应在标牌中明确。

（3）材料堆放要求。

1）材料堆放区应通风良好，垫高堆放，离地20cm以上，下部支点应以保证材料不变形为原则，支垫材料宜采用方木或型钢。

2）半成品、成品加工制作应在台座或胎架上完成，台座或胎架必须在已经硬化的场地上制作。

3）原材料应具有产品合格证，按规定存放，并避免与酸、碱等腐蚀性介质接触。

4）原材料和成品半成品应分区堆放，根据需要划分待检区和已检区，并应设置废料区，严禁厂内钢筋头等杂物随手丢弃。

（4）机械设备要求。

1）场内配备吊装门吊，门吊数量及吨位满足施工需求，门吊必须是由专业厂家生产，使用前必须获得有关部门的检查验收合格后才能投入使用，严禁使用自行组装的门吊。

2）切割机操作间设置隔音墙。

3）厂内各种设备旁边均必须设置岗位安全操作规程牌，放置在厂棚外的电气设备、配备箱、开关箱应加锁，应有防雨措施。

4）材料的运输车辆应本着安全、高效与便捷的原则。购置专用钢筋运输车辆，可考虑卡车进行改装，严禁使用普通农用车和拖拉机改装。车辆须满足桩基、墩柱与盖梁钢筋笼等成品钢筋构件的运输。

（5）标识标牌。钢筋加工厂内设置的标识标牌主要有：钢筋加工厂名称牌、分区标识牌、设备操作规程、材料标识牌、成品半成品检验标识牌、钢筋大样图、消防保卫牌、安全警告警示牌等。

5. 施工便道

（1）选线原则。

1）便道应尽量与地方三改、路网建设相结合。

2）便道线形应选线规划，考虑挖填平衡。

3）桥梁便道尽量建在永久用地范围内，减少临时征地。

4）便道干线不宜占用路基，特殊地段必要时可考虑短期占用路基，但应采取临时过渡性措施，尽量减少干扰。

5）便道应与现场的存放场、仓库、施工设备等位置相协调，并应考虑与附近便道或既有乡道的衔接。

6）施工便道分为主干线和引入线，主干线尽可能靠近合同段各主要工点，引入线以直达施工现场为原则，并考虑与相邻合同段施工便道的衔接。

（2）路线参数。

1）便道路线参数应满足施工车辆的行车速度、密度、载重量、视距等要求。

2）便道分双车道和单车道两种标准，双车道路面宽度不小于6m，单车道路面宽度不小于3.0m。

3）曲线或地形复杂地段的便道应适当加宽，视地形条件和视距要求，原则上单车道应每100m范围内设置一个长度不小于20m、路面宽度不小于5.5m的错车道。

4）弯道根据各自工点进出场最大设备的转弯条件设置，且最小转弯半径≥20m。

5）坡道的坡度一般情况下应不大于8%～10%，特殊地段应不大于15%。

（3）路基路面。

1）便道铺设结构层之前，应先进行地基处理，保证基底承载力不小于100kPa，且土质地基应进行碾压，保证压实度不小于90%。

2）便道路面最低标准应采用泥结碎石或级配碎石。在条件允许的情况下，便道路面可采用隧道洞渣或矿渣铺筑。特大桥、隧道洞口、拌和站和预制场等大型作业区进出便道200m范围路面宜采用不小于20cm厚的C20混凝土硬化。场站外的常规便道的基层一般采用20cm厚的碎石或砂砾垫层，面层一般为5cm厚的水泥稳定碎石或泥结碎石面层。

3）施工便道应设单向或双向横坡2%的排水坡度，边侧设排水沟，沟底宽或深度不小于30cm，排水畅通。

4）施工便道经过水沟地段，要埋置钢筋混凝土涵管或设过水路面，在汇水面积较大的低凹处设置涵洞。便道排水系统必须与天然沟渠相连，以满足排水泄洪要求。

5）一般浅层软土、水田地段，便道基底可采用片石挤淤、灰土换填、片碎石换填等处理，路基厚度满足承载、变形和稳定性要求，并做必要的防护。若途经较大水塘、渠道或小河沟等，则应考虑采用便桥跨越。

6）当挖填方段便道的边坡地质条件较差时，可采取增设挡墙、植草护坡、浆砌护面等措施进行必要的防护，防止边坡垮塌，影响通行安全。

7）填方便道的填料要求，不应低于三、四级公路下路堤填料标准。便道的填筑压实度不小于90%。

6. 施工栈桥

（1）建设标准。

1）栈桥结构按照实际情况专门设计，同时应满足排洪要求，人行便桥宽度不小于2.5m，人车混行便桥宽度不小于4.5m。若便桥长度超过1km，宜适当增加宽度。

2）栈桥高度不低于上年最高洪水位，桥头设置限高、限重、限速标牌，桥面设立柱间距1.5～2.0m、高1.2m的栏杆防护，栏杆颜色标准统一，在适当位置设置醒目的警示反光标志。

（2）栈桥类型。栈桥的类型有墩架式梁桥、装配式公路钢桥（俗称贝雷桥）、浮桥和索桥。采用较多的是钢管桩桥墩配贝雷梁主梁的墩架式梁桥，采用履带吊机悬臂法施工，振动打桩锤插打钢管桩作为桥墩，在桥墩上设横向分配梁，再在其上安放贝雷梁纵向主梁，然后再铺设桥面板，桥面板可采用预制混凝土板或型钢面板。

（3）安全环保。

1）栈桥两侧必须按要求设置栏杆，并布设必要的救生圈、消防器材和安全绳等防护用品。

2）根据栈桥实际情况和相关要求，在栈桥上设置航道警示灯和夜间照明设施。

3）在船只通行水域，应设置合理的防撞墩、警示灯，避免碰撞事故。

4）栈桥入口处右侧设置施工车辆限载、限速等重要的通行标志牌，严禁车辆超载、超速运行；栈桥左侧醒目处设置栈桥安全使用说明相关标志牌。入口段应设防撞、交通分流等设施和标识。

5）车辆荷载在栈桥上行驶或作业时，不应进入人行道或管道范围内。

6）栈桥各构件认真除锈处理，可参照《铁路钢桥保护涂装》相关要求，采用第1套钢梁涂装体系进行防腐涂装。

7）施工过程中产生的废物、废水等需集中收集处理，不得随意丢弃和排放，以免污染环境。

8）栈桥应与其他设施脱离，单独受力，禁止系缆停靠。

9）桥台台背填土应采用透水性良好的砂砾性材料，分层填筑，压实度不小于96%，并根据现场实际，做锥坡等防护。

10）水中桥台应采取堆砂袋、石袋等措施进行护脚，防止冲刷。

(4）管理与维护。

1）工作人员应遵守栈桥安全使用相关说明文件，按规章操作。

2）严防车辆超载、超速运行，杜绝大型施工机械违章作业，确保交通运营安全。

3）在栈桥施工处的一侧设置一台移动式风速、风向仪，测试风速大于设计风速后，及时预警，限制车辆上桥，人员疏离。

4）定期检查基础钢管桩的变形及沉降、联结系、贝雷梁、桥面系、栏杆以及照明设施、警示灯、救生圈、安全绳等附属设施，出现异常应及时处理。

5）水上栈桥钢管桩上应设水位标尺条，定期观测河床水位高程对栈桥的影响，及时清理栈桥墩桩所拦杂物；定期清扫保持桥面干净、整洁；严禁随意堆放物料，保持栈桥畅通。

6）栈桥施工和运营过程中，当观测冲刷深度超过设计允许范围时，应及时采用防护措施（图3-5）。

图3-5 施工栈桥

三、大临工程施工工艺标准

1. 预制梁场施工

(1）工艺流程（图3-6）。

(2）施工工艺及控制要点。

1）施工准备。

①技术准备。

a. 熟悉和分析施工现场的地质、水文资料，综合工程结构分布、体量规模确定梁场的

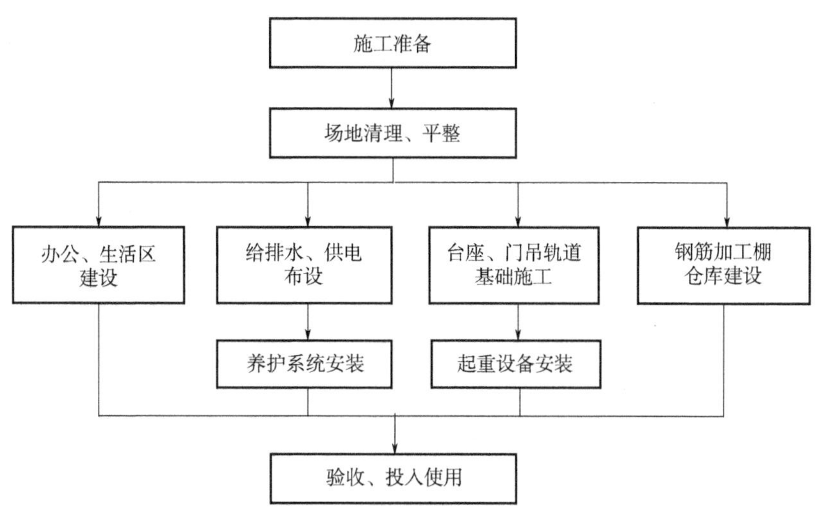

图 3-6　梁场施工工艺流程

选址建设方案。预制梁场最好设置在桥梁比较集中的路基主线上，避免大面积占用耕地，减少临时用地。同时应尽量选择在地形、地质条件较好的地方，减少土石方工程数量，降低工程费用，缩短建设工期。预制梁场范围内必须交通便利，满足架梁、运梁要求。尽量靠近混凝土集中拌和站。

b. 根据预制构件的型号、数量等确定施工所用机械型号、功率，综合工程工期计划、生产任务分配等确定场内各种机械、设备的投入数量，并确定梁场的建设规模。

c. 对梁场的建设施工进行细化，对每道工序的施工编制专项施工方案，保证梁场施工的各道工序都有合理、科学、可行的指导文件。

d. 预制梁场作为由多种设备、多系统组成综合性生产管理系统，其各个系统建设、运行时相互支持、制约，因此梁场的建设应综合考虑各分系统的协调性，以实现梁场生产、管理效能的最大化。

e. 对于施工所用原材料进行分析、比选，对混凝土配合比进行设计与试验，对各种机械设备的性能、操作流程等进行分析比对，为梁场物资设备组织提供技术支持。

②资源准备。

a. 劳动力组织。本工艺根据工种按照一条生产线进行人员配置，若多条生产线同时作业时，除机械设备操作人员需另配置外，其他工种人员可以共用，其人员相应进行调整。具体人员配置见表 3-2。

表 3-2　梁场施工人员配置（单条生产线）

工种分类	人数/人	备注
施工管理人员	5	
质检员	2	
安全员	2	
实验员	2	
钢筋工	20	
模板工	15	

（续）

工种分类	人数/人	备注
混凝土工	8	
预应力工	8	
养护工	2	
电焊工	4	
电工	2	
机操工	4	
起重工	2	
机修工	4	
合计	80	据实调整

b. 机械设备组织。施工所需机械设备如下：

起重设备：龙门吊、卷扬机、汽车吊、运梁车等。

钢筋加工、安装设备：钢筋切断机、弯曲机、弯箍机、调直机、电焊机等。

混凝土浇筑设备：插入振动设备、混凝土运输车、导管、下料斗、混凝土泵车等。

张拉、压浆设备：油压泵、千斤顶、拌料机、真空压浆机等。

辅助设备：发电机、潜水泵、变压器等。

c. 材料组织。各种材料需按照规定进行检验，确保材料质量符合各项标准要求。混凝土配合比通过设计及试验确定，保证混凝土强度达到设计强度等级并满足耐久性要求，保证混凝土满足施工所需的和易性、流动性等技术要求。

③现场准备。

a. 完成梁场施工区测量放线工作，完成施工场地的打围工作。

b. 现场无合适的现状道路作为车辆进出通道时，应首先完成施工便道的修建，满足梁场建设与后期生产的交通通行需求。

c. 梁场建设开始前做好与当地通信网络、电力、给水等单位的协调工作，确保梁场施工时网络、电力、用水的顺利接入。

d. 现场工程技术员对现场工人进行技术、安全、环保交底。

2）基础施工。

①地基处理。

a. 完成施工区内的场地清理与平整工作（图 3-7）。河道、水塘等积淤地段应进行清淤换填或化学固化等加固处理，填方地段的回填应分层进行，压实度满足设备作业与车辆通行的需求。

图 3-7　梁场场地平整

b. 如梁场位于路基施工区内，地基处理应按照路基施工的相关标准、规范进行。

c. 严格控制场地横纵坡度，确保起重设备、吊运梁设备的正常作业通行。

d. 做好梁场内外的排水设施施工，确保场区内积水顺利外排、场外积水进入场内，保证地基的稳定性。

e. 进行地基处理时，做好给水、排水、通信、电力等管线设备的预埋工作。

②场地硬化。一般场地用 10cm 厚碎石垫层、10cm 厚 C20 混凝土进行硬化处理；场内行车道路采用 15cm 厚碎石垫层、20cm 厚 C30 混凝土进行硬化处理；存梁区台座之间采用铺 10cm 碎石处理，预制梁装卸区采用 20cm 厚碎石垫层、25cm 厚 C30 混凝土进行硬化处理（图 3-8）。

图 3-8 场地硬化

③制、存梁台座基础施工。施工前，对不同预制梁结构、尺寸、重量进行统计分析，分析制、存梁台座基础受力状况进行分析，严格按照相关技术规范进行台座及其基础的设计。确保台座与台座基础受力满足施工要求。同时根据预制场采用的生产工艺、梁的外形尺寸、生产工期，并综合考虑场区道路、作业空间等因素，确定个台座及其基础的数量与分布位置。

a. 台座基础开挖。场平完成后，对台座基础进行测量放样，确定台座基坑开挖线和开挖深度。人工配合机械开挖至设计深度，并作承载力检测。如果承载力不满足规范要求，对地基采取相应的处理措施（图 3-9）。

a）

b）

图 3-9 台座基础开挖与承载力检测

a）台座基础开挖 b）台座基础承载力检测

b. 钢筋制作、绑扎。钢筋在加工场制作成型，运到现场后按照设计要求安装。

c. 模板安装。台座基础模板采用优质木模板，并采用钢管与对拉螺杆进行加固支撑。台座宜采用钢模和钢管组成的模板体系。

d. 混凝土浇筑。混凝土浇筑时采用插入式振捣棒振捣密实，同时做好台座基础与台座连接钢筋的预埋安装工作。浇筑完成后及时覆盖，派专人洒水养护，台座基础与台座连接处混凝土应及时凿毛并清理干净（图3-10）。

a）

b）

图3-10　台座基础混凝土浇筑

e. 防止制、存梁台座不均匀沉降措施。加强质量意识，严格控制台座地基处理、混凝土浇筑工序，确保台身施工质量。

浇筑台身混凝土前，用水准仪控制混凝土顶面标高，并适当加密高程控制点。

制、存梁台座达到设计强度后，在施工进度允许的条件下，对台座实施超载预压，在消除大部分弹性变形并相对稳定后卸载。

移梁至存梁台座前，用水准仪准确测量顶面高程。

在存梁过程中，布设水准点高程监控网，密切监测存梁台座的沉降，发现沉降变化异常或不均匀沉降加剧的情况及时采取措施。

建立完善的梁场排水设施，防止个别台座处积水，影响基础的稳定性，引起不均匀沉降。

④龙门吊轨道基础施工。根据龙门吊尺寸以及吊运构件的重量，对门吊轨道基础受理分析，完成龙门吊基础施工图设计。

龙门吊轨道基础施工与台座基础大致相同，可进行用来参考。龙门吊轨道基础施工时需注意轨道零部件的预埋（图3-11）。

图3-11　龙门吊轨道基础施工

3）临水、临电施工。梁场生活以及生产用水根据现场可用资源灵活选用。场区内应布设管道，并安装自动喷淋设备，必要时可在梁场设置蓄水池。

通过配置变压器引入高压电满足梁场生产、生活用电需求，变压器的具体型号与数量由现场用电需求确定。高压线路就近接入，从变压器配电室引出多条低压线至生活和生产工区，同时配备柴油发电机作为临时施工供电（图3-12）。

a）

b）

图3-12 供电设备布置

a）配电箱布置图 b）柴油发电机实物图

4）排水系统施工。沿梁场四周布设排水沟，将雨水引流至附近河道、水塘或现状排水管道。主排水沟尺寸30cm×30cm，次排水沟尺寸20cm×20cm，具体布置详见梁场平面布置图。

场地采用中间高、两边低及纵向、横向明沟排水的原则进行，面层排水坡度为1.5%，每个台座之间的排水沟的坡度为1.5%。

排水沟盖板采用钢制梳齿盖板，面漆采用银灰色外漆。为防止台座基础被水泡坏，制、存梁台座间设置排水沟，在梁场角落设置污水池和沉淀池。

沉淀池平立面设计图如图3-13所示。

5）钢筋加工场与仓库建设。钢筋加工场主要包含原材料堆放区、钢筋加工区、半成品堆放区、钢筋绑扎区等。钢筋棚采用角钢焊接骨架，彩钢板封顶搭建，起拱线高度不小于8m，满足通风、采光、防雨雪、防晒要求。堆料区根据需要划分为待检区和已检区。

①原材料堆放区：应通风良好，垫高堆放，离地面20cm以上，下部支点应以保证原材料不变形为原则，支垫材料采用方木。

②成品、半成品堆放区：应通风良好，垫高堆放，离地面20cm以上，下部支点应以保证不变形为原则，采用托架存放。易于滑落的材料堆放必须捆绑牢固，高度不超过2m。

③钢板及型钢存放区应通风良好，垫高堆放，离地20cm以上，其高度不超过1m。

④钢筋、型钢和管材等金属材料，应具有产品合格证，按规定存放，并避免酸、碱等腐蚀性介质接触。

仓库主要用于波纹管加工存放、钢绞线存放、预应力施工设备仪器其他小型设备的存放（图3-14）。

6）办公区及生活区施工。办公区及生活区均采用彩钢活动板房，包括项目管理人员办公区和工人生活区。办公生活区布置应满足现场施工需要，并满足安全、环保等要求。

7）工地试验室施工。梁场设一个工地试验室分站，配备足够的试验设备，主要进行钢材等原材料进场检验及混凝土试件强度及弹模。分为办公区和功能室，办公区包括1间办公

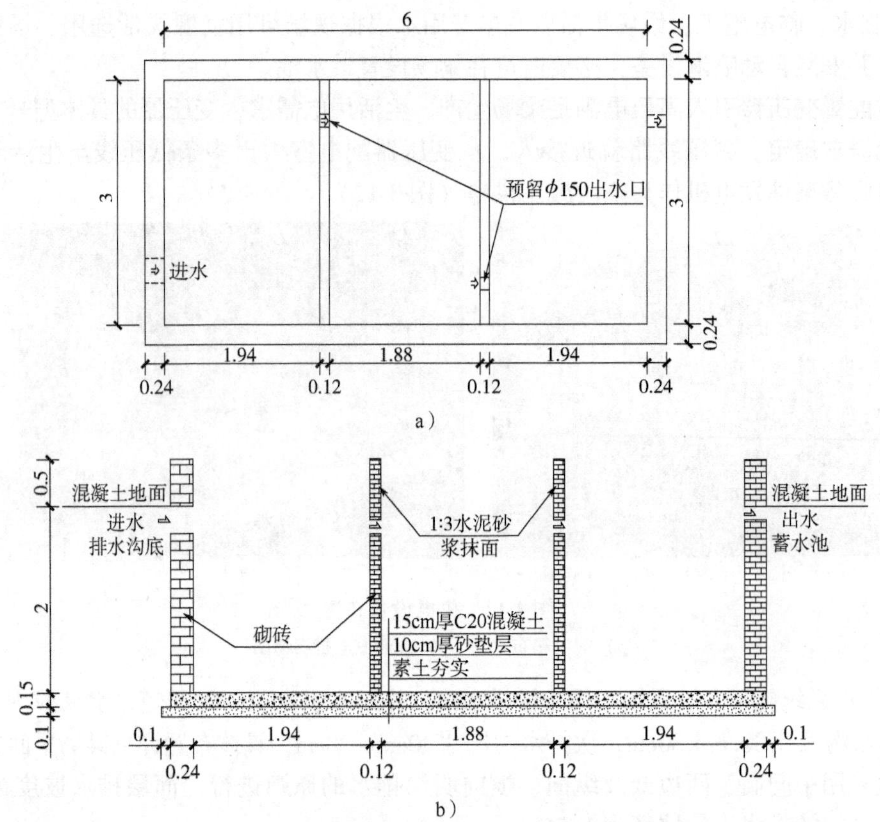

图 3-13　沉淀池平立面设计图

a）沉淀池平面图　b）沉淀池立面图

图 3-14　钢筋加工棚与仓库

a）钢筋加工棚实物图　b）钢绞线存放仓库实景图

室、1 间资料室；功能室主要有力学室、标养室、混凝土室。

8）起吊设备安装。龙门吊基础施工完成且混凝土达到设备安装所需强度后，可进行门吊设备的安装。安装主要采用汽车吊配合人工进行。进行零部件吊装作业时应有专职司索工和指挥工作业，确保作业安全。门吊设备安装完成后必须进行调试与试运行，合格后方可投入使用（图 3-15）。

a）

b）

图 3-15 起重设备安装

a）提梁车吊装图 b）龙门吊安装图

9）养护系统布置。

①自动喷淋养护设施。自动喷淋养护系统包括存水池、压力泵、主出水管、支出水管、淋喷头以及薄膜、土工布等。

养护管道布置时考虑避免破坏，主管路埋置在纵向和横向排水沟底部，每排台座一端布置自动喷淋养护支管路，每个台座端部安装两个三通，作为喷淋管的接头。喷淋管采用塑料管，悬挂在T梁两侧的翼板钢筋上。淋喷管上安装两排喷头，一排喷顶板一排喷侧面。喷头间距1m，确保梁板的每个部位均能养护到位，尤其是翼缘板底面及横隔板部位（图3-16）。

图 3-16 自动喷淋装置

②蒸汽养护系统布置。蒸汽养护设施由蒸汽锅炉、蒸汽养护罩、蒸汽管道和监测仪器组成。蒸养罩采用轻型型钢框架和防水高密度无纺布组成。蒸汽主管采用*DN*80无缝钢管，支管采用*DN*50无缝钢管，蒸汽养护管在台座端部安装三通。布置与淋喷管道基本相同。蒸汽养护罩采用钢管棚上罩篷布（图3-17）。

a）

b）

图 3-17 蒸汽养护装置

a）蒸汽锅炉实物图 b）蒸汽养护实景图

10）验收与投产。梁场所有系统各设备安装完成后，应进行试运行，对于试运行中发现的问题进行分析，并及时整改，保证梁场全套系统的正常运行。梁场完成试运行，验收合格后方可交付使用（图 3-18）。

图 3-18　梁场实景

11）梁场拆除。梁场完成所有生产任务后，可以进行拆除作用。梁场各种机械设备有序拆除、外运；场内硬化基础应全部破除，产生的混凝土垃圾全部装车外运；场内的各类残余材料、垃圾需装车外运至指定地点存放；废水、油污、生活污水应进行无害化处理，不得随意倾倒或放任不管。

处于路基施工区内的梁场应将现场所有混凝土块以及残渣清理外运，保证路基回填施工的质量符合规范及设计图样要求。梁场拆除的后场地应达到施工前的环保程度，不得有垃圾与有害物存在。农业用地应满足农作物等生长条件要求（图 3-19）。

a）

b）

图 3-19　梁场拆除

a）龙门吊拆除　b）场地破除

2. 钢栈桥施工工艺要求

（1）工艺流程（图 3-20）。

（2）施工工艺及控制要点。

1）施工准备。

①技术准备。

a. 熟悉和分析施工现场的地质、水文资料，了解施工地地下地质构造与栈桥所在地水位潮汐变化，为桥梁设计提供指导性依据。

b. 根据施工地场地分布、交通状况以及施工作业方法，编制切实可行的施工方案。

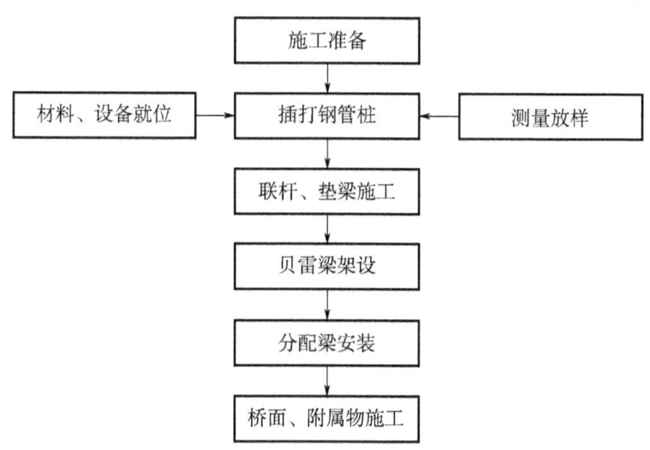

图 3-20　钢栈桥施工工艺流程

c. 根据施工图样中内容以及现场作业条件，确定合适的施工作业平台与作业设备。

d. 对于施工所用材料、设备进行检测、分析，确保满足栈桥使用要求。

②资源准备。

a. 劳动力组织。本工艺根据作业方法的不同可分为钓鱼法施工、浮吊船水上施工以及两种施工方法相接的方式。施工可以为单台设备作业，亦可为多台设备同时作业。因此其作业人员应根据作业面的多少实时调整。

施工所需作业人员如下：

管理人员：现场施工员、安全员、质检员等。

装配焊接人员：电焊工、装配工等。

运输作业人员：舟船司机、货车司机、装卸工等。

吊装作业人员：起吊设备司机、司索工、指挥员等。

b. 机械设备组织。施工所需机械设备如下（图 3-21）：

a）

b）

图 3-21　施工机械准备

a）振动锤　b）起重设备

作业平台：钢浮箱、机动舟等。

吊装、打桩设备：汽车吊、履带吊、浮吊、振动锤等。

运输设备：货车、运输船、拖船等。

焊接设备：电焊机、切割机、打磨机等。

辅助设备：发电机、潜水泵、变压器、千斤顶等。

③材料组织。所有成品、半成品需进行检验，合格方可投入施工。施工材料进场后需在指定地点进行存放、加工（图3-22）。

a）

b）

图3-22 施工材料准备

a）钢管准备 b）贝雷梁拼装

④现场准备。

a. 材料堆放、转运与陆地作业平台平整、硬化、排水等工作。完成临时电力布置，安全设施准备就绪。

b. 施工前对作业人员进行培训，技术和安全现场交底。使施工人员熟练掌握桩基础插打、栈桥结构吊装与焊接等相关技术。在现场管理中保持熟练操作工人的相对稳定。

c. 涉及的机械设备使用状态良好。

d. 测量人员根据栈桥设计图样，计算出每根钢管桩的坐标和标高，根据计算结果在湖岸边的控制点上设监测站，在钢管桩施工时进行实时监控测量，确保每根钢管桩定位准确，并做好施工测量记录。

e. 履带吊、浮吊作业平台及各种运输设备准备就绪。

2）基础施工。

①桥台施工。钢栈桥桥台施工工艺可参照桥梁墩台施工中桥台施工工艺。

②钢管桩基础施工。根据施工前计算好的钢管桩中心平面坐标，进行粗定位。使用履带吊或浮吊和振动锤进行施工。振动过程中对管桩纵横向的垂直度进行观测，并指挥起重设备司机前后、左右摆动以调整钢管桩的垂直度。当钢管桩进入湖床2～3m，其平面位置及垂直度基本不会发生变化后，可松开吊钩，让钢管桩在振动锤的作用下继续振入。当首节钢管桩顶露出水面约1.5m左右时，停止振入，移开振动锤进行钢管桩接长。钢管桩打设好后，测量放点后按照设计标高抄平，并在钢管桩上标记明确。

沉桩施工中的注意事项：

a. 钢管桩是施工过程中应严格控制桩顶标高，且钢管桩垂直度满足<1%的要求。

b. 钢管桩利用全站仪进行定位。

c. 插桩初入土时依靠自重下沉，及时检查位置，如在桩沉入初期（1～2m）发生较大倾斜，及时修正，或拔出重打。

d. 钢管桩平面位置偏差应按照现行《公路桥涵施工技术规范》JTG/T F50 的相关规定进行控制，具体规定见表 3-3。

表 3-3 钢管桩平面位置偏差

项目	桩位平面位置	桩顶标高	倾斜率
允许偏差	±30cm	±10cm	1%

e. 钢栈桥施工期间，确保做好水上施工安全标志（图 3-23）。

a）

b）

图 3-23 插打钢管桩
a）陆上插打钢管桩 b）水上插打钢管桩

③联接杆与垫梁施工。横联采用双拼槽钢进行联接。斜撑可采用 L100×8 角钢 X 形状双根桩进行连接，电弧焊进行施焊。施工前根据联杆设计尺寸对称焊接横、斜联。

在加工场内将 2 根工字钢电焊接成整体作为垫梁，采用起重设备进行安装，并用钢板焊接加固（图 3-24）。

a）

b）

图 3-24 联杆、垫梁施工
a）联接杆焊接 b）垫梁安装

3）桥体施工。

①贝雷梁安装。贝雷梁在架设前，应根据图样在加工场地拼接成相应长度的架体。在架设过程中，必须严格按照图样摆放贝雷，贝雷支撑点要正好布设在钢管桩中心，贝雷与工字钢面采用U形螺栓栓接。

在垫梁上设横向挡块，防止贝雷梁横向移位。将拼好的每组贝雷梁进行逐跨架设；两组贝雷梁之间上、下弦杆每3m设置一道水平及斜向联接，可采用L80×8角钢，角钢与贝雷之间用螺栓连接固定（图3-25）。

图3-25　贝雷梁吊装

②横、纵向分配梁安装。贝雷梁架设完成后，按照施工图样指定间距横向铺设分配梁（一般为工字钢），分配梁与贝雷之间采用骑马螺丝固定。在横向分配梁上沿顺桥向纵向分配梁（型号较小的工字钢）。

横向、纵向分配梁安装前应在按照设计图样上的横、纵向间距尺寸先进行量测，并在贝雷架和横向分配梁上做好标示。现场施工管理人员应对测量出来的间距进行逐个检查（图3-26）。

图3-26　分配梁焊接

4）桥面及附属结构施工。纵向分配梁安装完成后，铺放花纹钢板，钢板焊接在纵向分配梁上。钢板纵向分幅铺设，焊接采用间断焊，焊缝长度3cm，间距30cm，防止车辆行驶引起钢板反卷。

完成面板铺设后需及时进行两边安全护栏焊接，栈桥两侧均设置栏杆。护栏高1.2m，竖向可采用14号槽钢，横杆可采用ϕ48×3.5钢管，横杆设置3道。每1.5m设置一道竖杆焊接在桥面系横梁上。栈桥栏杆刷黄、黑相间油漆警示，以达到简洁美观的效果。为了行车安全在栏杆的内侧及边缘处沿纵桥向设置一道槽钢与横梁焊接（图3-27）。

5）其他注意事项。因为打桩时振动锤对桩身周围土在振捣导致土液化，土质对钢管桩摩阻力将大大减小，减少了对桩身的摩阻力。钢栈桥施工完工后停放三天后开始方可投入使用。

a)

b)

图 3-27 桥面与护栏施工
a) 桥面板施工 b) 护栏焊接

应定期对钢栈桥进行全方位的检查和保养，对破损、松动部位进行维修，以确保钢栈桥的使用安全。具体注意事项包括以下几点：

①钢栈桥运行期间，严格控制重型机械碾压与通行车辆的通行速度，减少对桥体的冲击。对水面通行船舶与作业设备进行隔离，防止桥体遭受撞击。

②在每根钢管桩上都设置沉降观测点，使用期间做好钢栈桥的监控测量。如出现相对沉降超限时，应停止使用，采取一些措施（如垫小钢板抬高贝雷梁，但应保证其与桁架和桩端横梁的连接）来减小相对沉降量。

6）钢栈桥拆除。栈桥使用期满后，进行钢栈桥的拆除工作。栈桥的拆除同钢栈桥的搭设工作顺序基本相反，依次拆除桥面附属设施、桥面板、型钢分配梁、贝雷、桩顶垫梁及钢管桩，拆除方法基本与搭设方法相同，但同时要注意的是在钢管桩基础拆除时，采用起重机配合振动沉拔桩机拆除（图 3-28）。

图 3-28 钢栈桥拆除

3. 混凝土拌和站施工工艺

（1）工艺流程（图 3-29）。

（2）施工工艺及控制要点。

1）施工准备。

①技术准备。

a. 熟悉和分析施工现场的地质、水文、交通资料，为拌和站选址提供可靠依据。使得拌和站接近施工现场，有现状道路作为运输道路，有丰富的可用水源，便于电力、网络的接入和站内积水的外排。同时拌和站选址地应力求地势平坦、承载力好，以降低场站建设中基础处理的成本。

b. 综合施工中混凝土的需求量、施工工期以及原材料供给等因素，确定混凝土的建站规模，确保拌和站的生产能力。

c. 根据拌和站的生产能力，编制拌和站的详细建设施工方案，对于拌和站各生产系统布局予以明确，确定各种机械设备型号、数量。

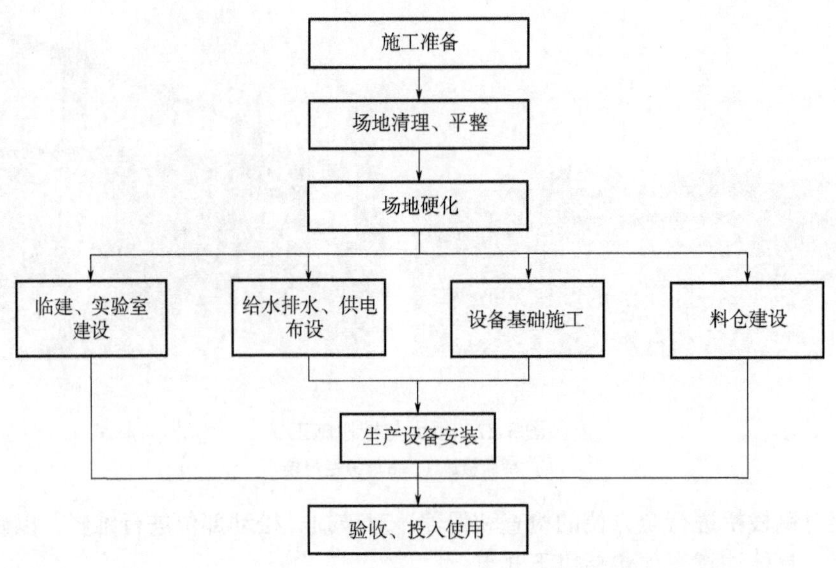

图 3-29 拌和站施工工艺流程

d. 对于施工所用材料、设备进行检测、分析，确保拌和站建设使用要求。

e. 施工开始前，对现场管理人员、施工班组进行安全、技术交底，确保施工的安全、质量。

2）资源准备。

①劳动力组织。本工艺根据作业方法的不同可分为钓鱼法施工、浮吊船水上施工以及两种施工方法相接的方式。施工可以为单台设备作业，亦可为多台设备同时作业。因此其作业人员应根据作业面的多少实时调整。

施工所需作业人员如下：

管理人员：现场施工员、安全员、质检员、实验员等。

基础施工：钢筋工、模板工、混凝土工、普工等。

吊装作业人员：起吊设备司机、司索工、指挥员等。

设备安装：水电工、装配工、焊工等。

②机械设备组织。施工所需机械设备如下：

土方作业设备：挖掘机、推土机、压路机、运输车等。

吊装设备：汽车吊、电焊机等。

结构施工设备：钢筋弯曲机、钢筋切断机、电焊机、圆盘锯、混凝土振捣棒等。

辅助设备：发电机、潜水泵、变压器、千斤顶等。

拌和站生产所需机械设备如表 3-4 所示。

表 3-4 拌和站机械设备（两条生产线）

机械名称	单位	数量	用途	备注
ZL50 装载机		2	上料	
25t 汽车吊	台	1	安装设备	
JS1500B		2	混凝土集中拌和	
电脑配料机	台	2	配料	

（续）

机械名称	单位	数量	用途	备注
挖机		2	场地修整	
水泥罐	个	5	存储水泥	
粉煤灰罐	个	2	存储粉煤灰	
矿粉罐	个	2	存矿粉	
混凝土运输车	台	4	混凝土运输	
空气压缩机	台	2	加气装置	
水泵	台	2		
150kW 发电机	台	1	混凝土拌和站作备用电源	

试验检测所需设备见表3-5。

表3-5 试验检测设备

设备名称		型号产地	单位	数量	备注
试验、检测设备测量仪器	水泥标准养护箱	SHBY-40A1			
	水泥混凝土振实台	ZS-15	台	1	
	水泥胶砂耐磨性试验机	TMS-04	台	1	
	水泥胶砂流动度测定仪	NLD-2	台	1	
	标养室自动控制仪	BTS-Ⅱ	台	1	
	混凝土拌合物含气量测定仪	HC-7L	台	1	
	混凝土拌合物维勃稠度仪	VBR-Ⅰ	台	1	
	混凝土贯入阻力测定仪	HG-80	台	1	
	数显回弹仪	ZBL-S210	台	1	
	抗折抗压试验机	KZY-300	台	1	
	水泥安定性测定仪		台	1	
	标准砂石筛	$\phi30$	套	1	
	石子压碎值试验仪		台	1	
	混凝土坍落度筒		台	3	
	混凝土抗压试模	150×150×150	个	90	
	混凝土抗折试模	550×150×150	个	50	
	恒温干燥箱	101-A	台	1	
	架盘天平	感量0.2g	台	1	
	架盘天平	感量0.1g	台	1	
	电子天平	感量0.01g	台	1	
	回弹模量测定仪		台	1	
	全站仪		台	1	
	水准仪		台	2	

③材料组织。所有建站所用原材料钢筋、砂石料需经过检验，混凝土通过配合比验证，

生产系统中各机械设备均具备出厂合格证且性能满足生产要求。

3）现场准备。

①施工前，测量人员根据设计图样，准确定位出拌和站用地红线以及各个分系统的分布区位。根据测量放样结果，完成施工现场打围，做好交通引导提示。

②现场无合适的现状道路作为车辆进出通道时，应首先完成施工便道的修建，满足拌和站建设与后期生产的交通通行需求。

③拌和站建设开始前做好与当地通信网络、电力、给水等单位的协调工作，确保施工时网络、电力、用水的顺利接入。

④施工前对作业人员进行培训，技术和安全现场交底。使施工人员熟练掌握桩基础插打、栈桥结构吊装与焊接等相关技术。在现场管理中保持熟练操作工人的相对稳定。

⑤施工所需机械准备就位，且使用状态良好。

4）基础施工工艺。

①场地清表、平整。

a. 完成施工区内的场地清理与平整工作（图3-30）。河道、水塘等积淤地段应进行清淤换填或化学固化等加固处理，填方地段的回填应分层进行，压实度满足后设备作业与车辆通行的需求。

b. 如拌和站位于路基施工区内，地基处理应按照路基施工的相关标准、规范进行。

c. 严格控制场地横纵坡度，确保设备安装、运行以及运输车辆的正常作业通行。

d. 做好站内外的排水设施施工，确保场区内积水顺利外排、场外积水进入场内，保证地基的稳定性。

e. 进行地基处理时，做好给水、排水、通信、电力等管线设备的预埋工作。

图3-30　场地平整

②场地硬化。拌和站内所有场地进行硬化。其中一般场地用10cm厚C20混凝土进行硬化处理；场内行车道路采用20cm厚C30混凝土进行硬化处理；料仓基础采用10cm厚C20混凝土进行硬化处理。硬化后的场地应有适当的纵横坡，边路场地积水的排出（图3-31）。

③设备基础施工工艺。施工前，对水泥罐、粉煤灰罐、搅拌机系统进行尺寸、结构、重量调查统计，分析出其基础受力状况。严格按照相关技术规范进行基础的设计，确保基础受力满足施工要求。

a. 基础开挖。场平完成后，对基础进行测量放样，确定基坑开挖线和开挖深度。人工配合机械开挖至设计深度，并作承载力检测。如果承载力不满足规范要求，对地基采取相应

图 3-31　场地硬化

的处理措施。

b. 钢筋制作、绑扎与预埋件安装。钢筋在加工场制作成型，运到现场后按照设计要求安装。测量定位出预埋件（预埋螺栓、钢板等）的预埋位置与预埋高度，完成预埋件的安装。

c. 模板安装。基础模板采用优质木模板，并采用钢管与对拉螺杆进行加固支撑。

d. 混凝土浇筑。混凝土浇筑时采用插入式振捣棒振捣密实，浇筑完成后及时覆盖，派专人洒水养护。混凝土强度达到要求时方可进行上部设备的安装。

e. 防止基础不均匀沉降措施。加强质量意识，严格控制地基处理、混凝土浇筑工序，确保施工质量。

浇筑混凝土前，用水准仪控制混凝土顶面标高，并适当加密高程控制点。

设备安装使用过程中，布设水准点高程监控网，密切监测基础的沉降，发现沉降变化异常或不均匀沉降加剧的情况及时采取措施。

建立完善的排水设施，防止基础积水，影响基础的稳定性，引起不均匀沉降（图 3-32）。

a）

b）

图 3-32　基础施工

a）基础开挖　b）基础施工完成后养护

5）临水、临电施工工艺。生活以及生产用水根据现场可用资源灵活选用。场区内应布设管道，并安装自动喷洒降尘设备，并设置蓄水池。

通过配置变压器引入高压电满足拌和站生产、生活用电需求，变压器的具体型号与数量由现场用电需求确定。高压线路就近接入，从变压器配电室引出多条低压线至生活和生产工区，同时配备柴油发电机作为临时施工供电（图 3-33）。

a）

b）

图 3-33 供电设备布置

a）配电箱布置图 b）柴油发电机实物图

6）排水系统施工。沿梁场四周布设排水沟，将雨水引流至附近河道、水塘或现状排水管道。考虑到清洗拌和机后的水中含污成分较大，排水沟设置尽可能的方便清理，所以排水沟宽为 80cm、深 50cm 上设配筋盖板。污水先排到一级沉淀池中沉淀后进入二级沉淀池沉淀，再通过三级沉淀池沉淀后循环利用，以节约水资源。场地采用中间高、两边低及纵向、横向明沟排水的原则进行，面层排水坡度为 1.5%。

沉淀池平立面设计图如图 3-34 所示。

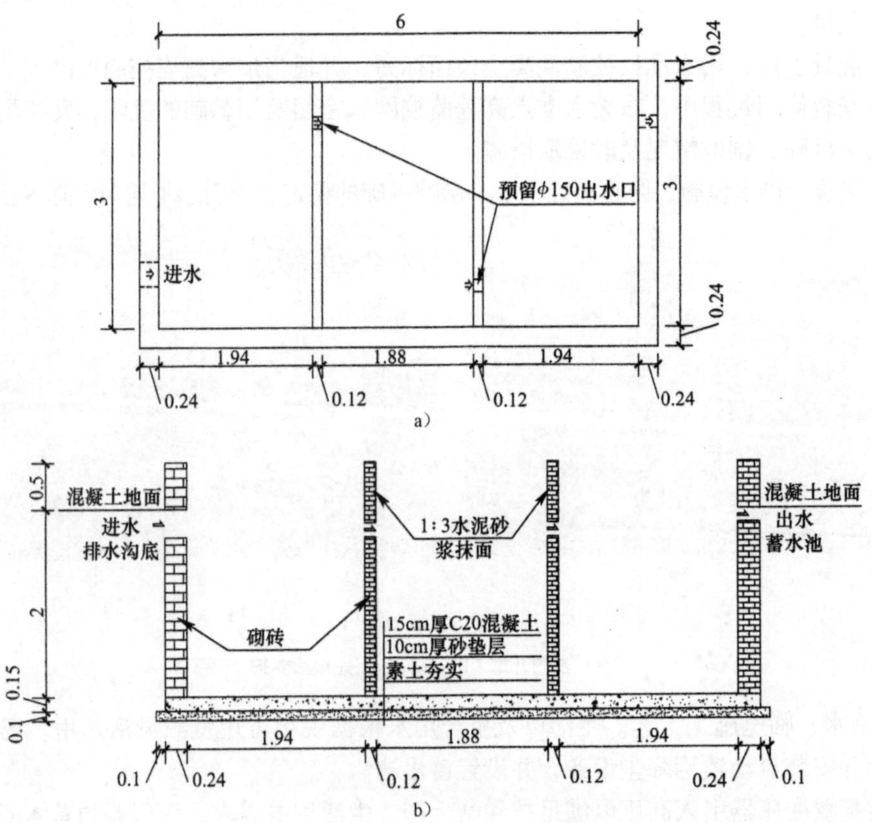

图 3-34 沉淀池平立面设计图

a）沉淀池平面图 b）沉淀池立面图

7）料仓施工工艺。砂石料实行分仓、分区存放，共设置4个存料仓，分别为：粗骨料仓、细骨料仓、砂子仓、外加剂仓。砂石料仓之间采用圬工浆砌分隔，墙宽0.4m，高2.0m，水泥砂浆抹面，料仓进口端头处设10cm高挡水台；外加剂采用单独仓库存放，仓库使用类似钢筋加工场所用角钢骨架、彩钢板墙面。存料仓采用牢固的棚架进行遮挡防护，达到遮阳、防雨、防尘等目的，架设遮挡防护棚架要选择具有相关资质的厂家设计、安装。

此外，在粗骨料仓附近安装粗骨料水洗设备一碎石水洗机，专门用于粗骨料的水洗。防止砂石料含泥量超标，确保砂石料各项指标满足施工需要（图3-35）。

a）

b）

图3-35　料仓建设

a）料仓实景图　b）洗石机实物图

基础与水电接入施工完成后，可组织设备、人员进行生产系统各种设备的安装。设备的安装应在厂家技术人员的指导下进行，安装精度需满足生产及安全要求（图3-36）。

a）

b）

图3-36　料罐安装

a）主机吊装　b）水泥罐吊装

8）临建设施建设。临建区主要包括项目管理人员办公、生活区和工人生活区、车辆停放保养区、实验室等。办公生活区房屋采用防火型活动板房，实验室设置单独的标养间。临建布置应满足生产管理需要，并满足安全、环保等要求。

9）验收与投产。拌和站所有系统各设备安装完成后，应进行试运行，对于试运行中发现的问题进行分析，并及时整改，保证梁场全套系统的正常运行。同时各强度等级混凝土、砂浆等配合比满足规范要求。试运行验收合格后即可投入生产。

10）拌和站拆除。所有生产任务完成后，可以对拌和站进行拆除作用。各种机械设备按操作流程规范有序拆除、外运；场内硬化基础应全部破除，产生的混凝土垃圾全部装车外运；场内的各类残余材料、垃圾需装车外运至指定地点存放；废水、油污、生活污水应进行无害坏处理，不得随意倾倒或放任不管。

处于路基施工区内的拌和站应将现场所有混凝土块以及残渣清理外运，保证路基回填施工的质量符合规范及设计图样要求。梁场拆除的后场地应达到施工前的环保程度，不得有垃圾与有害物存在。建在农业用地的拌和站，拆除后应满足农作物等生长条件要求（图3-37）。

a）

b）

图3-37　拌和站拆除

a）设备拆除　b）场地破除

第二节　桥梁的组成与分类

一、桥梁基本组成

桥梁一般由上部结构、下部结构和附属结构三个部分组成（表3-6）。

表3-6　桥梁组成部分

上部结构	桥跨结构、支座系统
下部结构	桥墩、桥台、墩台基础
附属结构	桥面系、伸缩缝、桥头搭板、锥坡、护岸和导流结构物等

梁桥和拱桥是桥梁最常用的结构形式，如图3-38和图3-39所示。

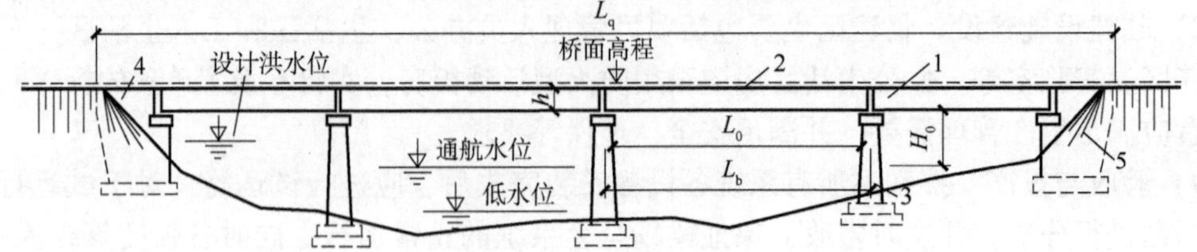

图3-38　梁桥基本组成

1—主梁　2—桥面　3—桥墩　4—桥台　5—锥坡

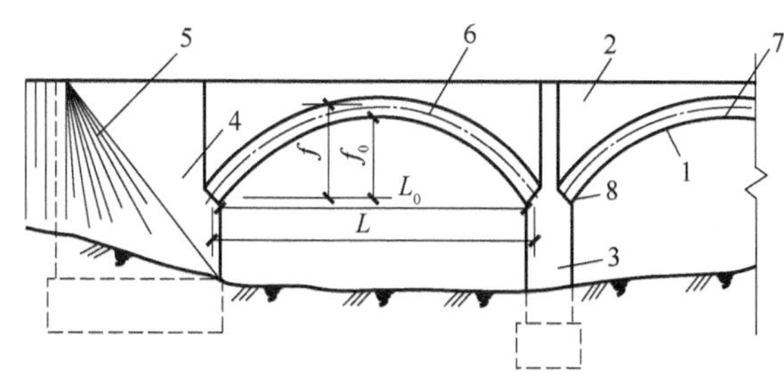

图 3-39 拱桥基本组成

1—拱圈 2—拱上建筑 3—桥墩 4—桥台 5—锥坡 6—拱轴线 7—拱顶 8—拱脚

1. 上部结构

上部结构是指位于支座以上的部分，又称桥跨结构，指桥梁中直接承受车辆荷载作用并传递给墩台的架空的主体结构部分。

桥跨结构的形式多样。对梁桥而言，其主体结构是梁；对拱桥而言，其主体结构是拱；对悬索桥而言，其主体结构是缆。

2. 下部结构

下部结构是指位于支座以下的部分，也称支承结构。它包括桥墩、桥台以及墩台的基础，是支承上部结构、向下传递荷载的结构物。桥梁墩台的布置是与桥跨结构相对应的。桥台设在桥跨结构的两端，桥墩则分设在两桥台之间。桥台除起到支承和传力作用外，还起到与路堤衔接、防止路堤滑塌的作用。为此，通常需在桥台周围设置锥坡。墩台基础是承受由上至下的全部荷载（包括车辆荷载和结构重力）并将其传递给地基的结构物，它通常埋入土层之中或建筑在基岩之上，时常需要在水中施工。

3. 附属结构

桥梁的附属结构，包括桥面系、伸缩缝、桥头搭板和锥坡等。桥面系包括桥面铺装、排水设施、护栏、中央分隔带、人行道、栏杆、灯柱、标志标线等；伸缩缝是保证桥跨结构在温度变化时能自由伸缩并使车辆平稳通过的桥梁断开装置，一般设置在两岸桥台和某几个墩顶的桥面部位，横向贯通；桥头搭板设置于路基与桥台连接处，其作用是防止路与桥产生不均匀沉降而导致桥头跳车；锥坡设置在桥台两侧，使路基和桥梁顺接，诱导水流顺畅通过桥孔，防止洪水冲刷桥台和路基。

除此以外，有些桥梁根据需要还要修筑护岸、导流结构物和景观灯饰等附属结构。

河流中的水位是变动的，在枯水季节的最低水位称为低水位；洪峰季节河流中的最高水位称为高水位。桥梁设计中按规定的设计洪水频率计算所得的高水位，称为设计洪水位。对于通航河道，尚需确定通航水位（设计通航水位）。通航水位，包括设计最高通航水位和设计最低通航水位，是各级航道代表性船舶对正常运行的航道维护管理和有关工程建筑物的水位设计的依据。

二、桥梁的有关术语

结合图 3-38 和图 3-39，下面介绍一些与桥梁布置和结构有关的主要尺寸和术语名称。

1. 净跨径

对于梁式桥，是指设计洪水位上相邻两个桥墩（或桥台）之间的净距，用 L_0 表示

（图3-38）；对于拱式桥，是指每孔拱跨两个拱脚截面最低点之间的水平距离（图3-39）。

2. 计算跨径

对于具有支座的梁桥，是指桥跨结构相邻两个支座中心之间的距离。对于图3-39所示拱式桥，是两相邻拱脚截面形心点之间的水平距离，用L表示。因为拱圈（或拱肋）各截面形心点的连线称为拱轴线，故也就是拱轴线两端点之间的水平距离。

3. 标准跨径

对于梁式桥是两桥墩中线间距离或桥墩中线与台背前缘的间距，用L_b表示。当跨径在50m以下时，通常采用标准跨径设计，从0.75～50m，共21级，分别为0.75m、1.0m、1.25m、1.5m、2.0m、2.5m、3.0m、4.0m、5.0m、6.0m、8.0m、10m、13m、16m、20m、25m、30m、35m、40m、45m、50m，常用的为10m、16m、20m、40m等。

4. 总跨径

总跨径是多孔桥梁中各孔净跨径的总和，也称桥梁孔径，它反映了桥下宣泄洪水的能力。

5. 桥梁全长（简称桥长）

有桥台的桥梁为两岸桥台侧墙或八字墙尾端间的距离，无桥台的桥梁为桥面系长度，用L_q表示（图3-38）。它反映了桥梁工程的长度规模。

6. 桥梁高度

桥梁高度简称桥高，是指桥面与低水位之间的高差，或为桥面与桥下路线路面之间的距离。桥高在某种程度上反映桥梁施工的难易性。

7. 桥下净空高度

桥下净空高度是指计算洪水位或设计通航水位至桥跨结构最下缘之间的垂直距离，应保证能安全排泄洪水，并不得小于对该河流通航所规定的净空高度。桥下净空高度应符合《公路桥涵设计通用规范》（JTG D60—2015）的规定。

8. 建筑高度

建筑高度是指桥上行车道路面至桥跨结构最下缘之间的距离。容许建筑高度是指公路定线中所确定的桥面高程与通航净空顶部高程之差。

9. 矢高和矢跨比

拱桥拱顶截面下缘至相邻两拱脚截面下缘最低点之连线的垂直距离，称为净矢高，用f_0表示（图3-39）；从拱顶截面形心至拱脚截面形心之连线的垂直距离，称为计算矢高，用f表示（图3-39）。计算矢高与计算跨径之比（f/L）称为拱圈的矢跨比（或称拱矢度），是反映拱桥受力特性的一个重要指标。

三、桥梁的分类

1. 按桥梁受力结构的体系分类

按桥梁受力结构体系的不同，可分为梁式桥、拱桥、刚架桥、悬索桥、组合体系桥等类型。

（1）梁式桥。梁式桥简称梁桥，按受力图式可分为简支梁桥、连续梁桥和悬臂梁桥。其主要承重构件是梁（板），在竖向荷载作用下无水平反力，桥跨结构主要承受弯矩作用，墩台和基础承受竖向力作用。

①简支梁桥。如图3-40所示，一般采用一个固定支座和一个活动支座，将梁支撑在墩

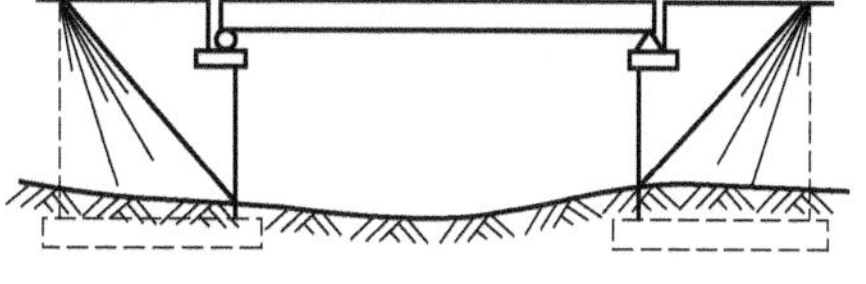
图 3-40　简支梁桥

台上，梁身承受正弯矩。每一片梁与桥墩或桥台组成一个桥跨，相邻桥跨之间没有受力关系。简支梁桥属静定结构，相邻桥孔各自单独受力，是公路上最常用的桥梁结构形式。垂直荷载作用下支座处弯矩为零，最大弯矩在跨中，一般适用于中、小跨径。它可以预先分段制造，分跨架设。该类桥的缺点为整体性较差，并有较多伸缩缝，影响车辆平稳行驶。

②连续梁桥。如图 3-41 所示，由几跨梁连接成一个整体，即形成一联，每联由一个固定支座和几个活动支座将梁支撑在墩台上。连续梁桥属于超静定结构，梁身中部受正弯矩，每个支座处受负弯矩。荷载作用下支点截面产生的负弯矩显著减小了跨中截面的正弯矩，不仅可减小跨中的建筑高度，而且能节省钢筋混凝土数量。连续梁桥整体性强，该类桥最大的缺点是对基础沉降要求严格，严重时可导致梁断裂，甚至破坏。

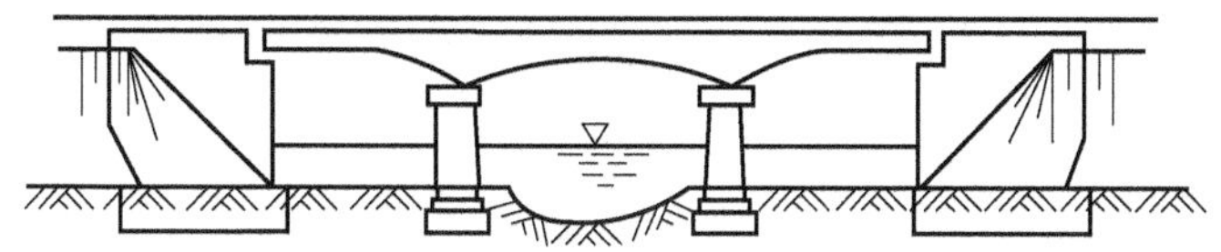
图 3-41　连续梁桥

③悬臂梁桥。如图 3-42 所示，其主体是长度超出跨径的悬臂结构。仅一端悬出者称为单悬臂梁，两端均悬出者称为双悬臂梁。对于较长的桥，还可以借助简支的挂梁与悬臂梁一起组合成多孔桥。由于悬臂根部产生的负弯矩减小了跨中正弯矩，所以可节省材料用量。悬臂梁桥属于静定结构，墩台的不均匀沉降不会在梁内引起附加内力。

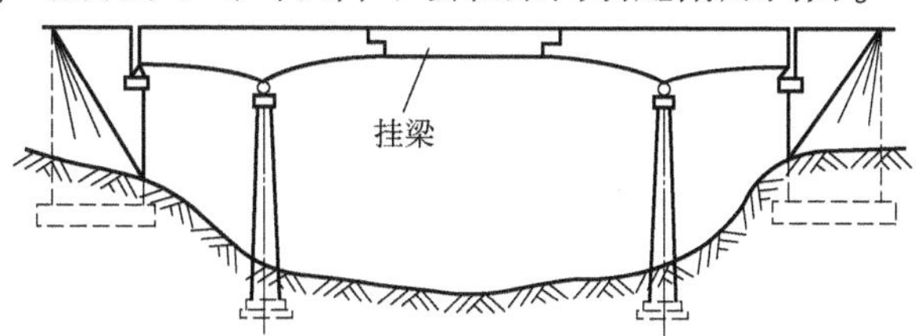

图 3-42　悬臂梁桥

（2）拱桥。拱桥主要承重结构是拱圈。其主要受力特征是在竖直荷载作用下支座有竖向反力和水平反力（拱脚推力）。拱圈内力以压力为主、弯矩为辅，可采用抗压能力强的石料、混凝土等圬工材料来修建。拱桥跨越能力较大，外形美观，造价相对较低，但建筑高度大，对地基和基础的要求高。按主拱圈之上有无腹拱，分为实腹式和空腹式两种。按桥面与主拱圈的相对位置，拱桥又分为上承式、中承式和下承式。图 3-43 为上承式实腹拱桥，图 3-44 为中承式拱桥。

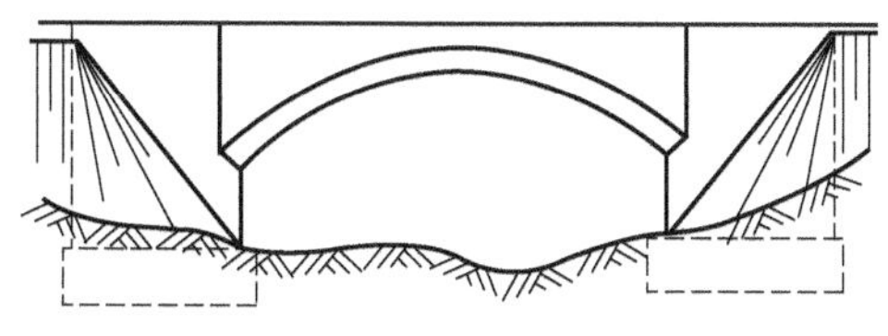
图 3-43　上承式实腹拱桥

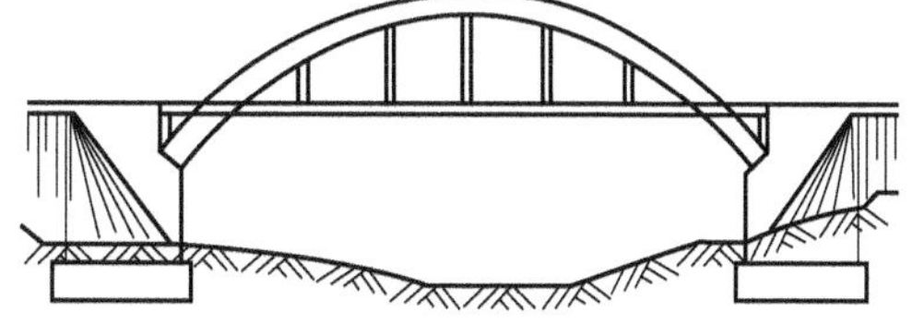
图 3-44　中承式拱桥

（3）刚架桥。刚架桥也称刚构桥，其上部结构与桥墩刚性连接成一整体。在竖向荷载作用下，跨中产生正弯矩，上部结构与桥墩固结处为负弯矩，桥墩不仅受轴向力作用，还要承受弯矩和剪力。其受力状态介于梁桥与拱桥之间。刚架分直腿刚架与斜腿刚架。图 3-45 为直腿刚架桥，图 3-46 为斜腿刚架桥。

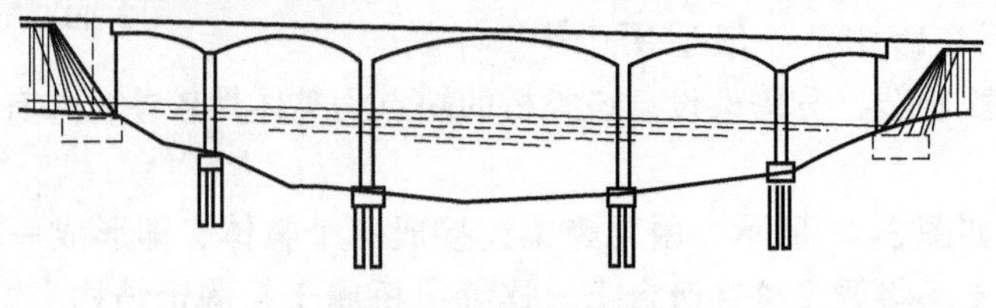

图 3-45　直腿刚架桥

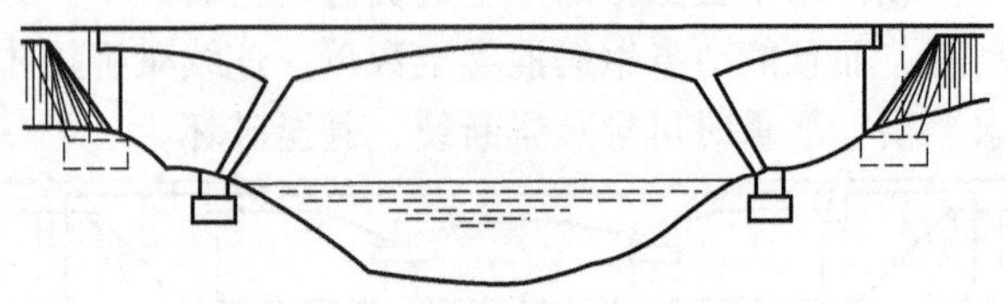

图 3-46　斜腿刚架桥

（4）悬索桥。悬索桥又称吊桥，主要由桥塔、锚碇、主缆、吊索、加劲梁及鞍座等部分组成，如图 3-47 所示。吊索将主梁和车辆的重力传递给主缆，桥塔将主缆支起，主缆承受拉力，并被桥两端的锚碇锚固。桥塔承受主缆的传力，主要受轴向压力，并传递给基础。悬索桥结构受力性能好，其轻盈悦目的曲线线形和强大的跨越能力深受人们欢迎。

悬索桥造价高，施工工艺复杂，不宜在低等级公路和中小型河流上使用。

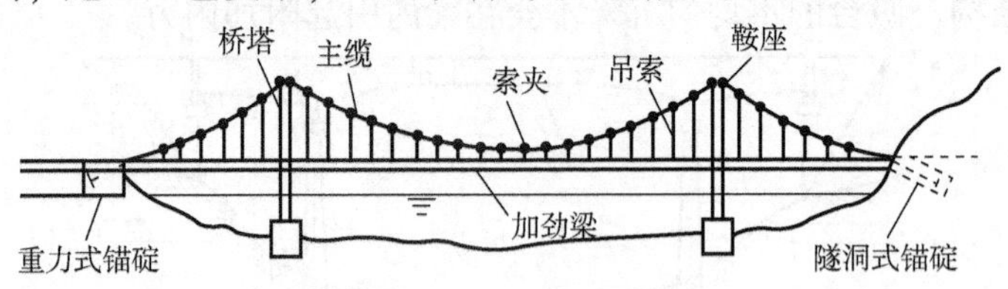

图 3-47　悬索桥

（5）组合体系桥。

①斜拉桥。如图 3-48 所示，由塔柱、斜索和主梁组成，用高强钢材制成的斜索将主梁多点吊起，并将主梁的荷载传至塔柱，再通过塔柱传至基础及地基。由于其轻巧优美、挺拔舒展的形象，也经常用于城市桥梁和城镇景观桥梁，但其施工复杂，造价较高。

②梁、拱组合体系桥。如图 3-49 所示，这类体系有系杆拱、桁架拱、多跨拱梁结构等，它们是利用梁的受弯与拱的承压特点组成的联合结构。其中梁和拱都是主要承重构件，两者相互配合共同受力。

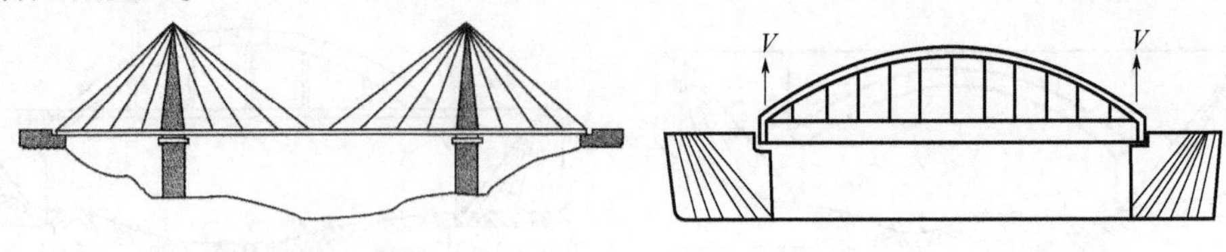

图 3-48　斜拉桥　　　图 3-49　系杆拱桥

2. 按桥梁全长和跨径不同分类

按桥梁全长和跨径的不同，桥梁分类见表3-7。

表3-7　桥梁涵洞分类　（单位：m）

桥涵分类	多孔跨径总长 L	单孔跨径 L_K
特大桥	$L>1\,000$	$L_K>150$
大桥	$100\leqslant L\leqslant 1000$	$40\leqslant L_K\leqslant 150$
中桥	$30<L<100$	$20\leqslant L_K<40$
小桥	$8\leqslant L\leqslant 30$	$5\leqslant L_K<20$
涵洞	—	$L_K<5$

3. 按桥梁主要承重结构所用材料分类

按桥梁主要承重结构所用材料的不同，可分为圬工桥（包括砖、石、混凝土桥）、钢筋混凝土桥、预应力混凝土桥、钢桥和木桥等。木桥一般只用作临时性桥梁；圬工桥多用作小跨度桥（小于20m）；有时还会采用钢梁和混凝土桥面板共同受力的结合梁桥。

4. 按桥梁上部结构的行车道位置分类

按桥梁上部结构行车道位置的不同，可分为上承式桥、中承式桥和下承式桥。

5. 按桥梁跨越障碍物的性质分类

按桥梁跨越障碍性质的不同，可分为跨河桥、跨线桥（立体交叉）、高架桥和栈桥。高架桥一般是指跨越深沟峡谷以替代高路堤的桥梁，以及城市桥梁中跨越道路的桥梁。栈桥在土木工程中，一般是指为运输材料、设备、人员而修建的临时桥梁设施。

6. 按桥梁用途分类

按桥梁用途的不同，可分为公路桥、铁路桥、公路铁路两用桥、农桥、人行桥、运水桥（渡槽）及其他专用桥梁（如通过管路、电缆等）。

7. 按桥梁是否固定分类

按桥梁是否固定，可分为固定桥、活动桥（又称开启桥或开合桥）和浮桥。浮桥随水位升降，多为临时性桥梁；当河道两岸不容许修建较高的路堤，而桥下通航又需要保持必要的净空高度时，可建造活动桥。活动桥水陆交通互相干扰，养护又困难，只有在特殊情况下采用，其开启方式可以是平转、立转或升降。

第三节　桥梁的构造与识图

一、桥面组成与布置

1. 桥面的组成

公路桥面构造，包括桥面铺装、防水排水系统、人行道（或安全带）、路缘石、栏杆、灯柱和伸缩装置等。公路桥面一般构造如图3-50所示。

2. 桥面的布置

桥面的布置，应在桥梁的总体设计中考虑，它根据道路等级、桥梁宽度、行车要求等条

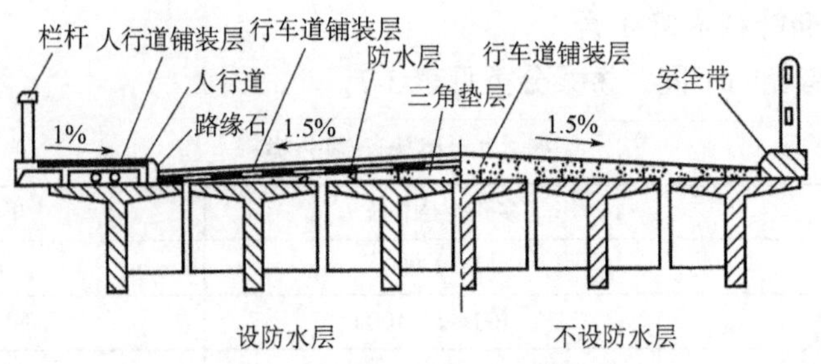

图 3-50　公路桥面一般构造

件确定。对钢筋混凝土和预应力混凝土梁式桥，其桥面布置形式有双向车道布置、分车道布置和双层桥面布置等。

（1）双向车道布置。双向车道布置是指行车道的上下行交通布置在同一桥面上，采用画线作为分隔标记，而不设置分隔设施，分隔界限不明显。由于在桥梁上同时存在上下行车辆和机动车与非机动车，因此，交通相互干扰大，行车速度受到限制，对交通量较大的道路，还往往会造成交通滞流状态。

（2）分车道布置。分车道布置是指将行车道的上下行交通通过分隔设施进行分隔设置。显然，采用这种布置方式，上下行交通互不干扰，可提高行车速度，有效防止交通事故的发生，便于交通管理。但是在桥面布置上要增加一些分隔设施，桥面宽度相应的要加宽些。

（3）双层桥面布置。双层桥面布置在空间上可以提供两个不在同一平面上的桥面结构。这种布置形式大多用于钢桥中，因为钢桥受力明确，构造上也较易处理。在混凝土梁桥中采用双层桥面布置的情况很少。图 3-51 为某公铁两用桥桥面布置图。

3. 桥面铺装及防排水结构

（1）桥面铺装。

1）桥面铺装作用和要求。公路桥面铺装（也称行车道铺装，或称桥面保护层），是车轮直接作用的部分。桥面铺装的作用：防止车辆轮胎直接磨耗属于承重结构的行车道板（即主梁上翼缘），保护主梁免受雨水侵蚀，并对车辆轮重的集中荷载起到一定的扩散作用。因此，对桥面铺装材料，要求有一定的强度，不易开裂，并耐磨。

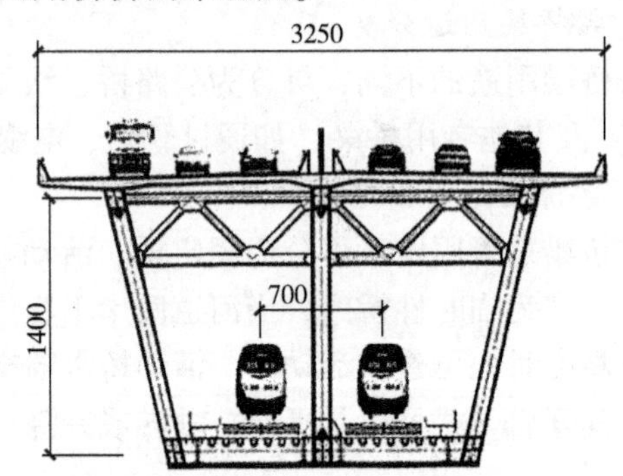

图 3-51　某公铁两用桥桥面布置图（尺寸单位：cm）

2）常见类型。桥面铺装常见类型有水泥、沥青混凝土和碎（砾）石、沥青表面处治等。水泥混凝土和沥青混凝土桥面铺装能满足各项要求，应用广泛。但碎（砾）石和沥青表面处治桥面铺装耐久性较差，仅在较低等级的公路桥梁上使用。本文主要介绍前两种类型。

①水泥混凝土桥面铺装。水泥混凝土铺装的特点是造价低，耐磨性能好，适合重载交通，但养生期长，日后修补比较麻烦。为使铺装层具有足够的强度和良好的整体性（能起联系各主梁共同受力的作用），铺装层内还应配置直径不小于 8mm、间距不大于 100mm 的双向钢筋网。水泥混凝土桥面铺装应设伸缩缝以避免产生开裂，纵向每个车道设置一道，横

向每 3 ~5m 设置一道。

②沥青混凝土桥面铺装。沥青混凝土铺装的特点是质量较轻，维修养护方便，通车速度快，但易老化和变形。沥青混凝土桥面铺装由黏结层、防水层及沥青表面层组成。高速公路和一、二级公路上桥梁的沥青混凝土桥面铺装层厚度不宜小于 70mm，二级以下公路桥梁的沥青混凝土桥面铺装层厚度不宜小于 50mm。沥青混凝土桥面铺装尚应符合现行《公路沥青路面设计规范》（JTG D50）的有关规定。

（2）桥面防水。钢筋混凝土结构，不宜经受时而湿润、时而干晒的气候的交替作用。湿润后的水分如接着因严寒而结冰，则更有害，因为渗入混凝土孔隙内的水分，在结冰时会导致混凝土发生破坏，而且水分侵袭也会使钢筋锈蚀，因此，桥面需要防水。

桥面的防水主要由防水层来完成。防水层的作用是将透过铺装层渗下的雨水汇集于排水系统（泄水管）而排出。《公路桥涵设计通用规范》（JTG D60—2015）规定，桥面铺装要设置防水层。防水层要求不透水，有较高的强度、弹性和韧性，耐高温、低温，耐腐蚀和老化，与沥青混凝土和水泥混凝土的亲和性好，施工安全、简便、快速。

防水层应采用便于施工、坚固耐久、质量稳定的防水材料。常用的防水层有以下三种类型：

1）沥青涂胶下封层，即首先洒布薄层沥青或改性沥青，其上再撒布一层砂子，然后经反复碾压形成。

2）涂刷高分子聚合物涂料，如聚氨酯胶泥，环氧树脂、阳离子乳化沥青、氯丁胶乳等高分子聚合物涂料。高分子聚合物涂料不但具有优异的弹塑性、耐热性和黏结性，而且具有与石油沥青制品良好的亲和性，能适应沥青混凝土在高温条件下施工。由于其施工简单方便，安全无污染，近年来得到广泛的使用，已成为各类大中型桥梁桥面防水施工的专用涂料。

3）铺装沥青或改性沥青防水卷材，以及浸渍沥青的无纺土工布等。沥青防水卷材用做防水层，造价高，施工麻烦费时。为了增强其抗裂性，可在其上的混凝土铺装层或垫层内铺设钢筋网。图 3-52 是不同桥梁结构的桥面防水层。

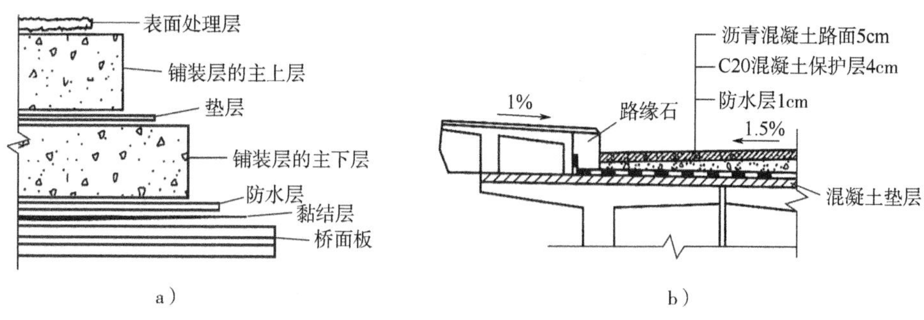

图 3-52 桥梁桥面防水层

a）钢桥桥面防水层 b）公路桥面防水层

（3）桥面排水系统。为防止雨水滞积于桥面并渗入梁体而影响桥梁的耐久性，除在桥面铺装内设置防水层外，还应使桥上的雨水迅速排出桥外。为此，需要设计一个完整的排水系统。排水系统主要由设置桥面纵横坡及一定数量的泄水管等组成。

通常，当桥面纵坡大于 2%，而桥长小于 50m 时，一般雨水可流至桥头从引道上排除，桥上就可以不设专门的泄水管。此时，为避免雨水冲刷引道路基，可在桥头引道的两侧设置流水槽。

当桥面纵坡大于2%，但桥长超过50m时，为防止雨水滞积，桥面上宜每隔12～15m设置一个泄水管；当桥面纵坡小于2%，泄水管就需要设置得更密一些，一般每隔6～8m设置一个。

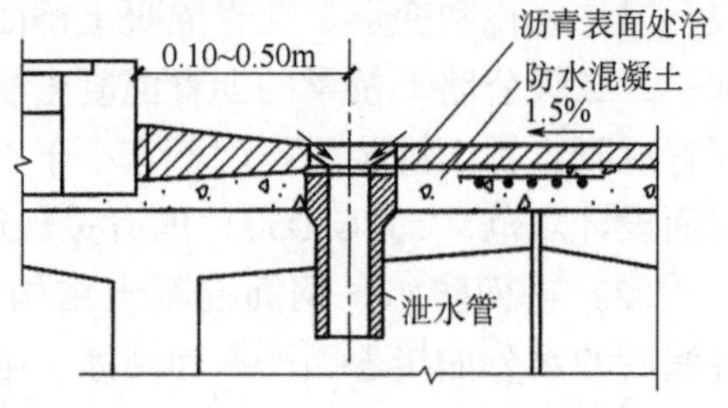

图3-53　泄水管布置于行车道边缘

梁式桥上常用的泄水管布置在行车道的边缘处，离路缘石的距离为0.10～0.50m（图3-53），桥面水流入泄水管后直接向下排放。也可将泄水管布置在人行道下面（图3-54），桥面水通过设在路缘石或人行道构件侧面的进水孔流入泄水管。泄水管下端应伸出行车道板底面以下0.15～0.20m，以防止浸湿桥面板。管道与防水层紧密结合，以便防水层上的渗水能通过泄水管道排出桥外。

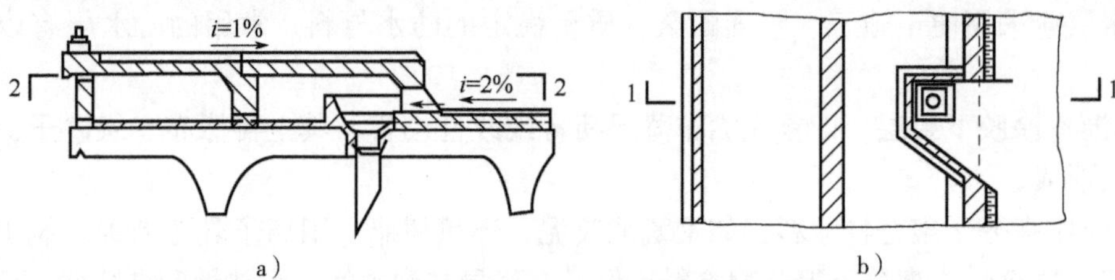

图3-54　泄水管布置图

a）1—1剖面　b）2—2剖面

对于不设人行道的小桥，可以直接在行车道两侧的安全带或缘石上预留横向孔道，用铁管或竹管将水排出桥外，管口要伸出桥20～30mm，以便滴水，但这种做法因孔道坡度较缓易于阻塞。

对于跨越公路、铁路、通航河流的桥梁以及城市桥梁，为保证桥下行车、行人安全及公共卫生的需要，应像建筑物那样设置封闭式的排水系统，将流入泄水管中的雨水汇集到纵向排水管（或排水槽）内，并通过设在墩台处的竖向排水管（落水管）流入地面排水设施或河流中。当桥长较短时，纵向排水管的出水口可以设在桥梁两端的桥台处；对于长大桥，除在桥台处设置出水口外，还需在某些桥墩处布出水口，并利用竖向管道将水引到地面。为了不影响桥梁立面的美观，纵向排水管道一般可设在箱梁中或梁肋内侧。竖向排水管道应尽可能布置在墩台壁的预留槽中，或者布置在墩台内部预留的孔道中。

泄水管材料，一般采用铸铁、钢材、钢筋混凝土及塑料（聚氯乙烯PVC或聚乙烯PE）等。由于钢筋混凝土泄水管道制作麻烦，目前已很少采用。而塑料管则以其优越的性能在当前工程中得到越来越广泛的使用。泄水管的内径一般为0.10～0.15m，管口顶部采用金属格栅盖板。排水槽宜采用铝质或钢质材料，也可采用水泥混凝土预制件，其横截面为矩形或U形，宽度和深度均宜为0.2m左右。纵向排水管或排水槽的坡度不得小于0.5%。

立交桥及高速公路上的桥梁，泄水管不宜直接挂在板下，可将泄水管通过纵向及竖向排水管道直接引向地面，或按设计要求办，并且管道要有良好的固定装置，如抱箍等预埋件。

（4）桥面纵、横坡。桥面上设置纵坡，一方面有利于排水，另一方面则是桥梁立面布置所必需。在平原地区的通航河流上建桥时，为满足桥下通航要求，需要抬高通航孔的桥面高程；在两岸，则需要将桥面尽快降至地面，以减少桥头引道土方量，缩短桥长，从而节省工程费用。这样，就形成了纵坡。桥面的纵坡，一般都做成双向纵坡，并通常在桥中心（或主跨内）设置竖曲线。

设置公路桥面横坡的目的，在于迅速排除雨水，防止或减少雨水对铺装层的渗透，从而保护行车道板，延长桥梁使寿命。

公路桥面的横坡，一般为1.5%～3%。常有以下三种设置形式。

1）对于板桥（矩形板或空心板）或就地浇筑的肋板式梁桥，为节省铺装材料并减轻桥面恒载重力，可以将横坡直接设在墩台顶部，或通过调整支承垫石高度来形成横坡，而使桥梁上部结构形成双向倾斜，此时，铺装层在整个桥宽上做成等厚的，分别如图3-55a、b所示。

2）在装配式肋板梁桥中，为使主梁构造简单、架设和拼装方便，通常将横坡直接设在行车道板上。先铺设一层厚度变化的混凝土三角形垫层，形成双向倾斜，再铺设等厚的混凝土铺装层（图3-55c）。

3）对宽度较大的桥梁，用三角垫层设置横坡将使混凝土用量或桥面恒载重力增加太多，为此，可将行车道板做成倾斜面而形成横坡，如图3-55d所示。

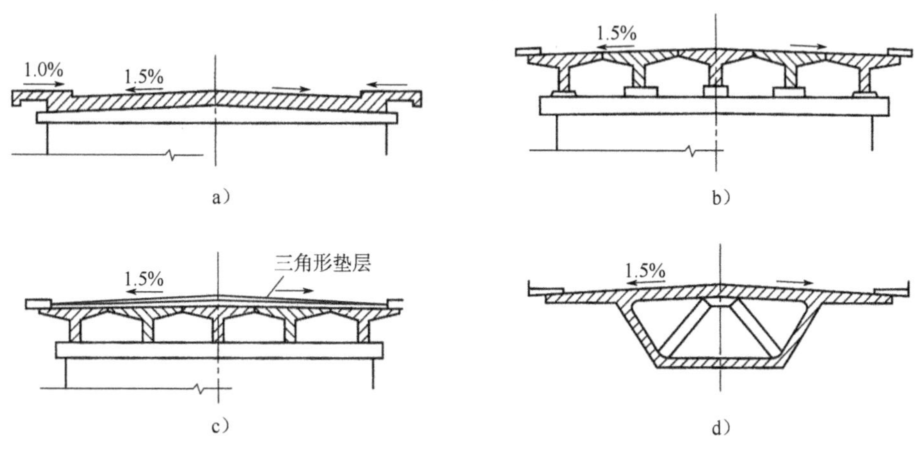

图3-55 公路路面横坡布置形式

a）、b）设置形式一 c）设置形式二 d）设置形式三

（5）桥梁伸缩装置。为适应梁体变形的需要，在桥梁上部结构中设置一定间隙，即伸缩缝。

为使车辆平稳通过桥面并满足桥梁上部结构变形的需要，在桥梁伸缩缝处设置的由橡胶和钢材组成的各种装置总称为桥梁伸缩装置。伸缩装置中能够完成拉伸、压缩变形的部分为伸缩体。

伸缩装置拉伸、压缩值的总和称为伸缩量。

1）伸缩装置的分类。伸缩装置按照伸缩体结构的不同，分为模数式伸缩装置、梳齿板式伸缩装置、橡胶式伸缩装置、异型钢单缝式伸缩装置四类。

2）产品代号表示示例。

例1：采用交通行业标准，产品名称代号为GQF-C型、伸缩量为50mm的三元乙丙橡胶伸缩装置表示为 GQF-C 50（EPDM）。

例 2：采用交通行业标准，产品名称代号为 GQF-MZL 型、伸缩量为 400mm 的天然橡胶伸缩装置表示为 GQF-MZL 400（NR）。

例 3：采用交通行业标准，产品名称代号为 J-75 型、伸缩量为 480mm 的氯丁橡胶伸缩装置表示为 J-75 480（CR）。

4. 人行道、栏杆与灯柱

位于城镇和近郊的桥梁均应设置人行道，其宽度和高度应根据行人的交通流量和周围环境来确定。人行道的宽度为 0.75m 或 1m，当宽度要求大于 1m 时，按 0.5m 的倍数增加。行人稀少地区可不设人行道，为保障行车和行人安全改用安全带。

高速公路、一级公路上的桥梁一般不设人行道，但应在路缘和中央分隔带设置安全护栏。

（1）安全带。不设人行道的桥上，两边应设宽度不小于 0.25m、高为 0.25 ~ 0.35m 的安全带。安全带可以做成预制块件或与桥面铺装层一起现浇。预制的安全带有矩形截面和肋板式截面两种，分别见图 3-56a、b，以矩形截面最为常用。现浇的安全带需每隔 2.5 ~ 3m 做一断缝，以免参与主梁受力而被损坏。

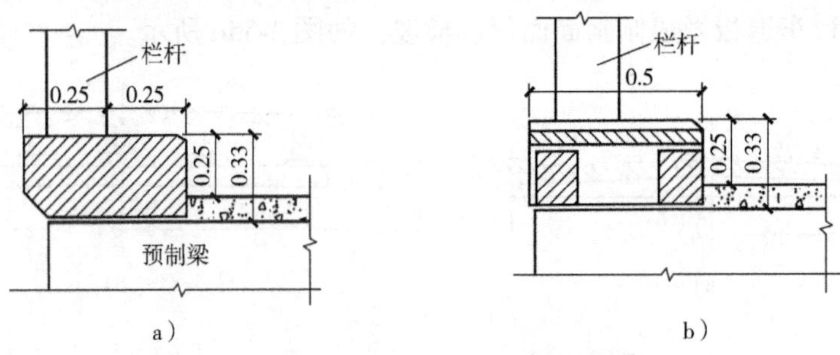

图 3-56　矩形、肋板式安全带（尺寸单位：m）
a）矩形截面　b）肋板式截面

（2）人行道。人行道一般高出行车道 0.25 ~ 0.35m。人行道顶面应做倾向桥面 1% ~ 1.5% 的排水横坡。

人行道的构造形式多种多样，按施工的方法不同，可分为就地浇筑式、预制装配式、部分装配和部分现浇的混合式。人行道一般构造如图 3-57 所示。

图 3-57a 为附设在板上的人行道构造，人行道部分用填料垫高，上面敷设砂浆面层（或沥青砂）。内侧设置路缘石，对人行道提供安全保护作用。

在跨径较小、人行道宽度相对较大的桥上，可将墩台在人行道处部分加高，再在其上直接搁置专门的人行道承重板（图 3-57b）。

对于整体浇筑的小跨径钢筋混凝土梁桥，常将人行道设在行车道的悬臂挑出部分上，此时人行道与行车道板及梁整体联结在一起，如图 3-57c 所示。这样做可以缩短墩台长度，但施工不太方便，目前，此种做法已很少采用。

图 3-57d 所示为在起重条件较好的地方常采用的整体预制的肋板式人行道，它搁置在主梁上，人行道下可放置过桥的管线，施工快速且方便，但是管线的检修和更换十分困难。

（3）栏杆与灯柱。栏杆是桥上保护行人安全的设施，要求坚固耐用；同时，栏杆又是

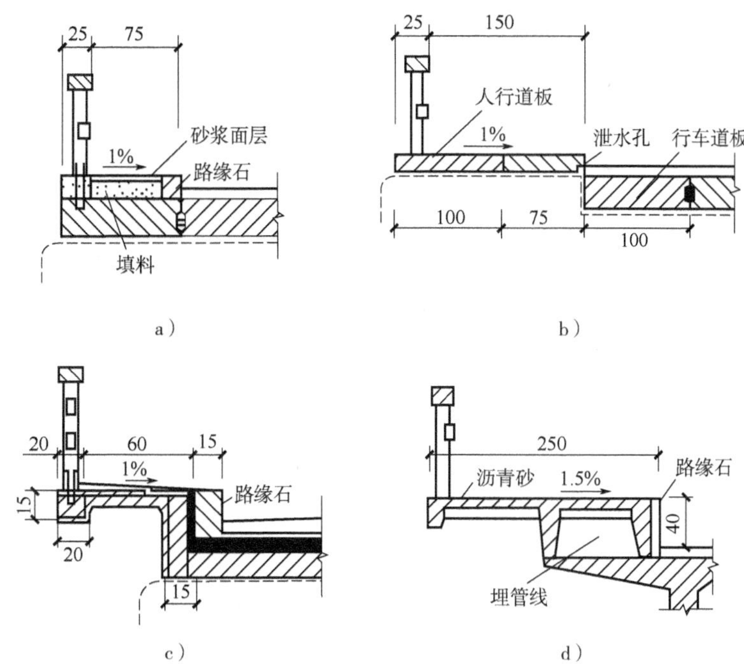

图 3-57　人行道一般构造图（尺寸单位：cm）
a）构造一　b）构造二　c）构造三　d）构造四

表现桥梁建筑艺术之处，需要有一个美观大方的建筑造型。

栏杆的设计，首先要考虑结构安全可靠，选材合理；栏杆柱或栏杆底座要直接与浇筑在混凝土中的预埋件焊牢，以增强抗冲击能力；同时也要考虑经济适用，工序简单，互换方便。栏杆的艺术处理则根据桥梁的类别而要求不同。公路桥的栏杆要求简洁明快，其所用材料和尺寸比例与主体工程配合，常采用简单的上、下扶手和栏杆柱组成，给行驶的车辆一个广阔的视野。城市桥梁的栏杆艺术造型，应当予以重视，以使栏杆与周围环境和桥梁本身相协调，这主要是指栏杆在造型、色调、图案和轮廓层次上应富有美感，而不是过分追求华丽的装饰。图 3-58 所示为常用栏杆图式。

在城市及城郊行人和车辆较多的桥梁上需要设置交通照明设备，一般采用灯柱在桥面上照明。灯柱的设置可以利用栏杆立柱，也可单独设在人行道内侧。照明用灯一般高出桥面 5m 左右，灯柱及照明设备的设计要经济合理，其选型也要注意与全桥协调。

二、桥桩基础构造

1. 桩基础简介

桩基础是一种常用的深基础形式，当天然地基上的浅基础沉降量过大或地基的承载力不能满足设计要求时，往往采用桩基础。

桩是深入土层的柱形构件，是由埋于地基土中的若干根桩及将所有桩连成一个整体的承台（或盖梁）两部分所组成的一种基础形式。其作用是将作用于桩顶以上的荷载传递到土体的较深处。桩身可以全部或部分埋入地基土中，当桩身露在地面上较高时，在桩之间还应加横系梁，加强各桩之间的横向联系。桩又分为单桩、排桩、群桩，在平面排列上可成一排或几排，所有桩的顶部由承台或盖梁连成一整体。在承台上再修筑墩（台）及上部结构。

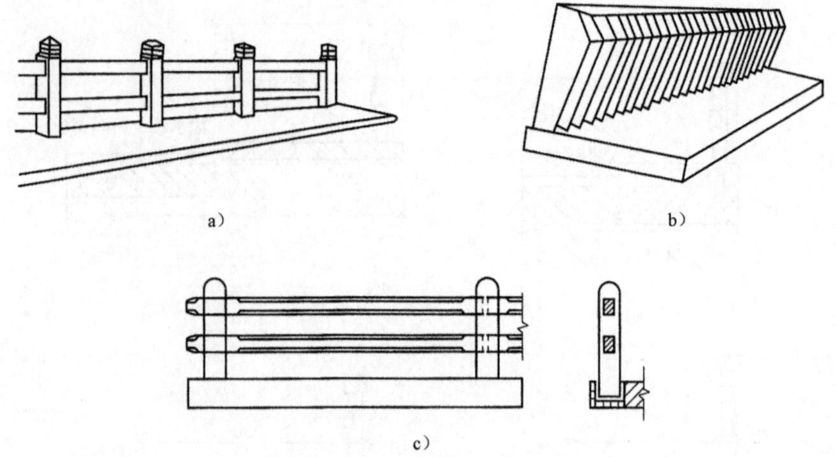

图 3-58　常用栏杆图式

a）图式一　b）图式二　c）图式三

桩可以先预制好，再将其运到施工现场沉入土中：也可以就地钻孔（或人工挖孔），然后在孔中置入钢筋骨架后再浇筑混凝土而成桩。

桩基础的作用是将承台或盖梁以上结构物传来的荷载通过承台或盖梁由桩传给地基。承台将外力传递给各桩并箍住桩顶使各桩共同受力。各桩所受的荷载由桩通过桩侧土的摩阻力或桩端土的抵抗力将荷载传递到地基土中。

桩基础具有承载力高、稳定性好、沉降量小而均匀，避免（或减少）水下工程，简化施工设备和技术要求，加快施工速度并改善劳动条件等特点，而且能以不同类型的桩基础和施工方法适应不同的水文地质条件、荷载性质和上部结构特征。

2. 桩和桩基础类型

（1）按承受荷载的工作原理不同，可分为摩擦桩和端承桩（图 3-59）。

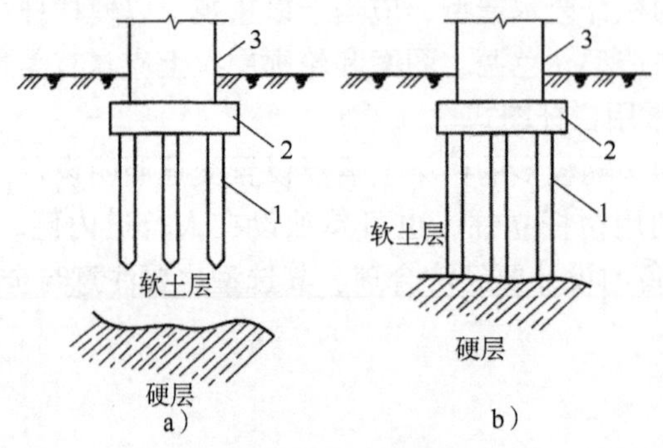

图 3-59　桩基础

a）摩擦桩　b）端承桩

1—桩　2—承台　3—上部结构

摩擦桩完全设置在软弱土层中，将软弱土层挤密实，以提高土的密实度和承载能力，上部结构的荷载由桩尖阻力和桩身侧面与地基土之间的摩擦阻力共同承受，施工时以控制桩尖设计高程为主，贯入度可做参考。

端承桩是穿过软弱土层而达到坚硬土层或岩层上的桩，上部结构荷载主要由岩层阻力承受；施工时以控制贯入度为主，桩尖进入持力层深度或桩尖高程可做参考。

（2）按施工方法不同，可分为灌注桩、预制桩。灌注桩是在施工现场的桩位上用机械或人工成孔，然后在孔内灌注混凝土而成。根据成孔方法的不同分为挖孔、钻孔、冲孔灌注桩等。钻孔灌注桩适用于黏土、砂土、砾卵石、碎石、岩石等各类土层；挖孔灌注桩适用于无地下水或有少量地下水，且较密实的土层或风化岩层，如空气污染物超标，必须采取通风措施。

预制桩是在工厂或施工现场制成的各种形式的桩，用沉桩设备将桩打入、压入或振入土中，或有的用高压水冲沉入土中。适用于各种土质的基底，尤其在深水、岩面不平、无覆盖层或覆盖层很厚的自然条件下，不宜修建其他类型的基础时，均可采用。

3. 桩基础特点

（1）灌注桩。灌注桩是在现场采用钻孔机械（或人工）将地层钻挖成预定孔径和深度的孔后，将预制成一定形状的钢筋骨架放入孔内，然后在孔内灌入流动的混凝土而形成桩基。水下混凝土多采用提升导管法灌注，灌注桩具有以下特点：

1）与沉入桩的锤击法和振动法相比，施工噪声和振动要小得多。

2）能修建比预制桩直径大的桩。

3）与地基土质无关，在各种地基上均可使用。

4）施工时应特别注意孔壁坍塌以及孔底沉淀物的处理，施工质量的好坏对桩的承载力影响很大。

5）因混凝土是在水中灌注的，因此混凝土质量较难控制。

灌注桩按成孔的机械不同，可分为旋转锥钻孔法、潜水钻机成孔法、冲击钻机成孔法、正循环回转法、反循环回转法、冲抓钻成孔法、人工挖孔法等。

（2）沉入桩。沉入桩是将预制桩用锤击打或振动法沉入地层至设计要求高程。预制桩包括木桩、混凝土桩和钢桩，一般有以下特点：

1）因在预制场内制造，故桩身质量易于控制，可靠。

2）沉入施工工序简单，工效高，能保证质量。

3）易于水上施工。

4）多数情况下施工噪声和振动的公害大、污染环境。

5）受运输、起吊设备能力等条件的限制，其单节预制桩的长度不能过长；沉入长桩时要在现场接桩；桩的接头施工复杂且易出现构造上的弱点；接桩后如果不能保证全桩长的垂直度，则将降低桩的承载能力，甚至在沉入时造成断桩。

6）不易穿透较厚的坚硬地层；当坚硬地层下存在较弱层，而设计要求桩必须穿过时，则需辅以其他施工措施，如射水或预钻孔等。

7）当沉入地基的桩超长时，需截除其超长部分，截桩工作不仅实施较困难，且不经济。沉入桩施工方法主要有锤击沉入桩、振动沉入桩、静力压桩法、辅助沉桩法、沉管灌注法及锤底沉管法等。

（3）大直径桩。一般认为，直径 2.5m 以上的桩可称为大直径桩。目前最大桩径已达 6m。近年来，大直径桩在桥梁基础中得到广泛应用，结构形式也越来越多样化，除实心桩外，还发展了空心桩；施工方法上不仅有钻孔灌注法，还有预制桩壳钻孔埋置法等。根据桩的受力特点，大直径桩多做成变截面的形式。大直径桩与普通桩在施工上的区别主要反映在钻机选型、钻孔泥浆及施工工艺等方面。

4. 桩基础施工图

（1）相关规定。

1）比例。图样的比例是指图中图形与其实物相应要素的线性尺寸之比。绘图比例的选择，应根据图面大小（一般情况桥梁工程图纸大小为 A3，即纸张幅面规格为 420mm × 297mm）及图样复杂程度，并结合图面布置原则在适当范围内确定比例，比例应采用阿拉伯数字表示。

2）高程标注。高程符号用细实线绘制的等腰三角形表示，高为 2 ~ 3mm，底角为 45°。顶角指至标注高度，顶角向上、向下均可。高程数字宜标注在三角形的右边，当图形复杂时，采用引出线形式标注。

水位符号由数条上长下短的细实线及高程符号组成。细实线间距宜为 1mm，其高程符合如上规定。

3）尺寸标注。尺寸应标注在视图醒目的位置。计量时，应以标注的尺寸数字为准，不得用量尺直接从图中量取。尺寸应由尺寸界线、尺寸线、尺寸起止符和尺寸数字组成。

尺寸界线与尺寸线均应采用细实线，尺寸起止符宜采用单边箭头表示，箭头在尺寸界线右边时，应标注在尺寸线之上；反之，标注在尺寸线之下。

4）工程计量单位。图样中的尺寸单位，一般高程以“m”计，钢筋直径及钢结构尺寸以“mm”计，其余均以“cm”计。

（2）钻（挖）孔灌注桩施工图识读。图 3-60 为某桥梁 0 号桥台桩基钢筋构造图。

1）桩基概况

①本图尺寸除钢筋直径以“mm”计外，其余均以“cm”计；钢筋质量以“kg”计，水泥混凝土强度等级为 C25。

②从桩基材料数量表中可知，本座桥台下为 4 根桩，上接一承台。

③此图桩的直径为 130cm，桩身水泥混凝土保护层厚 7.5cm。

2）桩身钢筋布置

①桩身主筋根数及配筋范围根据桩身内力计算确定。

②桩身钢筋主筋为①号钢筋，共 28 根，型号为 HRB335，直径 22mm，每根长 1551cm，图 3-62 中钢筋主筋按单根钢筋布置，当主筋根数较多，相邻主筋净距小于 8cm 时，可按束筋布置，但每束不宜多于 2 根。

③桩顶伸入承台主筋长度为 150cm，其顶部向外弯成与竖直倾斜的喇叭形，下端不设弯钩，全桩配筋。

④为增大钢筋骨架的刚度，在整个桩长范围内自承台座向下每 2m 设 1 道直径为 10mm 加劲箍筋，代号②号，型号为 HRB335，共 7 根，每根长 355cm，布置在主筋内侧，自身搭接部分采用双面焊，搭接长度 5cm（钢筋单面焊不小于 $10d$，双面焊不小于 $5d$）。

⑤③号钢筋为桩身螺旋箍筋，型号为 HPB235，直径 8mm，长 37535cm，在整个桩身内上密下疏布置，桩上部 600cm 范围内间距 10cm，下部 800cm 范围内间距 20cm。

⑥④号钢筋为伸入承台内的螺旋箍筋，采用 HPB235 钢筋，直径 8mm，间距 10cm，总长 6275cm。

⑦⑤号钢筋为定位钢筋（耳环），在桩身钢筋范围内，每 2m 沿圆周等距焊接 4 根，采

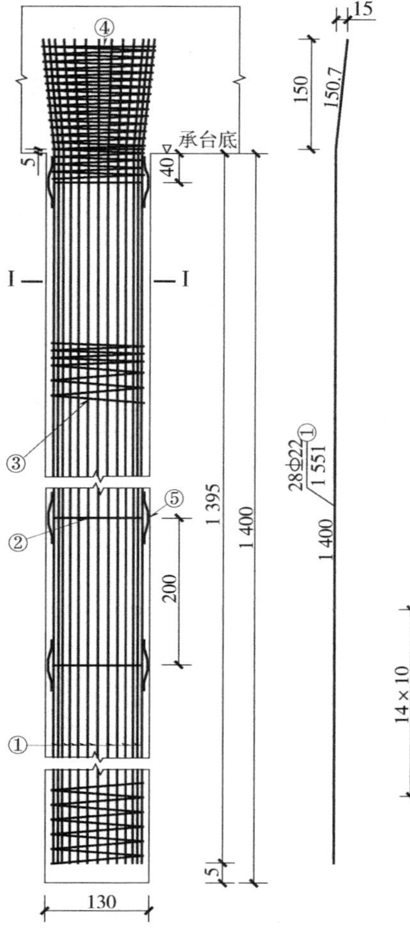

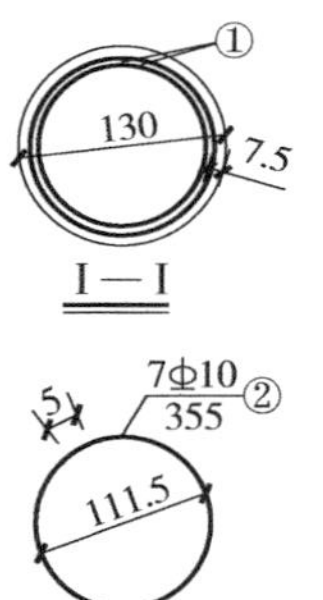

一个桥台桩基材料数量表

编号	直径/mm	单根长度/cm	根数	共长/m	共重/kg	总重/kg
1	Φ22	1 551	112	1 737.12	5 176.62	5 176.6
2	Φ10	355	28	99.40	61.33	61.3
3	Φ8	37 535	4	1 501.40	593.05	692.2
4	Φ8	6 275	4	251.00	99.15	
5	Φ12	53	112	59.36	52.17	52.7
合计	HPB235 692.2kg HRB335 5 290.6kg					

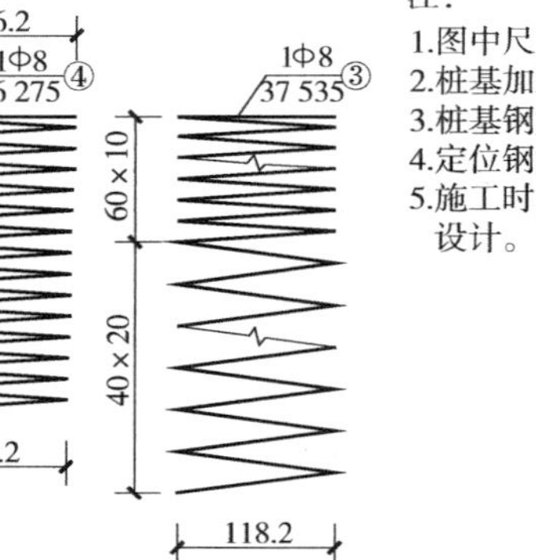

注：

1.图中尺寸除钢筋直径以“mm”计，其余均以“cm”为单位。
2.桩基加强筋N2设在主筋内侧，每2m一道，自身搭接部分采用双面焊。
3.桩基钢筋笼分段插入桩孔中，各段主筋须采用焊接，钢筋接头应按规范要求错开布置。
4.定位钢筋N5每隔2m设一组，每组4根均匀设于桩基加强筋N2四周。
5.施工时，若实际地质情况与本设计采用的质料不符，应及时通知设计单位进行变更基桩设计。

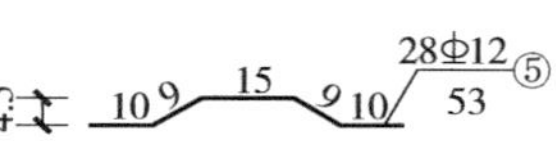

图3-60　某桥梁0号桥台桩基钢筋构造图

用 HRB335 钢筋，直径 12mm，长 53cm。

⑧桩身主筋与加劲箍筋务必焊牢，主筋与箍筋连接处宜点焊，若主筋较多时，可交错点焊或绑扎。

三、承台构造及施工图识读

1. 承台简介

承台是在桩顶部设置的联结各桩顶的钢筋混凝土平台，起承上传下的作用，把墩身荷载传到基桩上。

承台是桩与柱或墩联系部分。承台把几根，甚至十几根桩联系在一起形成桩基础（图 3-61）。承台分为低桩承台和高桩承台：低桩承台一般埋在土中或部分埋进土中（图 3-62），高桩承台一般露出地面或水面（图 3-63）。高桩承台由于具有一段自由长度，其周围无支撑体共同承受水平外力，基桩的受力情况极为不利。桩身内力和位移都比同样水平外力作用下低桩承台要大，其稳定性因而比低桩承台差。

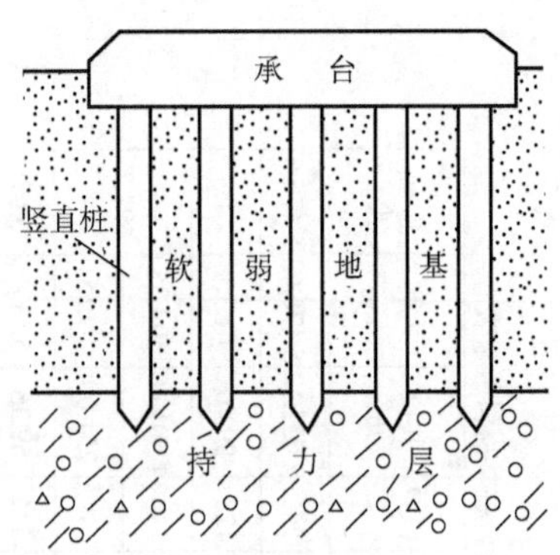

图 3-61　桩基础

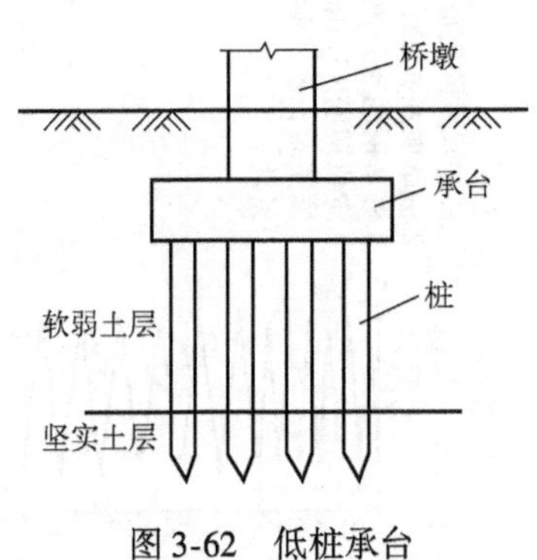

图 3-62　低桩承台

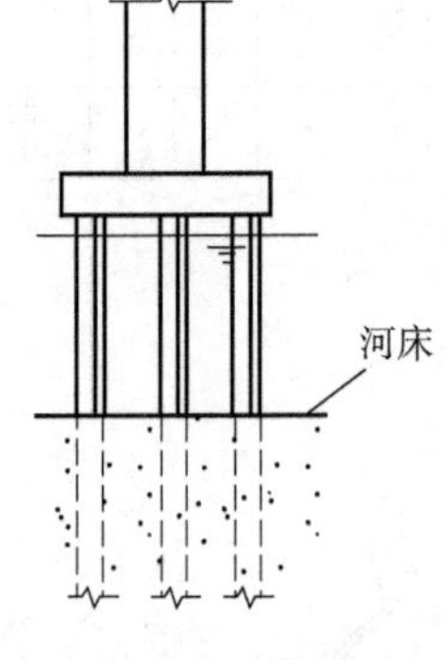

图 3-63　高桩承台

桥梁一般采用低桩承台，桩头一般伸入承台，并有钢筋锚入承台。承台上再建柱或墩，形成完整的传力体系。

近年来由于大直径钻孔灌注桩的采用，桩的刚度、强度都较大，高桩承台在桥梁基础工程中已得到广泛采用。

2. 承台施工图识读

图 3-64 为某桥 0 号桥台承台钢筋构造图。

（1）承台构造。本承台构造图由立面图、平面图、侧面图组成，并分别做了Ⅱ—Ⅱ、Ⅳ—Ⅳ、Ⅴ—Ⅴ三个剖面。图中尺寸除钢筋直径以“mm”计外，其余均以“cm”计，且钢筋均采用 HRB335。

图 3-64 为桩身顶部伸入承台座板钢筋，当桩身钢筋与承台钢筋有抵触时，可以适当调整承台座板钢筋间距，但承台座板钢筋网不得截断。承台按构造配置两层钢筋网，分别置于桩身的顶面之上和承台顶面，其纵、横向间距因位置而不同。本图承台之间设承台间系梁，两根桩接一承台。

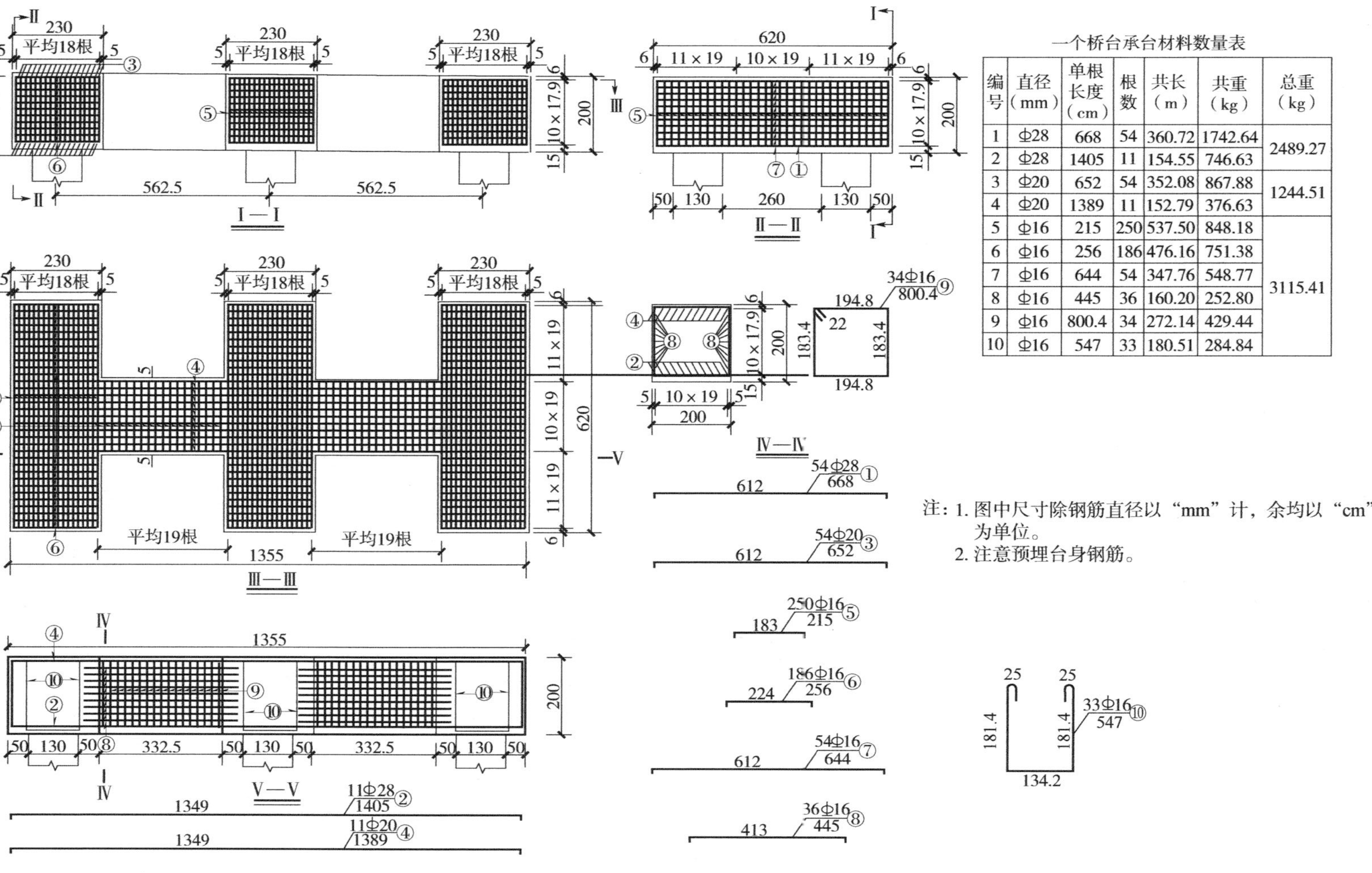

一个桥台承台材料数量表

编号	直径（mm）	单根长度（cm）	根数	共长（m）	共重（kg）	总重（kg）
1	Φ28	668	54	360.72	1742.64	2489.27
2	Φ28	1405	11	154.55	746.63	
3	Φ20	652	54	352.08	867.88	1244.51
4	Φ20	1389	11	152.79	376.63	
5	Φ16	215	250	537.50	848.18	3115.41
6	Φ16	256	186	476.16	751.38	
7	Φ16	644	54	347.76	548.77	
8	Φ16	445	36	160.20	252.80	
9	Φ16	800.4	34	272.14	429.44	
10	Φ16	547	33	180.51	284.84	

注：1. 图中尺寸除钢筋直径以“mm”计，余均以“cm”为单位。
2. 注意预埋台身钢筋。

图3-64 某桥0号桥台承台钢筋构造图

承台尺寸长620cm，宽230cm，高200cm。水泥混凝土保护层厚度分别为5cm、6cm、15cm。承台间系梁尺寸为长332.5cm，宽200cm，高200cm。水泥混凝土保护层厚度分别为5cm、6cm不等。

（2）承台钢筋布置图（图3-64）。

1）承台内①号、②号钢筋为承台座板主要受力钢筋，直径均为28mm，两端设标准弯钩。①号筋每根长668cm，共54根，钢筋间距12.2cm。②号筋每根长1405cm，共11根，钢筋间距19cm。

2）③、④号钢筋为承台顶部钢筋网受力钢筋，直径为20mm，两端设标准弯钩。③号筋每根长652cm，数量、间距同①号钢筋。④号钢筋每根长1389cm，数量、间距同②号钢筋。

3）⑤号钢筋为垂直于主要受力钢筋的受压钢筋，直径16mm，单根长215cm，共250根。

4）⑥号钢筋为承台立面的分布钢筋，直径16mm，单根长256cm，共186根，钢筋间距17.9cm。

5）⑦号钢筋为承台侧面的分布钢筋，直径16mm，单根长644cm，共54根，钢筋间距17.9cm。

6）⑧号钢筋为系梁箍筋，直径16mm，单根长445cm，共36根，钢筋间距17.9cm。

7）⑨号钢筋为系梁立面的分布钢筋，直径16mm，单根长800.4cm，共34根，钢筋间距20.8cm。

8）⑩号钢筋为承台座板开口箍筋，直径16mm，单根长547cm，共33根，钢筋间距60.8cm。

四、桥墩构造及施工图识读

1. 桥墩构造

（1）梁桥桥墩构造。

1）实体式（重力式）桥墩。重力式桥墩也称实体式桥墩（图3-65）。这种桥墩主要靠自身的质量来平衡外力，从而保证桥墩的稳定。

其墩身较为厚实，一般用C30或C35混凝土浇筑，或用块石和料石浆砌，也可以用混凝土预制块砌筑。因其整体刚度大，抗倾覆性能以及承重性能好。主要适用于地基良好的大、中型桥梁，或流冰、漂浮物较多的河流中。

其缺点是圬工体积较大，增加阻水面积，质量大，对地基承载力要求高。为此，宜采用配置有钢筋混凝土悬臂式墩帽的实体墩形式（图3-66a），以减少墩身的平面尺寸。为了节省圬工，也可适当挖空墩身面积（图3-66b）。

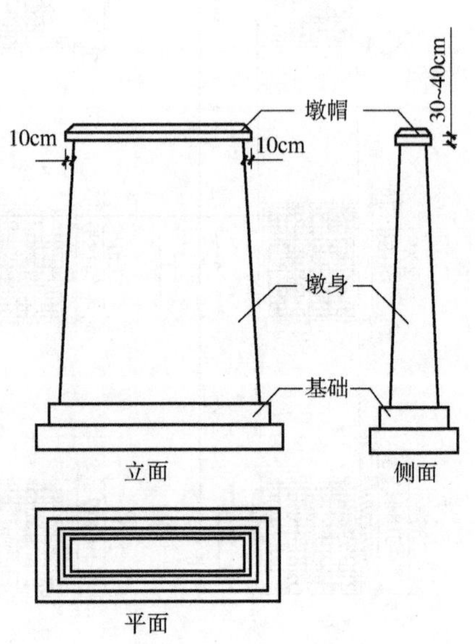

图3-65　实体式桥墩

图 3-66 实体式（重力式）桥墩形式

a）梁式桥墩 b）空腹式墩身

2）桩（柱）式桥墩。桩柱式桥墩是公路桥梁广泛采用的桥墩形式，一般由柱式墩身和盖梁组成。此类桥墩常采用的形式如下：在灌注桩顶设置承台，然后在承台上设立柱（图 3-67a）；或在浅基础上设立柱（图 3-67b）；为了增强墩柱间抗撞击的能力，在两柱中间加做隔墙（图 3-67c）；当桥墩较高时，也可以把水下部分做成实体式，水上部分仍为柱式（图 3-67d）；单柱式桩墩（图 3-67e）；等截面双柱式桩墩（图 3-67f）；变截面双柱式桩墩（图 3-67g）。

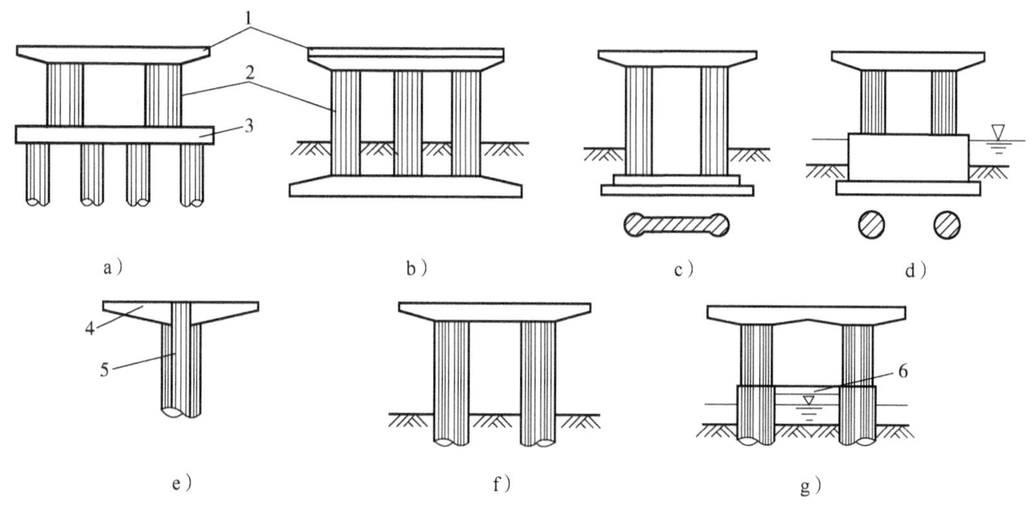

图 3-67 桩（柱）式桥墩

a）承台上设立柱 b）浅基础上设立柱 c）两柱中间加隔墙 d）水上柱式 e）单柱式桩墩 f）等截面双柱式桩墩 g）变截面双柱式桩墩

1—盖梁 2—立柱 3—承台 4—悬臂盖梁 5—单立柱 6—横系梁

这种桥墩的优点是能减轻墩本身重力，节约圬工材料，施工便利，速度快，工程造价低廉，且桥下空间宽敞，视野开阔，外形轻巧又较美观，是公路桥、城市桥及立交枢纽工程中应用较为广泛的桥墩形式。如图 3-68 所示桥梁，即采用了双柱式桥墩形式。

3）钢筋混凝土薄壁空心墩。薄壁空心墩是采用强度高、墩身壁较薄的钢筋混凝土构

图 3-68　双柱式桥墩

件，其最大的特点是大幅消减了墩身圬工体积和墩身自重，减小了地基负荷，因而适用于桥梁跨径较大的高墩和软弱地基桥墩。

常见的空心桥墩如图 3-69 和图 3-70 所示。图 3-71 为施工中的空心桥墩。

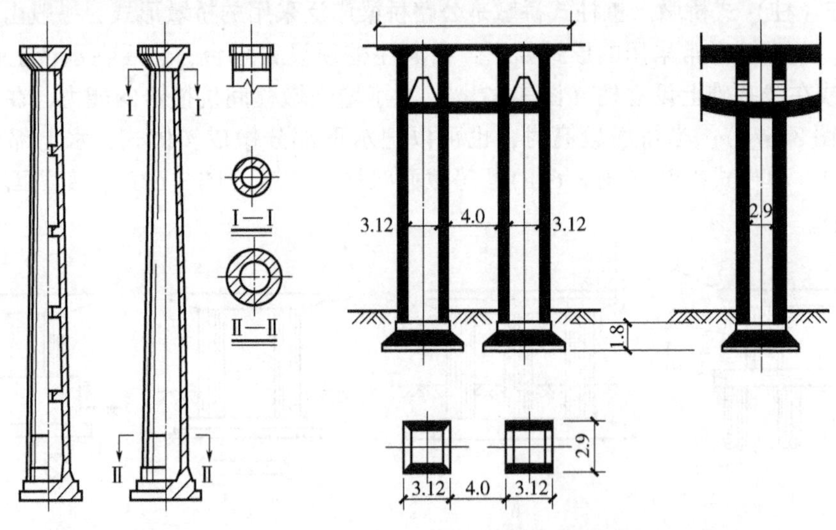

图 3-69　圆形空心桥墩　　图 3-70　矩形空心桥墩（尺寸单位：m）

空心桥墩在构造上应遵循下列规定：①墩身壁厚，对于钢筋混凝土为 30～50cm；②其构造除应满足部分镂空桥墩规定外，为了降低薄壁墩身内外温差或避免冻胀，应在墩身周围设置适当的通风孔与泄水孔；③为了保证墩壁稳定和施工方便，应按适当间距设置水平横隔板，对于 40m 以上的高墩，按 6～10m 的间距设置横隔板；④墩顶实体段高度不小于 1.0m。

图 3-71　施工中的空心墩

主筋按计算配筋，一般配筋率在 0.5% 左右，并应配置承受局部应力或附加应力的钢筋。

4）框架式桥墩。框架式桥墩既要考虑墩身的轻巧，又要考虑能有利于上部结构的受力，以达到造价与性能的最优比；另一方面还要将结构上的轻巧合理与艺术造型上的美观统一起来，给人以艺术和美的享受。综合以上因素创造出V形、Y形桥墩等（图3-72、图3-73）。

V形框架式桥墩斜撑与水平面的夹角，依桥下净空要求或总体布置确定，通常采用大于45°的角。斜撑的截面形式可采用矩形、工字形和箱形等。V形框架式桥墩的支座可布置在V形斜撑的顶部或底部。当支座布置在斜撑的顶部，斜撑是桥墩的一个组成部分；当支座布置在斜撑的底部，或采取斜撑与承台刚接而不设支座时，斜撑与主梁固接，斜撑成为上部结构的一个组成部分，其受力大小依结构的图式和主梁与斜撑的刚度比确定。

图3-72　采用V形墩的某刚构桥

X形、Y形框架式桥墩的结构特点与V形框架式桥墩类似。图3-74为某施工中的Y形桥墩。

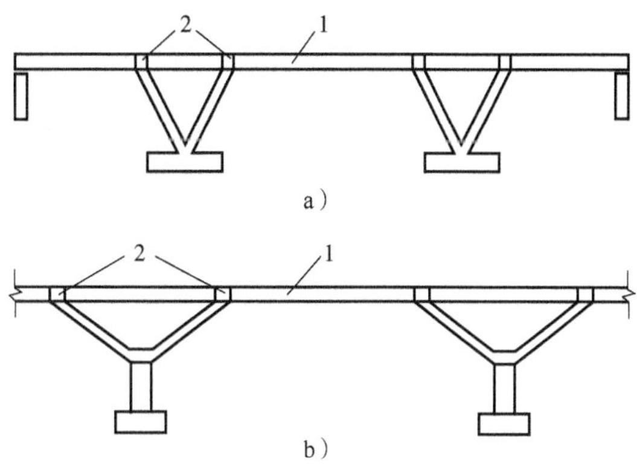

图3-73　V形桥墩和Y形桥墩
a）V形桥墩　b）Y形桥墩
1—预制梁　2—接头

5）柔性排架桩墩。柔性排架桩墩是由单排或双排的钢筋混凝土桩与钢筋混凝土盖梁连接而成，其主要特点是可以通过一些构造措施，将上部结构传来的水平力（制动力、温度作用等）传递到全桥的各个柔性墩台或相邻的刚性墩上，以减小单一柔性墩所受到的水平力，从而达到减小墩身截面的目的。

柔性排架桩墩一般布设在两端具有刚性较大桥台的多跨桥中，同时在全桥除一个中墩上设置活动支座外，其余墩台均采用固定支座（图3-75）。由于柔性墩在布置上只设一个活动支座，当桥梁孔数较多且桥较长时，使柔性墩固定支座的墩顶位移量过大而处于不利状态，活动支座的活动量增大，刚性桥台的支座所受的水平力也增大。因此，多跨长桥采用柔性墩时宜分成若干联，两个活动支座之间或刚性台与第一个活动支座间称为一联。每联设置一个刚性墩（台），刚性墩宜布置在地基较好和地形较高的地方。

图3-74　某施工中的Y形桥墩

柔性排架桩墩多用于墩高为5.0～7.0m、跨径16m以下、桥长50～80m的中小型桥中。

不宜用于山区河流或漂流物严重的河流。

(2) 拱桥桥墩。拱桥桥墩通常采用实体式（重力式）和桩（柱）式墩，它与梁桥桥墩不同之处是：拱是推力结构，它给予桥墩（台）以较大的水平推力；桥墩的相对水平位移将给拱桥以较大的附加内力，因而拱桥桥墩（台）对地基的要求比梁桥要高。

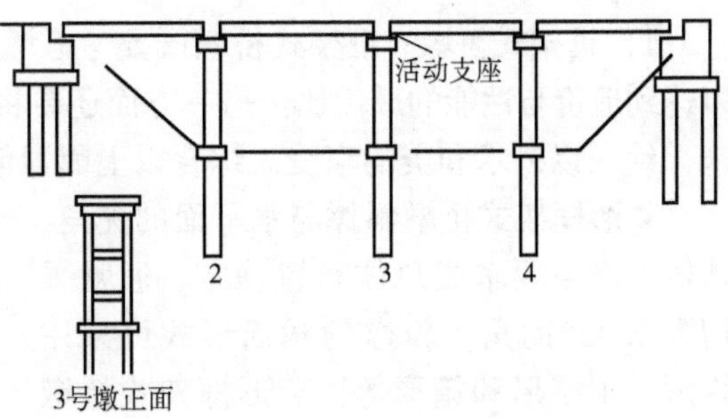

图 3-75　柔性墩的布置

1）重力式桥墩。拱桥重力式桥墩，其形式基本上和梁桥重力式桥墩相仿，由墩帽、墩身、基础三部分组成。因为拱墩承受较大的水平推力，所以，拱桥重力式桥墩的顺桥向宽度尺寸比梁桥大，墩壁坡度比梁桥缓。同时，墩帽顶部做成斜坡，尽量考虑设置成与拱轴线正交的拱座。

2）桩柱式桥墩。拱桥柱式桥墩和桩柱式桥墩与梁桥基本相同，但由于拱桥桥墩承受较大的水平推力，柱和桩的直径要比梁桥大，根数也比梁桥多，而且在盖梁上还需设置拱座用以支承拱圈。拱桥桩柱式桥墩一般采用单排桩，跨径在 40 ~ 50m 的高墩，可采用双排桩，在桩顶设置承台，与墩柱连成整体。如果墩柱与桩直接连接，则应在接合处设置横系梁；如果柱高于 8m，还应在柱的中部设置横系梁。

3）单向推力墩。多孔拱桥在采用桩柱式桥墩时，应每隔 3 ~ 5 孔设置单向推力墩。其形式应根据单向推力的大小、基础的形式、埋置深度等因素，因地制宜地选择，目前常用的有以下几种形式。

①普通柱墩加设斜撑及拉杆式单向推力墩（图 3-76）。这种墩的特点是在普通柱墩的墩柱上，从两侧对称地增设钢筋混凝土斜撑和水平拉杆，接头处只承受压力不承受拉力，这种形式适用于桥墩不太高的旱地上。

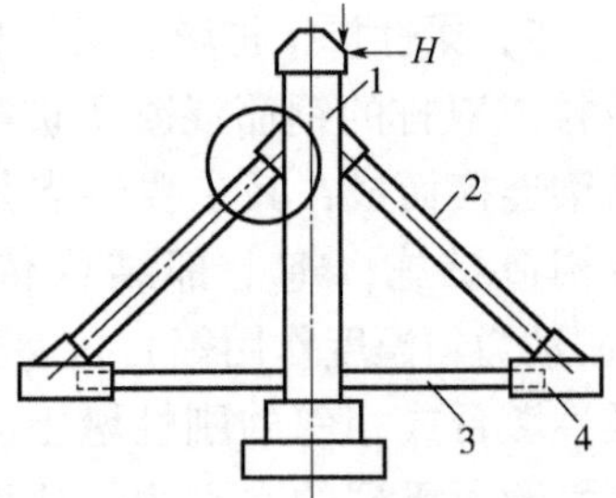

图 3-76　普通柱墩加设斜撑及水平拉杆式单向推力墩
1—立柱　2—斜撑
3—拉杆　4—基础板

②悬臂式单向推力墩（图 3-77）。悬臂式单向推力墩是在桥墩的顺桥向双向挑出悬臂。当相邻孔遭到破坏后，由于悬臂端的存在，使拱支座竖向反力通过悬臂端而成为稳定力矩，保证了单向推力墩不致遭到破坏。

③实体单向推力墩。当桥墩较矮及单向推力不大时，只需要加大实体墩身的尺寸即可。

2. 桥墩施工图识读

(1) 桥墩图样。表示桥墩的图样有桥墩构造图、桥墩钢筋布置图和桥墩柱顶系梁钢筋布置图（如有系梁）。

1）桥墩构造图。图 3-78 为某公路桥梁的桥墩构造图，由立面图、侧面图、平面图、桥墩工程数量表和桥墩高程及高度表组成。

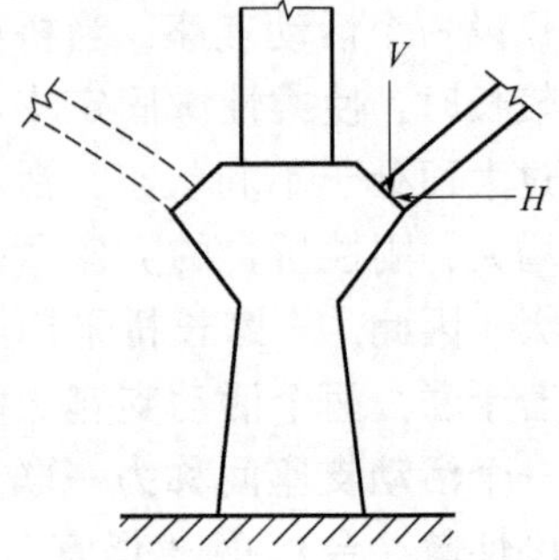

图 3-77　悬臂式单向推力墩

①立面图。在桥墩构造图中，顺着线路方向投影而得的图形称为立面图。

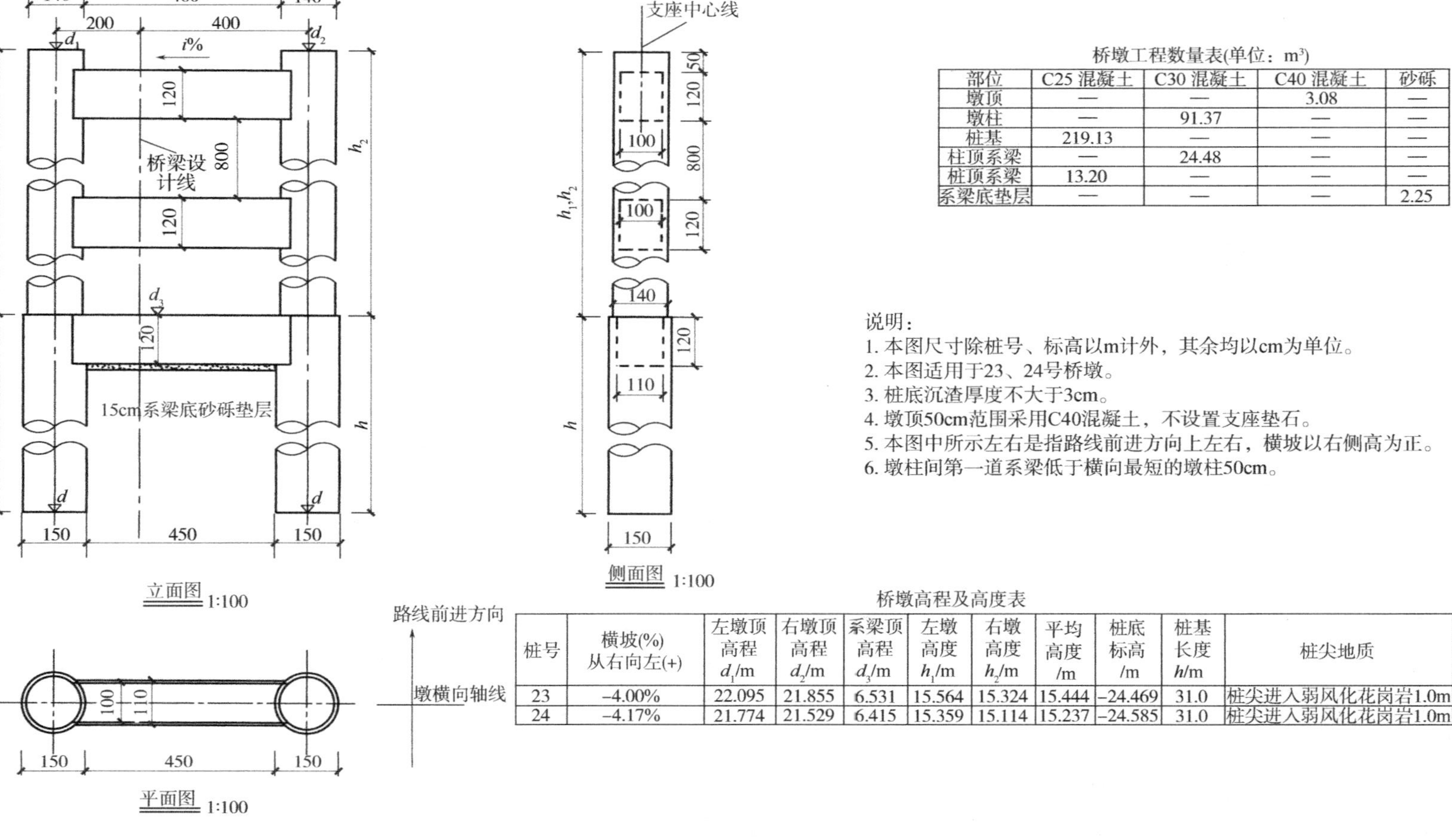

桥墩工程数量表(单位：m^3)

部位	C25 混凝土	C30 混凝土	C40 混凝土	砂砾
墩顶	—	—	3.08	—
墩柱	—	91.37	—	—
桩基	219.13	—	—	—
柱顶系梁	—	24.48	—	—
桩顶系梁	13.20	—	—	—
系梁底垫层	—	—	—	2.25

说明：

1. 本图尺寸除桩号、标高以m计外，其余均以cm为单位。
2. 本图适用于23、24号桥墩。
3. 桩底沉渣厚度不大于3cm。
4. 墩顶50cm范围采用C40混凝土，不设置支座垫石。
5. 本图中所示左右是指路线前进方向上左右，横坡以右侧高为正。
6. 墩柱间第一道系梁低于横向最短的墩柱50cm。

桥墩高程及高度表

桩号	横坡(%) 从右向左(+)	左墩顶高程 d_1/m	右墩顶高程 d_2/m	系梁顶高程 d_3/m	左墩高度 h_1/m	右墩高度 h_2/m	平均高度 /m	桩底标高 /m	桩基长度 h/m	桩尖地质
23	−4.00%	22.095	21.855	6.531	15.564	15.324	15.444	−24.469	31.0	桩尖进入弱风化花岗岩1.0m
24	−4.17%	21.774	21.529	6.415	15.359	15.114	15.237	−24.585	31.0	桩尖进入弱风化花岗岩1.0m

图3-78　桥墩构造图

立面图是桥墩的外形图，它表示桥墩的正面形状和尺寸。

②侧面图。在桥墩构造图中，垂直于线路方向投影而得的图形称为侧面图。

侧面图表示桥墩侧面的形状和尺寸，以及桥墩各部分所用的材料。

③桥墩工程数量表。表示建造图中所示桥墩需要的材料数量。

④桥墩高程及高度表。表示图中所示桩号桥墩的高程及高度。

2）桥墩钢筋布置图。图 3-79 为桥墩墩身（墩柱）钢筋布置图。

桥墩钢筋布置图由桥墩钢筋立面、钢筋网立面、钢筋网平面、钢筋大样图及截面图组成，主要表示桥墩的钢筋布置。另外，还有桥墩墩柱材料数量表，表示图中所示桩号桥墩的钢筋工程量。

3）桥墩柱顶系梁钢筋布置图。桥墩柱顶系梁钢筋布置图由立面图、平面图、钢筋大样图、截面图组成。

（2）桥墩构造图的识读。由图 3-78 所示的桥墩图中，可以了解桥墩的形状和各部分尺寸大小。

读图时首先看标题栏和说明。从标题栏中可看到本图表示的构件名称；从说明中可得知桥墩的尺寸单位、施工技术要求等。

图 3-78 表示的是有系梁的圆柱形桥墩，图中尺寸单位是“cm”。要弄清楚安排了哪些视图，按照投影关系及形体分析方法，逐步读懂各部分的形状、尺寸大小及所用材料等。

由立面图可知，为增加桥墩的刚度，两个桥墩之间加了三道系梁，系梁高度 120cm。两个桥墩高度分别为 h_1 和 h_2。

由平面图可知，桥墩横截面是圆形，两个桥墩圆心距为 600cm，系梁宽度为 100cm。

由立面图和侧面图可知，桥墩直径 140cm。

（3）桥墩钢筋布置图的识读。由图 3-79 所示的桥墩墩身（墩柱）钢筋布置图中，可以了解桥墩钢筋布置情况。

1）N1 为桥墩主筋，单根长度为 $h+116$cm（其中 h 为平均墩高，具体数值见图 3-79 中“桥墩墩柱材料数量表”），“28 ⌀25”表示钢筋直径 25mm，根数 28 根（一个桥墩），⌀表示钢筋型号为 HRB335。

2）N2 为加强箍筋，设在主筋内侧，每 2m 一道，直径 25mm，单根长度 398.2cm，根数 8 根（一个桥墩），钢筋型号为 HRB335，用⌀表示。

3）N3 为螺旋箍筋，直径 8mm，单根长度 40898.8cm，根数 1 根（一个桥墩），钢筋型号是 HPB235，用ϕ表示。

桥墩钢筋工程量见“桥墩墩柱材料数量表”。

（4）桥墩柱顶系梁钢筋布置图的识读。

由图 3-80 所示的桥墩柱顶系梁钢筋布置图中，可以了解系梁钢筋布置情况。

1）N1 为主筋，单根长度 690cm，“32 ⌀25”表示 32 根直径 25mm 的 HRB335 钢筋，⌀表示钢筋型号是 HRB335。

2）N2 为箍筋，单根长度 450cm，“48 ⌀12”表示 48 根直径 12mm 的 HRB335 钢筋，⌀表示钢筋型号是 HRB335。

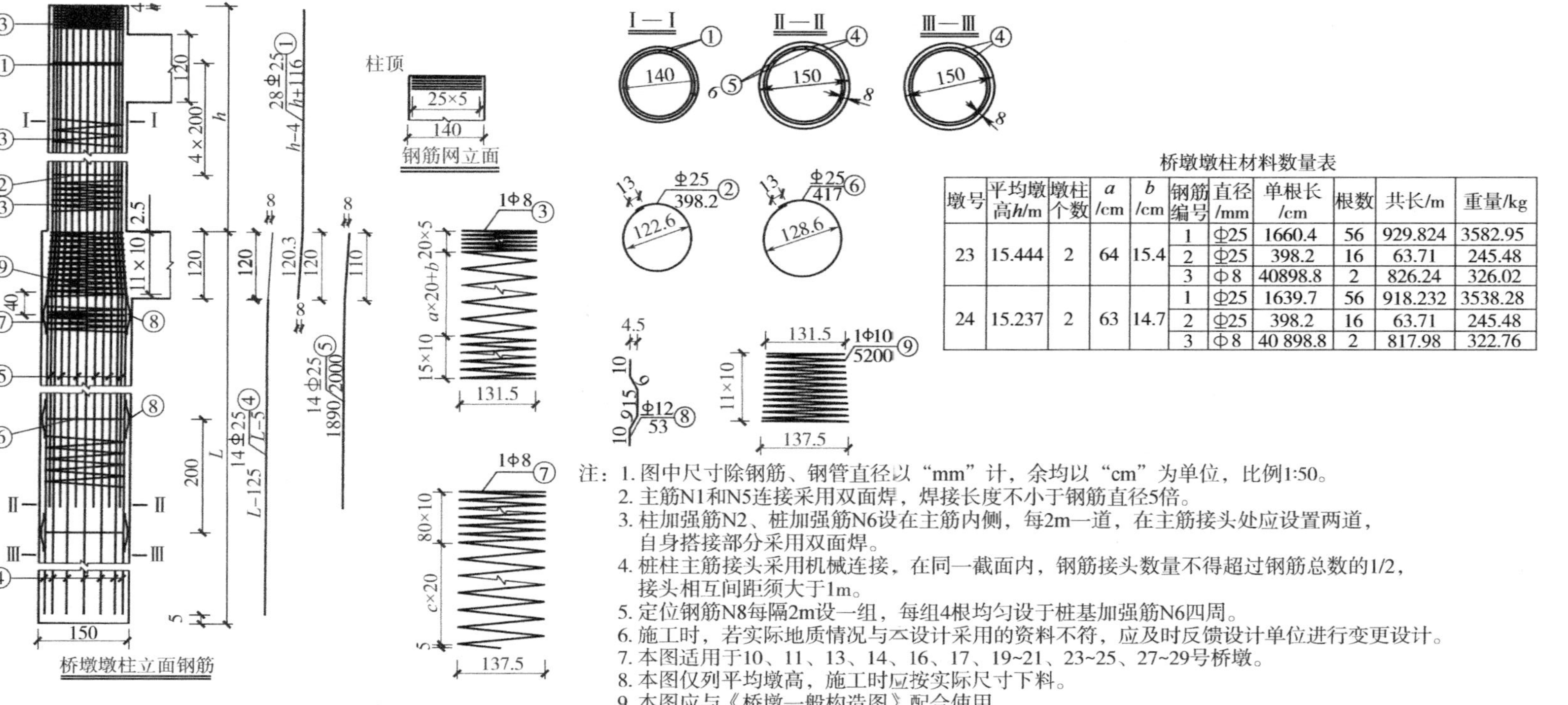

桥墩墩柱材料数量表

墩号	平均墩高h/m	墩柱个数	a/cm	b/cm	钢筋编号	直径/mm	单根长/cm	根数	共长/m	重量/kg
23	15.444	2	64	15.4	1	Φ25	1660.4	56	929.824	3582.95
					2	Φ25	398.2	16	63.71	245.48
					3	Φ8	40898.8	2	826.24	326.02
24	15.237	2	63	14.7	1	Φ25	1639.7	56	918.232	3538.28
					2	Φ25	398.2	16	63.71	245.48
					3	Φ8	40 898.8	2	817.98	322.76

注：1. 图中尺寸除钢筋、钢管直径以“mm”计，余均以“cm”为单位，比例1:50。
2. 主筋N1和N5连接采用双面焊，焊接长度不小于钢筋直径5倍。
3. 柱加强筋N2、桩加强筋N6设在主筋内侧，每2m一道，在主筋接头处应设置两道，自身搭接部分采用双面焊。
4. 桩柱主筋接头采用机械连接，在同一截面内，钢筋接头数量不得超过钢筋总数的1/2，接头相互间距须大于1m。
5. 定位钢筋N8每隔2m设一组，每组4根均匀设于桩基加强筋N6四周。
6. 施工时，若实际地质情况与本设计采用的资料不符，应及时反馈设计单位进行变更设计。
7. 本图适用于10、11、13、14、16、17、19~21、23~25、27~29号桥墩。
8. 本图仅列平均墩高，施工时应按实际尺寸下料。
9. 本图应与《桥墩一般构造图》配合使用。

图3-79　桥墩墩柱钢筋布置图

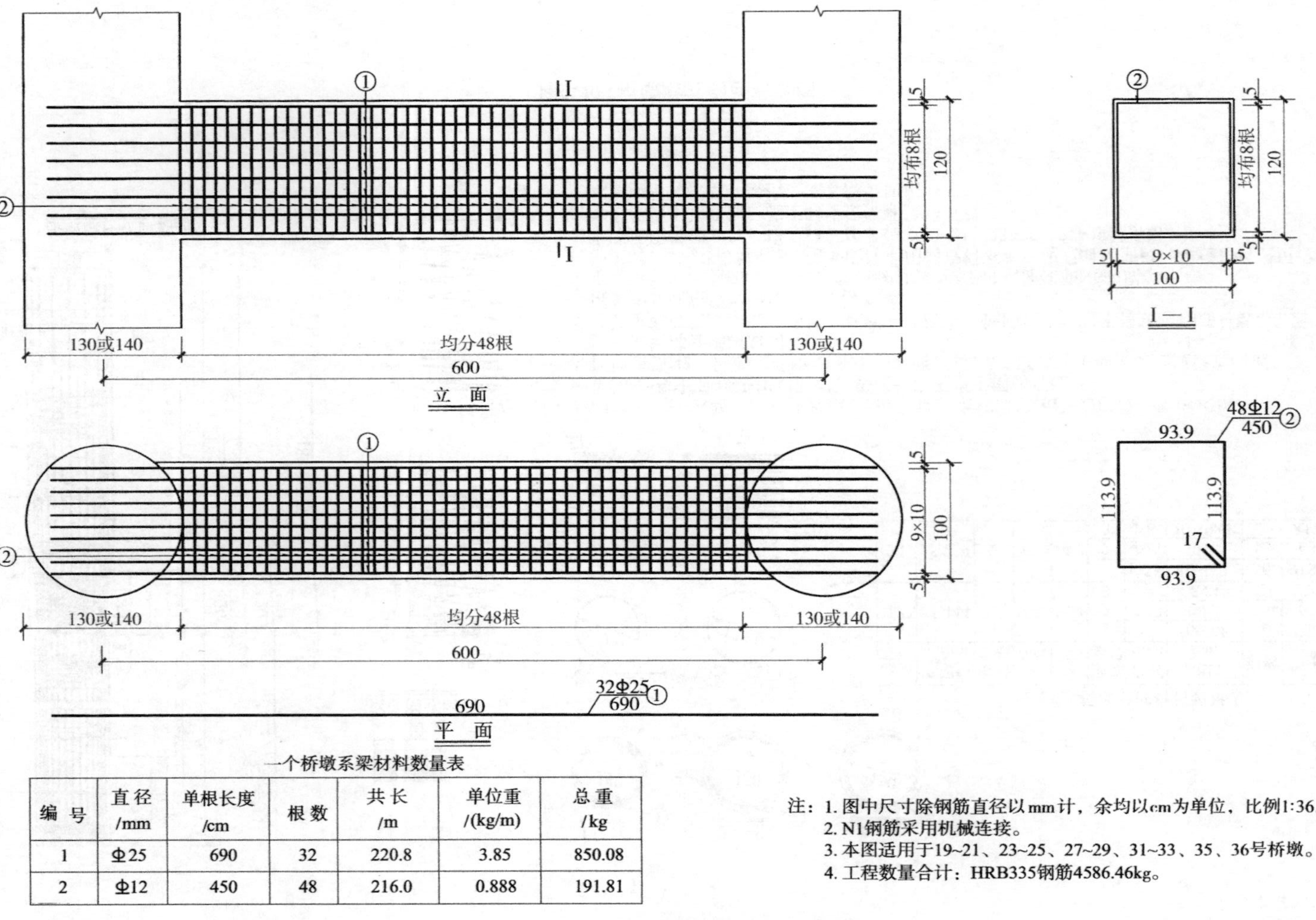

一个桥墩系梁材料数量表

编 号	直 径 /mm	单根长度 /cm	根 数	共 长 /m	单位重 /(kg/m)	总 重 /kg
1	Φ25	690	32	220.8	3.85	850.08
2	Φ12	450	48	216.0	0.888	191.81

注：1. 图中尺寸除钢筋直径以mm计，余均以cm为单位，比例1:36。
2. N1钢筋采用机械连接。
3. 本图适用于19~21、23~25、27~29、31~33、35、36号桥墩。
4. 工程数量合计：HRB335钢筋4586.46kg。

图3-80 桥墩柱顶系梁钢筋布置图

五、桥台构造及施工图识读

1. 桥台构造

(1) 梁桥桥台的构造。梁桥桥台的类型有重力式U形桥台、桩柱式桥台、轻型桥台等。

1) 重力式U形桥台。梁桥重力式U形桥台主要依靠自重来平衡台后土压力，从而保证自身的稳定。一般采用圬工材料就地砌筑或浇筑而成。U形桥台构造简单，基础底面承压面大，应力较小，但圬工体积大，并由于自身重力而增加对地基的压力，一般宜在填土高度不大而且跨径在8m以上的桥梁中采用。

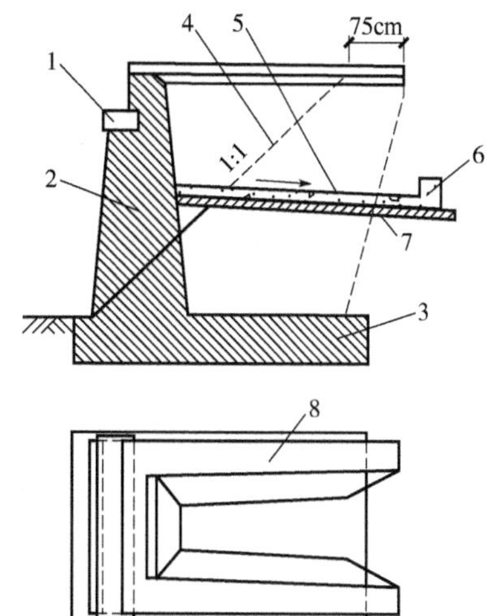

图3-81 重力式U形桥台

1—台帽 2—前墙 3—基础 4—锥形护坡 5—碎石 6—盲沟 7—夯实黏土 8—侧墙

重力式U形桥台主要由台帽、台身（前墙和侧墙）和基础三部分组成，在平面上呈U字形（图3-81）。

前墙除支承上部结构外，还承受路堤填土的水平压力。前墙顶部设置台帽，以放置支座和安设上部构造，其构造要求与墩帽基本相同。台顶部分用防护墙（雉墙）将台帽与填土隔开。

侧墙用以连接路堤并抵御路堤填土向两侧的压力。侧墙的长度可根据锥形护坡的长度确定，侧墙后端应伸入路堤锥坡内75cm，以防路基填土松坍。尾端上部做成垂直，下部按一定坡度缩短，前端与前墙相连，改善了前墙的受力条件。桥台前墙的下缘一般与锥坡下缘相齐。两个侧墙间应填以透水性较好的土，台内填土内不得有积水，否则会因结冰而冻胀，使得桥台开裂。为了排除桥台后积水，应于侧墙间略高于高水位的平面上铺一层向路堤方向设有斜坡的夯实黏土作为防水层，并在黏土层上再铺一层碎石，将积水引向设于桥台后横穿路堤的盲沟内。桥台两侧设有锥形护坡，锥形护坡一般由纵向为1:1逐渐变至横向为1:1.5，以便和路堤边坡一致。锥坡的平面形状为1/4椭圆。锥坡用土夯筑而成，其表面用片石砌筑。

2) 桩柱式桥台。桩柱式桥台（图3-82），桩柱既是基础也是台身，台顶部分由帽梁、两侧耳墙及胸墙组成，适用于地基承载力较低、填土不太高的情况。它在我国公路桥梁中使用较早。

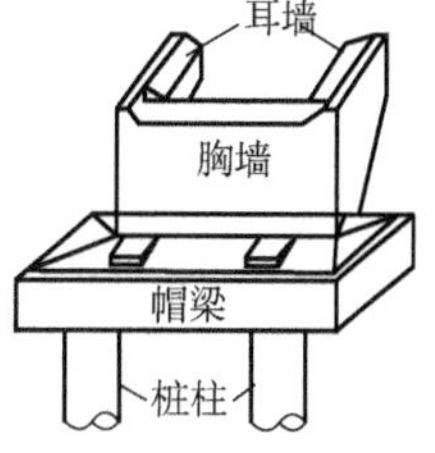

图3-82 桩柱式桥台

3) 轻型桥台。轻型桥台通常用钢筋混凝土或圬工材料砌筑。圬工轻型桥台只限于桥台高度较小的情况，而钢筋混凝土轻型桥台应用范围更广泛。从结构形式上分，轻型桥台有薄壁轻型桥台、支撑梁轻型桥台及框架式轻型桥台。

①薄壁轻型桥台。薄壁轻型桥台（图3-83）常用的形式有悬壁式、扶壁式、撑墙式和箱式等，其主要特点是，利用钢筋混凝土结构的抗弯能力来减少圬工体积，从而使桥台轻型化。相对而言，悬臂式桥台的柔性较大，钢筋用量较大，而撑墙式和箱式桥台刚度大，但模板用量大。

用得较多的钢筋混凝土薄壁轻型桥台是由扶壁式挡土墙和两侧的薄壁侧墙构成。挡土墙由厚度不小于15cm的前墙和间距为2.5~3.5m的扶壁组成。其顶帽及背墙成L形，并与其

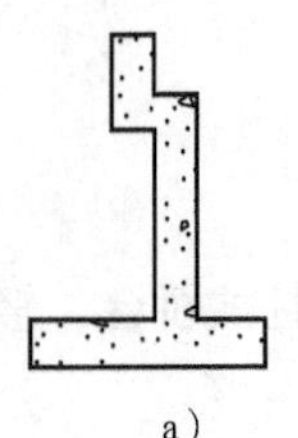
a）

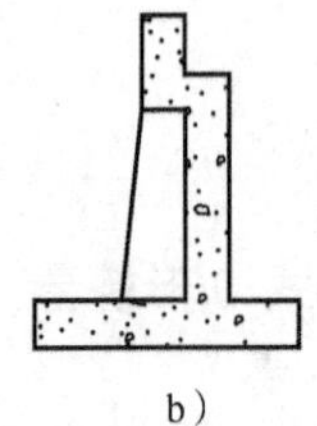
b）

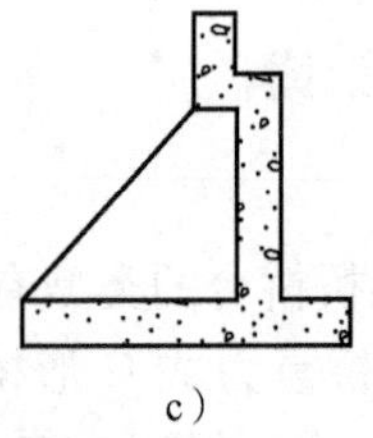
c）

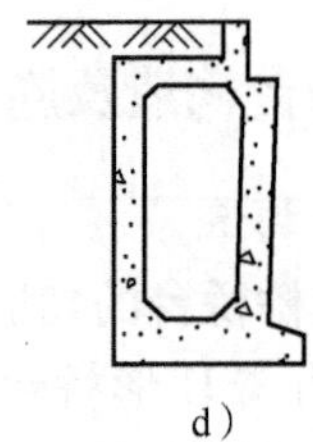
d）

图 3-83　薄壁轻型桥台

a）悬壁式　b）扶壁式　c）撑墙式　d）箱式

下的倒 T 形竖墙台身及底板连成钢筋混凝土整体结构。

②支撑梁轻型桥台。支撑梁轻型桥台用于跨径不大于 13m 的板（梁）桥，且不宜多于 3 孔，全长不大于 20m。在墩台基础间设置支撑梁，在上部结构与台帽之间设置锚固栓钉连接，使上部结构与支撑梁共同支撑桥台承受台后土压力，减小桥台尺寸，节省圬工数量。其主要特点：利用上部结构及下部的支撑梁作为桥台的支撑，防止桥台向跨中移动或倾覆；整个构造物成为四铰刚构系统，台身按上下铰接支承的弹性地基梁验算。

台帽用钢筋混凝土浇筑，混凝土强度等级不低于 C20，厚度不小于 30cm，并应设 5～10cm 的挑檐。当填土高度较高或跨径较大时，宜采用有台背的台帽。当上部构造不设三角垫层时，可在台帽上做成有斜坡的三角垫层。

上部构造与台帽间应采用栓钉连接，栓钉孔、上部结构与台背之间需用小石子混凝土（强度等级同上部结构）或砂浆（强度等级为 M12）填实。栓钉直径不宜小于上部构造主筋的直径，锚固长度为台帽厚度加上三角垫层和板厚。

台身可用混凝土或浆砌块石砌筑，混凝土强度等级不低于 C15，砂浆强度等级不低于 M5，块石强度等级不低于 MU25。台身厚度（含一字翼墙）块石砌体不宜小于 60cm，混凝土不宜小于 30～40cm，两边坡度为直立。翼墙与桥台设缝分离，翼墙与水流方向成 30°夹角，成为八字形桥台（图 3-84a）；或者两边翼墙与桥台连成整体，成为一字形桥台（图3-84a）。为了节约圬工数量，也可在边柱上设置耳墙（图 3-84b）。为了增加桥台抵抗水平推力的抗弯刚度，也可将台身做成 T 形截面。八字翼墙的顶面宽度，混凝土不宜小于 30cm，块石砌体不宜小于 50cm，端部顶面应高出地面 20cm。

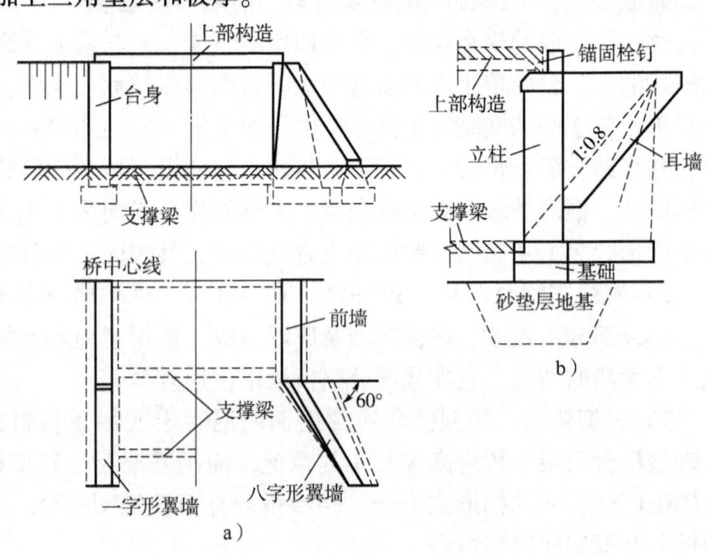

图 3-84　一字形、八字形桥台

a）八字形桥台　b）边柱设置耳墙

轻型桥台基础按支承于弹性地基上的梁进行验算，一般用混凝土浇筑。当其长度大于

12m 时，应按构造要求配筋。基础埋置深度一般不小于原地面（无冲刷时）或局部冲刷线以下 1.0m。桥台下端与相邻桥台（墩）之间设置支撑梁，并设在铺砌层及冲刷线之下。支撑梁可用 20cm×30cm 的钢筋混凝土筑成，或用尺寸不小于 40cm×40cm 的混凝土或块石砌筑。支撑梁按基础长度的中线对称布置，其间距 2～3m。当基础能嵌入未风化岩层 15～25cm 时，可不设支撑梁。

③框架式轻型桥台。框架式桥台由台帽、桩柱及基础或承台组成，是一种在横桥向呈框架式结构的桩基础轻型桥台。它埋置于土中，所受的土压力较小，适用于地基承载力较低、台身高度大于 4m、跨径大于 10m 的梁桥。其构造形式有双柱式、多柱式、墙式、半重力式和排架式、板凳式。

双柱式桥台（图 3-85），当桥较宽时，为减小台帽跨度，可采用多柱式，或直接在桩上建造台帽。为了使桥台填土密实，减少填土沉降，以减小填土对桥台产生的水平推力，常采用先填土，然后再沉桩、浇筑台帽。当填土高度大于 5m 时，可采用墙式桥台（图 3-86）。半重力式桥台与墙式桥台相似，墙较厚，不设钢筋。当水平力较小时，桥台可采用排架式或板凳式，它由台帽、台柱和承台组成。其中柱由两排组成，以形成抗推力偶。排架式桥台如图 3-87 所示。

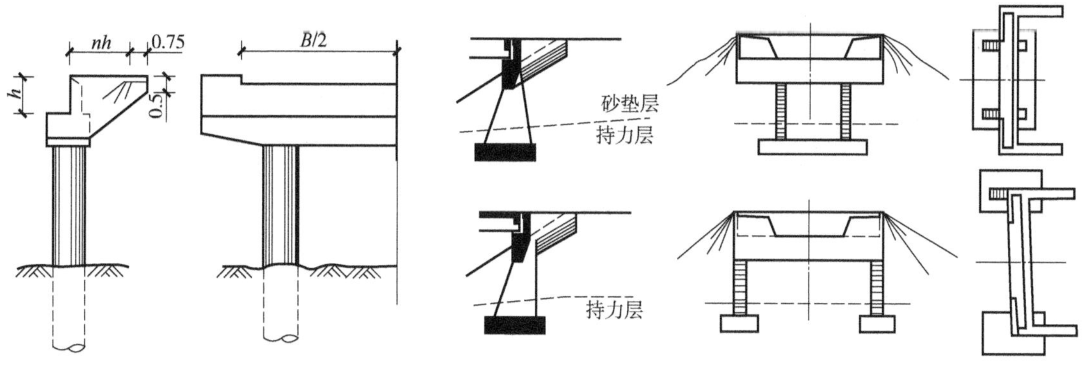

图 3-85　双柱式桥台（尺寸单位：m）　　图 3-86　墙式桥台

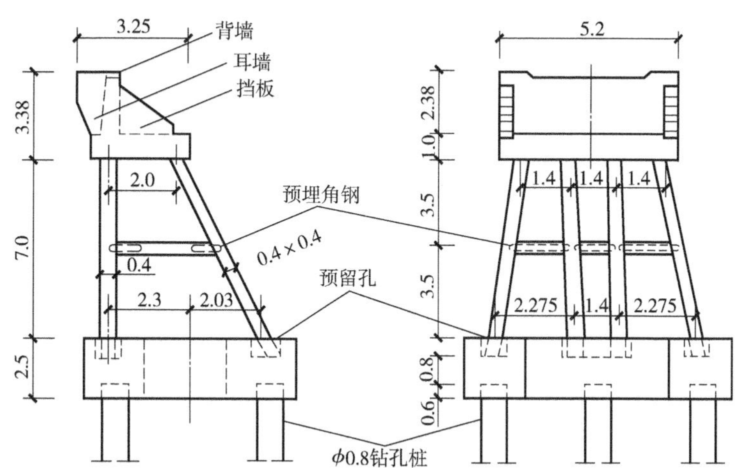

图 3-87　排架式桥台（尺寸单位：m）

(2) 拱桥桥台构造。

1) 重力式U形桥台。重力式U形桥台在拱桥桥台中使用非常广泛。同梁桥U形桥台一样，拱桥重力式U形桥台也由台帽、台身和基础三部分组成，其尺寸拟定也与梁桥基本相同。拱桥U形桥台与梁桥U形桥台的主要差别在于拱脚截面处前墙顶宽比梁桥桥台前墙宽，可用于抵抗拱桥产生的水平推力。

空腹式拱桥前墙顶部还应设置防护墙（背墙），以挡住路堤填土和支撑腹拱。拱桥桥台前墙背坡的坡度一般为2:1～4:1，前坡的坡度为20:1～30:1或直立。

2) 组合式桥台。组合式桥台由台身和台座两部分组成（图3-88）。

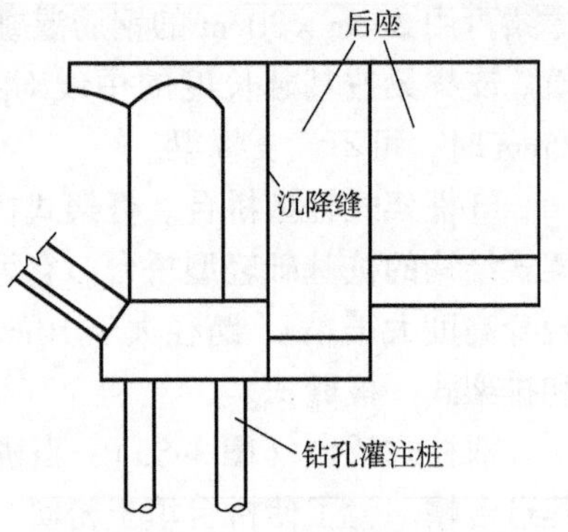

图3-88　组合式桥台

台身基础承受竖向力，一般采用桩基础或沉井基础。拱的水平推力则主要由后座基底摩阻力及台后的土侧压力来平衡。组合式桥台的承台与后座间必须密切贴合，并设置沉降变形缝，以适应两者的不均匀沉降及荷载传递。后座基底高程应低于拱脚下缘高程，力求台后土侧压力和基底摩阻力的合力作用点同拱座中心高程一致。当地基土质较差时，后座基础应适当处理，以免后座向后倾斜，从而导致台身和拱圈的位移和变形。

3) 轻型桥台。

①八字形轻型桥台。八字形轻型桥台的台身可以做成等厚度的或变厚度的。变厚度的台身背坡一般为2:1～4:1，台口尺寸应满足抗剪强度要求。两边八字翼墙与台身分开，其顶宽为40cm，前坡为10:1，后坡为5:1（图3-89）。

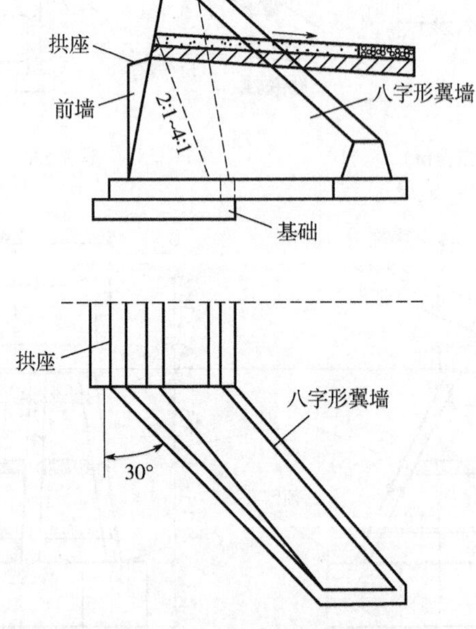

图3-89　八字形轻型桥台

②U字形轻型桥台。U字形轻型桥台是由前墙和平行于车行方向的侧墙组成，构成U字形的水平截面（见图3-90）。它与U形重力式桥台的区别是，后者是靠扩大桥台底面积，以减小基地压力，并利用基底与地基的摩阻力和适当利用台背土压力，以平衡拱的水平推力，

因此基础底面积较轻型桥台的要大，通常从前墙一直延伸到侧墙尾端，侧墙与前墙连成整体，而与拱上侧墙断开。U 字形轻型桥台前墙的构造和八字形轻型桥台相同，但侧墙却是拱上侧墙的延伸，它们之间应设变形缝，以适应桥的可能变位。轻型桥台侧墙的顶宽一般为50cm，内侧坡度一般为5:1，若有人行道，则上端做成等厚直墙，直到按 5:1 内坡相交为止，以下仍用5:1 的坡度。

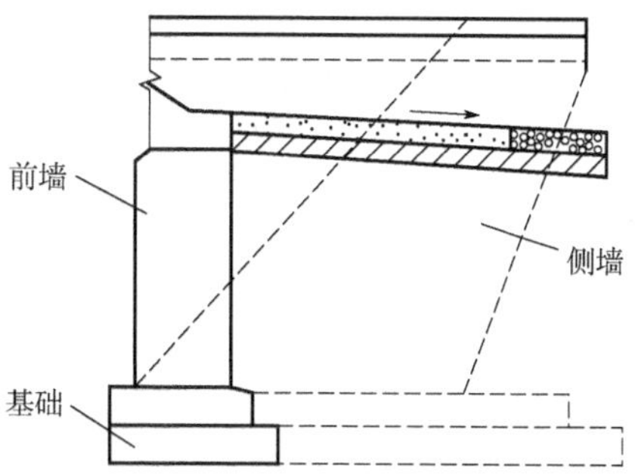

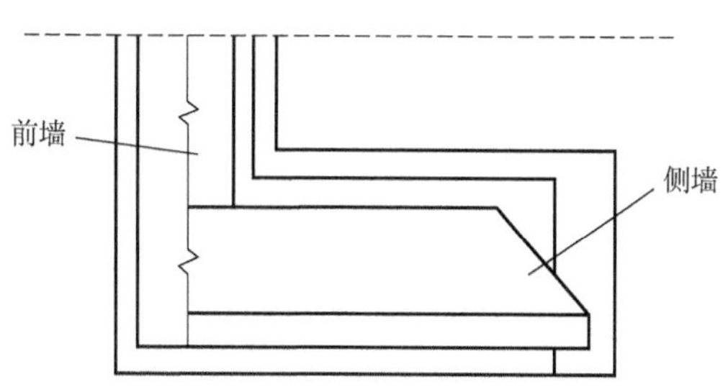

图 3-90 U 字形轻型桥台

③前倾式轻型桥台。前倾式轻型桥台由于台身向桥孔方向倾斜，因此比直立台身的受力情况要好，用料要省。前倾台身可做成等厚度的，前倾坡度可达 4:1，其缺点是施工比较麻烦。

④背撑式桥台。当桥台较宽时，为了保证结构的强度和稳定性，可以在八字形或 U 字形桥台的前墙背后加一道或几道背撑，构成兀字形或 E 字形等水平截面形式的前墙（图 3-91）。背撑顶宽为 30 ~ 60cm，厚度为 30 ~ 60cm，背坡为 3:1 ~ 5:1，呈梯形。这种桥台比八字形桥台的稳定性要好，但开挖量及圬工体积都有增多。然而加背撑的 U 字形桥台却能适用于较大跨径的高桥和宽桥。

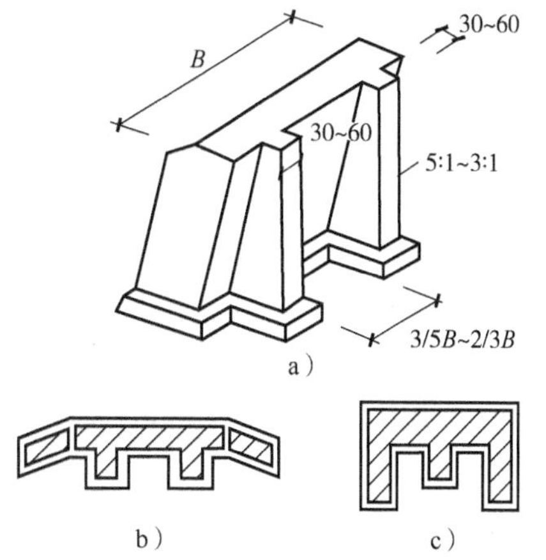

图 3-91 背撑式桥台（尺寸单位：cm）

a）前墙加背撑 b）兀字形前墙 c）E 字形前墙

⑤靠背式框架桥台。靠背式框架桥台是由台帽、前壁、耳墙和设置在不同高程且具有不同斜度的分离式基础连接而成。桥台的底板一定要紧贴承重地基。靠背式框架桥台受力合理，圬工体积小，比重力式桥台节约 85% 左右，且基坑挖方量小，其主要缺点是使用钢筋较多，适合于在非岩石地基上修建拱桥桥台。

⑥履齿式桥台。履齿式桥台又称飞机式桥台，由前墙、侧墙、底板和撑墙几部分组成（图 3-92）。

其结构特点：基底面积较大，可以支承一定的垂直力，底板下的齿槛可以增加摩阻和抗滑稳定性，齿槛的宽度和深度不宜小于 50cm，适用于软土地基和低路堤的拱桥。桥台的底板一般是用片石混凝土浇筑，其厚度在 50cm 左右，并不设钢筋。底板上设置撑墙以增强刚度。为了抵抗拱的水平推力，将台背做成斜挡板，使其与原状土坡紧贴，这样就可以利用尾部斜墙背面的原地基土和前墙背面新填土的水平土压力来平衡拱的推力。这种桥台容易沿图 3-92中所示的虚线滑动，因此必须验算沿此滑动面的稳定性。

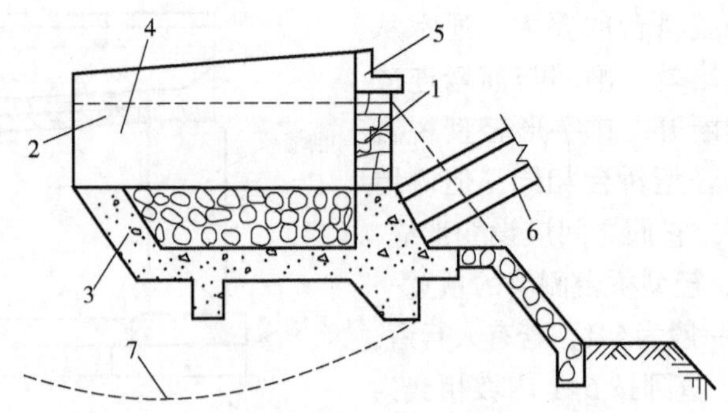

图 3-92　履齿式桥台

1—前墙　2—侧墙　3—底板　4—撑墙　5—腹拱台帽
6—主拱圈　7—滑动面

⑦屈膝式桥台。屈膝式桥台也适用于软土地基。它可以看成横卧的 L 形桥台（图3-93），直接利用原状土作拱座，施工中应尽量不破坏表层好土。

屈膝式桥台在构造上较履齿式桥台更为简单。它的受力面如图 3-93 中虚线所示，受力面最好与桥台外力的合力方向垂直，且没有偏心是最为理想的。必要时也要验算地基土的稳定性，如图 3-93 中虚线 5 所示。

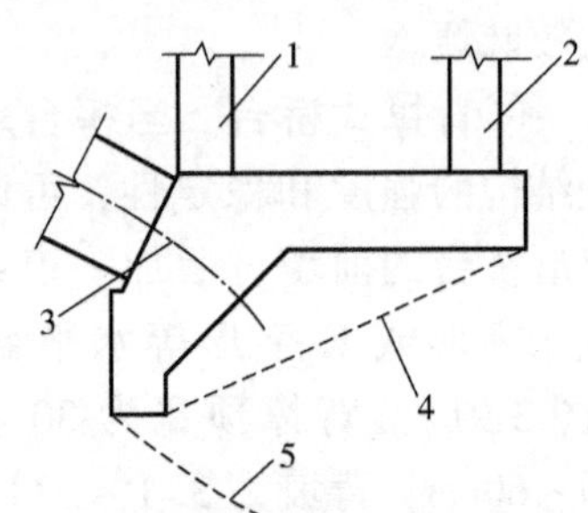

图 3-93　屈膝式桥台

1—前墙　2—后墙　3—压力线
4—受力面　5—滑动面

2. 桥台施工图识读

（1）桥台图样。表示桥台的图样有桥台构造图、桥台台身钢筋图、台帽钢筋图和耳墙钢筋图。

1）桥台构造图。桥台构造图由立面图、侧面图、平面图、台帽顶面图、截面图及桥台工程数量表组成。

①立面图。立面图是从桥台的正面进行投影，它主要表示桥台的正面形状和尺寸。

②侧面图。侧面图是从桥台侧面与线路垂直的方向投影而得到的，能较好地表达桥台的外形特征。

侧面图表示桥台侧面的形状和尺寸，以及桥台各部分所用的材料。

③平面图。平面图表示从桥台的上面进行投影，它主要表示桥台的平面形状和尺寸。

④桥台工程数量表。表示建造图中所示桥台需要的材料数量。

2）桥台钢筋图。桥台钢筋图由台身钢筋图、耳墙钢筋图、盖梁钢筋布置图三部分组成。

桥墩钢筋布置图由桥台三个截面图以及各个钢筋大样图组成，主要表示桥台台身的钢筋布置。另外，还有桥台台身材料数量表，表示符合图中所示桩号桥台台身的钢筋工程量。

耳墙布置图由立面图、侧面图、平面图以及耳墙各个编号钢筋的大样图组成。

盖梁钢筋布置图由半立面图、半平面图、截面图和盖梁钢筋各个编号钢筋的大样图组成。

（2）桥台构造图的识读。图 3-94 为某桥台台身构造图。

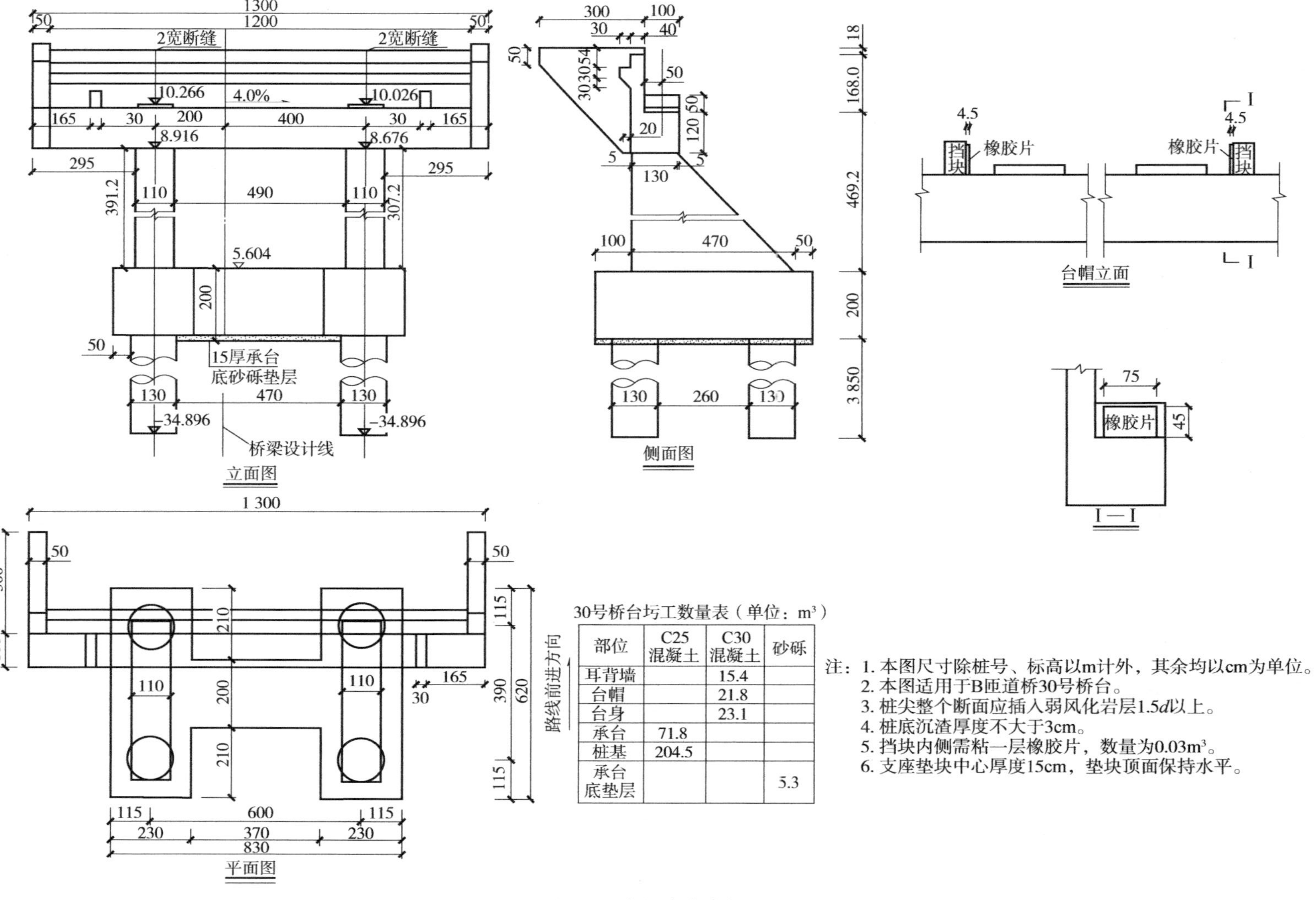

30号桥台圬工数量表（单位：m^3）

部位	C25混凝土	C30混凝土	砂砾
耳背墙		15.4	
台帽		21.8	
台身		23.1	
承台	71.8		
桩基	204.5		
承台底垫层			5.3

注：1. 本图尺寸除桩号、标高以m计外，其余均以cm为单位。
2. 本图适用于B匝道桥30号桥台。
3. 桩尖整个断面应插入弱风化岩层1.5d以上。
4. 桩底沉渣厚度不大于3cm。
5. 挡块内侧需粘一层橡胶片，数量为0.03m^3。
6. 支座垫块中心厚度15cm，垫块顶面保持水平。

图3-94　某桥台台身构造图

从立面图可知，此桥台基础为两排桩基础，桩径为130cm，桩底高程 - 34.896m。承台厚度200cm。台身为肋板式，宽度是110cm；盖梁长1300cm，横坡4.0%，盖梁上支座垫石2个，顶面高程分别为10.266m和10.026m。

从平面图可知，此桥台桩基础共4根，承台为带系梁的矩形承台，台身肋板宽度为110cm。

从侧面图可知，台身为梯形，上底宽130cm，下底宽470cm，高349.2cm；盖梁宽140cm，高120cm。

（3）桥台钢筋图。

1）台身钢筋布置图。图3-95为桥台台身钢筋布置图。Ⅰ—Ⅰ截面为侧面图，Ⅱ—Ⅱ截面为沿台身底和承台顶剖切而得，Ⅲ—Ⅲ截面为沿台身后部竖直方向剖切而得。

N1钢筋，沿竖直方向布置在肋板后部，从Ⅱ—Ⅱ截面可知，一个肋板N1钢筋1排10根。

N2钢筋，沿竖直方向布置在肋板后部上方。

N3钢筋，沿竖直方向布置在肋板外侧。型号是HRB335，用⌀表示，钢筋直径22cm。

N4钢筋，布置在肋板斜面上。

N5钢筋，沿竖直方向布置在肋板内侧。

N6钢筋，沿水平方向布置在肋板下方。

N7钢筋，沿水平方向布置在肋板内，上短下长。

N8钢筋为联系钢筋。

N9、N10钢筋为箍筋。

各钢筋形状见钢筋详图，其长度、根数、质量见一个桥台台身材料数量表。

2）耳墙钢筋布置图。耳墙钢筋布置具体如图3-96所示。

3）台帽（盖梁）钢筋布置图的识读。台帽（盖梁）钢筋布置具体如图3-97所示。

六、混凝土梁式桥

1. 混凝土梁式桥构造

（1）钢筋混凝土简支板桥构造。板桥是小跨径桥梁常用形式之一，由于它在建成以后外形上像一块薄板，故习惯称之为板桥。常采用简支板桥、连续板桥或悬臂板形式，可以采用钢筋混凝土或预应力混凝土建造。这里重点学习钢筋混凝土简支板桥构造。

1）钢筋混凝土板桥的特点。

①优点。

a. 外形简单，制作方便，既便于现场整体浇筑，又便于进行工厂化成批生产。

b. 建筑高度小，适用于桥下净空受限制的桥梁。

c. 做成装配式板桥的预制构件时，质量不大，架设方便。

②缺点。钢筋混凝土板桥的主要缺点是跨径小。跨径超过一定长度时，截面便要显著加高，从而导致自重过大，截面材料使用上不经济。

2）板桥的分类。钢筋混凝土板桥可按照以下分类方法进行分类：

①按照板桥的横截面形式分实体矩形板桥、矮肋式板截面板桥（图3-98）。

②按照板桥的施工方法分装配式板桥、整体式板桥。

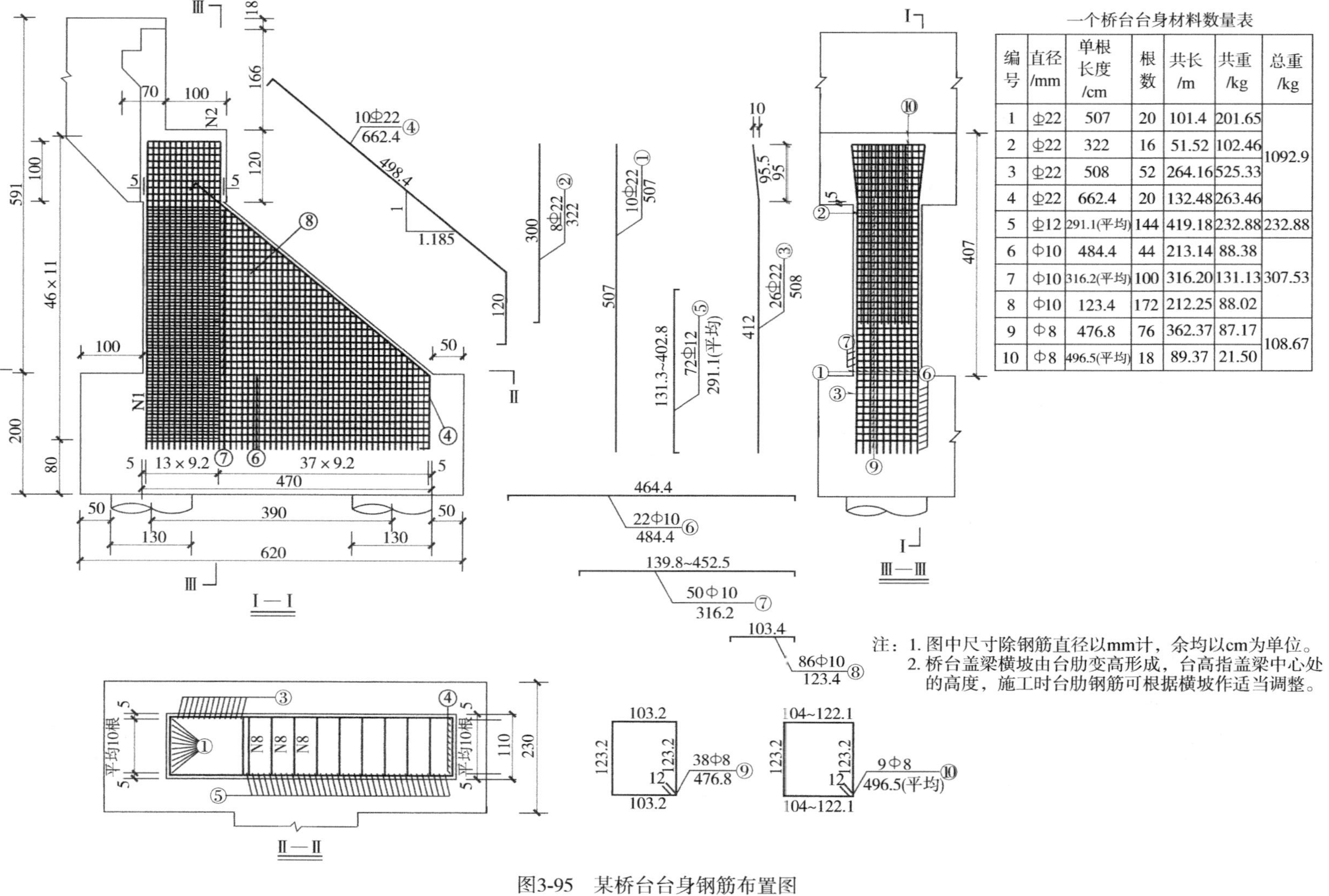

一个桥台台身材料数量表

编号	直径/mm	单根长度/cm	根数	共长/m	共重/kg	总重/kg
1	Φ22	507	20	101.4	201.65	1092.9
2	Φ22	322	16	51.52	102.46	
3	Φ22	508	52	264.16	525.33	
4	Φ22	662.4	20	132.48	263.46	
5	Φ12	291.1(平均)	144	419.18	232.88	232.88
6	Φ10	484.4	44	213.14	88.38	307.53
7	Φ10	316.2(平均)	100	316.20	131.13	
8	Φ10	123.4	172	212.25	88.02	
9	Φ8	476.8	76	362.37	87.17	108.67
10	Φ8	496.5(平均)	18	89.37	21.50	

注：1. 图中尺寸除钢筋直径以mm计，余均以cm为单位。
2. 桥台盖梁横坡由台肋变高形成，台高指盖梁中心处的高度，施工时台肋钢筋可根据横坡作适当调整。

图3-95　某桥台台身钢筋布置图

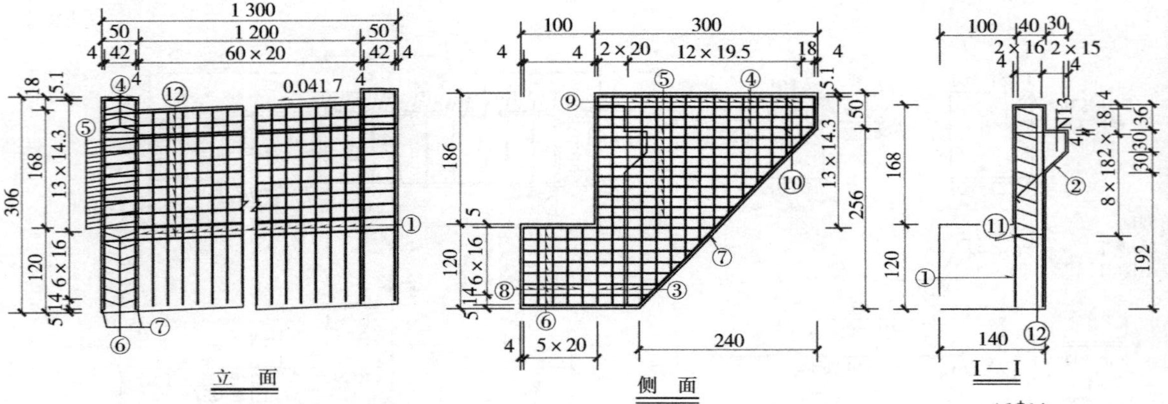

一座桥台耳墙背墙材料数量表

编号	直径/mm	单根长度/cm	根数	共长/m	共重/kg	总重/kg
1	Φ14	593	61	361.73	436.90	864.04
2	Φ14	206.9	61	126.21	152.44	
3	Φ14	311	12	37.32	45.08	
4	Φ14	295	16	47.20	57.01	
5	Φ14	229(平均)	36	82.44	99.57	
6	Φ14	216(平均)	28	60.48	73.05	
7	Φ12	547	4	21.88	19.43	168.29
8	Φ12	125	20	25.00	22.20	
9	Φ12	192(平均)	48	92.16	81.84	
10	Φ12	69.9	62	43.34	38.49	
11	Φ12	59.4	12	7.13	6.33	
12	Φ8	1326	27	358.02	141.06	141.06
13	Φ20	60	24	14.40	35.50	35.50

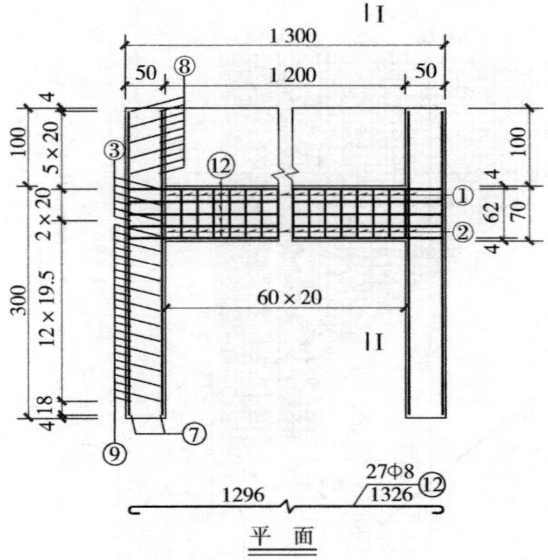

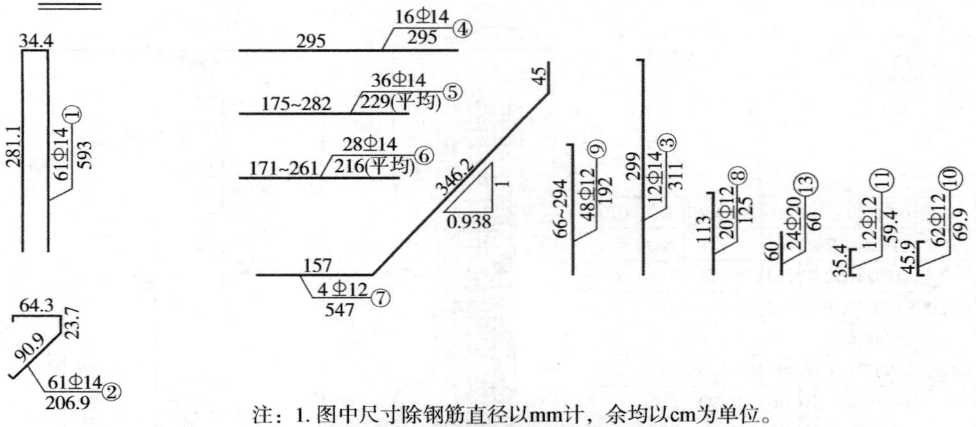

立　面

侧　面

I—I

平　面

注：1. 图中尺寸除钢筋直径以mm计，余均以cm为单位。
2. 背墙横坡由台身柱的高度变化来调整。
3. 11号背墙绑扎短钢筋横桥向按60cm间距放置。
4. 10号耳墙绑扎短钢筋布置见侧面图。
5. 13号搭板锚固筋在横桥向行车道部分按40cm间距埋入牛腿一半深。

图3-96　桥台耳墙钢筋布置图

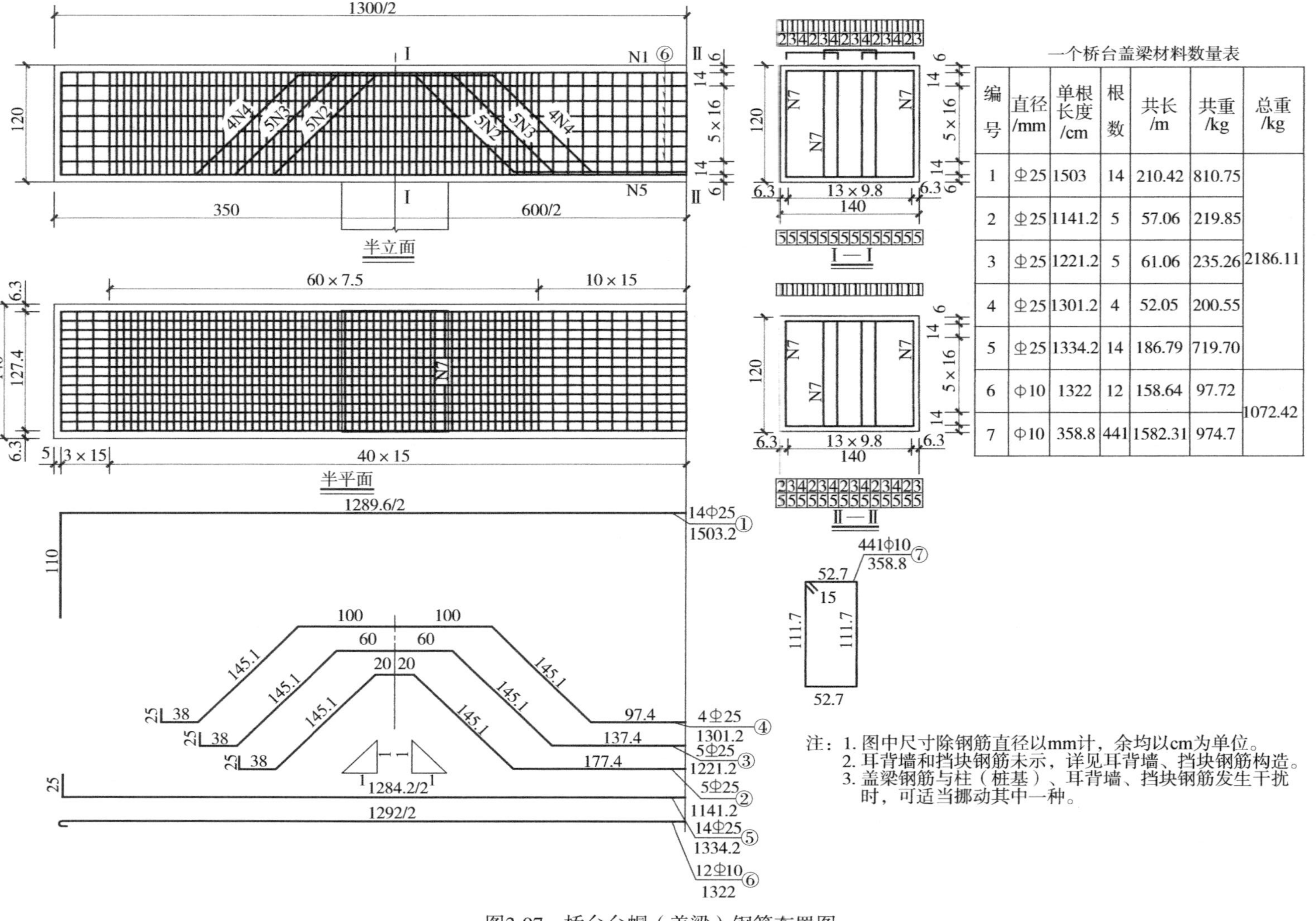

一个桥台盖梁材料数量表

编号	直径/mm	单根长度/cm	根数	共长/m	共重/kg	总重/kg
1	Φ25	1503	14	210.42	810.75	2186.11
2	Φ25	1141.2	5	57.06	219.85	
3	Φ25	1221.2	5	61.06	235.26	
4	Φ25	1301.2	4	52.05	200.55	
5	Φ25	1334.2	14	186.79	719.70	
6	Φ10	1322	12	158.64	97.72	1072.42
7	Φ10	358.8	441	1582.31	974.7	

注：1. 图中尺寸除钢筋直径以mm计，余均以cm为单位。
2. 耳背墙和挡块钢筋未示，详见耳背墙、挡块钢筋构造。
3. 盖梁钢筋与柱（桩基）、耳背墙、挡块钢筋发生干扰时，可适当挪动其中一种。

图3-97 桥台台帽（盖梁）钢筋布置图

③按照板的静力体系分简支板桥、悬臂板桥、连续板桥。

3）简支板桥的构造。

①整体式简支板桥。整体式简支板桥具有整体性能好，横向刚度大，而且易于浇筑成各种形状的优点。常用于4～8m跨径或不规则桥梁。

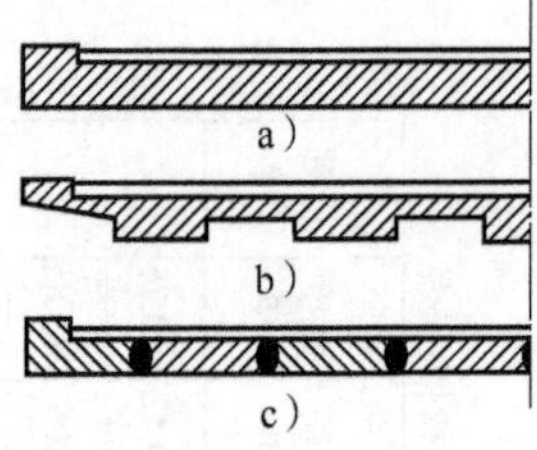

图3-98　板桥横截面图

a）类别一　b）类别二　c）类别三

整体式简支板桥的横截面一般都设计成等厚度的矩形截面（图3-99a），有时为了减小自重也可将受拉区稍加挖空做成矮肋式板桥（图3-99b）。

a. 整体式矩形实心板。具有形状简单、施工方便、建筑高度小、结构整体刚度大等优点；但施工时需现浇混凝土，受季节气候影响，又需模板与支架。从受力要求看，截面材料不经济、自重大，所以只在小跨板桥使用。

b. 矮肋式板截面。为了减轻自重，也可将截面受拉区稍加挖空做成矮肋式的板截面。

②装配式简支板桥。常用的装配式简支板桥按其截面形式主要有实心板和空心板两种。

a. 矩形实心板桥。矩形实心板桥是目前采用最广泛的形式，其跨径通常不超过8m，板厚为0.16～0.36m。这种板桥具有形状简单、施工方便、建筑高度小等优点，因而容易推广使用。其横剖面构造如图3-100所示。

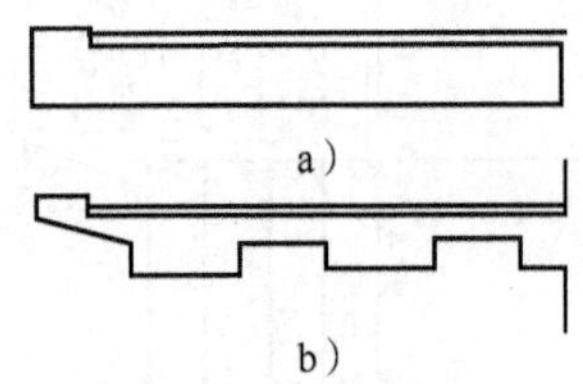

图3-99　整体式简支板桥

a）等厚度矩形截面　b）矮肋式板桥

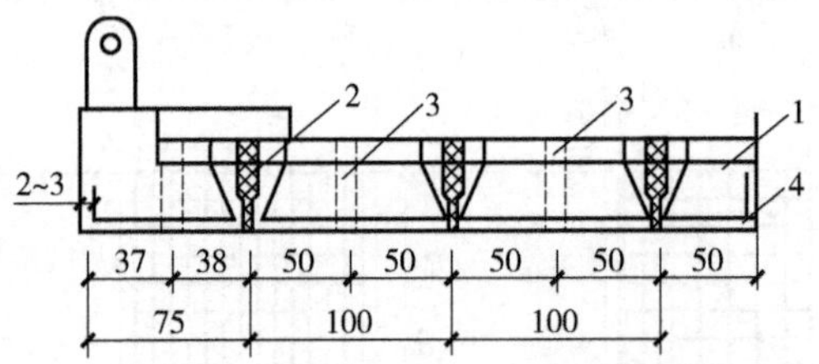

图3-100　装配式简支实心板横剖面构造图（尺寸单位：cm）

1—预制板　2—接缝　3—预留孔　4—垫层

b. 矩形空心板桥。为减轻自重，在跨径6～13m三种钢筋混凝土板桥标准图中，采用空心板截面，相应板厚为0.4～0.8m。空心板较同跨径的实心板质量小，运输安装方便，装配式预制空心板截面中间挖空形式很多，如图3-101所示，为几种常用的空心板截面形式。

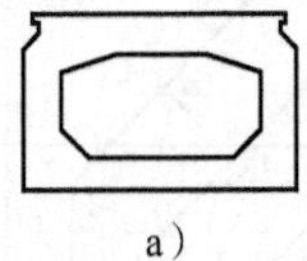

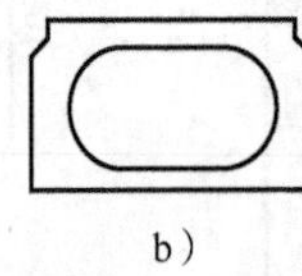

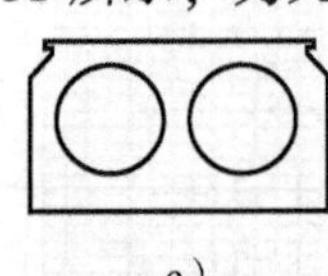

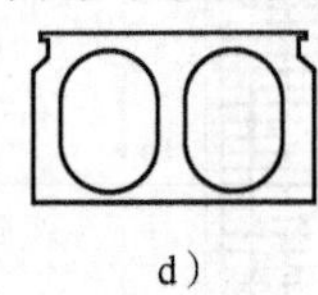

a）　b）　c）　d）

图3-101　空心板截面形式

a）形式一　b）形式二　c）形式三　d）形式四

（2）钢筋混凝土简支梁桥构造。钢筋混凝土简支梁桥常见截面形式为T形，有时也采用箱形或Ⅱ形截面。一般采用预制装配法施工，只在少数如异形、变宽截面等场合下采用整体浇筑法。这里我们主要学习常见装配式T形梁桥上部构造。

如图3-102所示就是典型的装配式T形简支梁桥上部构造概貌，它由几片T形截面的主梁并列在一起装配连接而成。T形梁的顶部翼板构成行车道板，与主梁梁肋垂直相连的横隔梁的下部以及T梁翼板的边缘均设焊接钢板连接构造，将各主梁连成整体，这样就能使作用在行车道板上的局部荷载分布给各片主梁共同承受。

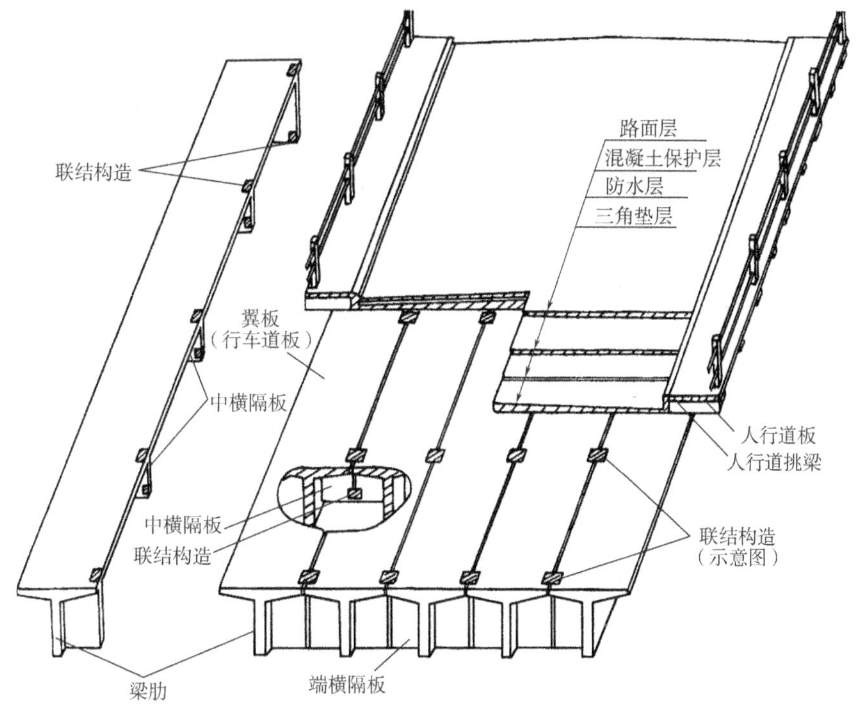

图 3-102 装配式 T 形简支梁桥上部构造概貌

1）布置。

①主梁布置。对于跨径大一些的桥梁，如果建筑高度不受限制，则适当加大主梁间距减少片数，钢筋混凝土的用量会少些，这样就比较经济；但此时桥面板的跨径增大，悬臂翼缘板端部较大的挠度对引起桥面接缝处纵向裂缝的可能性也大些。同时，构件质量的增大也使运输和架设工作趋于复杂。主梁间距一般均在 1.5 ~ 2.2m。我国已拟定的标准跨径为 10m、13m、16m 和 20m 的四种公路梁桥标准设计采用的梁高相应为 0.9m、1.1m、1.3m、1.5m，常用的梁肋宽度为 15 ~ 18cm。翼板的厚度应满足强度和构造最小尺寸的要求。根据受力特点，翼板通常都做成变厚度的，即端部较薄，向根部逐渐加厚。

②横隔梁布置。横隔梁在装配式 T 形梁桥中起着保证各根主梁相互连接成整体的作用，它的刚度越大，桥梁的整体性越好。T 形梁的端横隔梁是必须设置的，它不但有利于制造、运输和安装阶段构件的稳定性，而且能显著加强全桥的整体性；有中横隔梁的梁桥，荷载横向分布比较均匀，且可以减轻翼板接缝处的纵向开裂现象。当 T 形梁的跨径稍大时，可在跨径内增设 1 ~ 3 道横隔梁，间距采用 5 ~ 6m 为宜，跨中横隔梁的高度通常做成主梁高度的 3/4左右，梁肋下部呈马蹄形加宽时，横隔梁延伸至马蹄的加宽处，且宜做成上宽下窄和内宽外窄的楔形，以便脱模。横隔梁的肋宽常采用 12 ~ 16cm。

图 3-103 为墩中心距 20m，汽车荷载按旧规范《公路工程技术标准》（JTJ 01—1988）设计的装配式 T 形梁桥的纵、横截面主要尺寸。

2）构造。

①主梁钢筋构造。

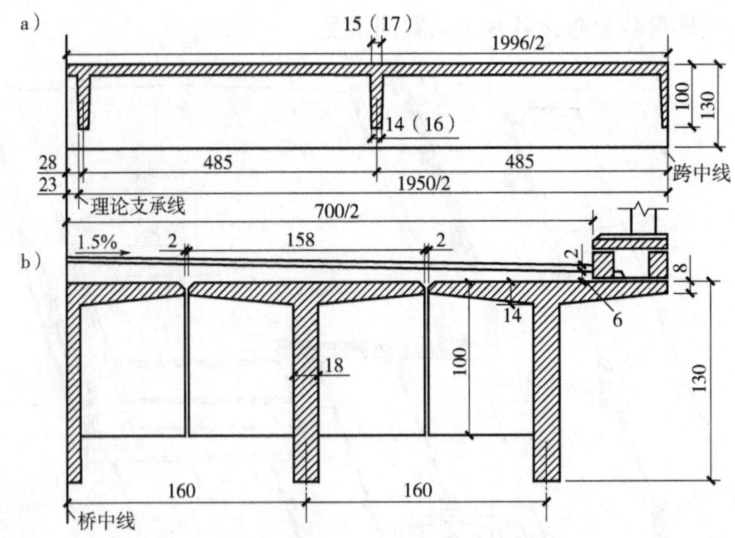

图 3-103　装配式 T 形梁桥纵、横截面主要尺寸（墩中心距离 20m）（尺寸单位：cm）

a. 一般构造。装配式 T 形简支梁桥的钢筋可分为纵向主钢筋、架立钢筋、斜钢筋、箍筋和分布钢筋等几种。

简支梁承受正弯矩作用，故抵抗拉力的主钢筋设置在梁肋的下缘。随着弯矩向支点处减小，主钢筋可在跨间适当位置处切断或弯起。为保证主筋在梁端有足够的锚固长度和加强支承部分的强度，至少有 2 根且不少于总数 1/5 的下层受拉主钢筋通过支点处，梁两外侧的主钢筋应伸出端支点以外，并弯成直角顺梁高延伸至顶部与顶层纵向架立钢筋相连，两侧之间的其他未弯起钢筋，伸出支承截面以外的长度，不应小于 10 倍钢筋直径（环氧树脂涂层钢筋为 12. 5 倍钢筋直径），HPB235 钢筋应带半圆钩。

由主钢筋弯起的斜向钢筋用来增强梁体的抗剪强度，当无主钢筋弯起时，尚需配置专门焊于主筋和架立筋上的斜钢筋。斜钢筋与梁的轴线一般布置成 45°角。弯起钢筋的末端应留有锚固长度：受拉区不应小于 20 倍钢筋直径，受压区不应小于 10 倍钢筋直径，环氧树脂涂层钢筋增加 25%，HPB235 钢筋应设置半圆弯钩。

为了防止 T 形梁肋侧面因混凝土收缩等原因而导致裂缝，因此在梁的两侧需要设置直径为 6 ~ 8mm 的纵向防裂分布钢筋，每腹板内钢筋截面面积 A_s = （0. 001 ~ 0. 002）bh，其中 b 为梁肋宽度，h 为梁的高度，其间距在受拉区不应大于腹板宽度，且不应大于 200mm，在受压区不应大于 300mm。在支点附近剪力较大区段和预应力混凝土锚固区段，分布钢筋间距宜为 100 ~ 150mm。

箍筋的主要作用也是增强主梁的抗剪强度。其间距不应大于梁高的 1/2 且不大于 400mm。当所箍钢筋为按受力需要的纵向受压钢筋时，不应大于所箍钢筋直径的 15 倍，且不应大于 400mm。在钢筋绑扎搭接接头范围内的箍筋间距，当绑扎搭接钢筋受拉时不应大于主钢筋直径的 5 倍，且不大于 100mm；当搭接钢筋受压时不应大于主钢筋直径的 10 倍，且不大于 200mm。在支座中心向跨径方向长度相当于不小于 1 倍梁高范围内，箍筋间距不宜大于 100mm。近梁端第一根箍筋应设置在距端面一个混凝土保护层距离处。

架立钢筋布置在梁肋的上缘，主要起固定箍筋和斜筋并使梁内全部钢筋形成立体或平面骨架的作用。

为了防止钢筋受到大气影响而锈蚀，并保证钢筋与混凝土之间的粘着力充分发挥作用，钢筋到混凝土边缘需要设置保护层。普通钢筋和预应力直线形钢筋的最小混凝土保护层厚度（钢筋外缘或管道外缘至混凝土表面的距离）不应小于钢筋公称直径，后张法构件预应力直线形钢筋不应小于其管道直径的1/2，且应符合表3-8的规定。

当受拉区主筋的混凝土保护层厚度大于50mm时，应在保护层内设置直径不小于6mm、间距不大于100mm的钢筋网。

表3-8　普通钢筋和预应力直线形钢筋最小混凝土保护层厚度　（单位：mm）

构件类别	环境类别		
	Ⅰ	Ⅱ	Ⅲ、Ⅳ
基础、桩基承台：（1）基坑底面有垫层或侧面有模板（受力主筋）	40	50	60
（2）基坑底面无垫层或侧面无模板（受力主筋）	60	75	85
墩台身、挡土结构、涵洞、梁、板、拱圈、拱上建筑（受力主筋）	30	40	45
人行道构件、栏杆（受力主筋）	20	25	30
箍筋	20	25	30
路缘石、中央分隔带、护栏等行车道构件	30	40	45
收缩、温度、分布、防裂等表层钢筋	15	20	25

注：对于环氧树脂涂层钢筋，可按环境类别Ⅰ取用。

为了使混凝土的粗集料能填满整个梁体，以免形成灰浆层或空洞，以及在浇筑混凝土时，振动器可以顺利插入各主钢筋间横向净距和层与层之间的竖向净距，当钢筋为三层以下时，不应小于30mm，当钢筋为三层以上时，不应小于40mm，并不小于钢筋直径的1.25倍。

在装配式T形梁中，可将钢筋叠置，并与斜筋、架立钢筋一起用侧面焊缝焊接成钢筋骨架（图3-104）。侧面焊缝设在弯起钢筋的弯折点处，并在中间直线部分适当设置短焊缝。焊接钢筋骨架的弯起钢筋，除用纵向钢筋弯起外，也可用专设的弯起钢筋焊接。斜钢筋与纵向钢筋之间的焊接，宜用双面焊缝，其长度应为$5d$（d为钢筋直径），纵向钢筋之间的短缝应为$2.5d$；当必须采用单面焊缝时，其长度加倍。焊接骨架的钢筋层数不应多于六层，单根钢筋直径不应大于32mm。

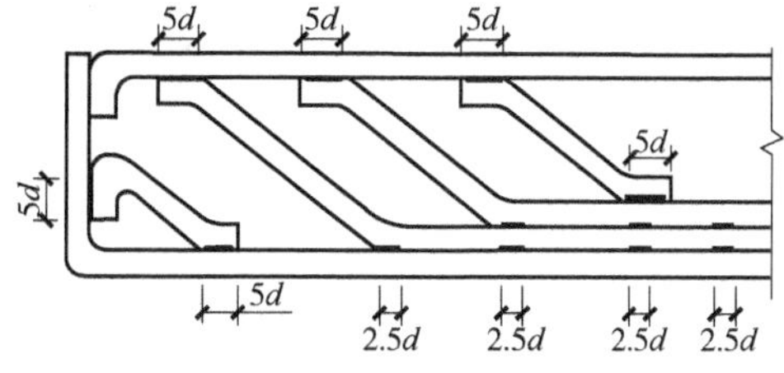

图3-104　焊接骨架图

T形梁翼缘板内的受力钢筋沿横向布置在板的上缘，以承受悬臂负弯矩，在顺主梁跨径方向还应设置少量的分布钢筋。行车道板内主筋的直径不小于10mm，人行道板内的主钢筋直径不应小于8mm，在简支板跨中和连续板支点处，板内主钢筋间距不应大于200mm。

b. 主梁钢筋构造实例。下面介绍一种墩中距20m的装配式T形梁的钢筋构造实例（图3-105），主梁和横隔梁的布置以及主要尺寸如图3-106所示。

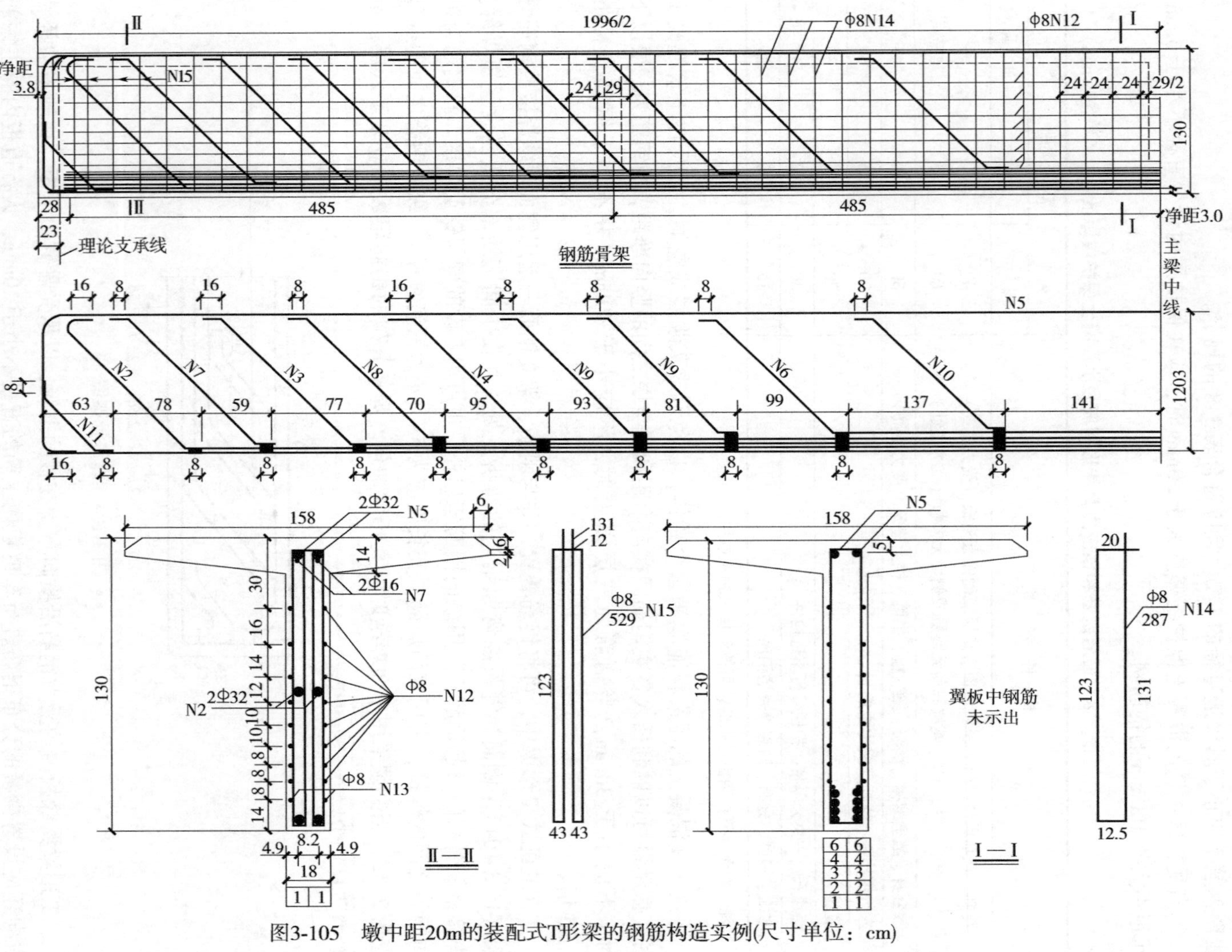

图3-105 墩中距20m的装配式T形梁的钢筋构造实例(尺寸单位：cm)

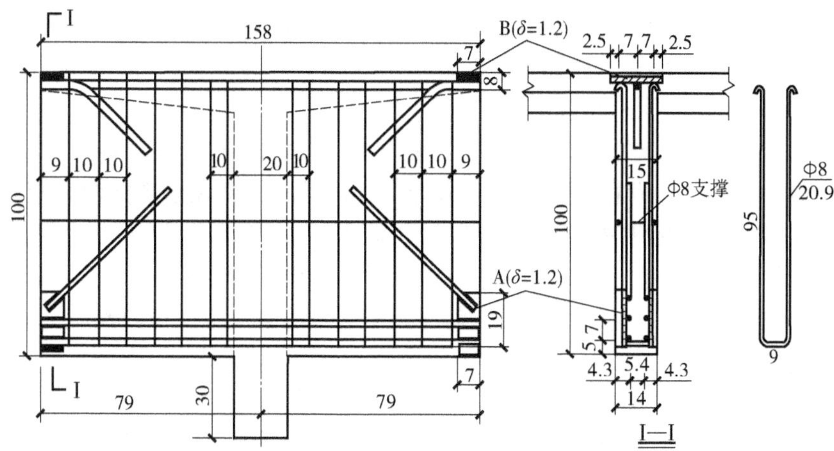

图 3-106　主梁和横隔梁的布置及主要尺寸（跨径 20m）（尺寸单位：cm）

此 T 形梁全长为 19.96m，即当多跨布置时，在墩上相邻梁的梁端之间留有 4cm 的伸缩缝。全桥设置 5 道横隔梁，支座中心至主梁梁端的距离为 0.23m。

②横隔梁钢筋构造。在设有端横隔梁和中横隔梁的装配式 T 形梁桥中，均借助横隔梁的接头使所有主梁连接成整体。图 3-106 为常用的中主梁中横隔梁的构造形式。在横隔梁靠近下部边缘的两侧和顶部的翼板内均埋有焊接钢板 A 和 B，焊接钢板则预先与横隔梁的受力钢筋焊在一起做成安装骨架。当 T 梁安装就位后即在横隔梁的预埋钢板上再加焊盖接钢板使连成整体。端横隔梁的焊接钢板接头构造与中横隔相同。

（3）预应力混凝土简支梁桥构造。当跨径大于 20m，特别是 30m 以上的跨径梁桥，往往采用预应力混凝土结构。目前，公路上预应力混凝土简支梁的跨径已做到 50～60m。我国已为 25m、30m、35m 和 40m 跨径编制了后张法装配式预应力混凝土简支梁桥的标准设计。

预应力混凝土简支梁桥的横截面类型基本上与钢筋混凝土梁桥相似，通常也做成 T 形、Ⅱ形。有时为了提高单梁的抗扭刚度并减小混凝土截面，也采用箱形。箱形截面梁的跨度可以比 T 梁大很多。

图 3-107 为一孔典型的装配式预应力混凝土简支梁桥上部构造概貌。

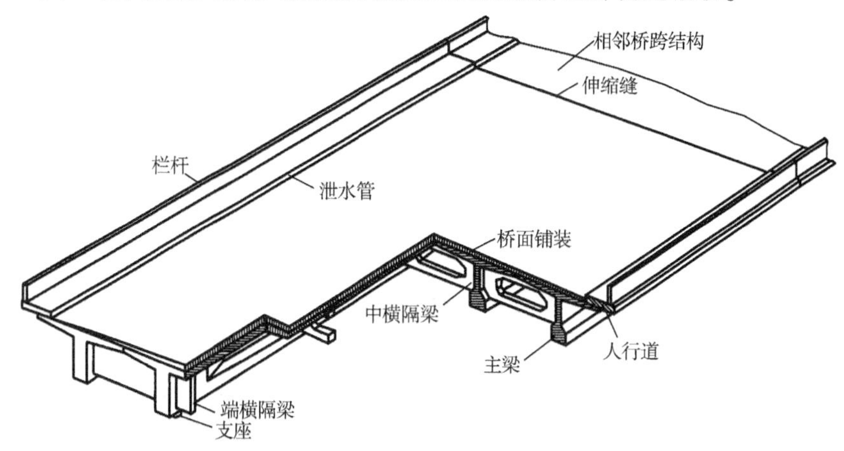

图 3-107　装配式预应力混凝土简支梁桥上部构造概貌

下面将从构造布置、截面尺寸、配筋特点等方面介绍预应力混凝土简支 T 梁桥的构造。

1）构造布置及截面尺寸。图 3-108 是跨径为 30m、桥面净空为净 $-7+2\times0.75$m 人行道的预应力混凝土 T 形梁构造布置图。

我国 1973 年编制的公路桥涵标准图中，无论是钢筋混凝土还是预应力混凝土 T 梁，主梁间距全部采用 1.6m，并根据桥面净空和人行道宽度的不同而在横截面内相应采用 5、6 和 7 片主梁。1983 年编制的公路桥涵标准图中，主梁间距采用 2.2m。

当吊装质量不受控制时，对于较大跨径的 T 梁，宜推荐较大的主梁间距（1.8～2.5m）。为了防止桥面和翼缘开裂，主梁间距也不宜过大，但如桥面板施加横向预应力时，主梁间距还可适当加大。

预应力混凝土简支 T 形梁的梁肋下部通常要加宽做成马蹄形，以便钢丝束的布置和满足承受很大预压力的需要。为了配合钢丝束的弯起，在梁端能布置钢丝束锚头和安放张拉千斤顶，在靠近支点处腹板也要加厚至与马蹄同宽，加宽范围最好达一倍梁高（离锚固端）左右，这样就形成了沿纵向腹板厚度发生变化、马蹄部分也逐渐加高的变截面 T 形梁（图 3-108）。

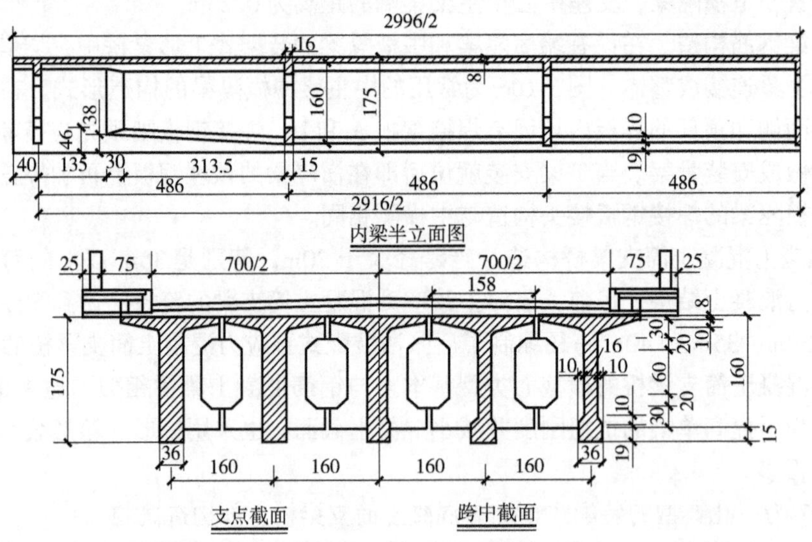

图 3-108　跨径 30m 预应力混凝土 T 形梁构造布置图（尺寸单位：cm）

沿纵向的横隔梁布置基本上与钢筋混凝土梁桥相同。但当主梁跨度大、梁较高的情况下，为了减小质量而往往将横隔梁的中部挖孔（图 3-108）。

2）配筋特点。预应力混凝土梁内的配筋，除主要的纵向预应力筋外，尚有架立钢筋、箍筋、水平分布钢筋、承受局部应力的钢筋和其他构造钢筋等。

①纵向预应力筋布置。预应力混凝土简支梁中所采用的预应力主筋布置图式如图 3-109 所示。所有图式的共同特点：主筋在跨中均靠近梁的下缘布置，以对混凝土施加的压力来抵消荷载引起的拉应力。

全部主筋直线形布置（图 3-109a）构造最简单，它仅适合于先张法施工的小跨度梁。其主要缺点是支点附近无法平衡的张拉负弯矩会在梁顶出现过高的拉应力。

对于长度较大的后张法梁，如采用直线形预应力筋时，为了减小梁端附近的负弯矩并节省钢材，可将主筋在梁的中间截面处截断（图 3-109b），这种布置的主要优点是主筋最省，张拉摩阻力也小，但预应力筋没有充分发挥抗剪作用，且梁体在锚固处的受力和构造也较复杂。

当预应力筋数量不太多，能全部在梁端锚固时，为使张拉工序简便，通常都将预应力筋全部弯至梁端锚固（图 3-109c），这种布置的预应力筋弯起角不大，对减小摩阻损失有利。

对于钢束根数较多的情况，或者当预应力混凝土梁的梁高受到限制，以致不能全部在梁端锚固时，就必须将一部分预应力筋弯出梁顶（图 3-109d）。这样的布置方式能缩短预应力筋长度，节约钢材，对于提高梁的抗剪能力也更有利。

图 3-109e 是大跨度桥梁为了减小自重而配合荷载弯矩图形设计的变高度鱼腹形梁，这种构造因模板结构，施工和安装较复杂，一般很少采用。

图 3-109f 表示预应力混凝土串联梁，梁顶附近的直线形预应力筋是为防止在安装过程中梁顶出现拉应力而布置的。

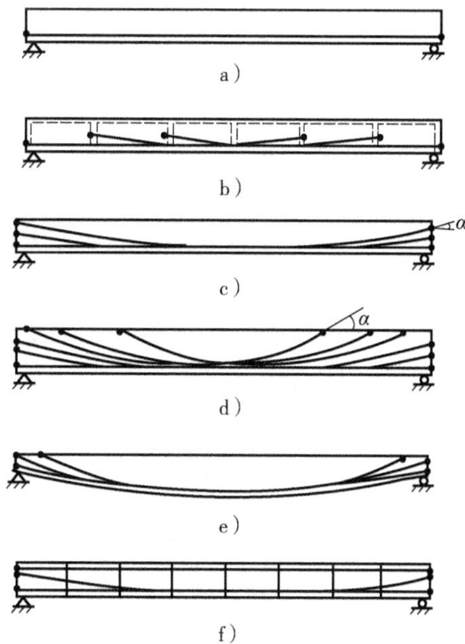

图 3-109 简支梁纵向预应力筋布置图示
a）形式一 b）形式二 c）形式三 d）形式四 e）形式五 f）形式六

②其他钢筋的布置。预应力混凝土梁与钢筋混凝土梁一样，要按规定的构造要求布置箍筋、架立筋和纵向水平分布钢筋等。

图 3-110 为梁端锚固区（约等于梁高的长度内）非预应力钢筋构造。加强钢筋网的网格约为 10cm × 10cm。锚具下设置厚度不小于 16mm 的钢垫板与相配的螺旋筋，以提高混凝土的抗裂性。由于预应力混凝土梁肋承受的主拉应力较小，一般可不设斜筋。此外，对于预应力筋比较集中的下翼缘（下马蹄）内必须设置闭合式或螺旋形的加强箍筋，其间距不大于 15cm。制孔管的直径应比预应力筋直径大 10mm，采用铁皮套管时应大 20mm，管道间的最小净距主要由浇筑混凝土的要求所确定，在有良好振捣工艺时（例如同时采用底振和侧振），最小净距不小于 4cm。

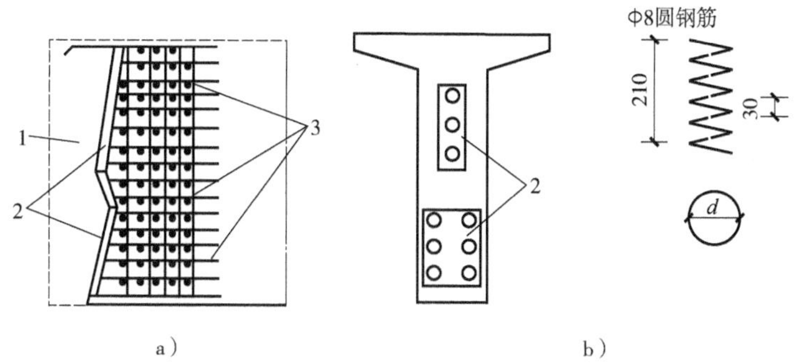

图 3-110 梁端锚固区非预应力钢筋构造图（尺寸单位：mm）
1—后浇封头混凝土 2—垫板 3—钢筋网（直径 8mm，间距 10cm）

在预应力混凝土简支梁中，将无预应力的钢筋与预应力筋协同配置，这样往往能达到经济合理的效果。

图 3-111a 表示当梁中预应力筋在两端不便弯起时，为了防止张拉阶段在梁端顶部可能开裂而布置的受拉钢筋。

对于自重比恒载与活载小得多的梁，在预加力阶段跨中部分的上翼缘可能会开裂而破坏，因而也可在跨中部分的顶部加设无预应力纵向受力钢筋（图 3-111b)，这种钢筋在运营阶段还能加强混凝土的抗压能力，在破坏阶段则可提高梁的安全度。

图 3-111c 为在跨中部分下翼缘内设置的钢筋，多半是在全预应力梁中为了加强混凝土承受预加压力的能力。

对于部分预应力梁也往往利用通常布置在下翼缘的纵向钢筋来补足极限强度的需要(图 3-111d)。并且这种钢筋对于配置不粘结预应力筋的梁能起分布裂缝的作用。

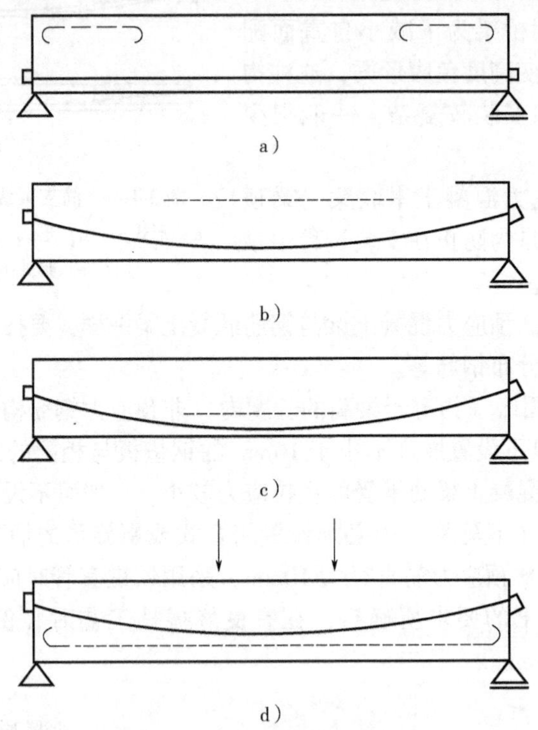

图 3-111　无预应力纵向受力钢筋（虚线）的布置

a）方式一　b）方式二　c）方式三　d）方式四

3）装配式预应力混凝土梁的构造示例。图 3-112 为墩中心距 30m 的装配式预应力混凝土简支梁标准设计构造示例。此梁的全长为 29.96m，计算跨径为 29.16m。梁肋中心距为标准尺寸 1.60m。在横截面上，可以用 5 ~ 7 片主梁来构成净 – 7、净 – 9，并附不同人行道宽度的桥面净空。主梁采用带马蹄的 T 形截面，梁高为 1.75m，高跨比为 1/16.7。厚 16cm 的梁肋在梁端部分（约等于梁高的长度内）加宽至马蹄全宽 36cm，以利预应力筋的锚固。在截面设计中将所有混凝土内角做成半径为 5cm 的圆角，以衬脱模。T 形梁预应力采用了 7 根 $24\phi5$ 高强钢丝束，钢丝极限强度为 1600×10^3kPa，全部钢丝束均以圆弧起弯并锚固在梁端

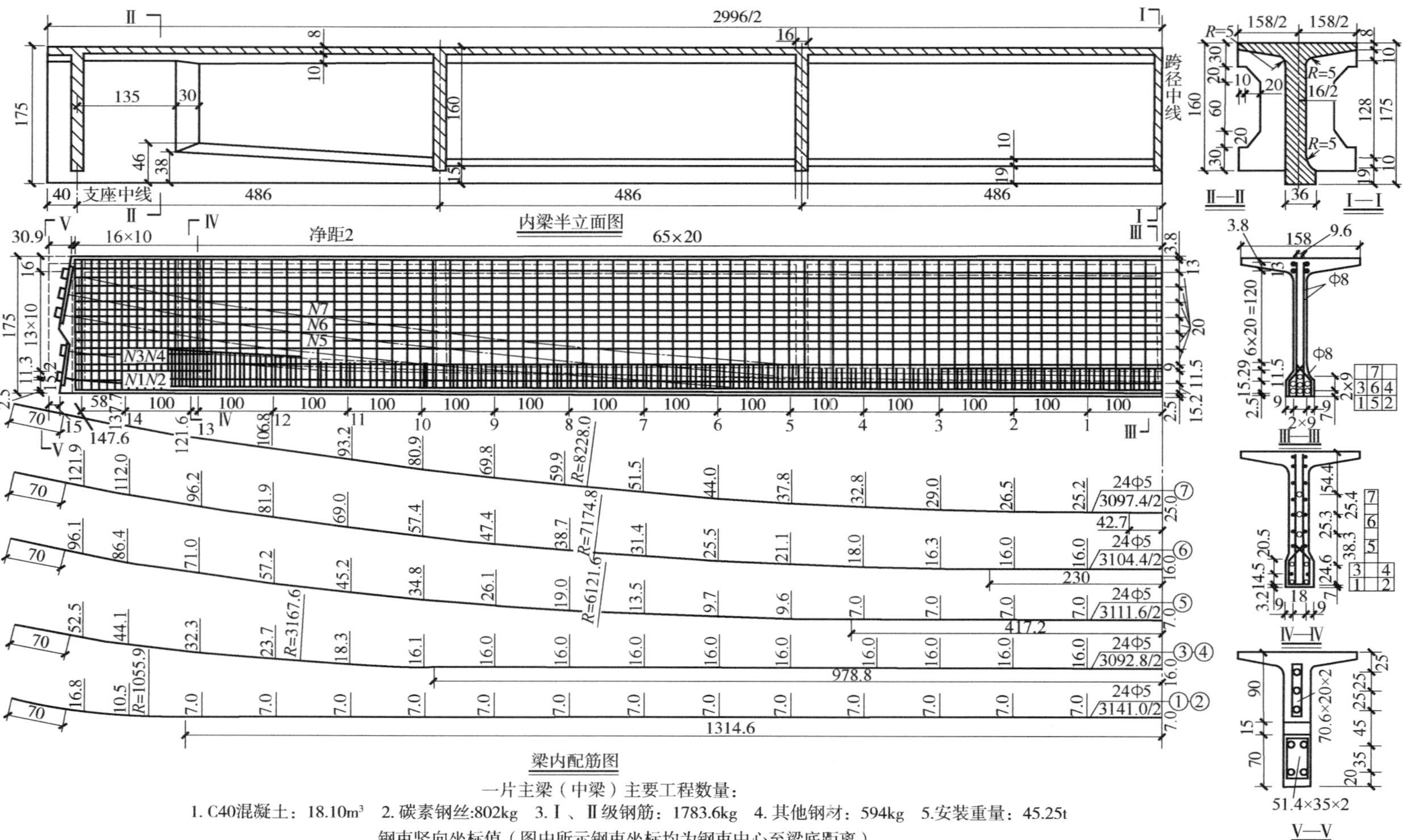

一片主梁（中梁）主要工程数量：

1. C40混凝土：$18.10m^3$ 2. 碳素钢丝:802kg 3. Ⅰ、Ⅱ级钢筋：1783.6kg 4. 其他钢材：594kg 5.安装重量：45.25t

钢束竖向坐标值（图中所示钢束坐标均为钢束中心至梁底距离）

图3-112 墩中心距30m的装配式预应力混凝土简支梁标准设计构造示例（尺寸单位：mm）

厚2cm的钢垫板上。

(4) 预应力混凝土连续梁桥构造。预应力混凝土简支梁桥，由于构造简单，预制和安装方便，在桥梁建设中得到了广泛使用。但随着高等级公路的迅速发展，行车平顺性和舒适度要求越来越高，连续梁桥以其结构刚度大、变形小、伸缩缝少和行车平稳舒适等突出优点得到了迅速的发展。

1) 受力特点。现将三跨连续梁桥在荷载作用下产生的梁体截面内力与简支梁做一比较(图3-113)，当跨度 l 和恒载集度 q 相同的情况下，连续梁内力的分布要比同跨度的简支梁合理。这是由于连续梁支点负弯矩的存在，使跨中正弯矩值显著减小。

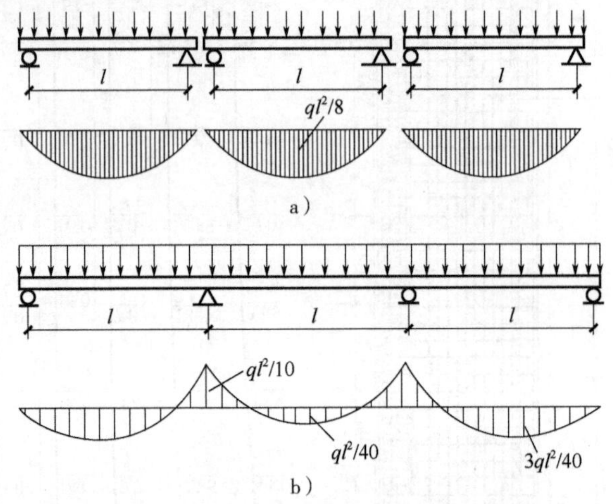

图3-113　连续梁与同跨度简支梁的弯矩比较

a) 简支梁　b) 连续梁

对于预应力混凝土连续梁来说，控制设计的常是弯矩的变化值，它影响预应力钢筋的布置，即必须以各个截面的最大正、负弯矩的绝对值之和（即按内力变化幅值）布置预应力筋。

在连续梁中，可以变化相邻跨长的比值，调整各控制截面的弯矩变化幅值，以利于布筋。

2) 预应力混凝土连续梁的构造。

①横截面形式和特点。当桥梁的设计方案选定预应力混凝土连续梁桥后，首先要进行桥梁的总体布置和确定结构构造。预应力混凝土连续梁桥的布置与构造，除考虑桥梁的技术经济指标，跨越性质和水文、地质等条件外，还应考虑施工方法。不同的施工方法和施工设备，对桥梁的上下部构造和预应力钢筋的布置有不同的要求。因此，在确定桥梁构造的同时，必须涉及施工方法和施工条件。

预应力混凝土连续梁桥的截面形式很多，一般应根据桥梁的总体布置、跨径、宽度、梁高、支承形式和施工方法等方面综合确定。合理地选择主梁的截面形式对减轻桥梁自重、节约材料、简化施工和改善截面受力性能十分重要。预应力连续梁桥横截面形式主要有板式、肋梁式和箱形截面。其中，板式、肋梁式截面构造简单、施工方便；箱形截面具有良好的抗弯和抗扭性能，是预应力混凝土连续体系梁桥的主要截面形式。

a. 板式和T形截面。板式截面分为实体截面和空心截面分别如图3-114a、b和c、d所示。矩形实体截面使用较少，曲线形整体截面近年相对使用较多。实体截面多用于中小跨径，且多为有支架现浇施工，此时跨中板厚为1/28～1/22跨径，支点板厚为跨中的1.2～1.5倍；空心截面常用于跨径15～30m的连续梁桥，板厚一般为0.8～1.5m，亦用有支架现浇为主。肋式截面预制方便，常用于预制架设施工，并在梁段安装后经体系转换为连续梁桥。常用跨径为25～50m，梁高取1.3～2.6m（图3-114e）。

b. 箱形截面。当连续梁桥的跨径为40～60m或更大时，主梁多采用箱形截面，其构造布置灵活，常用的箱形截面有单箱单室、单箱双室和分离式双箱单室等几种，第一种应用得较多。单箱单室截面的顶板宽度一般小于20m（图3-115a）；单箱双室的约为25m（图3-115b）；双箱单室的可达40m左右（图3-115c）。等高度箱梁可采用直腹板或斜腹板，变高度箱梁宜采用直腹板。

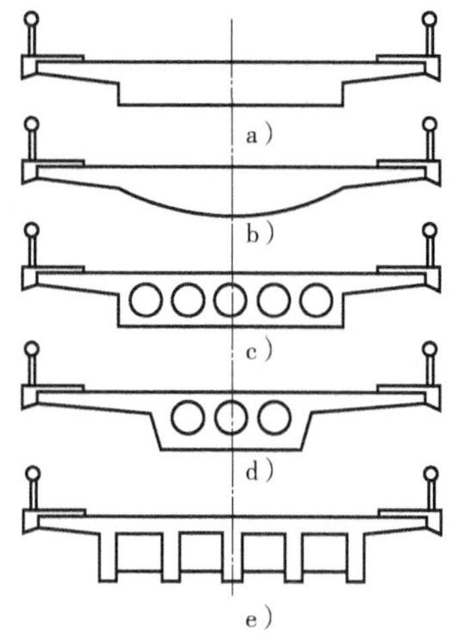

图3-114 板式和肋式截面图

a）、b）实体截面 c）、d）空心截面 e）肋式截面

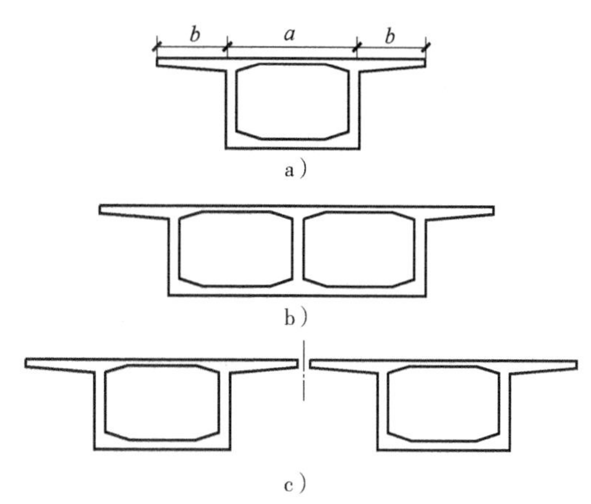

图3-115 箱形截面图

a）单箱单室 b）单箱双室 c）双箱单室

②立面形式和特点。

a. 等截面连续梁桥。力学特点。除了简支-连续法施工的连续梁桥，超静定结构的连续梁在结构重力和活载作用下，支点截面设计负弯矩一般比跨中截面设计正弯矩大，但在跨径不大时这个差值不是很大，可以考虑采用等截面形式，并采取一定的构造措施予以调节，从而简化主梁的构造。

构造特点。等截面连续梁桥可选用等跨和不等跨两种布置方式（图3-116）。

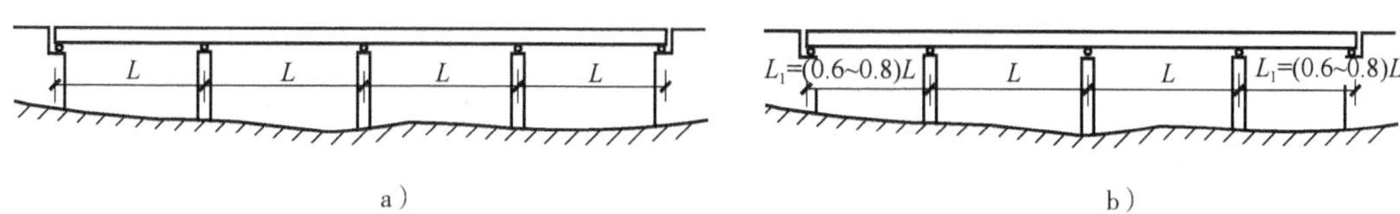

图3-116 等截面连续梁桥

a）等跨等截面连续梁桥 b）不等跨等截面连续梁桥

等跨布置的跨径大小主要取决于经济条件和施工设备条件，高跨比一般为1/25～1/15；在顶推施工的等截面连续梁桥中，梁高与顶推跨径之比一般为1/17～1/12。当标准跨径较大时，有时为减少边跨正弯矩，将边跨跨径取小于中跨的结构布置，一般边跨与中跨长之比

在0.6～0.8。

当标准跨径不能满足通航或桥下交通要求而需要加大个别跨的跨径时，常常不需改变高度，而是采用增加钢筋束和调整截面尺寸的方式予以解决，使桥梁外观仍保持等截面布置。这样做即使桥梁的立面协调一致，又能减少构件及模板的规格。

适用范围及特点。桥梁一般采用中等跨径，以40～60m为宜（国外也有达到80m的跨径）。这样，可以使主梁构造简单，施工快捷。立面布置以等跨径为宜，也可以采用不等跨布置。适用于有支架施工、逐孔架设施工、移动模架施工及顶推法施工。

b. 变截面连续梁桥。力学特点。当连续梁的主跨跨径接近或大于70m时，若主梁仍采用等截面布置，在结构重力和活载作用下，主梁支点截面设计负弯矩将比跨中截面的设计正弯矩大得多，从受力上讲就显得不太合理且不经济。因此，主梁采用变截面形式才更符合受力要求，高度变化基本上与内力变化相适应。

构造特点。变截面形式的大跨径预应力混凝土梁桥，立面一般采用不等跨布置。但多于三跨的连续梁桥，除边跨外，其中间各跨一般采用等跨布置，以方便悬臂施工。对于多于两跨的连续梁桥，其边跨一般为中跨的3/5～4/5（图3-117a）。当采用箱形截面的三跨连续梁时，边孔跨径甚至可减少至中跨的1/2～7/10。有时为了满足城市桥梁或跨线桥的交通要求而需增大中跨跨径时，可将边跨跨径设计成仅为中跨的1/2以下，在此情况下，端支点上将出现较大的负反力，故必须在该位置设置能抵抗拉力的支座以消除负反力（图3-117b）。

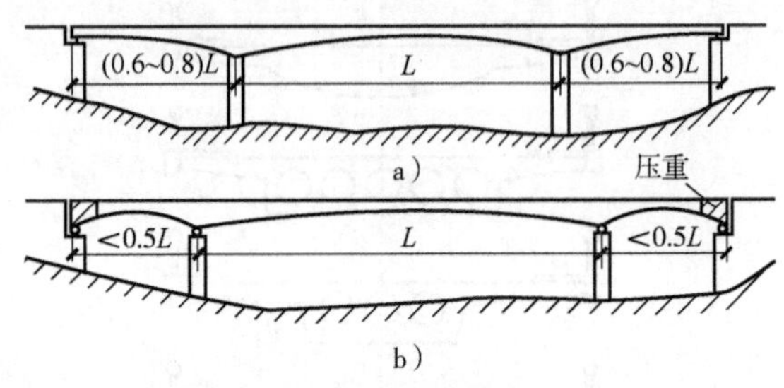

图3-117　变截面连续梁桥
a）方式一　b）方式二

适用范围及特点。当连续梁的主跨跨径达到70m及以上时，从结构受力和经济的角度出发，主梁采用变截面布置比较符合梁的内力变化规律。适合悬臂法施工（悬臂浇筑和悬臂拼装两种），施工阶段的主梁内力与运营阶段的主梁内力基本一致。采用变截面，外形美观，可节省材料并增大桥下净空高度。

c. V形支撑连续梁桥。V形墩连续梁桥又称V形支撑连续梁桥（图3-118），它兼有连续梁桥和斜腿刚架桥的受力特点。

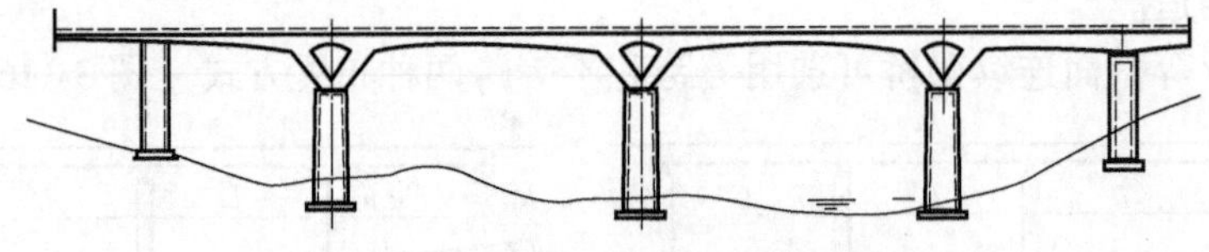

图3-118　V形支撑连续梁桥简图

采用V形墩便于上部箱梁悬臂浇筑时临时支架的布置，并可一次拼成两个单独的挂篮，避免了挂篮的解体。

采用V形墩悬臂浇筑时，施工中有两个支点，具有较大的抗弯能力并能承担施工弯矩。施工弯矩较大时，只要稍微加固就可承受拉力。

另外，采用V形墩，无论梁部结构还是下部结构，工程量都较省，结构形式也轻巧美观。但斜腿施工较复杂，需用较多的临时材料。

V 形斜撑与水平的夹角，依桥下净空要求和总体布置确定，但通常取用大于 45°的角。斜撑的截面形式可采用矩形、弓形和箱形。

V 形墩的支座可布置在 V 形斜撑的顶部或底部。支座布置在斜撑的顶部，斜撑是桥墩的一个组成部分；支座布置在斜撑的底部，或采用斜撑与承台刚接而不设支座时，斜撑与主梁固结，斜撑成为上部结构的组成部分。

③预应力筋的布置。连续梁桥主梁的内力主要有三个，即纵向受弯、受剪及横向受弯。通常所说的三向预应力就是为了抵抗上述三个内力。纵向预应力抵抗纵向受弯和部分受剪，竖向预应力抵抗受剪，横向预应力则抵抗横向受弯。预应力筋数量和布筋位置都需要根据结构在使用阶段的受力状态予以确定，同时，也要满足施工各阶段的受力需要。施工方法不同，施工阶段的受力状态差别很大，因此，结构配筋必须结合施工方法考虑。

a. 纵向预应力筋。沿桥跨方向的纵向预应力筋又称为主筋，是用以保证桥梁在结构重力和活载作用下纵向跨越能力的主要受力钢筋，可布置在顶板、底板和腹板中。预应力混凝土连续梁桥中纵向预应力筋的布置方式多种多样，与所采用的施工方法及预应力筋的种类等有密切的关系。

图 3-119a 表示采用顶推法施工的直线形预应力筋布置方式。上、下的通束使截面接近轴心受压，以抵抗顶推过程中各截面承受的正负弯矩的交替变化。待顶推完成后，再在跨中的底部和支点的顶部增加局部预应力筋，用来满足运营荷载下相应的内力要求。有时按设计还在跨中的顶部和支点附近的底部设置局部的施工临时束，待顶推完成后即予卸除。

图 3-119b 表示采用先简支后连续施工方法的预应力筋布置方式。待墩上接缝混凝土达到强度后．用设置在接缝顶部的局部预应力筋来建立结构的连续性。

图 3-119c、d 表示采用悬臂施工方法的预应力筋布置方式。梁中除负弯矩区和正弯矩区各需布顶部和底部预应力筋外，在有正、负弯矩交替作用的区段内，顶、底板中均需设置预应力筋。图 3-119e 为直线布束方式，即顶板预应力筋沿水平布置并锚固在梗肋处，此种布束方式可减少预应力筋的摩阻损失，并且穿束方便，也改善了腹板的混凝土浇筑条件。水平预应力筋的设计和构造仅由弯曲应力决定，而抗剪强度则由竖向预应力筋来提供。图 3-119d 为顶板预应力筋在腹板内弯曲并下弯锚固在腹板上，以减小外荷载所产生的剪力。此时腹板应具有足够的厚度以承受集中的锚固力。

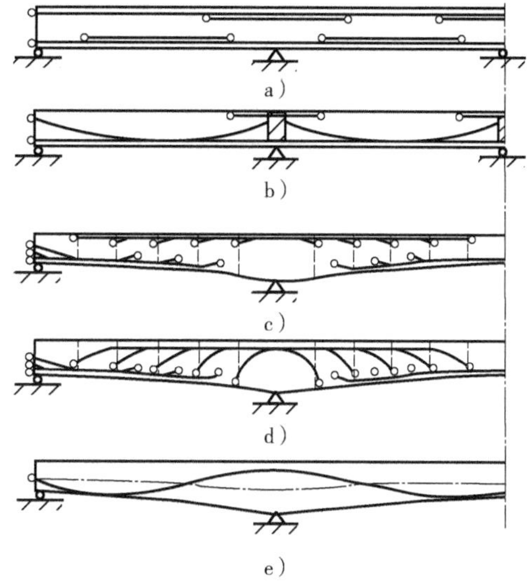

图 3-119 预应力筋布置

a）方式一 b）方式二 c）方式三

d）方式四 e）方式五

图 3-119e 表示整根曲线形通束锚固于梁端的布置方式，一般用于整联现浇的情形。在此情况下，若预应力筋既长且弯曲次数又多，这就显著加大了预应力筋的摩阻损失，因而预应力筋不宜过长或连长。

预应力筋的布置要考虑到张拉操作的方便。当需要在梁内、梁顶或梁底锚固预应力筋时，应根据预应力筋锚固区的受力特点给予局部加强，以防开裂损坏。

b. 横向预应力筋。横向预应力筋是用以保证桥梁的横向整体性、桥面板及横隔板横向抗弯能力的主要受力钢筋，一般布置在顶板和横隔板中。图 3-120 为对箱梁截面的顶板施加横向预应力的预应力筋构造。

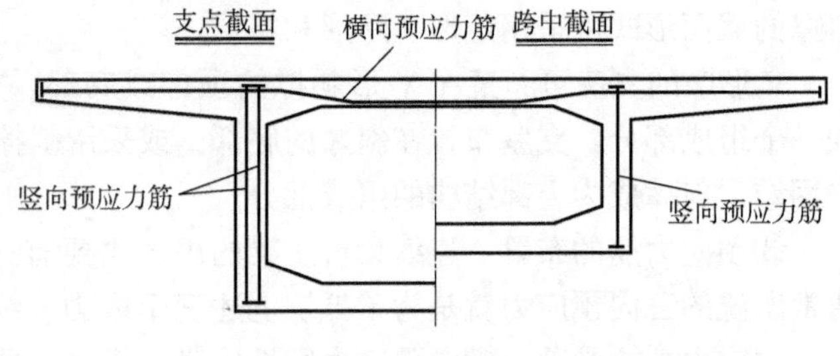

图 3-120　施加横向预应力的预应力筋构造图

2. 混凝土梁式桥施工图识读

（1）钢筋混凝土简支板施工图识读。

1）整体式钢筋混凝土简支板桥。图 3-121 为标准跨径 6m，桥面净宽 7.5m，两边有 0.25m 的安全带，汽车荷载按旧规范《公路工程技术标准》（JTJ 01—1998）设计的整体式简支板桥的构造。

该板计算跨径为5.69m，板厚36cm，约为跨径的1/18。纵向主筋直径为18mm，在中间 2/3 的板宽内间距 125cm，其余两侧的间距为 11cm。主筋在跨径两端 1/6 ~ 1/4 的范围内成 30°弯起，分布钢筋按单位板宽上主筋面积的 15% 配置，直径为 10mm，间距为 20cm。

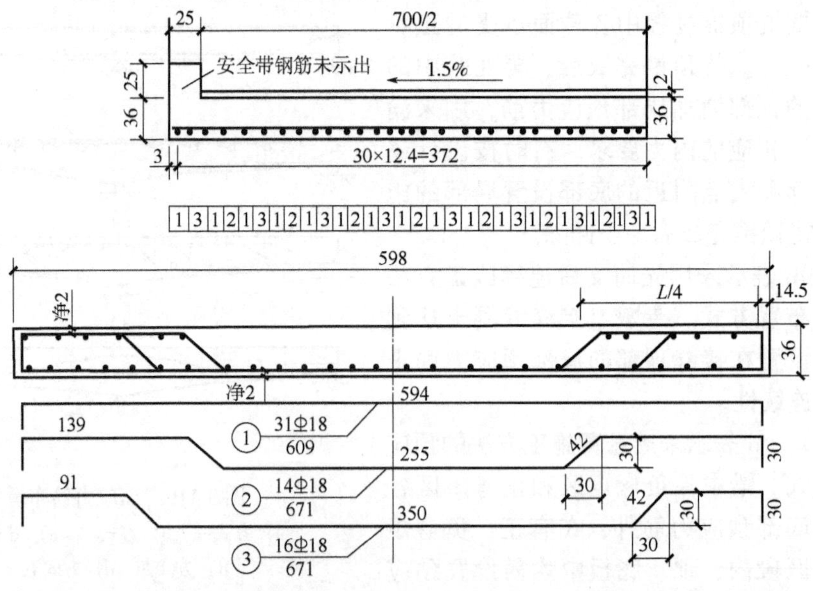

图 3-121　整体式简支板桥的构造图（尺寸单位：cm）

2）装配式钢筋混凝土矩形实心板构造。图 3-122 是标准跨径为 6m，行车道宽 7m，两边有 0.75m 的人行道，汽车荷载按旧规范《公路工程技术标准》（JTJ 01—1988）设计的装配式矩形板桥构造。块件安装后在企口缝内填筑小石子混凝土，并浇筑厚 6cm 的防水混凝土铺装层使之连接成整体，为了加强预制板的连接，将板中的箍筋伸出预制板顶面，待板安装就位后将这段钢筋放平，并与相邻预制板中的箍筋相互搭接，以铁丝绑扎，然后浇筑于混凝土铺装层中。

3）装配式钢筋混凝土矩形空心板施工图识读——某钢筋混凝土空心板桥工程实例。

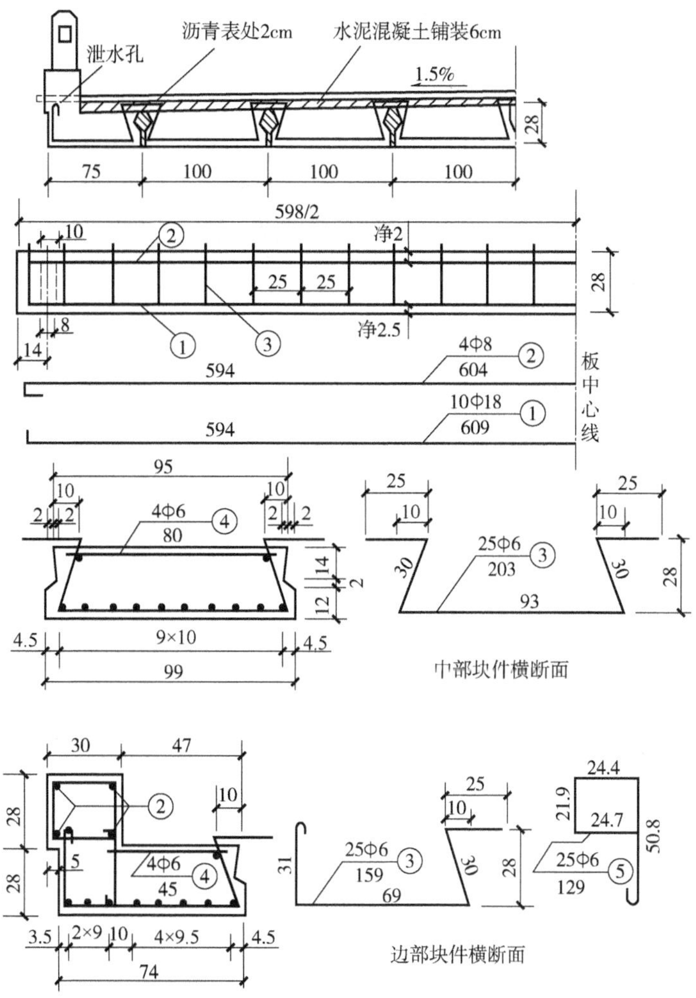

图 3-122 装配式矩形实心板构造图（尺寸单位：cm）

①工程概况。本桥为某高速公路原桥加宽，上部结构采用 8m 钢筋混凝土空心板。设计汽车荷载为公路Ⅰ级。桥梁起点里程为 K8 +064.96，终点里程为 K8 +089.04，桥梁全长为 24.08m，桥面宽度为 8m，钢筋采用 HPB235 光圆钢筋和 HRB335 带肋钢筋。

②钢筋混凝土空心板施工图识读。

a. 空心板构造。该空心板桥（图 3-123）的标准跨径为 8m，板长 796cm，板厚 45cm，底板宽 99cm，厚 15cm，顶板宽 85cm，厚 10cm，内模为两个直径 20cm 圆形截面。

b. 空心板钢筋布置图。空心板钢筋布置见图 3-124。

N1 钢筋为主钢筋，主要承受拉力的作用。直径为 25mm，两端设直角弯钩，每根长 854.5cm，共 7 根。

N2 和 N3 钢筋既是主钢筋承受拉力，又是弯起钢筋，在弯起部位承受剪力作用。直径均为 25mm，根数均为 2 根，N2 钢筋每根长 879.5cm，N3 钢筋每根长 798.5cm。

N4 钢筋为吊环，用来吊装梁体。直径为 20mm，每根长 161.6cm，共 4 根。

N5 钢筋是架立筋，与主筋和箍筋形成钢筋骨架。直径为 10mm，每根长 792cm，共 10 根。

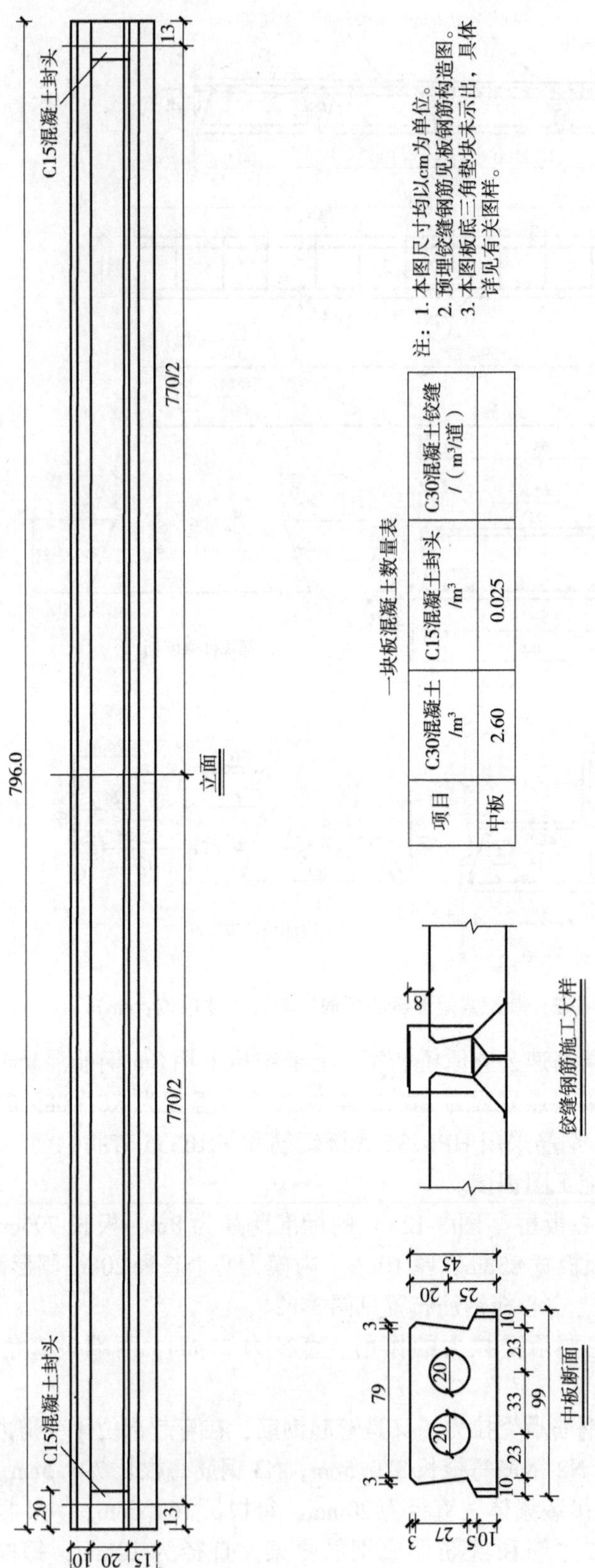

一块板混凝土数量表

项目	C30混凝土/m^3	C15混凝土封头/m^3	C30混凝土铰缝/（m^3/道）
中板	2.60	0.025	

注：1. 本图尺寸均以cm为单位。
2. 预埋铰缝钢筋见板钢筋构造图。
3. 本图板底三角垫块未示出，具体详见有关图样。

图3-123 跨径8m钢筋混凝土空心板一般构造图

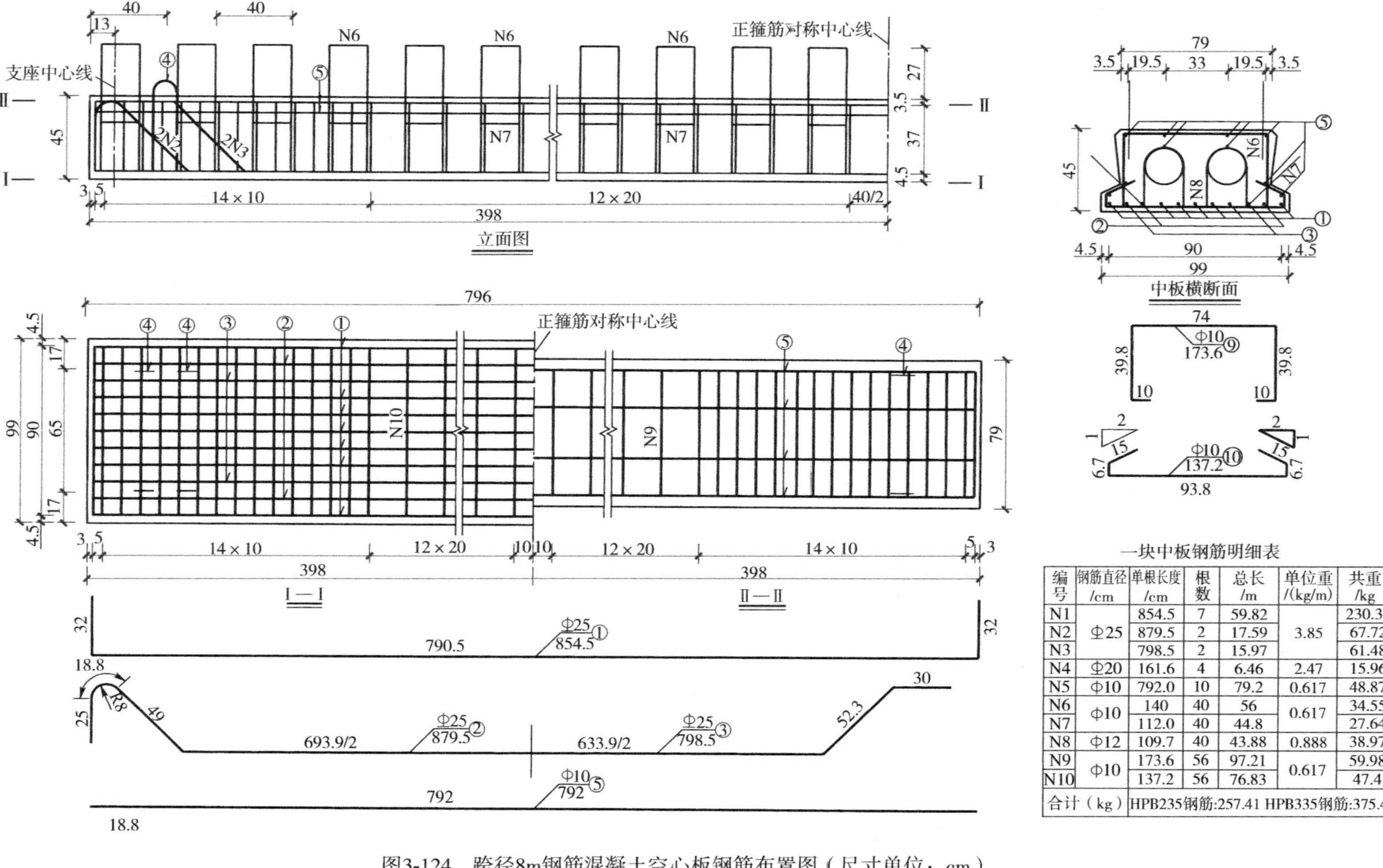

一块中板钢筋明细表

编号	钢筋直径 /cm	单根长度 /cm	根数	总长 /m	单位重 /(kg/m)	共重 /kg
N1	Φ25	854.5	7	59.82	3.85	230.31
N2		879.5	2	17.59		67.72
N3		798.5	2	15.97		61.48
N4	Φ20	161.6	4	6.46	2.47	15.96
N5	Φ10	792.0	10	79.2	0.617	48.87
N6	Φ10	140	40	56	0.617	34.55
N7		112.0	40	44.8		27.64
N8	Φ12	109.7	40	43.88	0.888	38.97
N9	Φ10	173.6	56	97.21	0.617	59.98
N10		137.2	56	76.83		47.4
合计（kg）	HPB235钢筋:257.41 HPB335钢筋:375.47					

图3-124 跨径8m钢筋混凝土空心板钢筋布置图（尺寸单位：cm）

N6 钢筋是空心板与桥面铺装连接钢筋。直径为 10mm，每根长 140cm，共 40 根。

N7 钢筋是铰缝连接筋，伸出部分预制时紧贴侧模，安装时扳出。直径为 10mm，每根长 112cm，共 40 根。

N8 钢筋是固定内模钢筋，每 40cm 设一道，其下端钩在 N10 钢筋上并与之绑扎。直径为 12mm，每根长 109.7cm，共 40 根。

N9 和 N10 钢筋组成空心板箍筋。

（2）预应力混凝土简支空心板施工图识读。

1）预应力混凝土空心板构造。该空心板桥标准跨径 20cm，板长分别为 1994cm、1954cm、1918cm，板厚 90cm。底板宽 124cm，厚 12cm，顶板宽 114cm，厚 12cm，内模宽 68cm，高 66cm，并且有四个 10cm × 10cm 倒角（图 3-125）。

2）预应力筋布置图。

①本图 N1、N2、N3 为预应力筋，分别有两根，共 6 根，为主要受力钢筋，承受拉力的作用。

②N1 每束长度为 2086cm，N2 每束长度为 2081.4cm，N3 每束长度为 2078cm。具体布置见图中预应力钢束坐标表，预应力钢束竖向坐标值为钢束重心至梁底距离（图 3-126）。

（3）预应力混凝土简支 T 形梁施工图识读。

1）装配式预应力混凝土 T 形梁的构造示例 1。图 3-127 是墩中心距 30m 的装配式预应力混凝土简支梁标准设计的构造示例。

此梁的全长为 29.96m，计算跨径为 29.16m。汽车荷载按现行规范《公路工程技术标准》设计。梁肋中心距为标准尺寸 1.60m。在横截面上，可以用 5 ~ 7 片主梁来构成净-7、净-9 并附不同人行道宽度的桥面净空。主梁采用带马蹄的 T 形截面，梁高为 1.75m，高跨比为 1/16.7。厚 16cm 的梁肋在梁端部分（约等于梁高的长度内）加宽至马蹄全宽 36cm，以利预应力筋的锚固。在截面设计中将所有混凝土内角做成半径为 5cm 的圆角，以利脱模。T 形梁预应力采用了 7 根 24ϕ5 高强钢丝束，钢丝极限强度为 1600×10^3kPa，全部钢丝束均以圆弧起弯并锚固在梁端厚 2cm 的钢垫板上。

2）装配式预应力混凝土 T 形梁的构造示例 2。读图 3-128 时首先阅读图注。从图注中可了解施工技术要求等各项内容。然后再看图中安排了哪些视图，按照投影关系及形体分析方法，逐步读懂各部分的形状、尺寸大小及所用材料等。该 T 形梁标准跨径为 20m，图中尺寸单位为“cm”。视图有半立面、半平面及三个剖面（分别为 A—A、B—B、C—C）。

由立面图可知，梁长 1996cm，一片梁分别有两个端横隔板和三个中横隔板，端横隔板中心即支座中心，位置距梁端 40cm，第一个中隔板距梁端 527.5cm，跨中横隔板中心距第一个中隔板 487.5cm。

由半平面图可知，一孔梁有四片 T 形梁，包括两片边梁，两片中梁。

图 3-128 中有三个剖面图，A—A 在跨中剖，B—B 在梁变截面处剖，C—C 在梁端横隔板处剖。所剖位置不同，尺寸也不同，故该 T 形梁为变截面梁。由 A—A 剖面可知，梁肋宽 16cm，马蹄形下翼缘高为 18cm：由 B—B 剖面可知，梁肋宽仍是 16cm，但马蹄形下翼缘高为 36cm；由 C—C 剖面可知，梁肋宽与马蹄形下翼缘都为 32cm。

（4）预应力混凝土连续箱梁施工图识读。箱梁结构尺寸大，配筋复杂，读图难度大。这里我们结合某连续箱梁桥工程实例来学习。

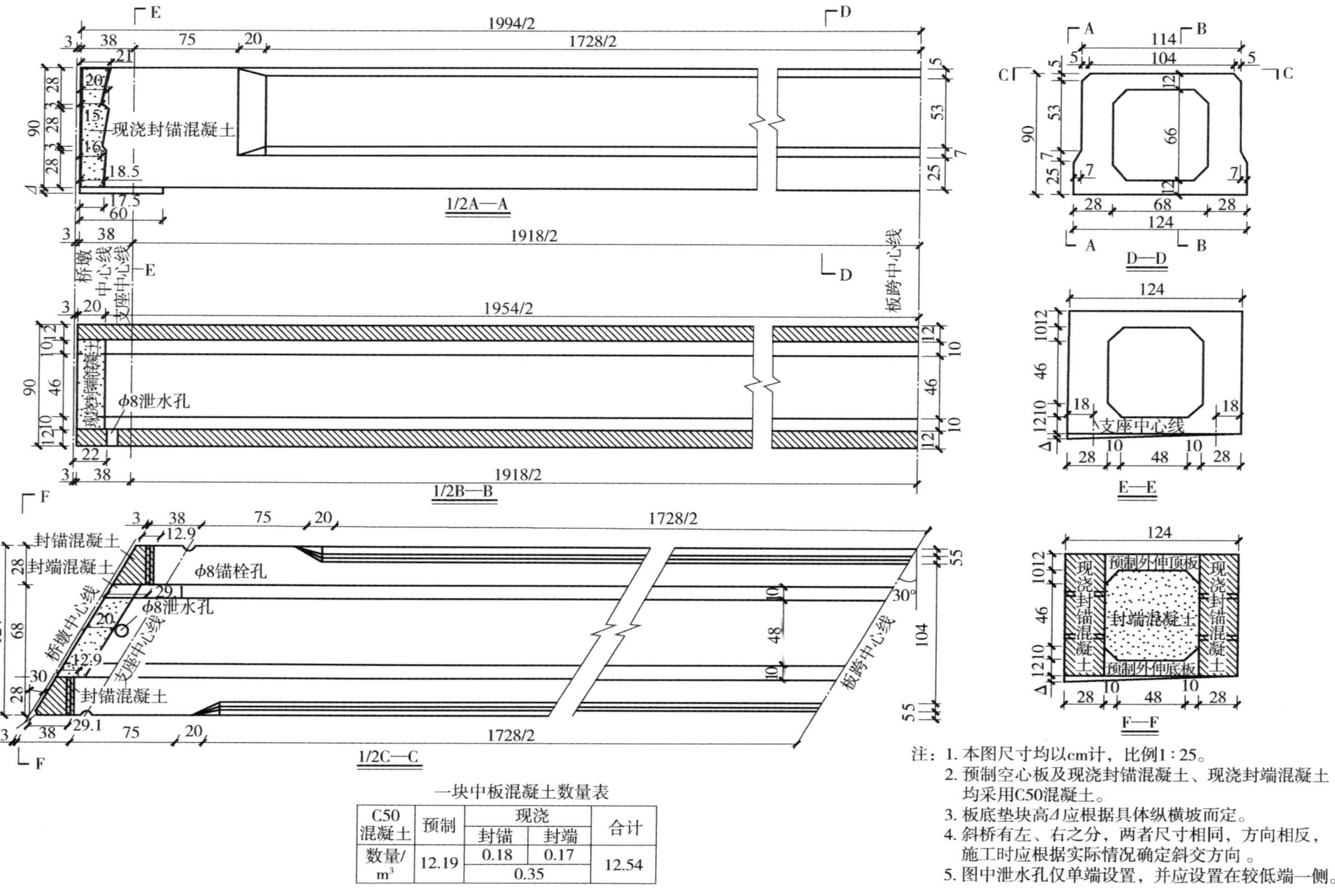

一块中板混凝土数量表

C50混凝土	预制	现浇		合计
		封锚	封端	
数量/m³	12.19	0.18	0.17	12.54
		0.35		

图3-125 空心板梁一般构造图

注：1. 本图尺寸均以cm计，比例1∶25。
2. 预制空心板及现浇封锚混凝土、现浇封端混凝土均采用C50混凝土。
3. 板底垫块高Δ应根据具体纵横坡而定。
4. 斜桥有左、右之分，两者尺寸相同，方向相反，施工时应根据实际情况确定斜交方向。
5. 图中泄水孔仅单端设置，并应设置在较低端一侧。

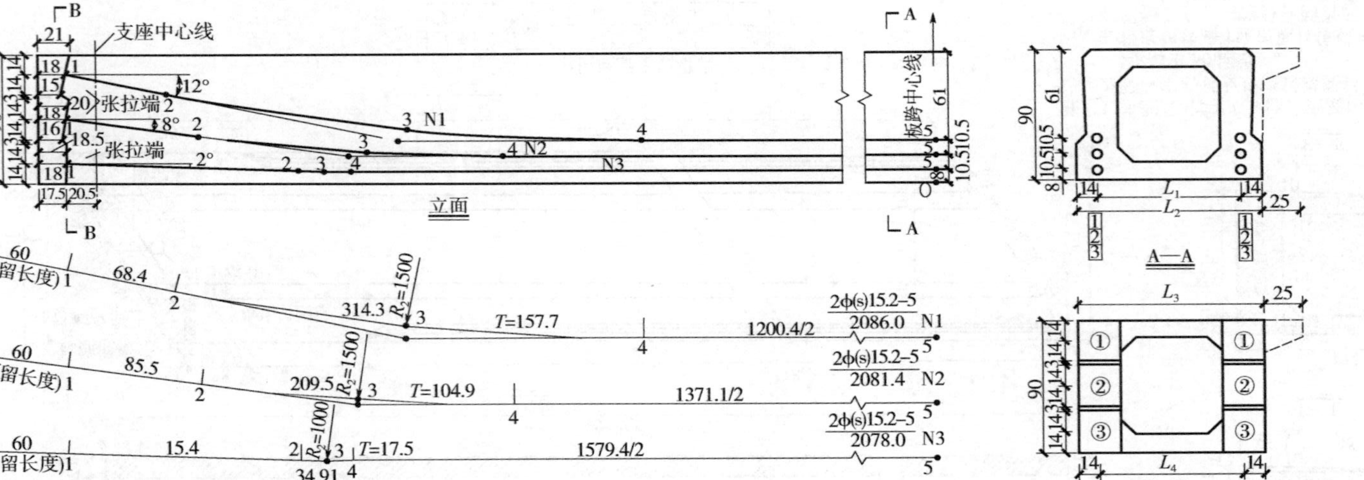

预应力钢束坐标表

束编号	坐标	张拉端 1	竖弯 起点 2	竖弯 曲中 3	竖弯 终点 4	跨中 5
1	X	979.0	912.1	757	600.2	0.00
	Y	76.00	61.8	37.2	29.00	29.00
2	X	979.0	894.3	790.2	685.6	0.00
	Y	45.00	33.1	22.2	18.50	18.50
3	X	979.0	826.4	807.2	789.7	0.00
	Y	14.00	8.6	8.3	8.00	8.00

参数表

名称	边板Ⅰ	中板Ⅰ	中板Ⅱ	中板Ⅲ
L_1/cm	96.5	96	87~139	96~149
L_2/cm	124.5	124	115~167	124~177.5
L_3/cm	96.5	96	87	96
			139	149.5
L_4/cm	边板	124	115	124
			167	177.5

钢束竖弯曲线要素表及一块板钢绞线材料数量表

束编号	竖弯曲线 α/(°)	R/cm	T/cm	直径/mm	每束长度/cm	束数	单端延伸量/cm	共长/m	共重/kg	ϕ[内]55mm波纹管长度/m	15-5型锚具/套
1	12	1500	157.7	ϕ(s)15.2-5	2086.0	2	6.44	41.7	687.6	117.7	12
2	8	1500	104.9	ϕ(s)15.2-5	2081.4	2	6.51	41.6			
3	2	1000	17.5	ϕ(s)15.2-5	2078.0	2	6.63	41.6			

注：1. 本图尺寸除钢铰线直径以mm计，其余均以cm计，比例1∶25。

2. 预应力钢束竖向坐标值为钢束重心至梁底距离。

3. 钢绞线选用ϕ(s)15.2-5，标准强度f_{pk}=1860MPa，其技术性能必须符合国标《预应力混凝土用钢绞线》(GB/T 5224—2014)；每束钢绞线的张拉控制应力为0.72f_{pk}=1339MPa；控制张拉力为930.6kN，两端张拉，千斤顶型号为YCW100B。

4. 斜桥有左、右之分，两者尺寸相同，方向相反，施工时应根据实际情况确定斜交方向。

5. 竖弯曲线要素图例：

6. 预制板须在预制14天及强度达100%后方可张拉，钢绞线应左右对称张拉，张拉顺序为N1、N2、N3号束。

7. ▣ 表示预应力束张拉位置，○表示预应力束通过位置。

8. 本图适用于中板Ⅰ、中板Ⅱ、中板Ⅲ和边板Ⅰ。

图3-126　空心板钢束布置图

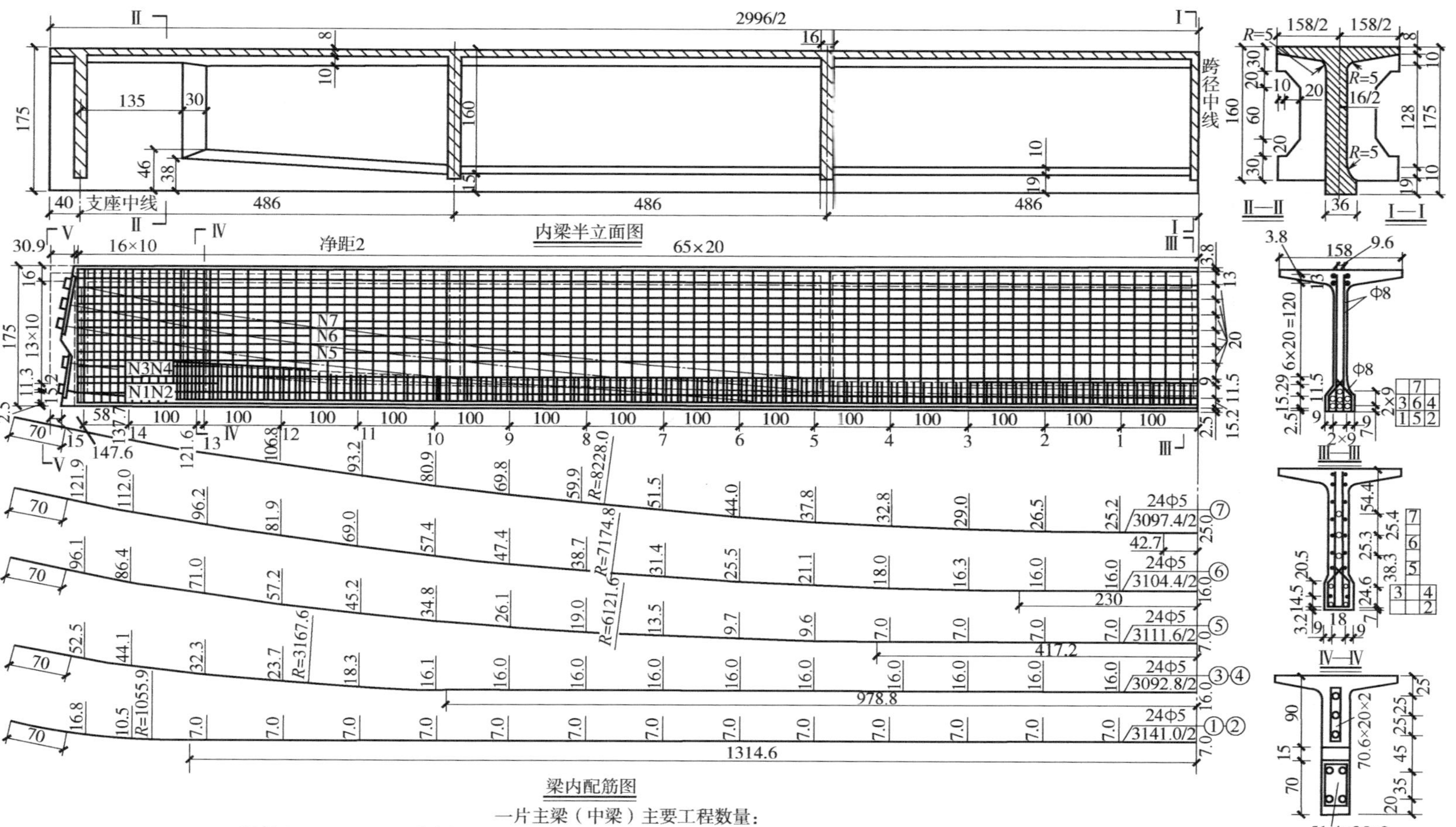

梁内配筋图

一片主梁（中梁）主要工程数量：

1. C40混凝土：18.10m³　2. 碳素钢丝:802kg　3. Ⅰ、Ⅱ级钢筋：1783.6kg　4. 其他钢材：594kg　5.安装重量：45.25t

钢束竖向坐标值（图中所示钢束坐标均为钢束中心至梁底距离）

图3-127　墩中心距30m的装配式预应力混凝土简支梁标准设计的构造示例（尺寸单位：cm）

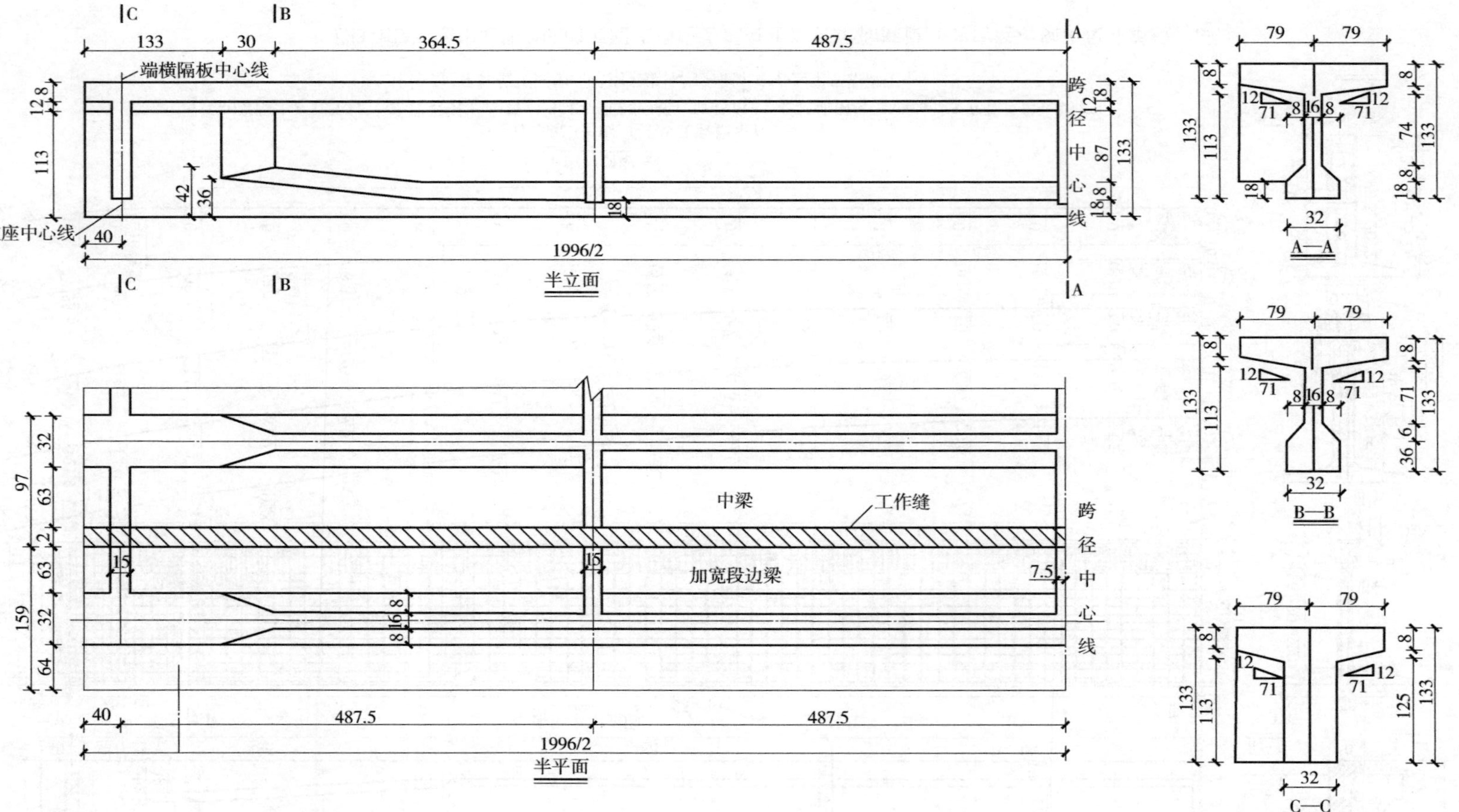

注：1. 本图尺寸均以cm计。
2. 桥面板上的横坡采用混凝土铺装层找平。
3. 原桥边梁翼缘板凿除20mm，露出钢筋与加宽部分钢筋连接，再现浇混凝土。

图3-128 装配式预应力混凝土T形梁构造图

1）连续箱梁概述。某桥第四联起点桩号为 K0 + 377.053，终点桩号为 K0 + 522.053，孔径布置为 40m + 65m + 40m。桥梁分跨线就是设计线的径向线。

①技术标准。

a. 设计荷载。公路Ⅰ级。

b. 地震烈度。抗震设防烈度为 7 度，地震动峰值加速度为 0.40g。

②适用环境。本设计图预应力混凝土箱梁的设计基准期为 100 年，适用环境类别为Ⅰ类（对应环境条件为温暖或寒冷地区的大气环境、与无侵蚀性的水或土接触的环境）。

③材料要求。各主要材料的订购采购必须符合有关规范要求，使用前应根据有关质量标准严格监测并遵照有关规范施工。

a. 混凝土。上部结构采用高强度等级混凝土，因而必须仔细研究确定施工工艺和选用的材料，进行高强混凝土最佳配合比设计与试验，控制质量、控制标准和检测方法，并严格执行；为保证全桥颜色的一致性，建议采用同一厂家同一品牌的水泥用料。主梁梁体混凝土耐久性要求：最大水灰比 0.50，最小水泥用量 350kg/m^3，最大氯离子含量 0.06%，最大含碱量 1.8kg/m^3。

b. 钢材。普通钢筋、预应力钢材和锚具应按设计技术指标进行购货，并按照《公路桥涵施工技术规范》（JTG F50—2011）有关要求，进行严格验收和检验。

2）连续箱梁构造图识读。本桥（图 3-129）上部构造为变截面预应力混凝土连续箱梁。箱梁采用单箱两室断面，跨中和边支点处梁高 1.5m，墩顶处梁高 3.7m。箱梁顶板横坡与桥面横坡一致，箱梁腹板垂直于大地水平面，箱梁顶底板平行设置。主梁按全预应力构件设计。

图 3-129 为连续箱梁中跨，跨度 65m，底板宽 900cm，顶板宽 1300cm，从支点到跨中梁体截面与内模截面都是变化的。

支点底板厚 70cm，顶板厚 160cm，内模尺寸为 100cm × 110cm，且内模有四个倒角，梁高 370cm。

跨中底板厚 28cm，顶板厚 25cm，内模尺寸为 375cm × 97cm，且内模有四个倒角，梁高 150cm。

七、拱桥

1. 拱桥构造

（1）拱桥组成及建筑类型。

1）拱桥的组成。拱桥同其他桥梁一样，也是由上部结构（桥跨结构）及下部结构两大部分组成。图 3-130 为拱桥的主要组成。

拱桥的桥跨结构是由拱圈及其上面的拱上建筑所构成。拱圈是拱桥的主要承重结构。由于拱圈是曲线形，一般情况下车辆都无法直接在弧面上行驶，所以在桥面系与拱圈之间需要有传递压力的构件或填充物，以使车辆能在平顺的桥道上行驶。桥面系和这些传力构件或填充物统称为拱上结构或拱上建筑。桥面系包括行车道、人行道及两侧的栏杆或砌筑的矮墙（又称雉墙）等构造。

拱桥的下部结构由桥墩、桥台及基础等组成，用以支承桥跨结构，将桥跨结构的荷载传至地基，并与两岸路堤相连接。对于拱脚处设铰的有铰拱桥，主拱圈与墩（台）帽间还设

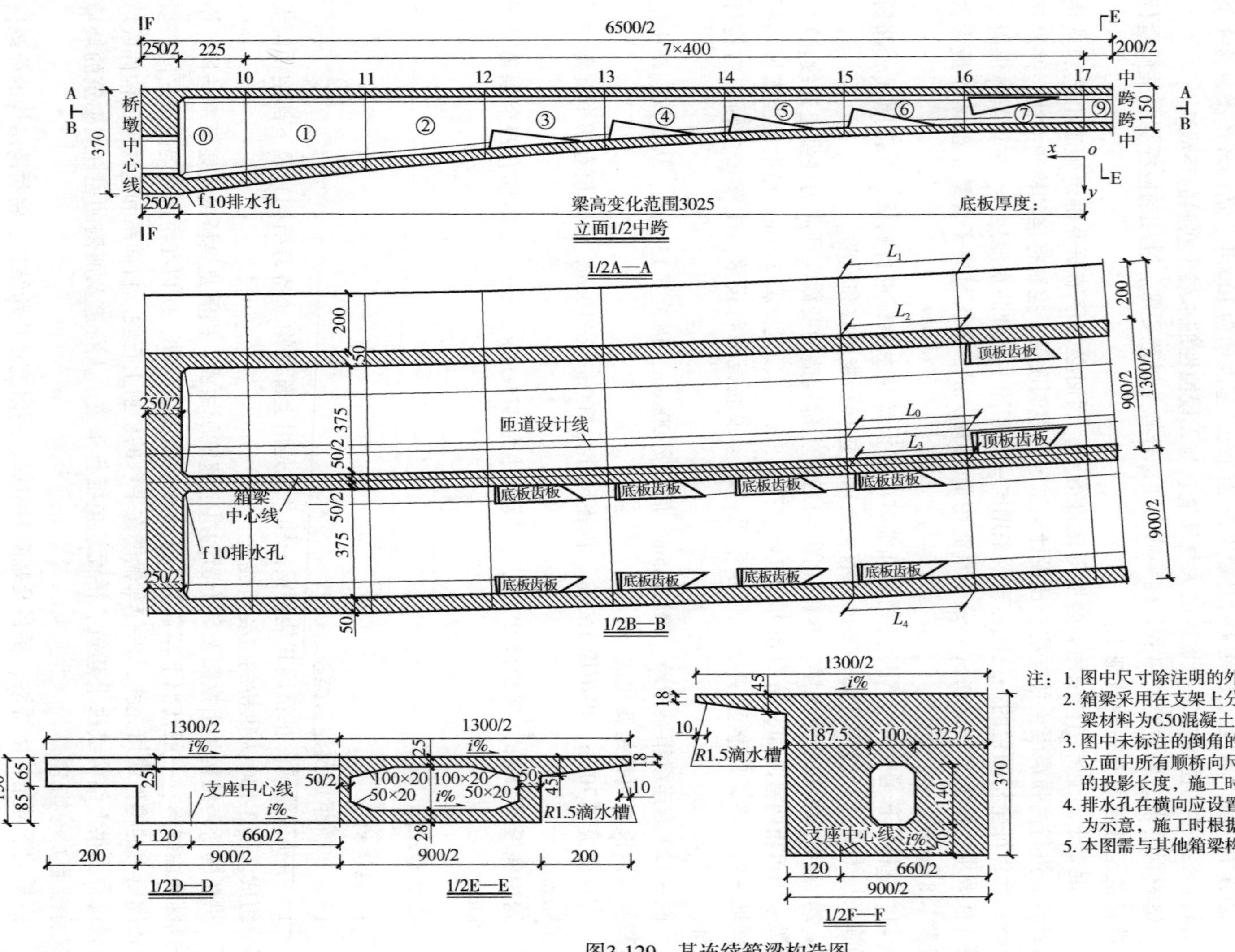

图3-129　某连续箱梁构造图

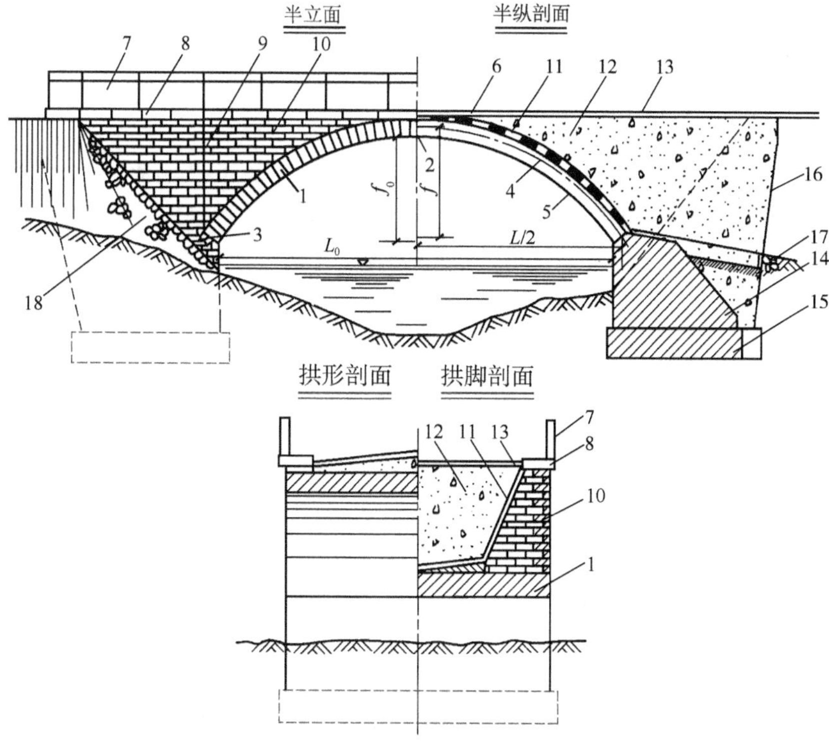

图 3-130 拱桥的主要组成

1—拱圈 2—拱顶 3—拱脚 4—拱轴线 5—拱腹 6—拱背 7—栏杆 8—路缘石 9—变形缝 10—拱上侧墙 11—防水层 12—拱腔填料 13—桥面防水层 14—桥墩 15—基础 16—侧墙 17—盲沟 18—锥坡

f—计算矢高 f_0—净矢高 L—计算跨径 L_0—净跨径

置了能传递荷载又允许结构变形的拱铰（图 3-130 中未示出）。

2）拱桥的主要类型。可以按照不同的方式将拱桥分为各种类型。

①按照建桥材料分类。按照建桥材料（主要是针对主拱圈使用的材料）可以分为圬工拱桥（如赵州桥）、钢筋混凝土拱桥及钢拱桥等。

主跨达 552m 的重庆朝天门大桥（图 3-131），是世界上最大跨径的钢拱桥。

②按照拱上结构的形式分类。按照拱上结构的形式可以分为实腹式拱桥（图 3-132）与空腹式拱桥。

图 3-131 重庆朝天门大桥

图 3-132 实腹式拱桥

③按照主拱圈所采用的拱轴线形式分类。按照主拱圈所采用的各种拱轴线的形式，可将拱桥分为圆弧拱桥、抛物线拱桥或悬链线拱桥等。

④按结构受力图式分类。按照主拱圈与行车系结构之间相互作用的性质和影响程度，可以把拱桥分为简单体系拱桥及组合体系拱桥两大类（图3-133）。

a. 简单体系拱桥。在简单体系拱桥中，行车系结构（拱上结构或拱下悬吊结构）不参与主拱一起受力，主拱以裸拱的形式作为主要承重结构。

按照不同的静力图式，主拱圈又可以做成三铰拱、两铰拱或无铰拱。

三铰拱（图3-133a）常常用来作为空腹式拱上建筑的腹拱。

两铰拱（图3-133b）由于取消了跨中铰，使结构整体刚度较三铰拱大。在因地基条件较差而不宜修建无铰拱时，可考虑采用两铰拱。

无铰拱（图3-133c）在实际中使用最广泛。无铰拱一般希望修建在地基良好的条件下。但随着跨径的增大，附加力的影响也相对地减小，因此钢筋混凝土无铰拱仍是大跨径桥梁的主要桥型之一。

b. 组合体系拱桥。组合式体系拱桥是将行车系结构与主拱按不同的构造方式构成一个整体，以共同承受荷载。

根据不同的组合方式和受力特点，组合式拱桥又分为无推力的和有推力的。

通常无推力拱使用较广泛，其常用形式根据拱肋和系杆的尺寸大小（吊杆仅受节点荷载，尺寸较小，只承受拉力）及布置形式可分为柔性系杆刚性拱（简称系杆拱，见图3-133d）、刚性系杆柔性拱（图3-133e）、刚性系杆刚性拱（图3-133f）及有斜吊杆的柔性系杆刚性拱桥（图3-133g）。

有推力组合体系拱桥常用的形式有桁架拱（图3-133h）、拱片桥（图3-133i）及有刚性

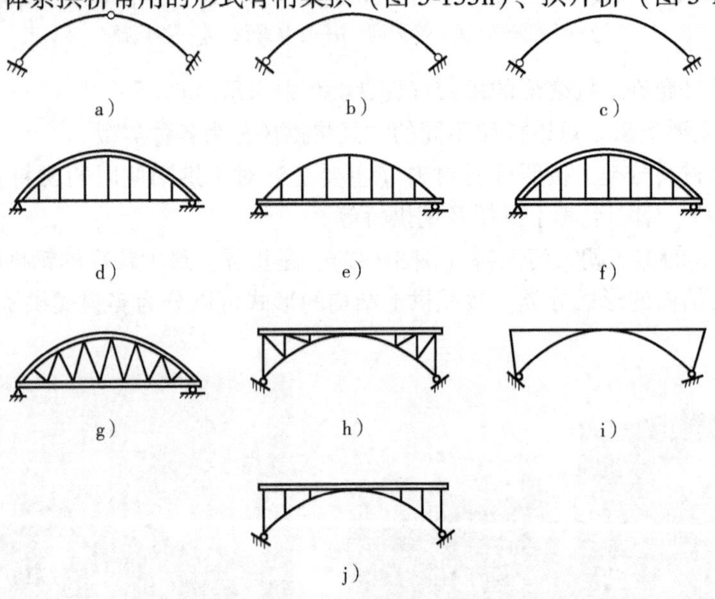

图3-133　拱桥按结构受力图式的分类形式

a）三铰拱　b）两铰拱　c）无铰拱　d）柔性系杆刚性拱

e）刚性系杆柔性拱　f）刚性系杆刚性拱　g）有斜吊杆的柔性系杆刚性拱

h）桁架拱　i）拱片桥　j）有刚性梁的柔性拱

梁的柔性拱（图 3-133j）等。其中拱片桥是把桥梁所有部分组合起来构成一个整体拱片，下面是曲线形，上面是水平的，它的特点是没有其他形式拱桥那样明确的理论拱轴线，而且仅能用于上承式桥梁。由于各类组合式拱桥在经济上、施工上、使用上各具特点，故已得到广泛应用。

⑤按主拱圈截面形式分类。拱桥的主拱圈，沿拱轴线可以做成等截面或变截面的形式。

所谓等截面拱，就是在沿桥跨方向主拱圈的横截面尺寸是相同的（图 3-134a）。等截面拱的构造简单，施工方便。变截面拱的主拱圈横截面，从拱顶到拱脚是逐渐变化的。如对于无铰拱，通常是采用由拱顶向拱脚逐渐增大的形式（图 3-134b）。

在三铰拱或两铰拱中，由于最大内力的截面位置分别在 1/4 跨径或跨中处，因此常采用图 3-134c 或图 3-134d（又称镰刀形）的截面变化形式。

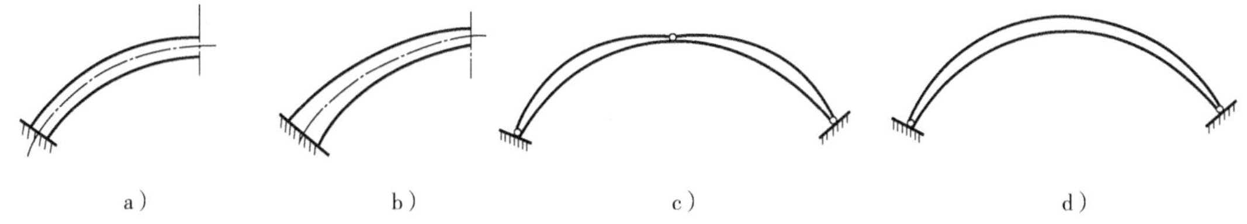

图 3-134　主拱圈截面变化形式

主拱圈横截面的形式是多种多样的，通常可采用下面几种基本类型（图 3-135）。

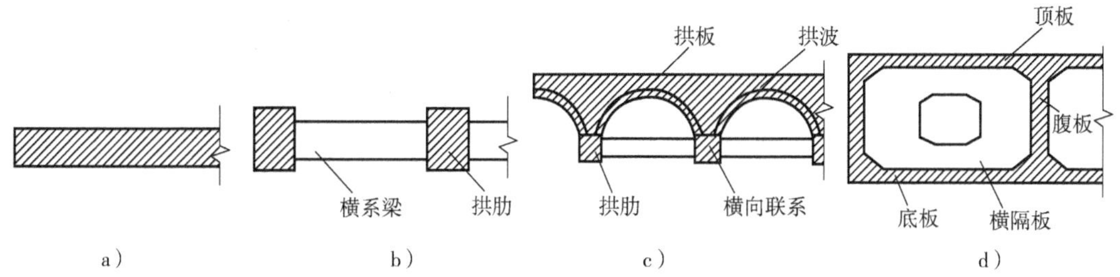

图 3-135　主拱圈横截面形式

a）板拱　b）肋拱　c）双曲拱　d）箱形拱

a. 板拱桥。板拱桥（图 3-135a）的主拱圈采用矩形实体截面，是圬工拱桥的基本形式。构造简单、施工方便，通常只在地基条件较好的中、小跨径圬工拱桥中采用。

b. 肋拱桥。在板拱桥的基础上，将板拱划分成两条（或多条），形成分离的、高度较大的拱肋，肋与肋间由横系梁相连。因此多用于较大跨径的拱桥（图 3-135b）。拱肋可以采用混凝土、钢筋混凝土或钢材等建造，在盛产石料地区，也可以用石料修建拱肋。

c. 双曲拱桥。这种拱桥（图 3-135c）的主拱圈横截面是曲线形，是由一个或数个小拱组成的，由于主拱圈在纵向及横向均呈曲线，故称为双曲拱桥。

双曲拱桥在继承石拱桥传统的基础上，吸取了装配式钢筋混凝土结构的优点，由于这种截面的截面抵抗矩较相同材料用量的板拱大，因而可以节省材料。它的最主要特点是，将主拱圈以“化整为零”的方法按先后顺序进行施工，再以“集零为整”的方式组合成承重的整体结构。

双曲拱桥是 20 世纪六七十年代公路桥梁的主要桥型，但由于其整体性较弱，承载能力差，使用寿命短等原因目前已逐步被淘汰。

d. 箱形拱。箱形截面拱圈的拱桥（图3-135d），外形与板拱相似，由于截面挖空，使箱形拱的截面抵抗矩较相同材料用量的板拱大很多，所以能节省材料，对于大跨径桥则效果更为显著。又由于它是闭口箱形截面，截面抗扭刚度大，横向整体性和结构稳定性均较双曲拱好，所以特别适用于无支架施工。但箱形截面施工制作较复杂，一般情况下，跨径在50m以上的拱桥采用箱形截面才是合适的。它是国内外大跨径钢筋混凝土拱桥主拱圈截面的基本形式。

(2) 主拱圈构造。板拱为矩形实体截面，构造简单，我们这里主要介绍肋拱圈和箱型拱圈构造。

1) 肋拱。肋拱桥是由两条或多条分离的平行拱肋，以及在拱肋上设置的立柱和横梁支承的行车道部分组成（图3-136）。

拱肋是肋拱桥的主要承重结构，通常是由混凝土或钢筋混凝土做成。拱肋的数目和间距以及拱肋的截面形式等，均应根据使用要求（跨径、桥宽等）、所用材料和经济性等条件综合比较选定。为了简化构造，宜选用较少的拱肋数量。同时，与其他形式拱桥一样，为了保证肋拱桥的横向整体稳定性，肋拱桥两侧的拱肋最外缘间的距离，一般也不应小于跨径的1/20。

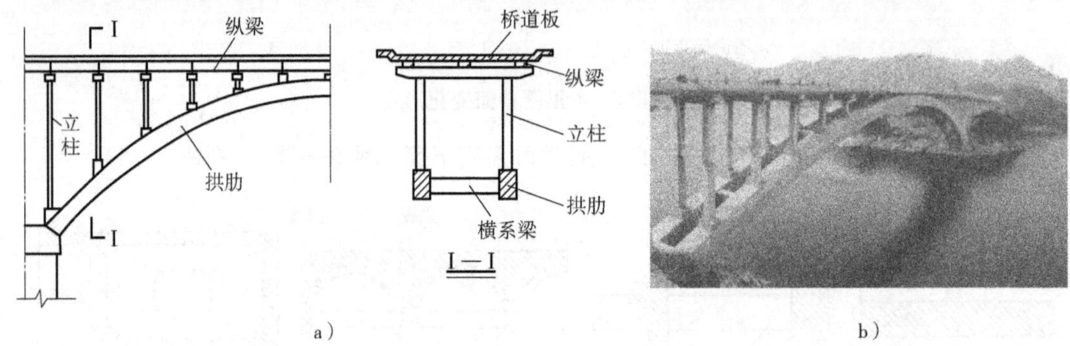

图3-136 肋拱桥

a) 肋拱桥组成图 b) 某肋拱桥

拱肋的截面，在小跨径的肋拱桥中多采用矩形，（图3-137a）。在较大跨径中，拱肋常做成工字形截面（图3-137b）。当肋拱桥的跨径大、桥面宽时，拱肋还可以采用箱形截面，这就可以减少更多的圬工体积。

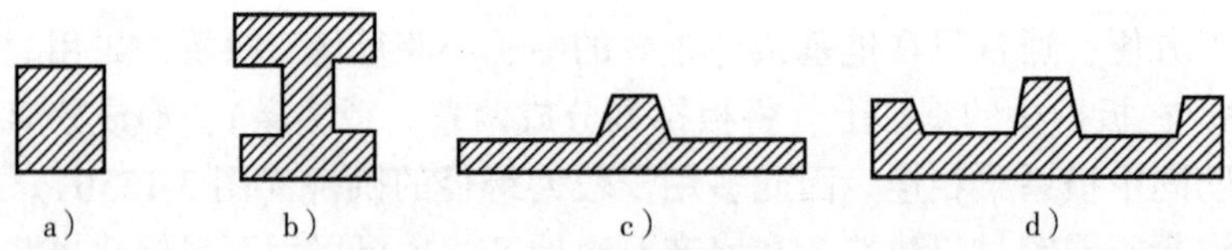

图3-137 肋拱桥的拱肋截面形式

a) 矩形 b) 工字形 c) 板肋拱 d) 分离式肋拱

在分离的拱肋间，需设置横系梁，以增强肋拱桥的横向整体稳定性。拱肋的钢筋配置按计算确定。横系梁一般可按构造要求配置钢筋，但不得少于四根（沿四周放置），并用箍筋连接。

钢筋混凝土肋拱桥与板拱桥相比，优点在于能较多地节省混凝土用量，减小拱体质量。相应的，桥墩、桥台的工程量也减少。同时随着恒载对拱肋内力的影响减小，活载影响相应增大，钢筋可以较好地承受拉应力，这样就能充分发挥建筑材料的作用。而且跨越能力也较大。它的缺点是比混凝土板拱用的钢筋数量多，施工较复杂。

肋拱桥的拱肋除一般采用钢筋混凝土结构以外，也能因地制宜、就地取材地采用石料砌筑拱肋。常用石肋拱截面形式有两种：一种是如图 3-137c、d 所示的板肋组合形式，俗称板肋拱，它是在石板拱的基础上稍作改进而成的，不仅能增大截面抵抗矩，减小自重，节省圬工量，而且保持了石板拱施工简便的优点，适合于中小跨径石拱桥采用；另一种是分离式肋拱。

2）箱形拱。太跨径拱桥的主拱圈可以采用箱形截面。根据已建成的箱形拱桥的资料，箱形截面挖空率可达全截面的 50% ~70% 。因此，与板拱相比，可以大量地减小圬工体积，减小质量，节省上、下部结构的造价。与双曲拱桥相比，在相同的截面积下，可增大截面抵抗矩，且抗扭刚度更大，因而截面经济、横向整体性强、稳定性好。而且它对于正负弯矩有几乎相等的截面抵抗矩，能够较好地适应拱桥不同截面正负弯矩变化的要求，充分利用材料。同时在无支架施工中，由于是薄壁箱形截面，吊装时构件的刚度大、稳定性好，操作安全。跨径在 50m 以上的大跨径拱桥宜采用箱形拱。

箱形拱的拱圈，可以由一个闭合箱（单室箱）或由几个闭合箱（多室箱）组成。每一个闭合箱又由箱壁（侧板）、顶板（盖板）、底板及横隔板组成（图 3-138）。单室箱可以采用矩形（图 3-139a）或工字箱形（图 3-139b）等，它的构造简单，施工较方便，但一般只适宜于现浇的窄桥或作为肋拱桥的箱形拱肋。如我国已建成的箱肋单波拱（图 3-139c），净跨径为 75m，矢跨比为 1/6，两条单室箱肋的净距为 5. 10m。国内外的大跨径箱形拱或肋拱桥，主拱圈一般均采用多室箱（图 3-139d）。

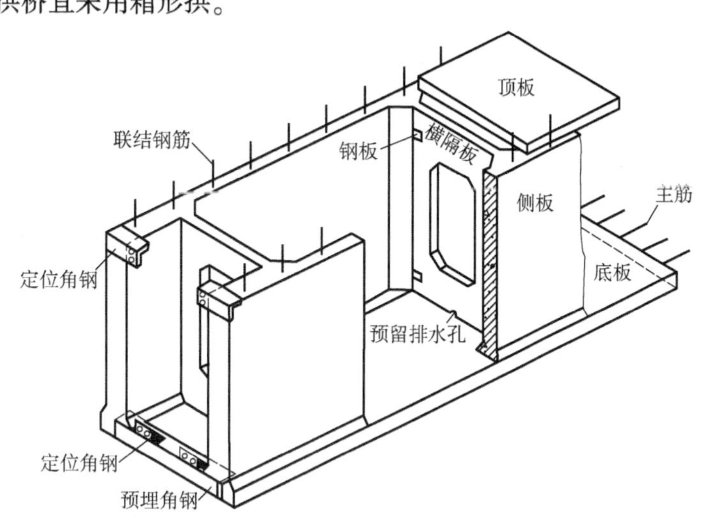

图 3-138　箱形拱闭合箱的构造图

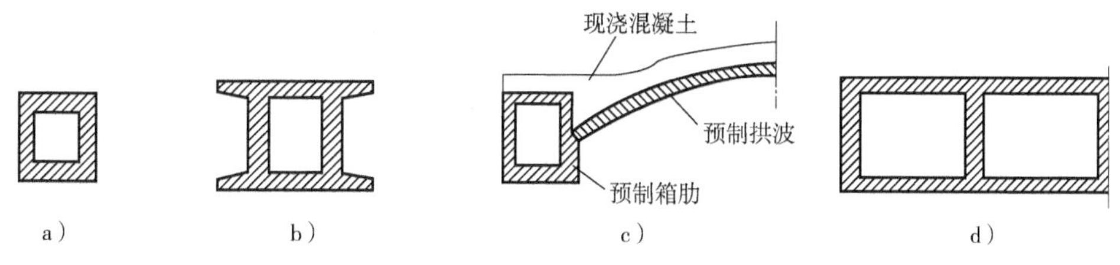

图 3-139　箱形拱的截面形式

a）矩形　b）工字形　c）箱肋单波拱　d）多室箱

箱形拱的构造与施工方法有密切的联系。修建箱形拱，可以采用预制拱箱无支架吊装或有支架现场浇筑等施工方法。若采用无支架施工时，拱箱可分段预制。当吊装能力很大时，可以采用封闭式拱箱，这样可以增加拱箱在施工过程中的整体稳定性，减少施工步骤。为了减小吊装质量或方便操作，拱箱往往不是一次预制成形，而是采用装配一整体式结构形式，分阶段施工，最后组拼成一个整体。

近年来，随着我国吊装能力的增大和施工水平的提高，在预制拱箱时可以进一步减薄腹板厚度，使中腹板减至3~5cm，从而又减小了吊装质量，于是在大跨径箱形拱桥中又开始广泛采用封闭式拱箱，其施工步骤与上述装配一整体式拱箱结构相似，只是在施工预制场上将“⊔”形开口箱与预制顶板组装成一个完整的闭合箱后再整体吊装，这对减少高空作业、加快施工进度、节省投资等都是有利的。

(3) 拱上建筑构造。拱上建筑可分为实腹式和空腹式两种。

由于实腹式拱上建筑的构造简单，施工方便，而填料的数量较多，恒载较重，一般情况下，小跨径拱桥多采用实腹式。大、中跨径拱桥多采用空腹式，以利于减小恒载，并使桥梁显得轻巧美观。

1）实腹式拱上建筑。实腹式拱上建筑由侧墙、拱腹填料、护拱以及变形缝、防水层、泄水管和桥面等部分组成（图3-140）。

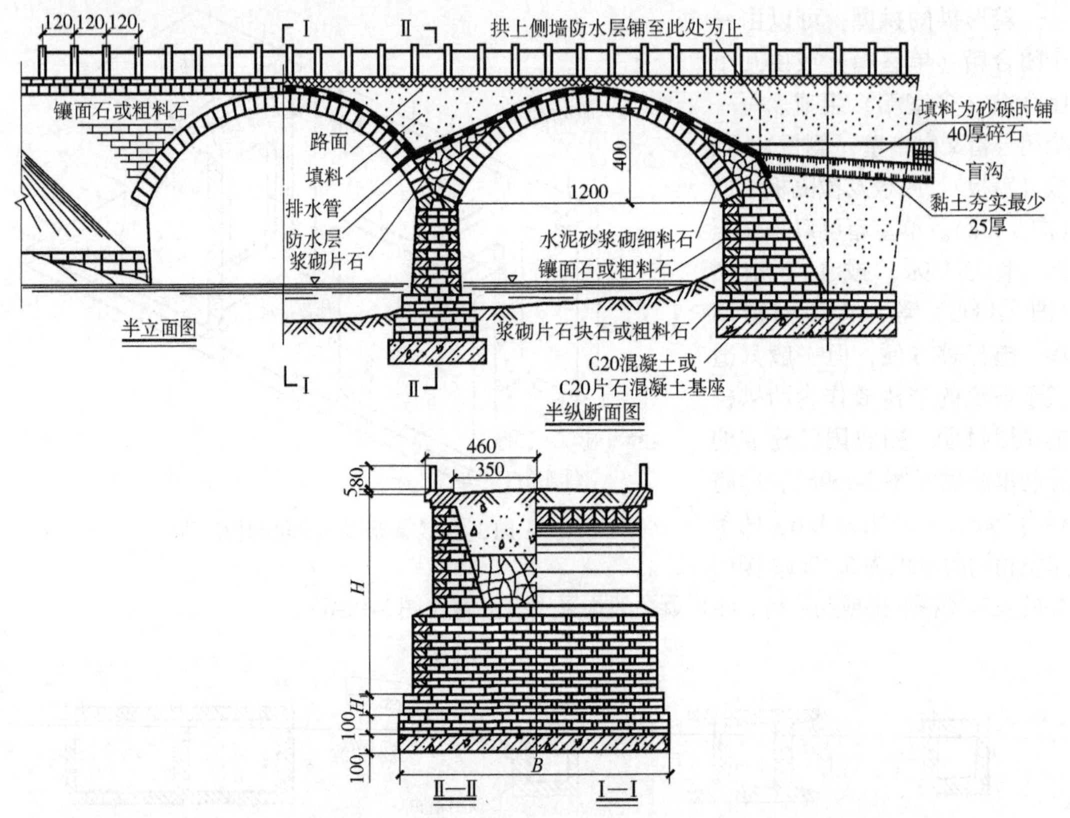

图3-140　实腹式拱桥构造图（尺寸单位：cm）

拱腹填料的做法可分为填充和砌筑两种方式。

填充的方式是在拱圈两侧砌筑侧墙，以承受拱腹填料及车辆荷载所产生的侧压力（推力）。

侧墙一般用块石或片石砌筑。为了美观，可用粗料石或细料石镶面。侧墙厚度一般按构造要求确定，其顶面宽0.50~0.70m，向下逐渐增厚，墙脚厚度可以采用侧墙高度的2/5。

特殊情况下，侧墙厚度应由计算确定。填充用的材料尽量做到就地取材，通常采用砾石、碎石、粗砂或卵石夹黏土并加以夯实。这些材料的透水性较好，成本较低，而且还能减小对侧墙的推力。在地质条件较差的地区，为了减小拱上建筑的质量，可以采用其他轻质材料（如炉渣、石灰、黏土等混合料）作填料。

当填充材料不易取得时，可改用砌筑的方式，也就是采用干砌圬工或浇筑贫混凝土作为拱腹填料。当用贫混凝土时，往往可以不另设侧墙，而在外露混凝土表面用砂浆饰面或设置镶面。

在多孔拱桥中，为了便于敷设防水层和排出积水，又设置了护拱。护拱一般用现浇混凝土或砌筑块片石修筑。如图3-140所示用浆砌片石做的护拱，还起着加强拱圈的作用。

2）空腹式拱上建筑。大、中跨径的拱桥，特别是当矢高较大时，实腹式拱上建筑的填料用量多、质量大，因而以采用空腹式拱上建筑为宜。空腹式拱上建筑除具有实腹式拱上建筑相同的构造外，还具有腹孔和腹孔墩。

①腹孔。腹孔的形式和跨径的选择，在因地制宜、就地取材的原则下，应考虑既能尽量减小拱上建筑的质量，又不致因荷载过分集中于腹孔墩处，给主拱圈受力状况造成不利影响。在改善主拱受力性能和便于施工的同时，还要使拱桥外形更加协调和美观。

腹孔的形式大致可以分为两类：一类是拱形腹孔（赵州桥的腹孔即为此种）；另一类是梁或板式腹孔。在圬工拱桥中，为了节省钢材，大多采用拱形腹孔。腹孔通常对称地布置在主拱圈两侧结构高度所容许的范围内。拱形腹孔（腹拱）一般在每半跨内不超过主拱跨径的1/3～1/4，其腹拱跨径一般可选用2.5～5.5m，也不宜大于主拱圈跨径的1/8～1/15，比值随主拱圈跨径的增大而减小。腹拱宜做成等跨的，以利于腹拱墩的受力和方便施工。

腹拱的拱圈可以采用石砌、混凝土预制或现浇的圆弧形板拱，矢跨比一般为1/2～1/6。为了减小质量，也可以采用双曲拱、微弯板和扁壳等各种形式的轻型腹拱。

腹拱圈的厚度与它的构造形式和跨径大小等有关。腹拱的跨径为1～4m时，可采用厚度不小于0.30m的石板拱或厚度不小于0.15m的混凝土板拱。也可以采用厚度为0.14m（其中预制厚0.06m、现浇0.08m）的微弯板。当腹拱跨径为4～6m时，可采用双曲拱，其拱圈高度一般为0.30～0.40m。当采用钢筋混凝土拱时，拱圈厚度可进一步减薄，如跨径在5.5m时，拱圈厚度仅为0.20m。

紧靠桥墩（台）的第一个腹拱，目前较多的做法是将腹拱的拱脚直接支承在墩（台）上（图3-141a），或跨越桥墩，使桥墩两侧的腹拱圈相连（图3-141b）。

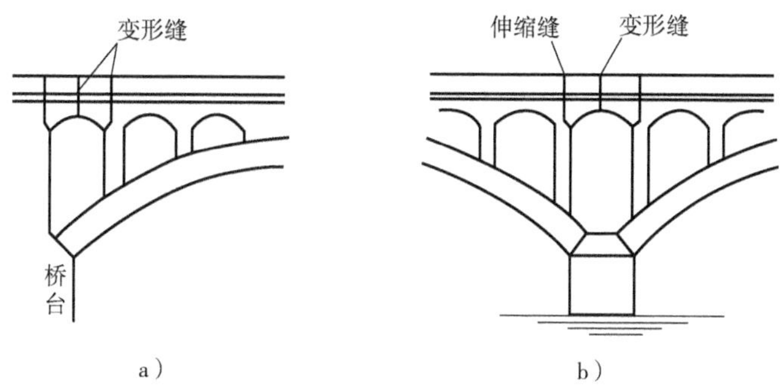

图3-141　桥墩（台）上腹拱的布置方式

a）拱脚直接支承在墩（台）上　c）桥墩两侧腹拱圈相连

在大跨径钢筋混凝土拱或无支架施工的拱桥中，为了进一步减小质量，改善拱圈在施工过程中的受力状况，通常采用钢筋混凝土梁或板式结构的腹孔形式（图3-142a）。腹孔的布置与上述腹拱的要求基本相同。特殊情况下（如腹孔跨径很大）还可采用预应力混凝土的梁或板作腹孔。

采用连续布设奇数腹拱的全空腹式拱上建筑（即无拱顶实腹段）的形式（图3-142b），使整个主拱圈全部暴露在大气中，能够避免骤变温差加剧主拱顶下缘开裂的可能性，并且能减轻结构质量，有利于拱桥施工。但由于拱顶用腹拱跨越，增大了桥梁高程，这对城市或平原区的拱桥是不合适的。

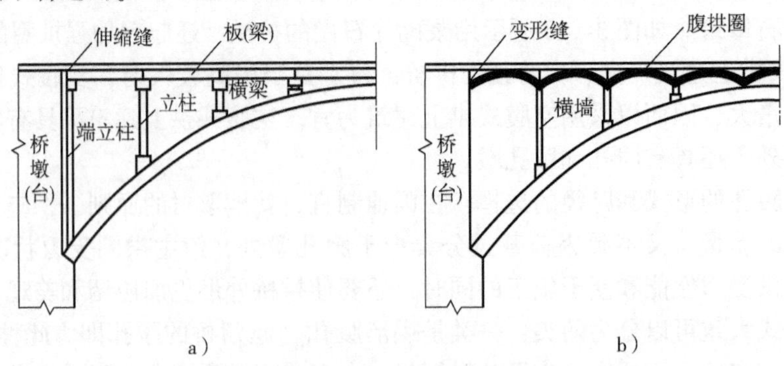

图3-142 梁（板）式及全空腹孔的拱上建筑
a）梁（板）式 b）全空腹孔式

②腹孔墩。腹孔墩可分为横墙（立墙）式和立柱式两种。

横墙式腹孔墩通常用石料、混凝土预制块砌筑，或现浇混凝土做成实体墙。有时为了节省圬工、减小质量或便于检修人员在拱上建筑内通行，也可在横墙上挖孔（图3-143a）。这种横墙式腹孔墩，自重大但可以不用钢材，故多用于石拱桥中。腹孔墩的厚度，用浆砌片石、块石时，不宜小于0.60m；用混凝土浇筑时，一般应大于腹拱圈厚度的一倍。

立柱式腹拱墩（图3-143b）是由立柱和盖梁组成的钢筋混凝土排架结构。为了使立柱传递给主拱圈的压力不致过分集中，通常在立柱下面设置底梁。

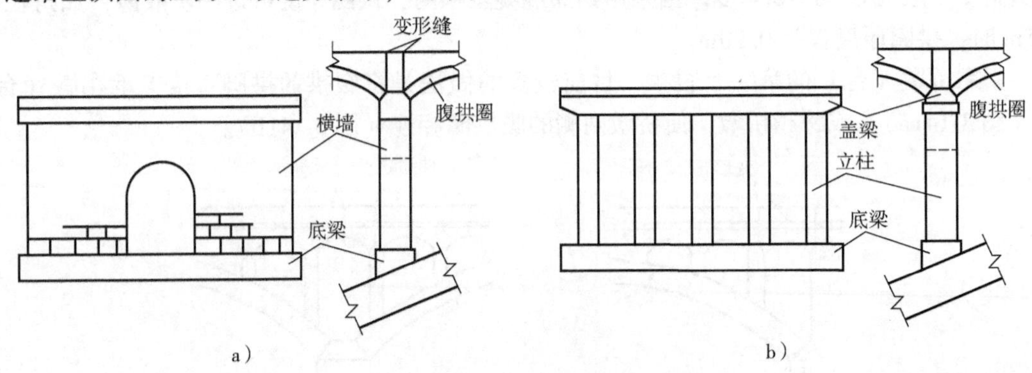

图3-143 腹孔墩构造形式
a）横墙式 b）立柱式

立柱及盖梁常采用矩形截面。底梁可以与拱圈一起施工完成。在河流有漂流物或流水时，如果拱圈会被部分淹没，就不宜采用立柱式腹孔墩。

腹孔墩的侧面一般做成竖直的，以利施工。如果采用斜坡式，则以不超过30:1的坡度为宜。

3）拱桥的其他细部构造。

①拱上填料、桥面及人行道。拱上建筑中的填料，一方面能起扩大车辆荷载分布面积的

作用，同时还能够减小车辆荷载的冲击作用。但也增加了拱桥的恒载质量。一般情况下，无论是实腹式与空腹式拱桥（除无拱上填料的轻型拱桥），还是主拱圈及腹拱圈的拱顶处，填料厚度（包括路面厚度）均不宜小于0.30m。根据《公路桥涵设计通用规范》（JTG 3362—2018）规定，填料厚度（包括路面厚度）等于或大于0.50m的拱桥，设计时均不计汽车荷载的冲击力。

在大跨径钢筋混凝土拱桥或在地基条件很差的情况下，为了进一步减小拱上建筑质量，可以减薄填料厚度，甚至可以不用填料，直接在拱顶上修建混凝土路面。这时，除要采取措施保证主拱圈的横向整体性外，计算时还应计入汽车荷载的冲击力。

拱桥行车道和人行道的桥面铺装要求与梁桥的基本相同。目前一般公路拱桥行车道采用较多的是碎（砾）石路面和沥青混凝土路面，钢筋混凝土轻型拱桥多采用混凝土路面。人行道的铺装视具体情况选用，常用混凝土预制块铺砌。

②伸缩缝与变形缝。为了避免拱上建筑不规则地开裂，以保证结构的安全使用和耐久性，除在设计计算上应作充分的考虑外，还需在构造上采取必要的措施。通常是在相对变形（位移或转角）较大的位置设置伸缩缝，而在相对变形较小处设置变形缝。

实腹式拱桥的伸缩缝通常设在两拱脚的上方，并需在横桥方向贯通全宽和侧墙的全高及至人行道构造。目前多将伸缩缝做成直线形（图3-144），以使构造简单，施工方便。

拱式拱上结构的空腹式拱桥，一般将紧靠桥墩（台）的第一个腹拱圈做成三铰拱，并在靠墩台的拱铰上方的侧墙上，也相应地设置伸缩缝，在其余两铰上方的侧墙，可设变形缝（图3-145及图3-142）。在大跨径拱桥中，根据温度变化情况和跨径长度，必要时还需将靠近拱顶的腹拱圈或其他腹拱也做成两铰拱或三铰拱。拱铰上面的侧墙也需相应的设置变形缝，以便使拱上建筑更好地适应主拱圈的变形。

对于梁式或板式拱上结构，宜在主拱圈两端的拱脚上设置腹孔墩或采取其他措施与桥墩（台）设缝分开（图3-142），梁或板与腹孔墩的支承连接宜采用铰接，以适应主拱圈的变形。

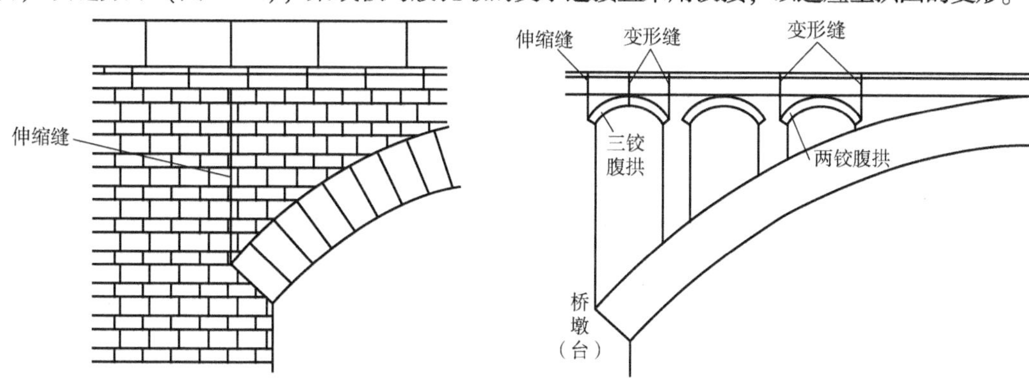

图3-144　实腹式拱桥伸缩缝的布置　　图3-145　空腹式拱桥伸缩缝及变形缝的布置

伸缩缝的宽度一般为0.02～0.03m。通常是在施工时将用锯木屑与沥青按1∶1比例配合压制成的预制板嵌入砌体或埋入现浇混凝土中即可。变形缝则不留缝宽，可用于砌或油毛毡隔开即可。

人行道、栏杆、路缘石和混凝土桥面，在腹拱铰的上方或侧墙有变形缝处，均应设置贯通全桥宽度的伸缩缝或变形缝，以适应主拱圈的变形。

③排水及防水层。修建在大自然中的拱桥、雨、雪水等自然因素对拱桥的耐久性、美观等均有较大影响，因此对于拱桥，不仅要求能够及时排除桥面的雨、雪水，而且要求将透过桥面铺装渗入到拱腹内的雨水也能及时排除，因为这些渗水不及时排出，会增大拱腹填料的含水率，降低承载能力，影响路面层的强度，使路面更易开裂破坏。并且渗水会沿着拱上结构的一些缝隙（如变形缝或裂缝等）渗透，在冬季冰冻时使结构产生冻胀损坏。

关于桥面雨水的排除，除桥梁设置纵坡和桥面设横坡外，一般还沿桥面两侧路缘石边缘设置泄水管，其布置如图 3-146 所示。

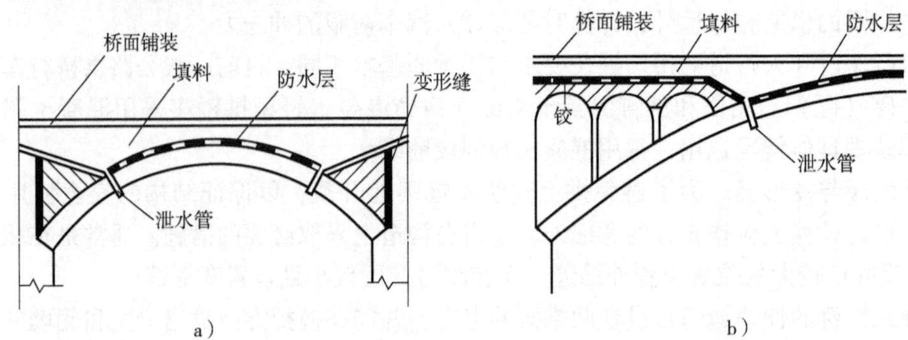

图 3-146　防水层与拱腹泄水管的布置

a）方式一　b）方式二

透过桥面铺装渗入到拱腹内的雨水，应由防水层汇集于预埋在拱腹内的泄水管排出。

第四节　钢筋混凝土桥梁施工图的识读举例

一、桥位平面图的识读

如图 3-147 所示，桥位平面图主要表明桥梁和路线连接的平面位置，通过实际地形测绘桥位处的道路、河流、水准点、里程、钻孔以及附近的地形、地物，可将其作为设计桥梁和施工定位的依据。

桥位平面图中的植被、水准符号均按正北方向绘制，图中文字方向则按路线要求及总的图标方向来确定。

二、桥位地质断面图的识读

如图 3-148 所示，为某桥位地质断面图，是由资料表和图形两部分组成。从图中可以清楚地了解到该处的地质水文情况。该图为了显示地质和河床深度变化情况，特意把地形高度（高程）的比例较水平方向比例放大了数倍，即地形高度的比例采用 1:200，水平方向则采用 1:500 的比例。将图形和资料表对照可以看出，三个钻孔的深度分别为 15m、16. 2m、13. 1m，其孔口高程分别为 1. 15m、0. 2m、4. 1m，三孔之间的间距分别为 40m 和 36. 3m。图中用断面图例和文字表明了土质土壤情况。

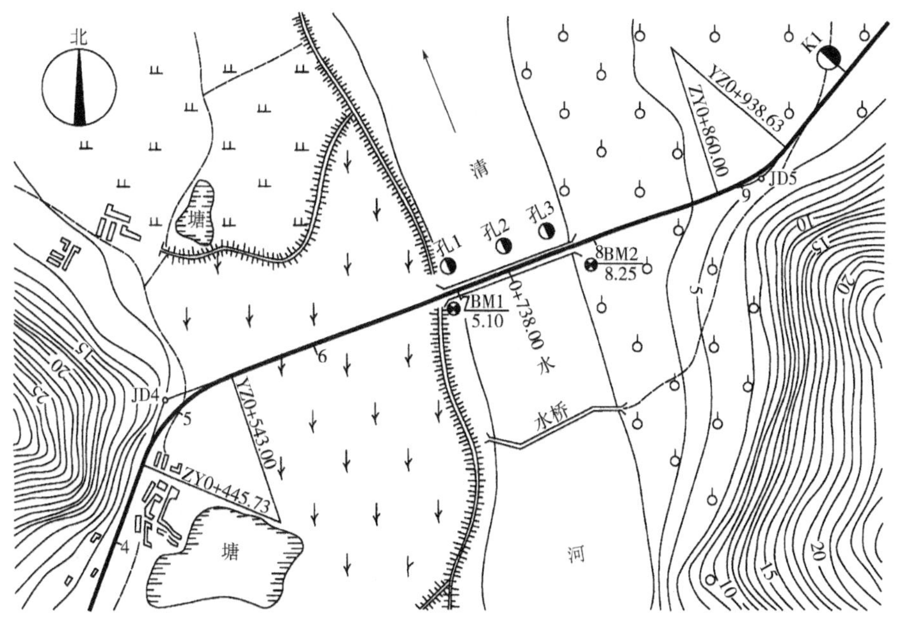

图 3-147　某桥位平面图

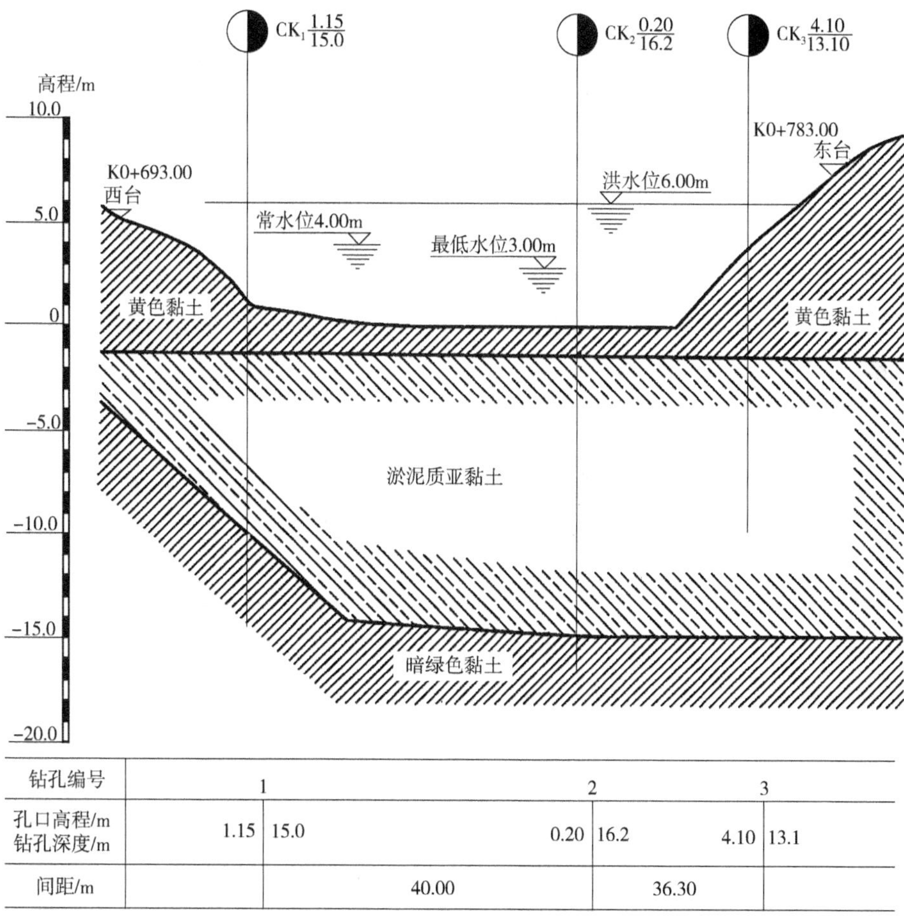

钻孔编号	1		2		3	
孔口高程/m 钻孔深度/m	1.15	15.0	0.20	16.2	4.10	13.1
间距/m		40.00		36.30		

图 3-148　某桥位地质断面图

三、桥梁总体布置图的识读

桥梁总体布置图是表达桥梁上部结构、下部结构和附属结构三部分组成情况的总图。主要表明桥梁的形式、跨径、孔数、总体尺寸、各主要构件的相互位置关系、桥梁各部分的高程、材料数量以及有关的说明等，以便作为施工时确定墩台位置、安装构件和控制高程的依据。

图 3-149 为某桥的总体布置图，包括立面图、平面图、1—1 和 2—2 横剖面图，采用 1∶200绘图比例。该桥为三孔钢筋混凝土空心板简支梁桥，总长度 37. 20m，总宽度 14m，中孔跨径 15m，两边孔跨径 10m。桥中设有两个柱式桥墩，两端为重力式混凝土桥台，桥台和桥墩的基础均采用钢筋混凝土预制打入桩。桥上部承重构件为钢筋混凝土空心板梁。

1. 立面图

桥梁一般是左右对称的，所以立面图常常是由半立面和半纵剖面合成，左半立面图为左侧桥台、1 号桥墩、板梁、人行道、栏杆等主要部分的外形视图。右半纵剖面图是沿桥梁中心线纵向剖开而得到的，2 号桥墩、右侧桥台、板梁和桥面均应按剖开绘制。图中还画出了河床的断面形状，在半立面图中，河床断面线以下的结构如桥台、桩等用虚线绘制；在半剖面图中，地下的结构均画为实线。由于预制桩打入到地下较深的位置，不必全部画出，为了节省图幅，故采用了断开画法。图中还标注出了桥梁各重要部位，如桥面、梁底、桥墩、桥台和桩尖等处的高程以及常水位（常年平均水位）。

尺寸标注采用定形尺寸、定位尺寸、高程尺寸和里程桩号综合标注法，便于绘图、阅读与施工放样。图中的尺寸单位为厘米，里程桩号与高程尺寸的单位为米。

2. 平面图

桥梁的平面图按“长对正”配置在立面图的下方，常采用对称画法，即对称形体以对称符号为界，一半画外形图，一半画剖面图。左半平面图是从上向下投影得到的桥面水平投影，主要画出了车行道、人行道、栏杆等的位置。由标注的尺寸可知，桥面车行道净宽为 10m，两边人行道各为 2m。右半部采用的是剖切画法（或分层揭开画法），假想把上部结构移去后，画出了 2 号桥墩和右侧桥台的平面形状和位置。桥墩中的虚线圆是立柱的投影，桥台中的虚线正方形是下面方桩的投影。

3. 横剖面图

根据立面图中所标注的剖切位置可以看出，1—1 剖面是在中跨位置剖切的，2—2 剖面是在边跨位置剖切的，桥梁的横剖面图是由左半部 1—1 剖面和右半部 2—2 剖面合并而成的。桥梁中跨和边跨部分的上部结构相同，桥面总宽度为 14m，是由 10 块钢筋混凝土空心板拼接而成，图中由于板的断面形状太小，故没有画出其材料符号。在 1—1 剖面图中画出了桥墩各部分，包括墩帽、立柱、承台、桩等的投影；在 2—2 剖面图中画出了桥台的各部分，包括台帽、台身、承台、桩等的投影。

剖切位置线应采用一组粗短线，在剖视方向线端部应按剖视方向画出单边箭头，在剖视方向一侧标注成对的英文字母或阿拉伯数字的编号。另外，视图名称或剖面图、断面图的代号均应标注在图的上方居中。剖面图、断面图的代号应成对地采用，并以一根 5 ~ 10mm 长的细实线，将成对的代号分开，图名底部应绘制与图名等长的粗、细实线，两线间距 1 ~ 2mm。

四、构件图

图 3-150 为该桥梁各主要构件的立体示意图。

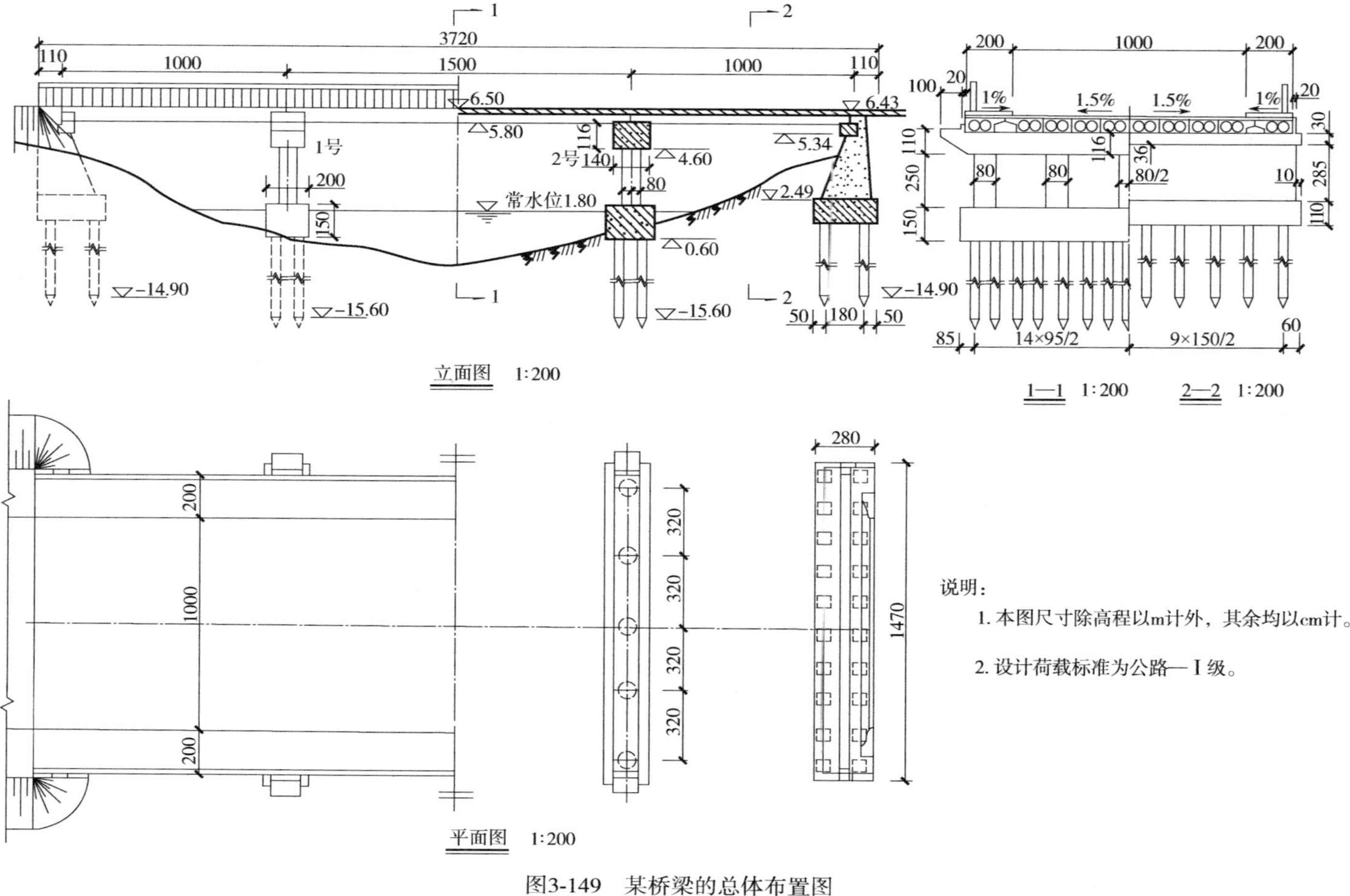

说明：

1. 本图尺寸除高程以m计外，其余均以cm计。

2. 设计荷载标准为公路—I级。

图3-149 某桥梁的总体布置图

由于桥梁的总体布置图比例较小，不可能把桥梁各个构件详细地表达清楚，因此单凭总体布置图是不能施工的，还应该另画图样，采用较大的比例将各个构件的形状、构造、尺寸都完整地表达出来，这种图样称为构件详图或构件大样图，简称构件图。桥梁的构件图通常包括桥台图、桥墩图、主梁图或主板图、护栏图等，常用的比例是1∶10～1∶50，如对构件的某一局部需全面、详尽地完整表达时，可按需求采用1∶2～1∶5或更大的比例画出这一局部放大图。

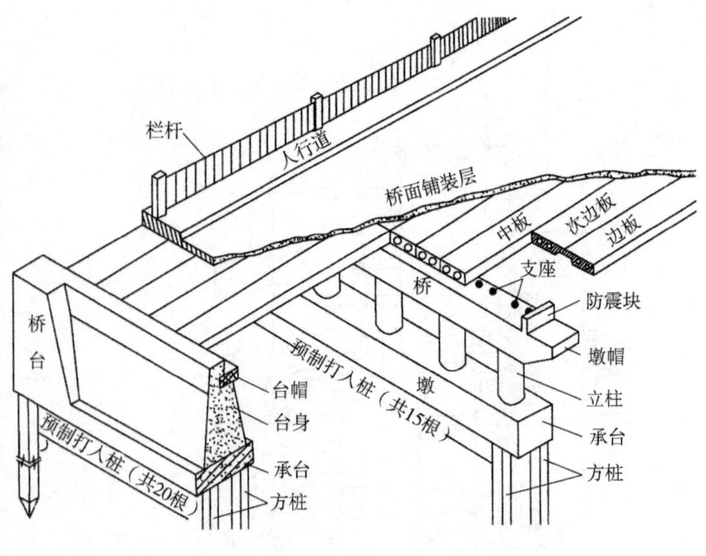

图3-150　桥梁各组成部分示意图

钢筋混凝土构件图通常有构造图和钢筋结构图。钢筋结构图也称钢筋布置图，简称配筋图，应置于构造图之后，当结构外形简单时，两者可绘于同一视图中。下面介绍桥梁中几种常见构件图的画法特点。

1. 钢筋混凝土空心板图

钢筋混凝土空心板是该桥梁上部结构中最主要的受力构件，其两端搁置在桥墩和桥台上，中跨为15m，边跨为10m。图3-151为边跨10m空心板构造图，由立面图、平面图和断面图组成，主要表达空心板的形状、构造和尺寸。整个桥宽由10块板拼成，按不同位置分为三种：中板（中间共6块）、次边板（两侧各1块）、边板（两边各1块）。三种板的厚度相同，均为55cm，因此只画出了中板立面图。由于三种板的宽度和构造不同，故分别绘制了中板、次边板和边板的平面图，中板宽124cm，次边板宽162cm，边板宽162cm。板的纵向是对称的，所以立面图和平面图均只画出了一半，边跨板长名义尺寸为10m，但减去板接头缝后实际板长为996cm。三种板均分别绘制了跨中断面图，可以看出它们不同的断面形状和详细尺寸。另外，还画出了板与板之间拼接的铰缝详图，具体施工做法详见说明。

每种钢筋混凝土板都必须绘制钢筋布置图，现以边板为例介绍，图3-152为边跨10m空心板边板的配筋图。立面图假定混凝土是透明的，主要表达所用钢筋及其布置情况。由于板中有弯起钢筋，所以绘制了跨中横断面2-2和跨端横断面3-3，可以看出②号钢筋在中部时是位于板的底部，在端部时则位于板的顶部。为了更清楚地表示钢筋的布置情况，还画出了板的顶层钢筋平面图。整块板共有10种钢筋，每种钢筋都绘出了钢筋详图。将以上图样互相配合，对照阅读，再结合列出的钢筋明细表，就可以清楚地了解该板中所有钢筋的位置、形状、尺寸、规格、直径、数量等内容，以及几种弯筋、斜筋与整个钢筋骨架的焊接位置和长度。

2. 桥墩图

图3-153为某桥桥墩构造图，主要表达桥墩各部分的形状和尺寸。图中绘制了桥墩的立面图、侧面图和1—1剖面图，由于桥墩是左右对称的，故立面图和剖面图均只画出一半。

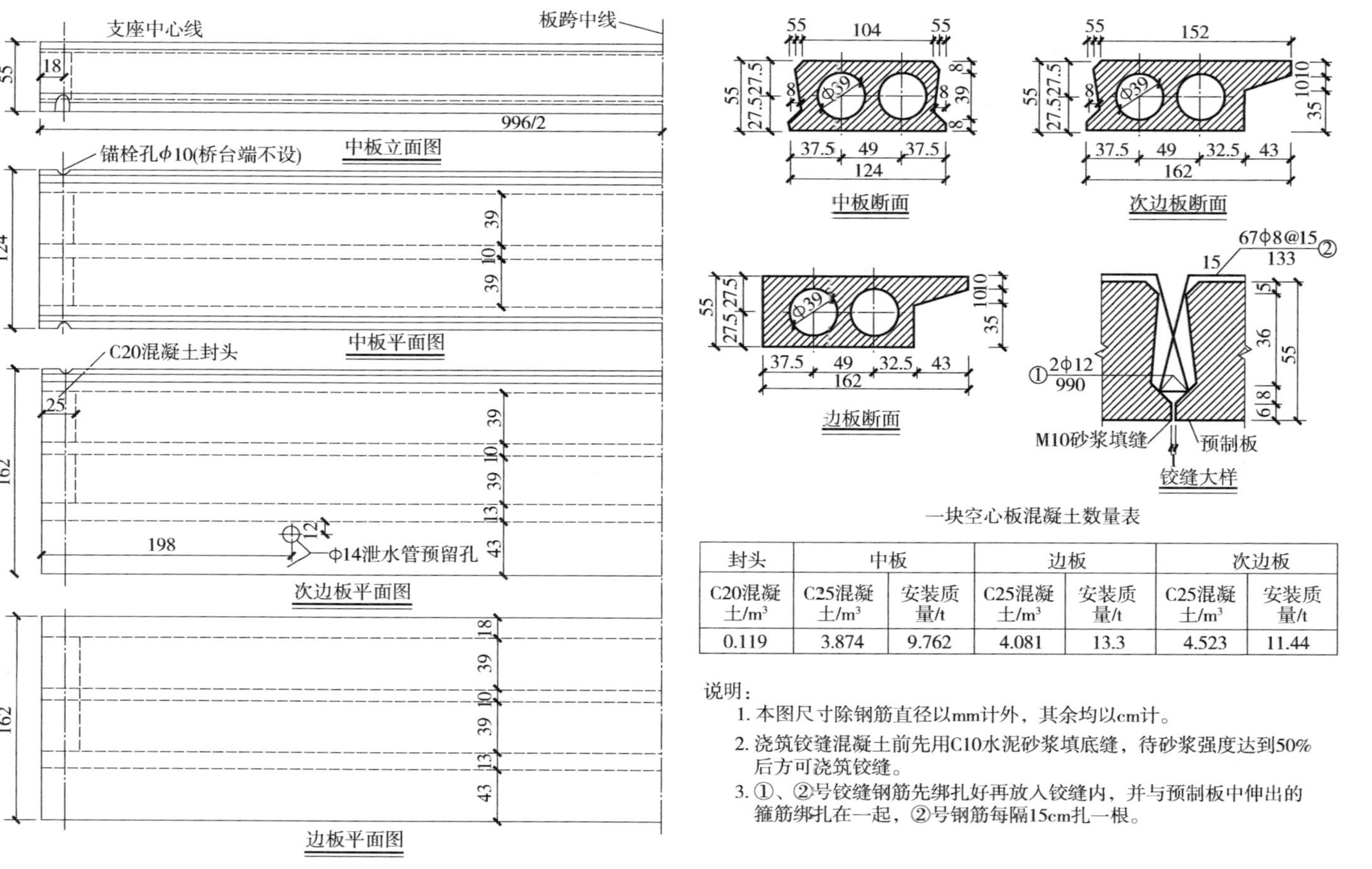

一块空心板混凝土数量表

封头	中板		边板		次边板	
C20混凝土/m³	C25混凝土/m³	安装质量/t	C25混凝土/m³	安装质量/t	C25混凝土/m³	安装质量/t
0.119	3.874	9.762	4.081	13.3	4.523	11.44

说明：

1. 本图尺寸除钢筋直径以mm计外，其余均以cm计。
2. 浇筑铰缝混凝土前先用C10水泥砂浆填底缝，待砂浆强度达到50%后方可浇筑铰缝。
3. ①、②号铰缝钢筋先绑扎好再放入铰缝内，并与预制板中伸出的箍筋绑扎在一起，②号钢筋每隔15cm扎一根。

图3-151 边跨10m空心板构造图

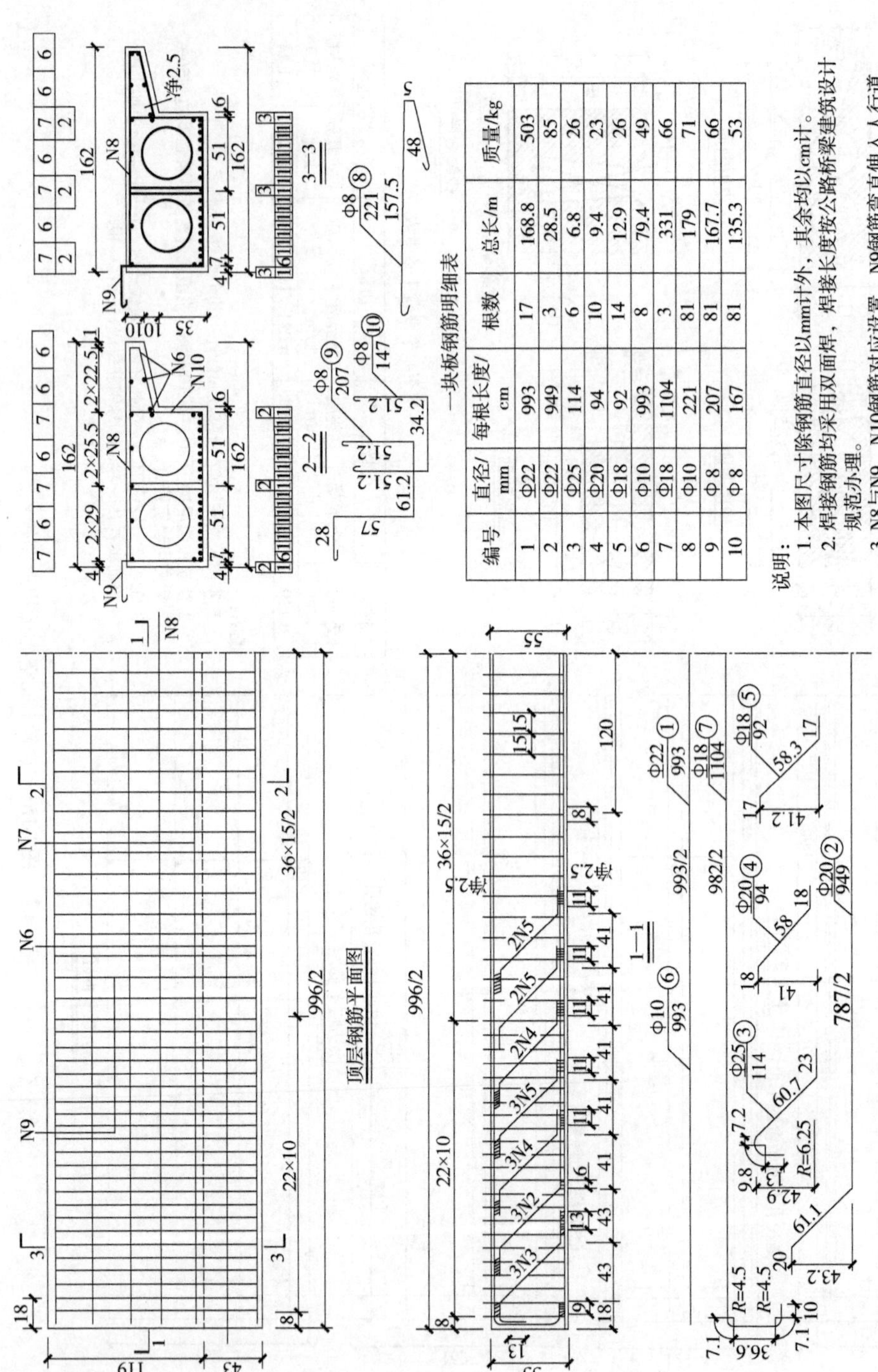

一块板钢筋明细表

编号	直径/mm	每根长度/cm	根数	总长/m	质量/kg
1	Φ22	993	17	168.8	503
2	Φ22	949	3	28.5	85
3	Φ25	114	6	6.8	26
4	Φ20	94	10	9.4	23
5	Φ18	92	14	12.9	26
6	Φ10	993	8	79.4	49
7	Φ18	1104	3	331	66
8	Φ10	221	81	179	71
9	Φ8	207	81	167.7	66
10	Φ8	167	81	135.3	53

说明：

1. 本图尺寸除钢筋直径以mm计外，其余均以cm计。
2. 焊接钢筋均采用双面焊，焊接长度按公路桥梁建筑设计规范办理。
3. N8与N9、N10钢筋对应设置，N9钢筋弯直伸入人行道。

图3-152　边跨10m空心板边板的配筋图

该桥墩由墩帽、立柱、承台和基桩组成，根据所标注的剖切位置可以看出，1—1 剖面图实质上为承台平面图，承台为长方体，长 1500cm，宽 200cm，高 150cm。承台下的基桩分两排交错（呈梅花形）布置，施工时先将预制桩打入地基，下端到达设计深度（高程）后，再浇筑承台，桩的上端深入承台内部 80cm，在立面图中这一段用虚线绘制。承台上有 5 根圆形立柱，直径为 80cm，高为 250cm，立柱上面有墩帽，墩帽的全长为 1650cm，宽为 140cm，高度在中部为 116cm，在两端为 110cm，有一定的坡度，为的是使桥面形成 1.5% 的横坡。墩帽的两端各有一个 20cm × 30cm 的抗震挡块，是为防止空心板移动而设置的。墩帽上的支座，详见支座布置图。

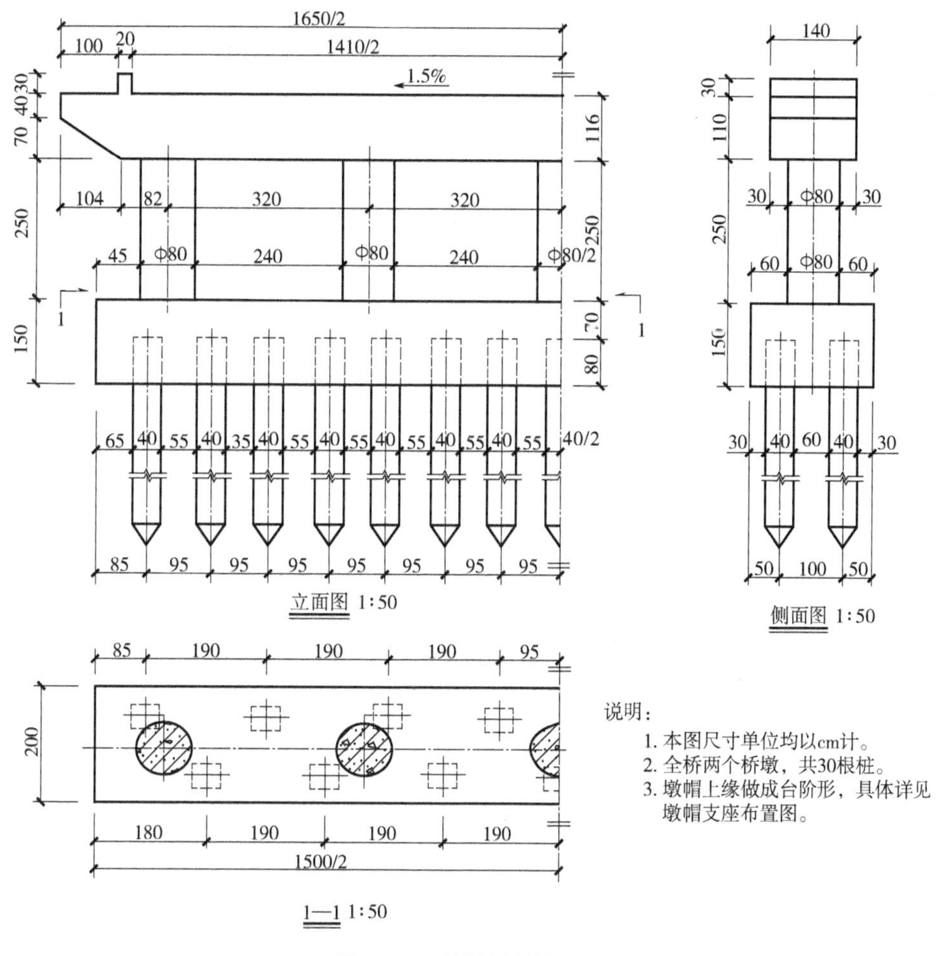

图 3-153　某桥桥墩构造图

桥墩的各部分均为钢筋混凝土结构，需要绘制钢筋布置图。图 3-154 为桥墩墩帽的配筋图，由立面图、1—1 和 2—2 横断面图以及钢筋详图组成。立面图比例为 1:30，由于墩帽内钢筋较多，所以横断面图的比例更大，采用 1:20。墩帽内共配有 9 种钢筋：在顶层有 13 根①号钢筋；在底层有 11 根②号钢筋；③号弯起钢筋有 2 根；④，⑤，⑥号是加强斜筋；⑧号箍筋布置在墩帽的两端，且尺寸依截面的变化而变化；⑨号箍筋分布在墩帽的中部，间隔为 10cm 或 20cm，立面图中标注出了具体位置；为了增强墩帽的刚度，在两侧各布置了 7 根⑦号腰筋。由于篇幅所限，桥墩其他部分如立柱、承台等的配筋图省略。

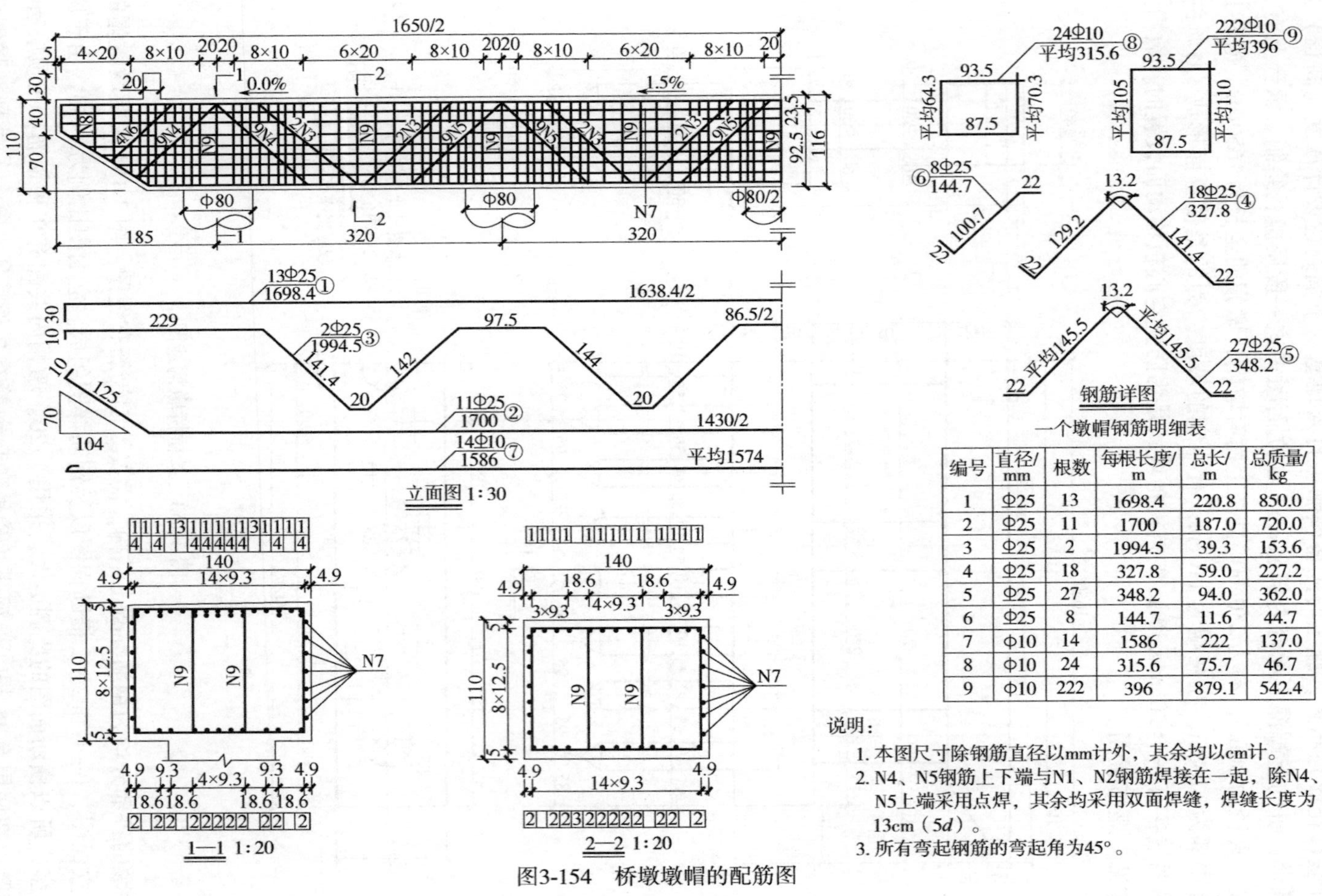

一个墩帽钢筋明细表

编号	直径/mm	根数	每根长度/m	总长/m	总质量/kg
1	Φ25	13	1698.4	220.8	850.0
2	Φ25	11	1700	187.0	720.0
3	Φ25	2	1994.5	39.3	153.6
4	Φ25	18	327.8	59.0	227.2
5	Φ25	27	348.2	94.0	362.0
6	Φ25	8	144.7	11.6	44.7
7	Φ10	14	1586	222	137.0
8	Φ10	24	315.6	75.7	46.7
9	Φ10	222	396	879.1	542.4

说明：

1. 本图尺寸除钢筋直径以mm计外，其余均以cm计。
2. N4、N5钢筋上下端与N1、N2钢筋焊接在一起，除N4、N5上端采用点焊，其余均采用双面焊缝，焊缝长度为13cm（$5d$）。
3. 所有弯起钢筋的弯起角为45°。

图3-154 桥墩墩帽的配筋图

3. 桥台图

桥台属于桥梁的下部结构，主要支承上部的板梁，并承受路堤填土的水平推力。图3-155为重力式混凝土桥台的构造图，用平面图、剖面图和侧面图表示。该桥台由台帽、台身、侧墙、承台和基桩组成。这里，桥台的立面图用1—1剖面图代替，既可表示出桥台的内部构造，又可画出材料图例，该桥台的台身和侧墙均用C30混凝土浇筑而成，台帽和承台的材料为钢筋混凝土。桥台长为280cm，高为493cm，宽度为1470cm。由于宽度尺寸较大且对称，所以平面图只画出了一半。侧面图由台前和台后两个方向的视图各取一半拼成，所谓台前是指桥台面对河流的一侧，台后则是桥台面对路堤填土的一侧。为了节省图幅，平面图和侧面图中都采用了断开画法。桥台下的基桩分两排对齐布置，排距为180cm，桩距为150cm，每个桥台有20根桩。

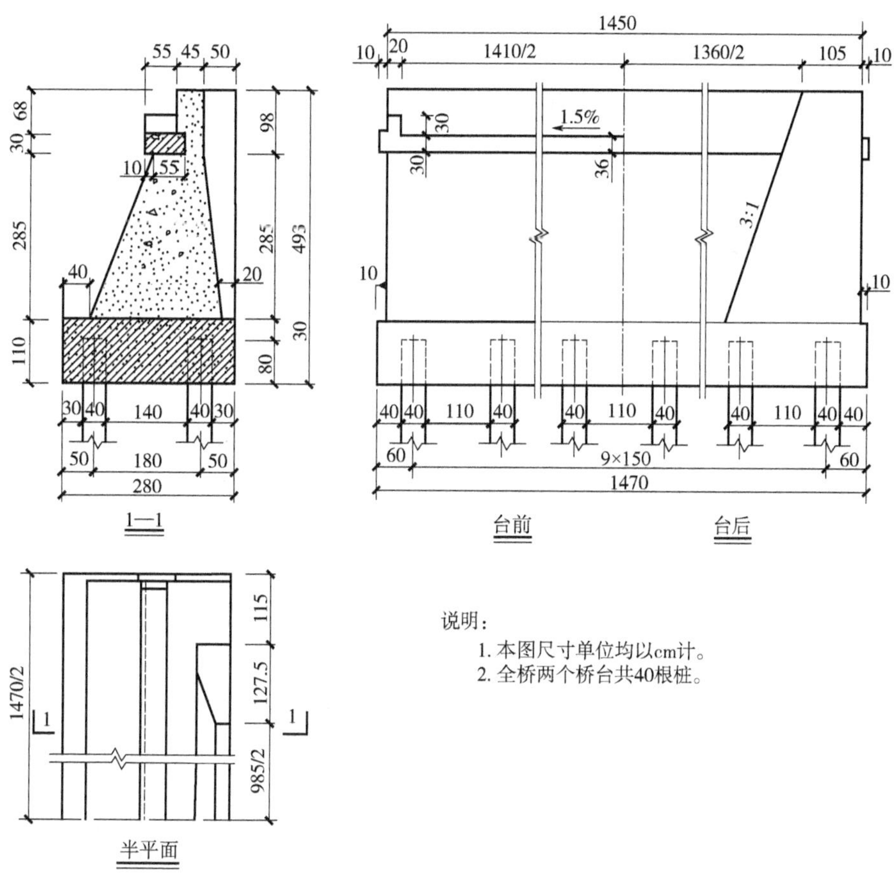

图3-155 桥台的构造图

第四章　涵洞工程施工图

第一节　涵洞简介

一、涵洞与桥梁的区别

在技术上，桥梁与涵洞是以跨径为划分标准的。根据《公路工程技术标准》（JTG B01—2014）规定，一般单孔跨径小于5m（不含）称为涵洞。但管涵和箱涵不论孔径大小、跨数多少，均称为涵洞。

在外观上，桥梁与涵洞的主要区别在于其上方是否有填土，一般涵洞上有填土，而桥梁上无填土，直接设桥面系。从侧面看，涵洞就像在路基上挖的“孔”，但路基在桥梁处是断开的。

二、涵洞的特点

由于涵洞是处于大自然环境（风、霜、雨、雪、冰冻、高温、水流冲击）和行车荷载的作用下，因此要求涵洞必须具备以下特点：

（1）满足排泄洪水能力，顺利快捷地排泄洪水。

（2）具有足够的整体强度和稳定性，保证在设计荷载的作用下，构件不产生位移和变形。

（3）具有较高的可靠性和耐久性，保证在自然环境中，长期完好，不发生破损。

三、涵洞分类

1. 按功能分类

按照涵洞的功能，将涵洞分为过水涵、交通涵和灌溉涵。

2. 按建筑材料分类

按照建筑材料，涵洞分为石涵、混凝土涵、钢筋混凝土涵及波形钢涵洞（见图4-1）等。

3. 按填土高度分类

按照填土高度，涵洞分为明涵和暗涵。

（1）明涵。洞顶无填土或填土高度 $H \leqslant 0.5$m，适用于低路堤及挖方路段。

（2）暗涵。洞顶有填土，且最小的填土厚度 $H > 0.5$m，适用于高路堤及深沟渠处。

图4-1　波形钢涵洞

4. 按水力性能分类

按照水力性能，涵洞分为无压力式涵洞、半压力式涵洞、有压力式涵洞，宜设计成无压力式。

（1）无压力式涵洞。无压力式涵洞指的是入口处水流的水位低于洞口上缘，洞身全长范围内水面不接触洞顶的涵洞。

（2）半压力式涵洞。半压力式涵洞指的是入口处水流的水位高于洞口上缘，部分洞顶承受水头压力的涵洞。

（3）有压力式涵洞。有压力式涵洞进、出口都被水流淹没，涵洞全长范围内全断面过水且洞内顶部承受水头压力。

（4）盖板涵。盖板涵（见图 4-2）是洞身以钢筋混凝土板、石板等作为顶盖的涵洞。钢筋混凝土盖板涵适用于无石料地区且过水面积较大的明涵或暗涵；石盖板涵适用于石料丰富且过水流量较小的小型涵洞。盖板涵主要由盖板、涵台及基础等部分组成，它受力明确，构造简单，施工方便。盖板涵与单跨简支板梁桥的结构形式基本相同，只是盖板涵的跨径较小。

（5）箱涵。箱涵不是盖板涵，箱涵的盖板及涵身、基础是用钢筋混凝土浇筑起来的一个整体，可用来排水、过人及车辆通过（见图 4-3）。箱涵适用于软土地基，但造价就会高些。

图 4-2　盖板涵

图 4-3　箱涵

（6）倒虹吸管。路基两侧水流都高于涵洞进、出水口，且靠水流压力通过形似倒虹吸的涵洞（见图 4-4）。适用于路堑挖方高度不能满足设置渡槽的净空要求时的灌溉渠道，不适用于排洪河沟。

图 4-4　倒虹吸管

第二节　涵洞工程施工工艺标准

一、工艺流程

涵洞工程施工工艺流程如图4-5所示。

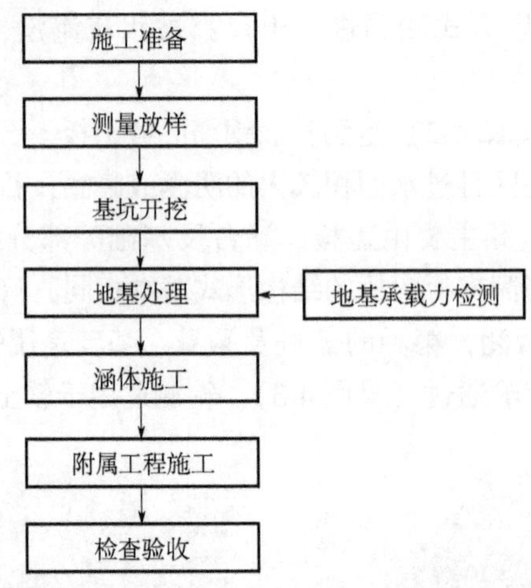

图4-5　涵洞工程施工工艺流程

二、施工工艺要求

1. 一般规定

（1）钢筋和模板加工须在专门加工场内进行，钢筋加工和安装须在专用胎架上进行。

（2）支架须进行专门设计，验算过程须经第三方和设计单位复核无误后方可实施。

（3）地基须进行专门处理，处理后须进行地基承载力检测，检测合格后方可进行下一步施工。

（4）严格执行首件工程验收制，报监理工程师验收后，方可进行规模生产。

（5）须编制专项安全施工方案，并及时报批。

（6）工序资料与施工进度同步，做到签证及时、资料齐全、页面工整，字迹清晰，施工重点部位及隐蔽工程应及时保存影像资料。

2. 技术准备

（1）认真阅读和审核设计图样及相关设计要求，熟悉并分析施工现场地质资料及水文情况，调查了解季节和地下水位的关系。

（2）测量放样：平整场地后粗测涵洞的平面位置。

（3）应做好原材料检测工作，进行混凝土配合比设计，并及时报送审批。

（4）调查开挖区域及周边地下管线分布情况，对影响施工的管线做好改移和保护方案。

（5）结合现场情况编制实施性施工组织方案。施工前应对施工人员进行岗前培训和技术、安全、环保、水保等施工交底。技术人员应熟悉规范、规定、图样和各种操作程序，相关操作人员应熟练掌握相关技能。

3. 资源准备

（1）人员准备（表4-1）。

表4-1　涵洞工程施工人员配置

工种及职务	人数	备注
钢筋工	20～30	
模板工	15～20	
混凝土工	10～20	
支架工	10～20	
电工	1	
专职安全员	1	
质检员	1	
技术员	1	
施工员	1	
合计	60～95	据实调整

（2）材料准备。

1）涵洞工程涉及的主要材料有：钢筋、水泥、中（粗）砂、碎石、减水剂、支架、模板等材料。

2）材料进场前严格进行检查验收和取样送检，试验合格经监理工程师认可后方可进料；杜绝不合格材料进入现场。

4. 机械准备（表4-2）

表4-2　涵洞工程现浇施工机械配置

设备名称	规格型号	数量	备注
压路机	Z25t	1台	
挖掘机	≥1.0m^3	1台	
装载机	Z40L	1台	
混凝土搅拌运输车	≥8.0m^3	2台	
钢筋电焊机		≥2台	
钢筋弯曲机		1台	
钢筋切断机		1台	
钢筋调直机		1台	
起重机	20t	1台	

5. 现场准备

（1）清除杂物，平整场地，根据现场条件设置施工便道。

（2）根据水源情况，施工生产用水可抽取河水、湖水或打井抽取地下水，水质必须满足规范要求。生活用水主要采用自来水或地下水，水质不得损害人体健康。

（3）根据施工用电负荷布置变压器或发电机，解决生产和生活用电问题。

三、圆管涵施工工艺

1. 工艺流程（图 4-6、图 4-7）

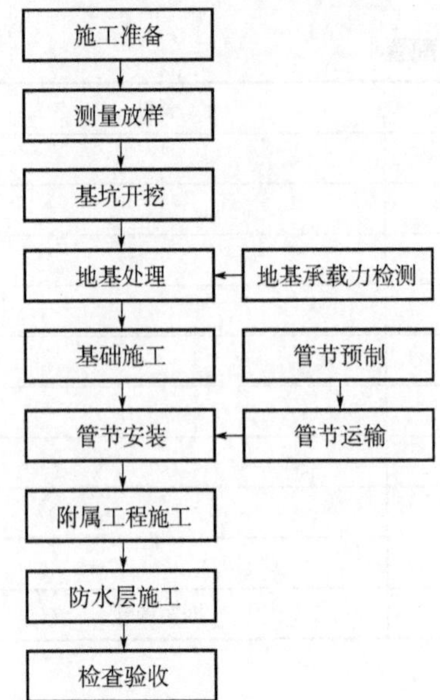

图 4-6　圆管涵施工工艺流程

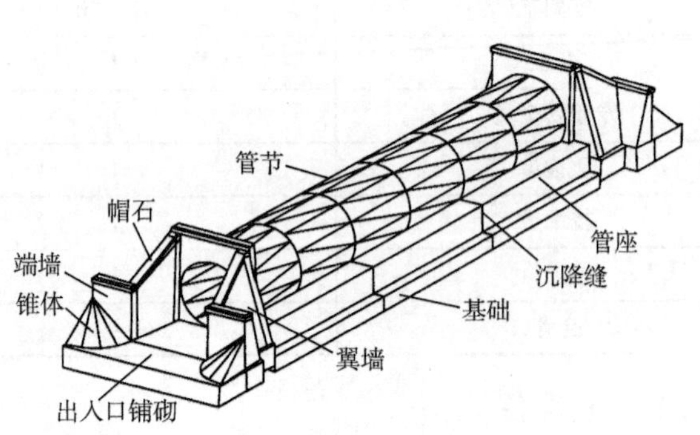

图 4-7　圆管涵结构

2. 施工控制要点

（1）基坑。

1）涵洞基坑临时放样点应在场地平整完成以后进行，临时平面点位应距离基坑开挖上边缘 5m 左右，并设置明显的标志，避免开挖和运输机械的破坏。

2）按地质水文资料，结合现场情况，决定开挖坡度和支护方案、开挖范围和防、排水措施。采用石灰粉等绘出基坑开挖的上口边线，基坑开挖交底中应明确开挖坡度，以便控制基底开挖边线满足施工需要。

3）使用机械开挖时，不得破坏基底土的结构，可在设计高程以上保留 30cm 厚度由人工开挖。

4）基坑开挖完成后，应进行平面和水准测量，采用模板进行混凝土基础施工的基底边线应比基础每边大 50cm，保证基础施工的工作面。

5）涵洞工程对地基承载力要求较高，因此对地基承载力进行检验，满足要求时方可进行下一道工序，不满足要求时进行地基加固。

（2）钢筋加工及安装。

1）钢筋在运输、储存过程中，应防止锈蚀、污染和避免压弯。钢筋焊接接头的焊接工艺、参数、质量以及操作人员的培训、考试等要求，应符合国家现行标准的有关规定。

2）安装钢筋时，钢筋的位置和混凝土保护层的厚度，应符合设计要求。在多排钢筋之间，必要时可垫入短钢筋头或其他适当的钢垫，但短钢筋头或钢垫的端头不得伸入混凝土保护层内。

（3）模板施工。基础及管座混凝土模板应有足够的强度、刚度和稳定性，能承受新浇筑混凝土的侧压力及施工中可能产生的各项荷载，接缝不漏浆。模板与混凝土相接触的表面应涂刷隔离剂。

(4) 混凝土施工。

1) 混凝土施工配合比应根据天气情况和运距预留其坍落度损失值，混凝土到达现场后严禁加水。

2) 混凝土浇筑前，应对施工机械（具）的工作状态、施工人员安排、施工用电及备用电力、混凝土运输交通情况等进行检查，确保混凝土浇筑顺利进行。

3) 管座及端翼墙混凝土施工前，应将基础混凝土顶面清理干净。混凝土浇筑前，应将基础混凝土顶面湿润。

4) 混凝土浇筑可采用吊机和料斗等机械进行浇筑。混凝土应分层浇筑，对于浇筑面较大的底板混凝土，应分层分段连续推进。振捣采用插入式振捣棒，振捣时应伸入下层混凝土 5 ~ 10cm 保证上下层混凝土的结合。振捣过程中应避免碰撞模板、钢筋及其他预埋件。

5) 混凝土振捣完成后，应及时修整、抹平混凝土裸露面，待定浆后再抹第二遍并压光或拉毛。抹面时严禁洒水，并应防止过度操作影响表层混凝土的质量。

6) 基础混凝土浇筑完成后，及时插设接槎石或接槎钢筋。接槎石应立设，埋入混凝土 2/3 左右。采用钢筋接槎时，接槎钢筋间距以 40cm 为宜，钢筋直径不小于 16mm，长度不小于 40cm，外露长度 15cm。埋设接槎石（钢筋）时，不得影响管节的安装。

(5) 管节安装

1) 钢筋混凝土管节由专业加工厂预制，强度达到要求并经检查合格后，汽车运输至现场，吊装就位。管节出厂时必须有产品合格证和质量证明书。

2) 放出涵洞纵向中心线和管节正投影边线，垫设管节临时垫块，垫块在管节两侧对称设置，纵向间距以 0.5m 为宜。垫块采用与管座同强度等级的混凝土预制，垫块必须保证管节安装后的稳定。

3) 管节安装就位后，应对出入口流水面高程和纵坡进行测量。安装后，及时按设计要求施工涵身防水层和沉降缝。

4) 按设计要求设置沉降缝的道数、缝宽和位置，并按规定填塞嵌缝料，用有纤维掺料的沥青嵌缝膏或其他材料封缝。

a)

b)

c)

d)

图 4-8 圆管涵施工

a) 基础施工 b) 管节安装

c) 模板施工 d) 管身防水

(6) 附属工程。附属工程按照设计图样的尺寸、高程放样后组织施工，严格执行有关施工规范的要求，确保工程质量。圆管涵施工如图 4-8 所示。

四、盖板涵施工工艺

1. 工艺流程（图 4-9、图 4-10）

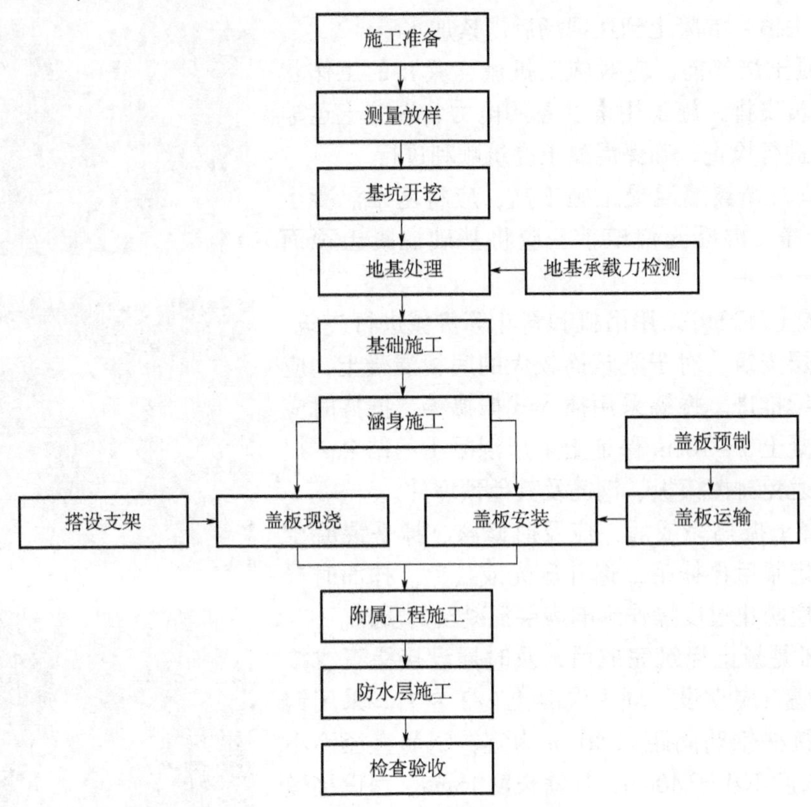

图 4-9　盖板涵施工工艺流程

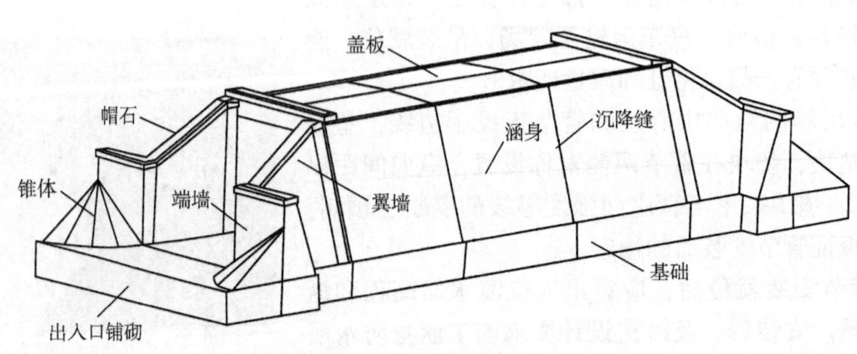

图 4-10　盖板涵结构

2. 施工工艺要求

（1）基坑。

1）涵洞基坑临时放样点应在场地平整完成以后进行，临时平面点位应距离基坑开挖上边缘 5m 左右，并设置明显的标志，避免开挖和运输机械的破坏。

2）按地质水文资料，结合现场情况，决定开挖坡度和支护方案、开挖范围和防、排水措施。采用石灰粉等绘出基坑开挖的上口边线，基坑开挖交底中应明确开挖坡度，以便控制基底开挖边线满足施工需要。

3）盖板涵的基坑开挖应采用机械开挖，人工配合成型。挖掘机开挖距基底高程 10 ~ 20cm 时，人工修整基底应确保不扰动基底地质土层。

4）在开挖基坑时，一般在基坑两侧留出临时排水沟，降低基坑水位，以免让地表水或地下水浸湿基底土质。

5）基坑开挖完成后，应检测地基承载力，在基底承载力符合设计要求的情况下，方可进行下一道工序的施工。

6）基底承载力不足的部位，按照设计要求，进行换填碎石处理，碎石换填按规范分层冲击压实至涵底，待其稳定经检测后方可施工基础。

（2）钢筋加工及安装。

1）钢筋在运输、储存过程中，应防止锈蚀、污染和避免压弯。钢筋焊接接头的焊接工艺、参数、质量以及操作人员的培训、考试等要求，应符合国家现行标准的有关规定。

2）安装钢筋时，钢筋的位置和混凝土保护层的厚度，应符合设计要求。在多排钢筋之间，必要时可垫入短钢筋头或其他适当的钢垫，但短钢筋头或钢垫的端头不得伸入混凝土保护层内。

（3）模板施工。

1）盖板涵的墙身施工应采用平面钢模板，钢模板数量必须满足施工需要，以确保墙身的混凝土外观满足设计要求。

2）墙身混凝土模板应有足够的强度、刚度和稳定性，能承受新浇筑混凝土的侧压力及施工中可能产生的各项荷载，接缝不漏浆。模板与混凝土相接触的表面应涂刷隔离剂。

3）按设计要求设置沉降缝的道数、缝宽和位置，并按规定填塞嵌缝料，用有纤维掺料的沥青嵌缝膏或其他材料封缝。

（4）盖板现浇。

1）盖板现场浇筑时，宜采用钢模板施工，并应按设计沉降段连续进行混凝土浇筑。不能一次连续完成混凝土浇筑时，应按垂直涵洞轴线方向设置施工缝。

2）现浇支撑体系宜采用钢管脚手架搭设，脚手架纵、横向间距应通过计算并留有足够的安全系数。

3）混凝土施工配合比应根据天气情况和运距预留其坍落度损失值，混凝土到达现场后严禁加水。对于山区低洼施工地段，施工过程中严禁采用溜槽输送混凝土。在有必要的情况下，应采用汽车混凝土输送泵进行混凝土的输送。

4）保证混凝土表面平整，棱线顺直，无严重啃边、掉角。蜂窝、麻面面积不得超过该面面积的 0.5%，混凝土表面出现非受力裂缝不得超过 0.1mm。

5）现浇盖板混凝土达到设计强度 75% 后方可拆除支架，但必须达到设计强度后才能进行涵顶填土。

（5）盖板预制与吊装。

1）钢筋混凝土盖板在预制厂集中预制，汽车运输至现场，吊装就位。盖板混凝土强度达到设计要求后，方可进行吊装。

2）涵洞盖板预制场地应平整并经碾压密实，并进行硬化。存放台座上最多不超过 3 层并高度不大于2m。

3）预制台座处地基应进行承载力检测，确保预制及吊装过程中台座不因地基的沉降而破坏。

4）盖板钢筋应在加工棚内集中加工成型后整体吊装入模，吊装时为保证钢筋骨架不变形，应注意吊点位置。

5）盖板安装宜采用预埋吊环吊装，吊环必须采用热轧圆钢冷弯制作，严禁采用任何型号的带肋钢筋替代。

6）安装预制混凝土盖板，注意下列事项：

①涵身强度达到设计强度的70%以上。

②安装后，盖板上的吊装装置应用砂浆或监理工程师批准的其他材料填满，相邻板块之间采用高等级水泥砂浆填塞密实。

③盖板安装前，检查成品及涵台尺寸。

④接合面混凝土应清洗干净，安装时应先将接合面混凝土洒水润湿，按设计要求将接缝填满、塞实，抹平表面。板的填缝应平整密实。

⑤预制盖板安装后，混凝土达到设计强度后方可进行涵顶填土。

（6）附属工程。附属工程按照设计图样的尺寸、高程放样后组织施工，严格执行有关施工规范的要求，确保工程质量。盖板涵施工如图4-11所示。

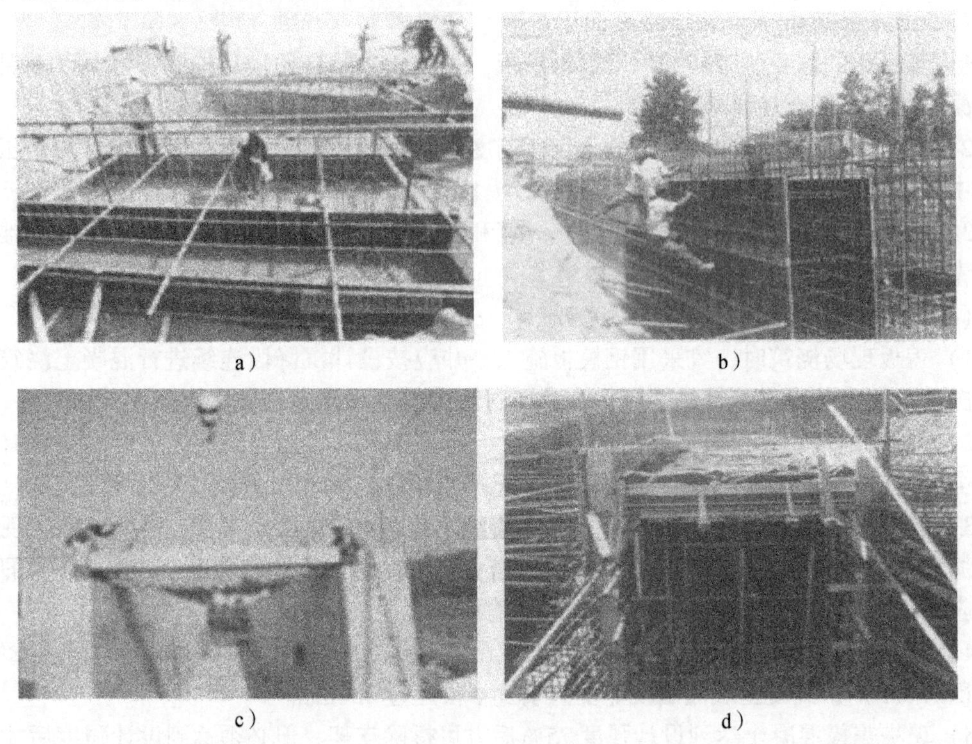

a） b） c） d）

图4-11 盖板涵施工

a）基础施工 b）涵身施工 c）盖板吊装 d）顶板现浇

五、箱涵施工工艺

1. 工艺流程（图4-12、图4-13）

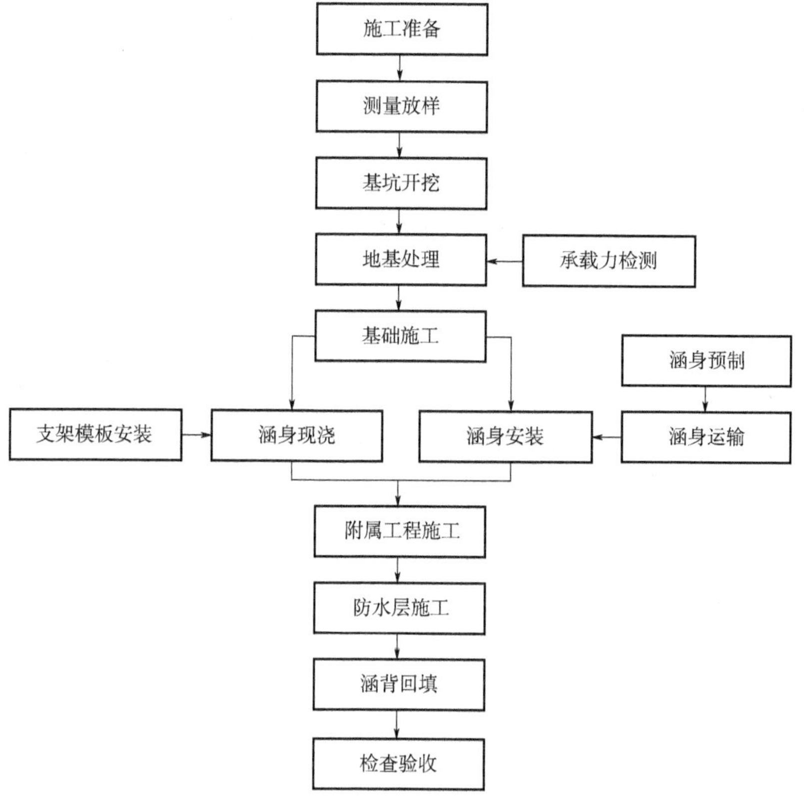

图 4-12 箱涵施工工艺流程

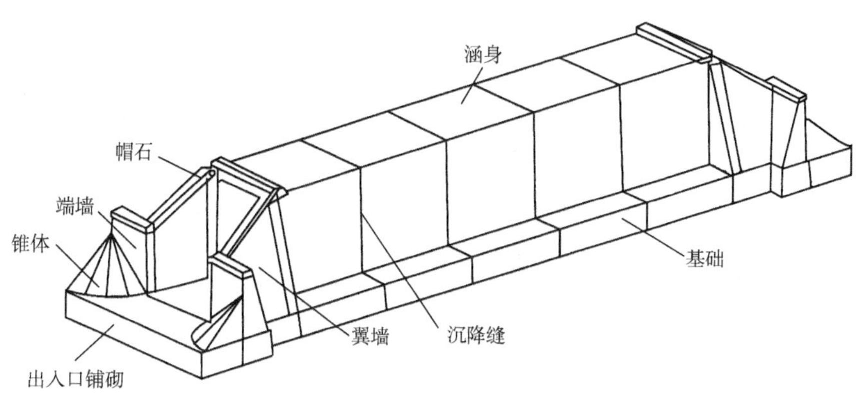

图 4-13 箱涵结构

2. 施工工艺要点

（1）基坑。

1）涵洞基坑临时放样点应在场地平整完成以后进行，临时平面点位应距离基坑开挖上边缘 5m 左右，并设置明显的标志，避免开挖和运输机械的破坏。

2）按地质水文资料，结合现场情况，决定开挖坡度和支护方案、开挖范围和防、排水措施。采用石灰粉等绘出基坑开挖的上口边线，基坑开挖交底中应明确开挖坡度，以便控制基底开挖边线满足施工需要。

3）箱涵的基坑开挖应采用机械开挖，人工配合成型。挖掘机开挖距基底高程 10～20cm

时，人工修整基底应确保不扰动基底地质土层。

4）在开挖基坑时，一般在基坑两侧留出临时排水沟，以降低基坑水位，以免让地表水或地下水浸湿基底土质。

5）基坑开挖完成后，应检测地基承载力，在基底承载力符合设计要求的情况下，方可进行下一道工序的施工。

6）基底承载力不足的部位，按照设计要求，进行换填碎石处理，碎石换填按规范分层冲击压实至涵底，待其稳定经检测后方可施工基础。

（2）钢筋加工及安装。

1）钢筋在运输、储存过程中，应防止锈蚀、污染和避免压弯。钢筋焊接接头的焊接工艺、参数、质量以及操作人员的培训、考试等要求，应符合国家现行标准的有关规定。

2）安装钢筋时，钢筋的位置和混凝土保护层的厚度，应符合设计要求。在多排钢筋之间，必要时可垫入短钢筋头或其他适当的钢垫，但短钢筋头或钢垫的端头不得伸入混凝土保护层内。

3）安装钢筋骨（网）架时，应保证其在模板中的正确位置，不得倾斜、扭曲，也不得变更保护层的规定厚度。在混凝土浇筑过程中安装钢筋骨（网）架时，不应妨碍浇筑工作正常进行，不应造成施工接缝。

（3）模板施工。

1）箱涵的混凝土施工应采用钢模板，钢模板数量必须满足施工需要，以确保混凝土外观满足设计要求。

2）箱涵混凝土模板应有足够的强度、刚度和稳定性，能承受新浇筑混凝土的侧压力及施工中可能产生的各项荷载，接缝不漏浆。模板与混凝土相接触的表面应涂刷隔离剂。

（4）混凝土施工。

1）在浇筑混凝土前，应对已安装好的钢筋、预埋件（钢板、锚固钢筋等）以及钢筋的混凝土保护层垫块进行检查。当发现不符合相关要求时，应及时纠正或返工。

2）混凝土施工配合比应根据天气情况和运距预留其坍落度损失值，混凝土到达现场后严禁加水。施工过程中严禁采用溜槽输送混凝土。对于山区低洼施工地段，在有必要的情况下，应采用汽车混凝土输送泵进行混凝土的输送，不得使用长溜槽。

3）混凝土浇筑前，应对施工机械（具）的工作状态、施工人员安排、施工用电及备用电力、混凝土运输交通情况等进行检查，确保混凝土浇筑顺利进行。

4）混凝土浇筑可采用吊机和料斗、汽车混凝土输送泵以及地泵等机械进行浇筑。混凝土应分层浇筑，对于浇筑面较大的底板混凝土时，应分层分段连续推进。振捣采用插入式振捣棒，振捣时应伸入下层混凝土5~10cm，保证上下层混凝土的结合。振捣过程中应避免碰撞模板、钢筋及其他预埋件。

5）混凝土振捣完成后，应及时修整、抹平混凝土裸露面，待定浆后再抹第二遍并压光或拉毛。抹面时严禁洒水，并应防止过度操作影响表层混凝土的质量。

（5）箱涵现浇。箱涵现浇施工工艺与盖板涵现浇工艺相同，可参照执行。

（6）涵节预制与吊装。

1）钢筋混凝土涵节由专业加工厂预制，强度达到要求并经检查合格后，汽车运输至现场，吊装就位。涵节出厂时必须有产品合格证和质量证明书。

2）基础混凝土强度必须达到设计要求的强度。

3）将基础混凝土表面清理干净，放出涵洞纵向中心线和管节正投影边线。

4）涵节安装就位后，应对出入口流水面高程和纵坡进行测量。

5）安装预制混凝土涵节，注意下列事项：

①涵节混凝土强度达到设计强度的100%。

②安装后，及时按设计要求施工涵身防水层和沉降缝。

③涵节安装前检查成品及基础尺寸。

6）按设计要求设置沉降缝的道数、缝宽和位置，并按规定填塞嵌缝料，用有纤维掺料的沥青嵌缝膏或其他材料封缝。

（7）附属工程。附属工程按照设计图样的尺寸、高程放样后组织施工，严格执行有关施工规范的要求，确保工程质量。箱涵施工如图4-14所示。

a）　b）　c）　d）　e）　f）

图4-14　箱涵施工

a）基础施工　b）钢筋绑扎　c）现浇支架　d）现浇顶板

e）混凝土浇筑　f）涵节安装

第三节　涵洞构造组成

涵洞设于路基下方，通常由洞身、洞口建筑、进出水口沟床加固及防护三大部分组成（图4-15）。

一、洞身构造

洞身是形成过水孔道的主体，它应具有保证设计流量通过的必要孔径，同时又要求本身坚固而稳定。

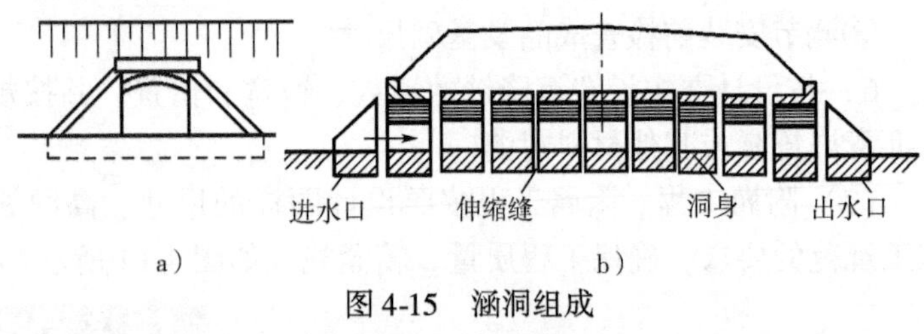

图4-15　涵洞组成

a）洞口　b）纵断面

洞身的作用，一方面是保证水流通过；另一方面也直接承受荷载压力和填土压力，并将其传递给地基。

洞身通常由承重结构（如拱圈、盖板等）、涵台、基础以及防水层、伸缩缝等部分组成。钢筋混凝土箱涵及管涵为封闭结构，涵台、盖板、基础连成整体，其涵身断面由箱节或管节组成，为了便于排水，涵洞涵身还应有适当的纵坡，其最小坡度为0.4%。

洞身截面形式主要有圆形、拱形、矩形等。

1. 圆管涵

圆管涵主要由管身、基础、接缝及防水层等构成（图4-16）。

（1）管身宜由钢筋混凝土构成，应配双层钢筋。

（2）基础形式应视地基条件而定。当在较软弱地基上时，可采用混凝土或浆砌片石基础：当在砂砾、卵石、碎石及密实均匀的黏土或砂土地基上时，可采用砂砾石垫层基础；当在岩石地基上时，可采用垫层混凝土。

图4-16　圆管涵

（3）接口宜为平接，可分为刚性、半刚性、柔性接口等，根据受力条件、施工方法及水文地质情况来选用接口形式。当为柔性接口时，宜采用承插式钢筋混凝土管涵，其接口处应设O形橡胶圈。

（4）管身周围应设防水层，以防渗水侵蚀，可采用沥青或厚200mm的塑性黏土等。

（5）当管涵较长设计有沉降缝时，沉降缝应贯穿整个洞身断面，其方向应与洞身轴线垂直。

2. 盖板涵

盖板涵主要由盖板、涵台、洞身铺底、伸缩缝、防水层等构成（图4-17）。

（1）盖板分为石盖板、钢筋混凝土盖板。盖板两端应与涵台顶紧，并设锚栓连接，采用C20小石子混凝土填满捣实空隙。

(2) 涵台基础及支撑梁由浆砌块（片）石或混凝土构成。涵底铺砌宜为水泥砂浆砌片石。

(3) 沿涵身长度方向应每隔 4 ~ 6m 设一道沉降缝，具体位置应根据地基土变化情况和填土高度而定。在地基土质发生变化、基础埋深不同或地基压力发生较大变化以及填挖交界处，均应设置沉降缝。当采用填石抬高基础时，其沉降缝间距不宜大于 4m。沉降缝应贯穿整个洞身断面，其方向应与板的跨径方向一致。

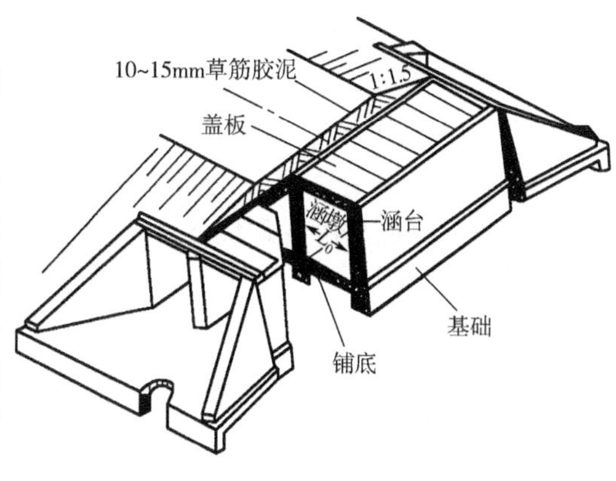

图 4-17　盖板涵

(4) 在各式钢筋混凝土涵洞的洞身及端墙、基础顶面以上等部位，凡被土掩埋部分的表面均应设防水层。

3. 箱涵

箱涵为整体闭合式钢筋混凝土框架结构，所以具有良好的整体性及抗震性能。主要由钢筋混凝土涵身、翼墙、基础、变形缝等组成。

(1) 涵身宜采用钢筋混凝土整体闭合式框架结构，其横截面可为长方形或正方形。内壁在角隅处设倒角并配防劈裂钢筋。

(2) 翼墙采用一字式钢筋混凝土薄壁结构时，应与洞身连成整体；采用八字式翼墙时，翼墙与洞身间应设沉降缝。

(3) 涵身底部宜为混凝土和砂砾垫层上下两层。在洞口两端 2m 范围内应将基底埋入冰冻线以下不小于 0. 25m。

(4) 在涵身中部应设置沉降缝一道。当涵身长度超过 20m 时，可视具体情况每隔 6m 左右再设沉降缝。

4. 拱涵

拱涵主要由拱圈、护拱、涵台、基础、铺底、沉降缝及排水设施组成（图 4-18）。

(1) 拱圈由石料、混凝土等构成。拱圈宜采用等截面圆弧拱。

(2) 护拱由石灰砂浆或水泥砂浆砌片石构成。

(3) 拱上侧墙和涵底铺砌可用水泥砂浆砌片石构成。

(4) 涵台宜为圬工结构，视地基土情况，采用整体式或分离式基础。

(5) 拱背及台背宜设防水层，通过泄水孔或盲沟等排水设施导出积水。沉降缝的设置同盖板涵，其方向应与洞身轴线垂直。

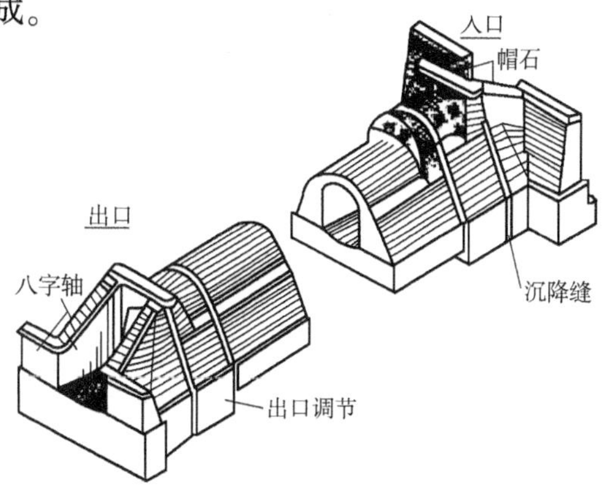

图 4-18　拱涵

5. 倒虹吸管

(1) 倒虹吸管主要由进口段、水平段和出口段组成。进口段由进水河沟、沉淀池、进水井等组成。水平段是倒虹吸的主体，由基础、管身、接缝等组成。出口段由出水井、出水河沟等组成。

（2）管身宜为钢筋混凝土圆管，管身基础由级配砂石垫层和混凝土基础构成。管身接缝宜为钢丝网抹带接口或环带接口。

（3）进出水井宜由混凝土构成，也可由水泥砂浆砌片石构成。竖井上设置活动的钢筋混凝土顶盖。沉淀池由浆砌块、片石构成。基础由混凝土和砂砾垫层构成。进出口河沟一定范围内做铺砌加固。

6. 钢波纹管涵

（1）管身由薄钢板压成波纹后，卷制成管节构成。整体式波纹管采用法兰连接；分片拼装式波纹管采用钢板搭接，并用高强度螺栓连接。

（2）钢波纹管涵地基或基础要求均匀坚固，其地基或基础的最小厚度与宽度应符合设计规范规定。

（3）钢波纹管管节内外面和紧固连接螺栓或铆钉，进行热镀锌防腐处理。

（4）管身楔形部分要求采用砾类土、砂类土回填。管顶填土应在管两侧保持对称均匀、分层摊铺、逐层压实，层厚宜为150～250mm，其压实度不小于96%。

图4-19所示为某钢波纹管涵施工图。

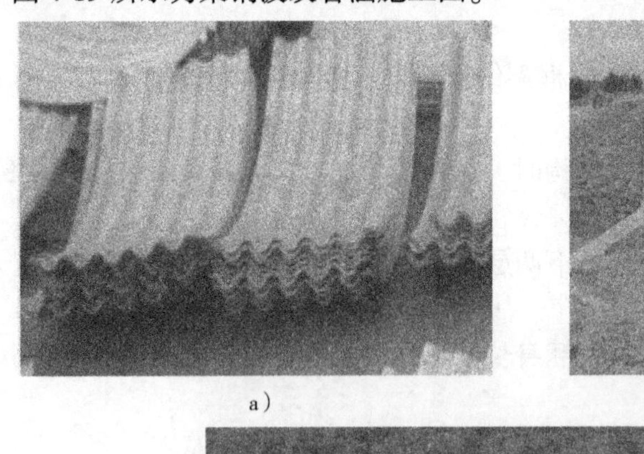

a）

b）

c）

图4-19　某钢波纹管涵施工图

a）运至现场的片状拼装板　b）拼装中的波形钢涵洞　c）拼装已完成

二、洞口建筑

洞口是洞身、路基、河道三者的连接构造物。洞口建筑由进水口、出水口和沟床加固三部分组成。洞口的作用：一方面使涵洞与河道顺接，使水流进出顺畅；另一方面确保路基边坡稳定，使之免受水流冲刷。沟床加固包括进出口调治构造物，减冲防冲设施等。洞口常见形式有八字式（图4-20）、一字墙式（图4-21）、平头式（图4-22）、扭坡式、走廊式、流线型及跌水井式。

1. 八字式洞口

敞开斜置，两边八字形翼墙墙身高度随路堤的边坡变化。其特点是工程量小，水力性能好，施工简单，造价低，是最常用洞口形式。

（1）正八字式洞口由敞开斜置八字墙构成（图4-20a），敞开角宜采用30°，且左右翼墙对称：适用于河沟平坦顺直，无明显沟槽，且沟底与涵底高差变化不大的情况。当八字墙与路中线垂直时，称直墙式洞口（图4-20b）；适用于涵洞跨径与沟宽基本一致，无须集纳和扩散水流或仅为疏通两侧农田灌溉时的情况。八字墙墙身宜由块（片）石砌筑，有条件时可做料石或混凝土预制块镶面。

（2）当地形和水流条件要求涵洞与路线斜交时，应做斜八字式洞口，有斜交斜做或斜交正做两种做法，如图4-20c、d所示。

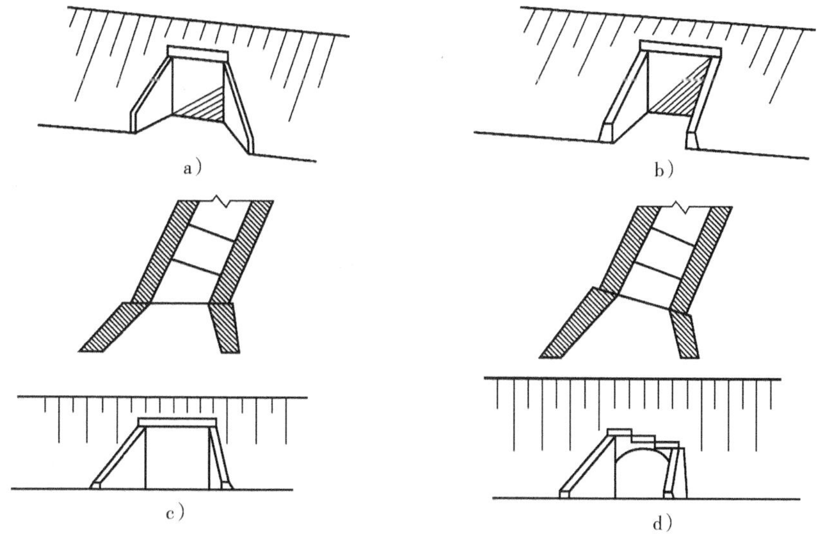

图4-20　八字式洞口

a）八字式洞口　b）直墙式洞口　c）斜交斜做八字式洞口　d）斜交正做八字式洞口

2. 一字墙式（也称端墙式）洞口

（1）一字墙式洞口采用涵台两侧垂直涵洞轴线部分挡住路堤边坡的矮墙（端墙），墙外侧可用砌石椭圆锥、天然土坡、砌石护坡或挡土墙与天然沟槽、渠道和路基相连接，构成多种形式的一字墙式洞，如图4-21a～c所示；适用于沟床稳定、土质坚实的河沟以及流速较小的人工渠道或不易受冲刷的岩石河沟。

（2）当涵洞与路线斜交时，锥坡洞口宜采用斜交正做洞口，如图4-21d所示，其端墙可做成斜坡式或台阶式。

3. 平头式洞口

平头式洞口（图4-22）常用于钢筋混凝土管涵和钢波纹管涵，需制作特殊的洞口管节；适用于水流通过涵洞流速较小的情况。

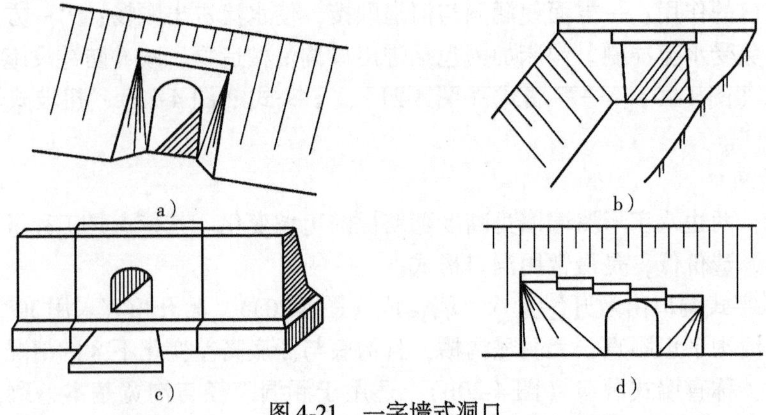

图 4-21　一字墙式洞口

a）一字墙式配锥形护坡洞口　b）一字墙式接渠道洞口　c）挡墙式洞口　d）一字墙式斜洞口

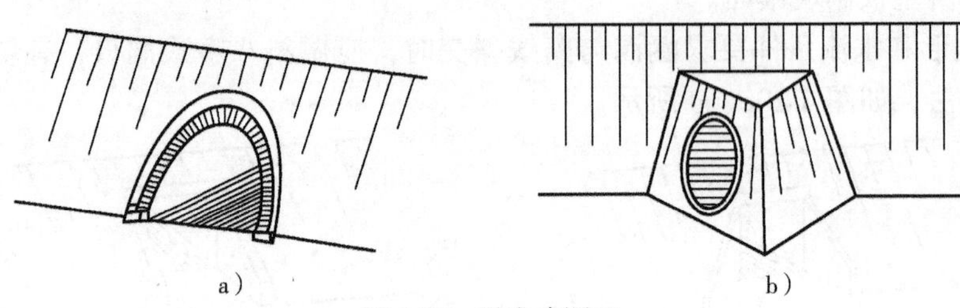

图 4-22　平头式洞口

a）平头式正洞口　b）平头式斜洞口

4. 扭坡式洞口

扭坡式洞口与渠道之间由一段变化坡度的过渡段构成（图 4-23），适用于盖板涵、箱涵、拱涵洞身与人工灌溉渠道的连接。进口收缩过渡段长度宜为渠道水深的 4 ~ 6 倍，出口扩散段还应适当增长。

5. 走廊式洞口

走廊式洞口由两道平行翼墙在前端展开成八字形或圆曲线形构成（图 4-24），可使涵前的壅水（壅水是指水流受阻而产生的水位升高现象）水位在洞口部分提前收缩跌落，降低无压力式涵洞的计算高度或提高涵内计算水深，增大涵洞的宣泄能力；适用于高路堤。

6. 流线型洞口

流线型洞口由进水口端节在立面上升高形成流线型构成（图 4-25），平面也可做成流线型，使涵长方向涵洞净空符合水流进洞收缩的实际情况。流线型洞口应用于压力式涵洞时，可使洞内满流：应用于无压力式涵洞时，可增大涵前水深，提高涵洞的宣泄能力。其适用于高路堤或路幅较宽、涵身较长的涵洞。

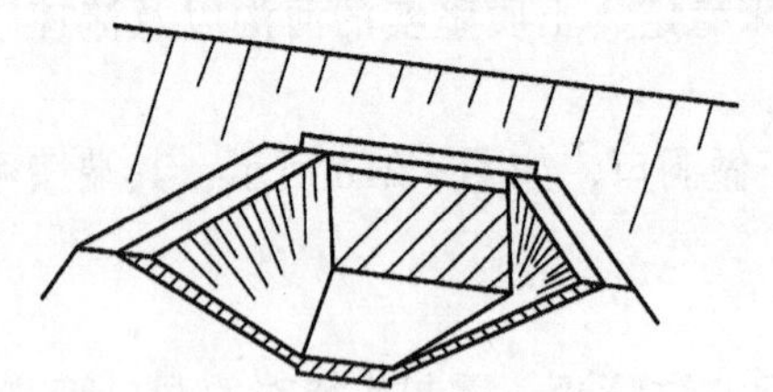

图 4-23　扭坡式洞口

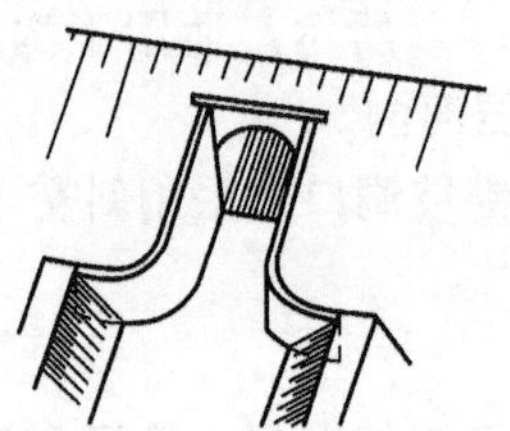

图 4-24　走廊式洞口

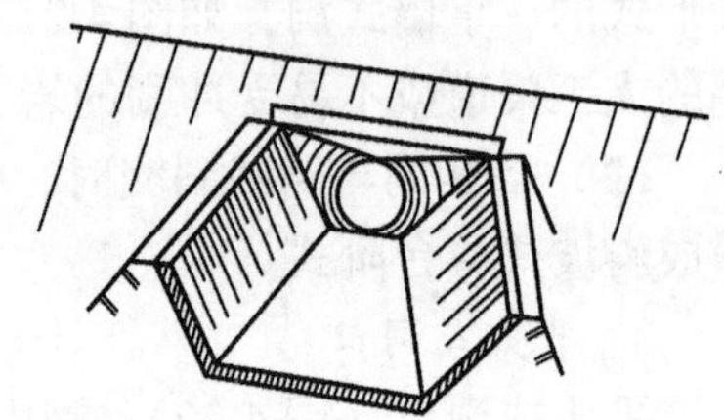

图 4-25　流线型洞口

7. 跌水井式洞口

跌水井式洞口主要有边沟跌水井洞口（图 4-26）与一字墙式跌水井洞口（图 4-27）两种。边沟跌水井洞口用于内侧有挖方边沟涵洞的洞口，一字墙式跌水井洞口用于陡坡沟槽跌水。跌水井式洞口适用于河沟纵坡大于 50% 或路基不能满足涵洞建筑高度要求、涵洞进口开挖大以及天然沟槽与洞口高差大时，以解决路基边沟或天然沟槽与涵洞进口的连接。

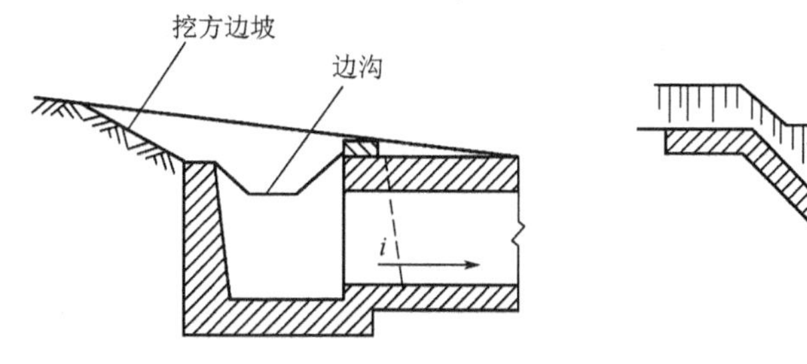

图 4-26　边沟跌水井洞口

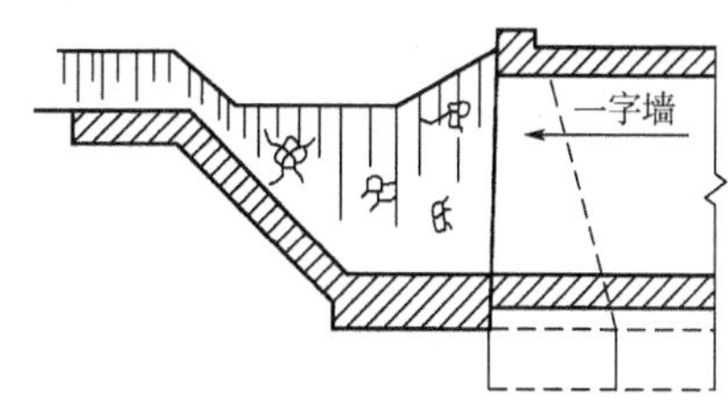

图 4-27　一字墙式跌水井洞口

三、进出水口河床加固及防护

在涵洞上、下游河沟和路基边坡一定范围内，宜采取冲刷防护措施。当沟底纵坡≤15%时，可铺砌到上、下游翼墙端部，并在上、下游铺砌端部设置截水墙。其埋置深度不小于台身或翼墙基础深度。

1. 进水口沟床加固及防护

（1）当河沟纵坡小于 10%，河沟顺直且土质和水流流速许可时，可对进口采用干砌片石铺砌加固。

（2）当河沟纵坡为 10% ~50% 时，除岩石沟槽外，沟底和沟槽侧向边坡以及路基边沟均须采取人工铺砌加固。加固类型由水流流速确定。当采用缓坡涵进口时，涵前沟底纵坡较陡，涵身纵坡较缓，应在进口段设置缓坡段，其长度为 1 ~2 倍的涵洞孔径。

（3）当采用陡坡涵进口时，涵身纵坡较大，水流呈急流状态，涵底坡度与涵前沟底纵坡基本平顺衔接，可不设缓坡段，只做人工铺砌加固。

（4）当河沟纵坡大于 50% 时，水流流速很大，进口处宜设置跌水井，可采用急流槽与天然河沟连接。急流槽底每隔 1.5 ~2.0m 设一防滑墙。为减缓槽内水流流速，在槽底增设人工加糙设施。

2. 出水洞口沟床加固及防护

（1）在河沟纵坡小于 3% 的缓坡涵洞中，当出水流速小于土壤的允许冲刷流速时，下游洞口河床可不做处理：当出水口流速大于或等于土壤的允许冲刷流速时，下游洞口沟床应铺砌片石进行加固或设置挑坎防护。

（2）在河沟纵坡小于或等于 15% 的缓坡涵洞中，当出水口流速较小时，可对下游河床进行一般的铺砌加固，并在铺砌末端设置截水墙。其埋置深度不小于洞身或翼墙基础深度。截水墙外做干砌片石加固。当出口流速较大时，采用延长铺砌石块或混凝土块，同时设深埋的截水墙。其深度应大于铺砌末端冲刷深度 0.1 ~0.25m。

（3）在河沟纵坡大于 15% 的陡坡涵洞中，其洞口末端视河沟的地质、地形和水力条件，采用出口阶梯、急流槽、导流槽、跌水、消力池、消力槛、人工加糙等特殊加固消能设施。

第四节　涵洞施工图识读

一、涵洞施工图基本知识

公路涵洞一般用总图的形式来表达，主要有涵洞中心立面图、平面图、出入洞口正面图、钢筋构造图。为了使平面图表达清楚，画图时不考虑洞顶的覆土，如进、出水口形状不一样时，需要把进、出水口的正面图分别绘制。

涵洞施工图的比例常采用1∶100或1∶150。

现以常用的管涵、盖板涵和箱涵为例，说明涵洞施工图的识读方法及步骤。

（1）阅读标题栏、附注和主要工程数量表，了解涵洞的类型、孔径、比例、尺寸单位、材料等。

（2）看清所采用的视图及其相互关系。

（3）按照涵洞的各组成部分，看懂它们的结构形式，明确其尺寸大小。

1）洞身。涵洞的类型、孔径，涵洞的总长度、节数、每节长度、沉降缝宽度；洞身节的形状和尺寸，以及基础、边墙、拱圈等。

2）出口和入口。出入口的形状和尺寸，包括基础、翼墙、雉墙、端墙、帽石各部位形状尺寸。

3）锥体护坡和沟床铺砌。锥体护坡的形状，桥台锥体护坡填土坡度规定，锥体护坡填土材料要求等；沟床铺砌砌体材料的选择，厚度和长度的相应规定。

4）路堤与涵洞的关系、回填材料土层厚度规定。

（4）通过上述分析，想象出涵洞的整体形状和各部分尺寸大小。

二、涵洞施工图识读

1. 公路钢筋混凝土圆管涵

图4-28所示为某钢筋混凝土圆管涵布置图。

从平面图中可知，洞口是一字墙式，正交涵洞。从立面图中可知，涵管长度为800cm，两边洞口铺砌长度各为195cm，涵洞总长为1190cm，4个管节，每节长度2m；从涵身横断面图中可知，管节内径为100cm，管壁厚10cm。立面图中示出涵底纵坡1%，涵底高程和涵顶填土设计高程单位以“m”计。

将立面图与涵身横断面图结合起来读图，能够读出涵身基础构造。由于进、出水口一致，结构对称，故采用半中部半端部剖面图。从端部剖面图可知，圆涵端部管座厚70cm，管座上宽200cm，下宽100cm，管座下设1∶1的抹角；管座下是（30+165）cm砂砾垫层，砂砾垫层宽100cm。中部剖面图中管座下设30cm砂垫层，其余尺寸同端部。帽石宽40cm，长340cm，厚25cm，设有1∶1抹面。

从附注中可知，该涵管基础选用C10混凝土，沉降缝间距为4m。帽石采用C20混凝土，端墙及洞口铺砌，截水墙采用C15混凝土，锥坡采用M7.5砂浆片石。

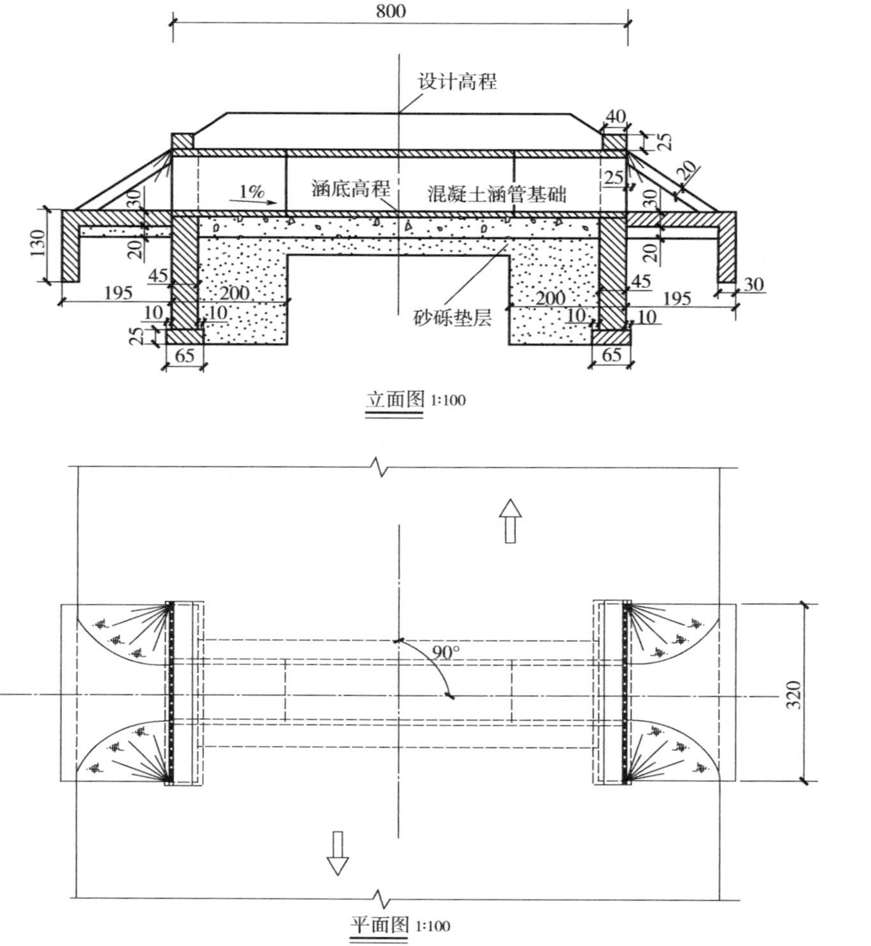

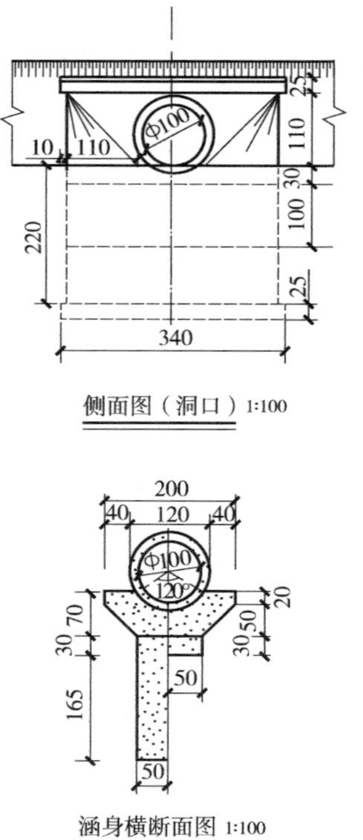

注：1. 本图尺寸均以cm为单位。
2. 涵管基础选用C10混凝土，沉降缝间距为4m。
3. 帽石采用C20混凝土，端墙及洞口铺砌；截水墙采用C15混凝土，锥坡采用M7.5砂浆片石。片石强度≥Ⅲ级。

图4-28　某钢筋混凝土圆管涵布置图

2. 公路钢筋混凝土盖板涵

图 4-29 所示为钢筋混凝土盖板涵布置图。

因其结构对称，所以采用的是中心纵剖面图、平面图、入口洞口正面图、中心洞身断面图及洞身端部侧面图、八字墙端部侧面图来表达。

（1）Ⅰ—Ⅰ截面（中心纵剖面图）。从图 4-29a 中的中心纵剖面图可知，该涵洞的总节数为 12 节，每节长度 1m；涵洞的流水坡度为 1.5%，涵底进水口高程为 132.522m，涵底中心高程为 132.504m，出水口涵底高程为 132.486m；涵顶填土进、出水口高程均为 134.912m，中心高程为 134.994m，路基封顶设有 1.5% 的双向横坡排水，填土厚度可根据各部位高程及盖板厚度和流水净空的高度推算，涵洞内流水净空 160cm；此图还给出了地质柱状图及相应的地基承载力：涵台台身与基础设沉降缝一道，缝宽 2cm。

（2）A 大样图。图 4-29a 中的 A 大样图给出了帽石尺寸及形状，比例采用 1:50。帽石厚 20cm，宽 35cm，长 295.2cm，设有 5cm 抹面，坡度 1:1。

（3）平面图。平面图如图 4-29b 所示，比例尺同立面图，为 1:100。可以看出此涵为正交涵洞，图中示出涵洞的墙身宽度、八字墙的位置、涵洞长度、洞口的形状和尺寸。为把八字墙表达清楚，作Ⅱ—Ⅱ、Ⅲ—Ⅲ截面图。从Ⅱ—Ⅱ截面图中可知八字墙进、出水口端部各部形状和尺寸，如八字墙基础底宽（20.2 + 106.9 + 21.3）cm，厚 60cm；八字墙底宽 106.9cm，顶宽 42.6cm，高 195cm；40cm 厚 M10 砂浆砌 MU30 片石，下设 20cm 厚的砂垫层。从Ⅲ—Ⅲ截面图中可知八字墙同洞身相接处的各部形状和尺寸，读图方法同Ⅱ—Ⅱ截面图。

（4）中心洞身断面图。从图 4-29b 中的中心洞身断面图可知，涵洞基础采用一阶扩大基础，宽度 340cm，长度 1202cm，高度 100cm；涵墙高度 349cm，宽 60cm，长度同基础：盖板长 240cm，中心厚 25cm，宽 99cm；涵内净高 160cm，净跨 200cm。

（5）盖板钢筋构造图。盖板钢筋构造图如图 4-29c 所示，由盖板纵断面图、盖板平面图、盖板横断面图及盖板钢筋明细表组成，比例 1:15。从图中可知，盖板长、宽、厚，不同部位水泥保护层厚度，钢筋的规格、长度，筋与筋之间的间距、位置等。图注中另给出施工要求。

3. 箱涵

图 4-30 所示为某公路新建箱涵全套施工图。

（1）平面图。从平面图中（图 4-30a）可知，该涵洞为斜交涵，斜交角为 10°，净跨 400cm，涵墙厚 32cm：入口采用一字墙洞口接锥体形式，一字墙长 1188cm，宽 36cm。

（2）涵洞纵断面图。从涵洞纵断面图中（图 4-30a）可知，涵洞主体轴长 3679cm，涵顶填土设有双向排水横坡：每隔 600cm 设一道沉降缝，缝宽 2cm；在纵断面图中给定涵洞进出口、中心、出水口的涵顶填土和箱涵底面高程，涵底设有 0.3% 的纵坡，基础和砂垫层长度 3679cm；涵洞洞口处采用 40cm 厚 M7.5 砂浆砌片石，并下设 10cm 厚砂砾垫层。

（3）洞身断面图。从洞身断面图中（图 4-30b）可知，涵身顶板混凝土和涵身底板混凝土厚均为 34cm，涵墙厚 32cm，净跨 400cm，净高 300cm，箱涵内设 5cm × 5cm 倒角；端部洞身和中部洞身底设 10cm 厚 C15 混凝土基础，混凝土基础下设砂砾垫层，洞身端部和中部垫层厚分别为 80cm 和 50cm，基础和砂垫层宽度为（20 + 32 + 400 + 32 + 20）cm。

（4）箱身钢筋布置图。钢筋布置图比例为 1:50（图 4-30c）。Ⅰ—Ⅰ断面为箱涵涵身横断面钢筋布置图，Ⅱ—Ⅱ断面为箱涵顶板钢筋布置图，Ⅲ—Ⅲ断面为箱涵侧墙钢筋布置图，把这几个断面图结合起来，再配以钢筋大样图识读，找出其中关系，可以读出箱涵涵身配筋

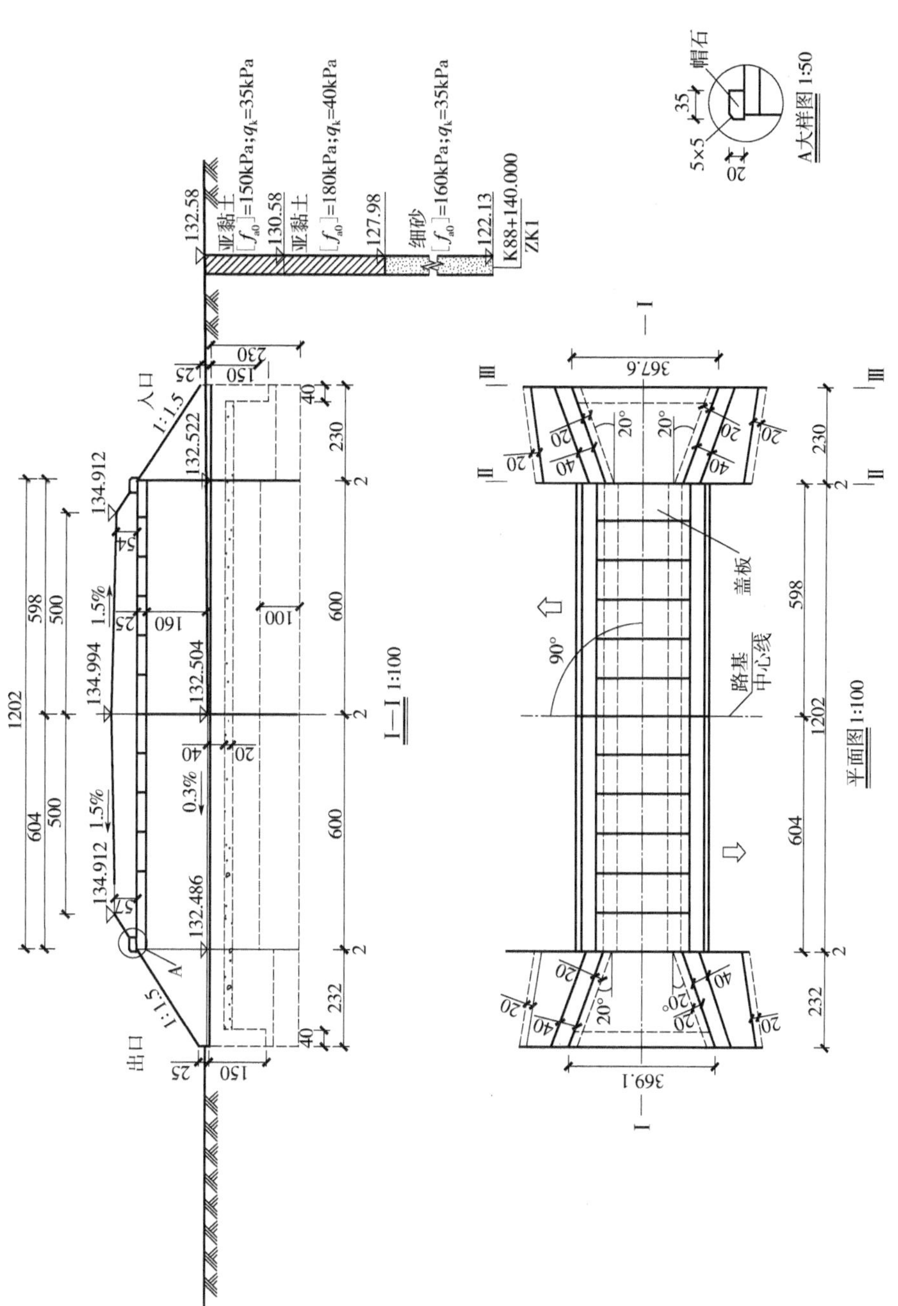

图4-29a　K88+140.000钢筋混凝土盖板涵布置图（一）

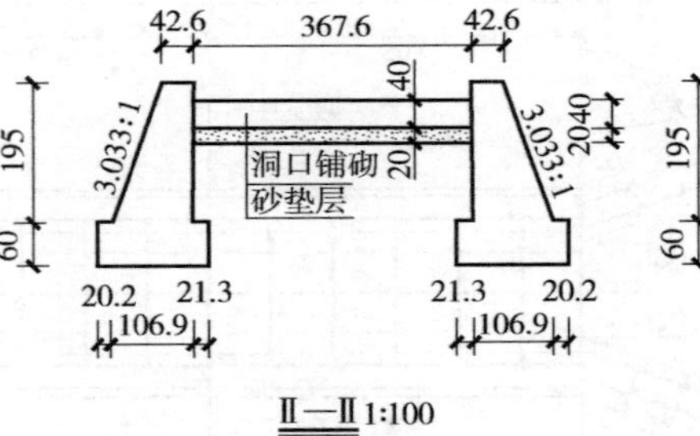

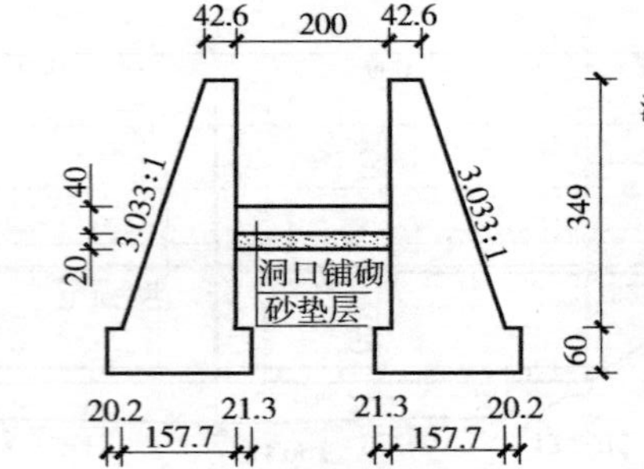

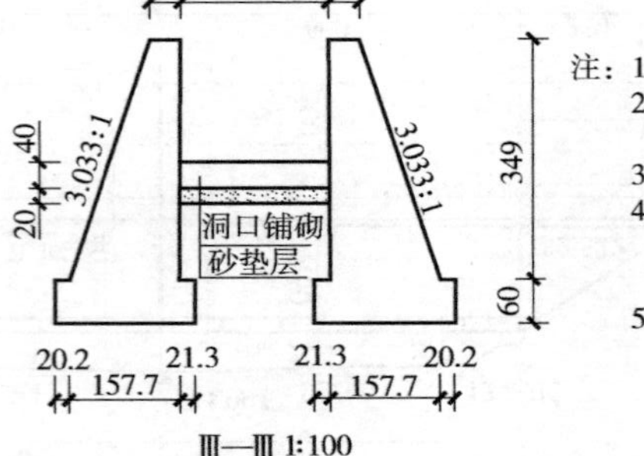

主要工程数量表

工程项目				单位	数量
主体工程	盖板	C35混凝土		m^3	6.27
		HRB335钢筋		kg	922.52
	洞身	台身	C30混凝土	m^3	44.96
		基础	C30混凝土	m^3	40.80
		洞身铺砌	M10浆砌片石	m^3	9.62
			砂垫层	m^3	4.81
	帽石	C30混凝土		m^3	0.41
	防水层	三油二毡	沥青油毡	m^2	4.67
			涂沥青	m^2	7.00
	沉降缝	沥青麻絮填塞		m^2	0.47
	挖基	土方		m^3	578
附属工程	八字墙	墙身	C30混凝土	m^3	22.26
		基础	C30混凝土	m^3	9.80
	洞口铺砌	M10浆砌片石		m^3	4.12
		砂垫层		m^3	2.06
	截水墙	M10浆砌片石		m^3	4.24
	回填	土方		m^3	53

注：1. 本图尺寸除里程、标高以m计及注明者外，余均以cm计。
2. 本涵出入口均采用八字墙，过水部分出入口以外顺接路基边沟。
3. 本涵基底设计应力140kPa。
4. 涵台台身及基础设沉降缝一道，缝宽2cm，外侧用沥青麻絮填塞，深度为5cm；顺沉降缝外侧设置三油二毡防水层，宽20cm。
5. 铺砌层采用M10砂浆砌双层MU30片石，缝间填满砂浆，防止冲刷。

入口洞口正面图 1:100

中心洞身断面图 1:100

图4-29b K88+140.000钢筋混凝土盖板涵布置图（二）

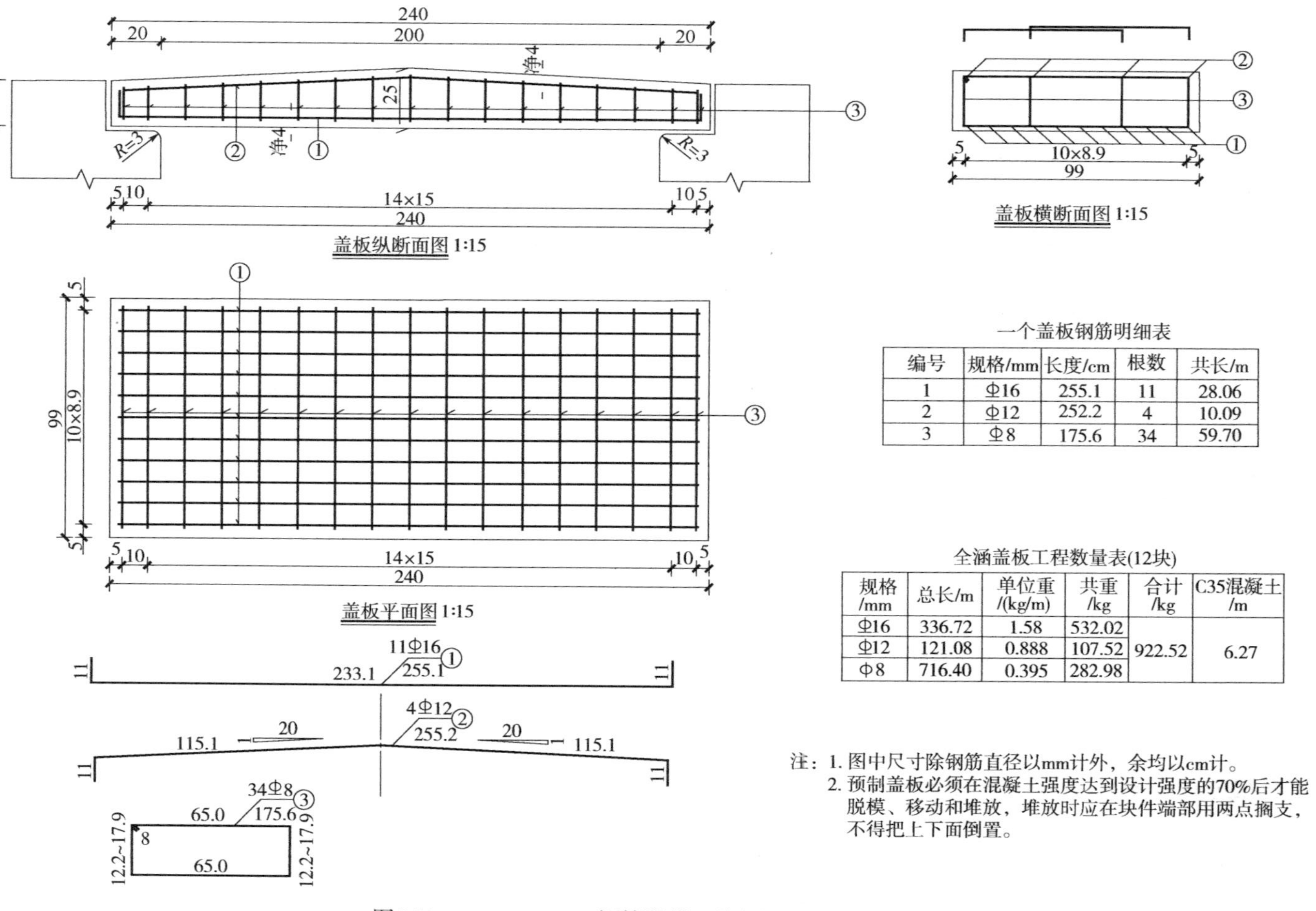

一个盖板钢筋明细表

编号	规格/mm	长度/cm	根数	共长/m
1	Φ16	255.1	11	28.06
2	Φ12	252.2	4	10.09
3	Φ8	175.6	34	59.70

全涵盖板工程数量表(12块)

规格/mm	总长/m	单位重/(kg/m)	共重/kg	合计/kg	C35混凝土/m
Φ16	336.72	1.58	532.02	922.52	6.27
Φ12	121.08	0.888	107.52		
Φ8	716.40	0.395	282.98		

注：1. 图中尺寸除钢筋直径以mm计外，余均以cm计。

2. 预制盖板必须在混凝土强度达到设计强度的70%后才能脱模、移动和堆放，堆放时应在块件端部用两点搁支，不得把上下面倒置。

图4-29c　K88+140.000钢筋混凝土盖板涵盖板钢筋构造

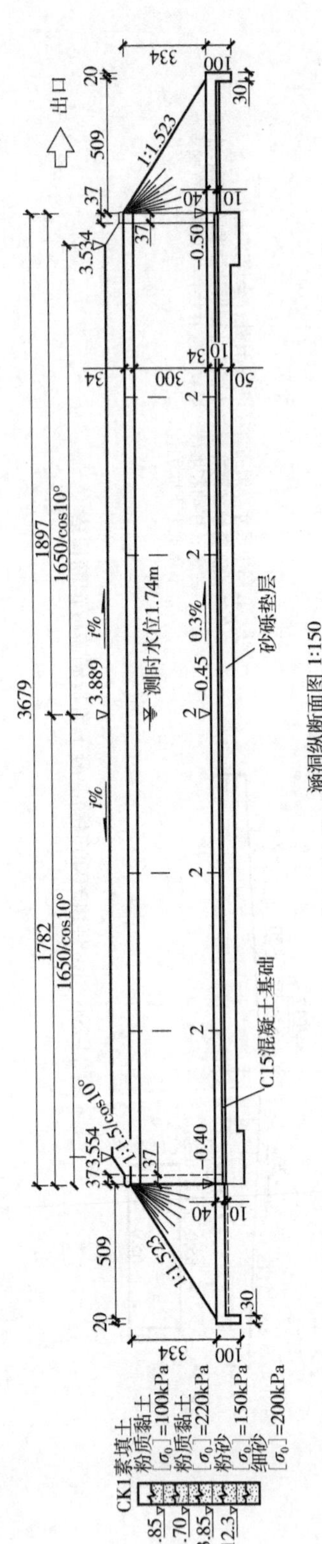

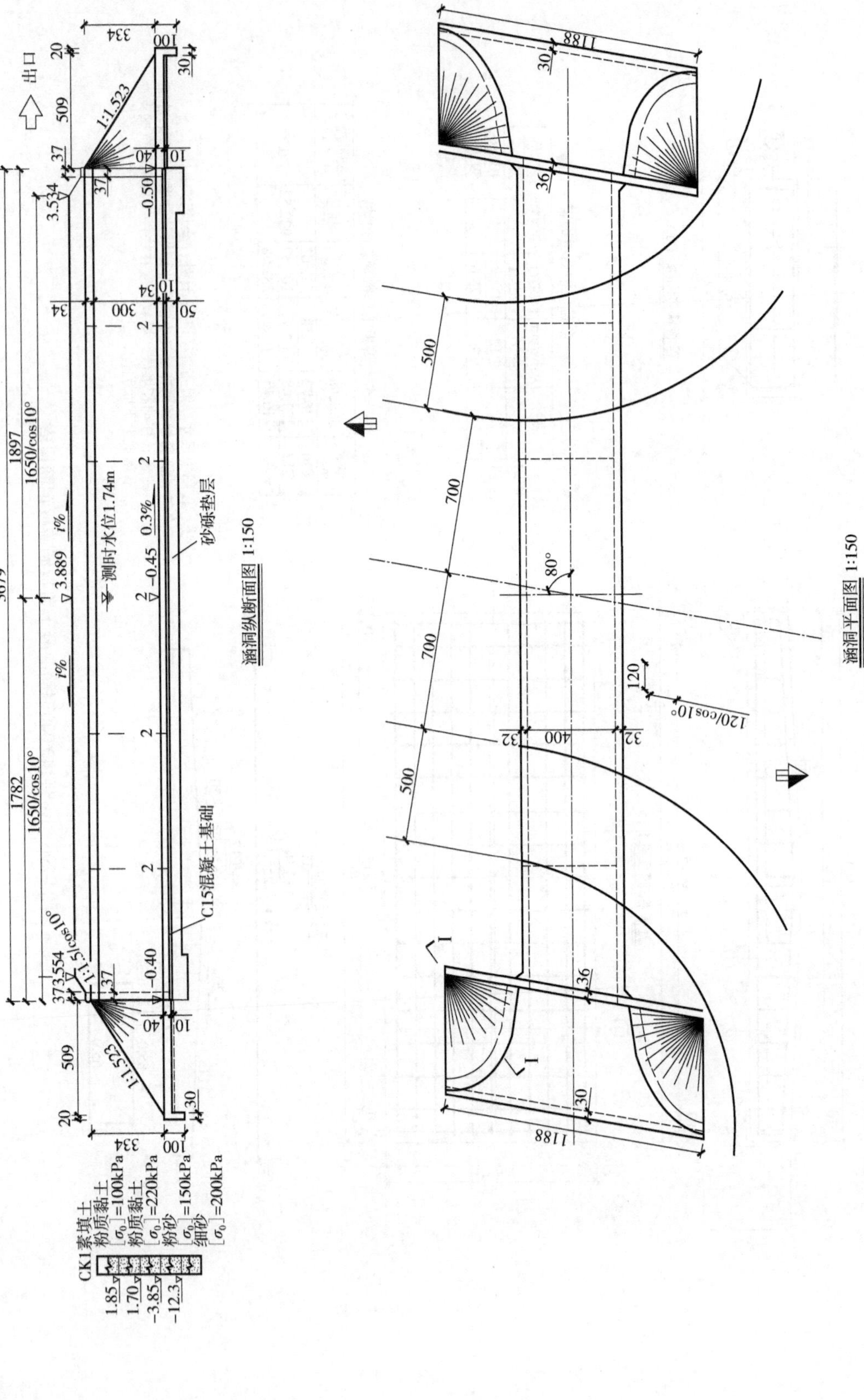

图4-30a 箱涵一般布置图（一）

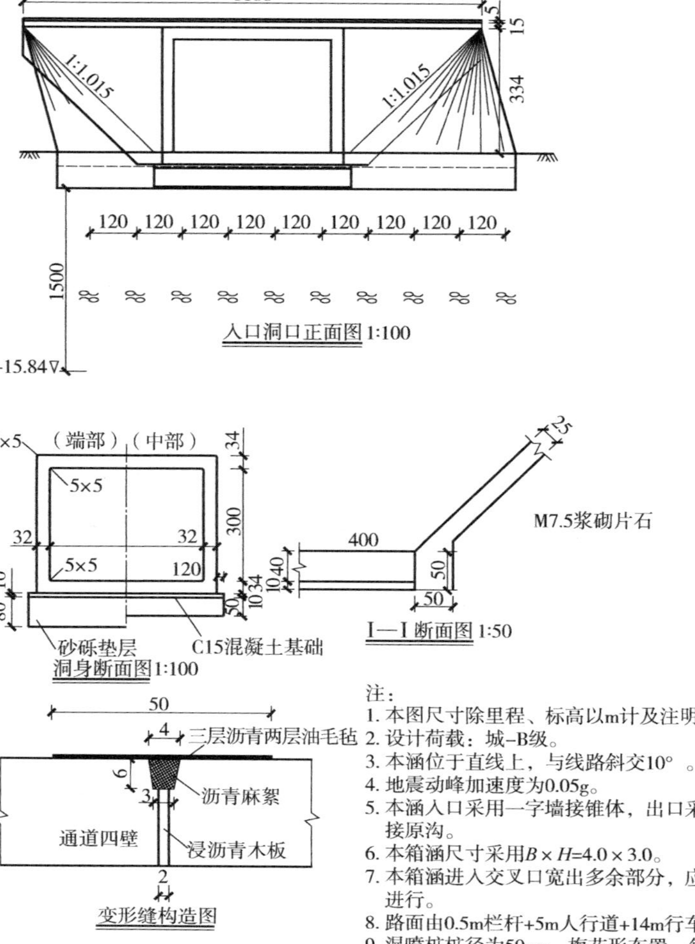

主要工程数量表

工程项目				单位	数量
主体工程	箱身 翼墙 顶帽	C30混凝土		m³	202.1
		钢筋	HPB235钢筋	kg	
		钢筋	HRB335钢筋	kg	24938.4
	基础	C15混凝土		m³	18.5
		砂砾垫层		m³	107
	帽石	C15混凝土		m³	
	挡块	C15混凝土		m³	
	防水层	涂热沥青两层		m³	441.5
	沉降缝	沥青麻筋填塞		m³	12.0
	基础换填	1:2砂石		m³	
	挖基	挖土(无水/有水)$h<3$m		m³	0/90
		挖土(无水/有水)$h>3$m		m³	
		挖石(无水/有水)$h<3$m		m³	
		挖石(无水/有水)$h>3$m		m³	
附属工程	一字墙	墙身	M7.5砂浆砌片石	m³	
		基础	M7.5砂浆砌片石	m³	
		勾缝	M10水泥砂浆	m²	
		抹面	M10水泥砂浆	m²	
	洞口铺砌	M7.5砂浆砌片石		m³	28.5
		砂砾垫层		m³	7.1
	抑水墙	M7.5砂浆砌片石		m³	7.1
	锥体	锥坡及基础	M7.5砂浆砌片石	m³	21.8
		砂砾垫层		m³	4.1
		内填土		m³	43.0
	挖沟	挖土(无水/有水)		m³	0/210
		挖石(无水/有水)		m³	
湿喷桩				m/根	9900/660

注：
1. 本图尺寸除里程、标高以m计及注明者外，其余均以cm计。
2. 设计荷载：城-B级。
3. 本涵位于直线上，与线路斜交10°。
4. 地震动峰加速度为0.05g。
5. 本涵入口采用一字墙接锥体，出口采用一字墙接锥体，出入口以外顺接原沟。
6. 本箱涵尺寸采用$B\times H$=4.0×3.0。
7. 本箱涵进入交叉口宽出多余部分，应做适当美化处理，结合现场实际进行。
8. 路面由0.5m栏杆+5m人行道+14m行车道+5m人行道+0.5m栏杆组成。
9. 湿喷桩桩径为50cm，梅花形布置，每延米喷粉量55~60kg。
10. 湿喷桩前，应将原地面整平至设计高程，施工完毕后，应将箱形构造物下表层未喷浆液的50cm挖除，然后重新按桩顶高程进行整平，端部基础底标高应予预留。
11. 变形缝一般要求6m设一道，端部适当调节，但需保证斜洞口结构长度，变形缝中的麻絮和木板应使用加防腐掺料的沥青浸制严密，并用有纤维掺料的沥青嵌缝膏或其他填缝材料封缝。
12. 变形缝的槽口设在顶、底板的上面，侧墙的外面，箱涵底板变形缝的顶面可不设油毛毡，而在填塞沥青麻絮后再灌注热沥青即可。
13. 湿喷桩桩长控制原则：a.设计桩长；b.地勘报告中的土层情况；c.钻进时电流变化，一般应达电流明显剧增处后下钻50cm为止。
14. 本图比例1:150。

图4-30b 箱涵一般布置图（二）

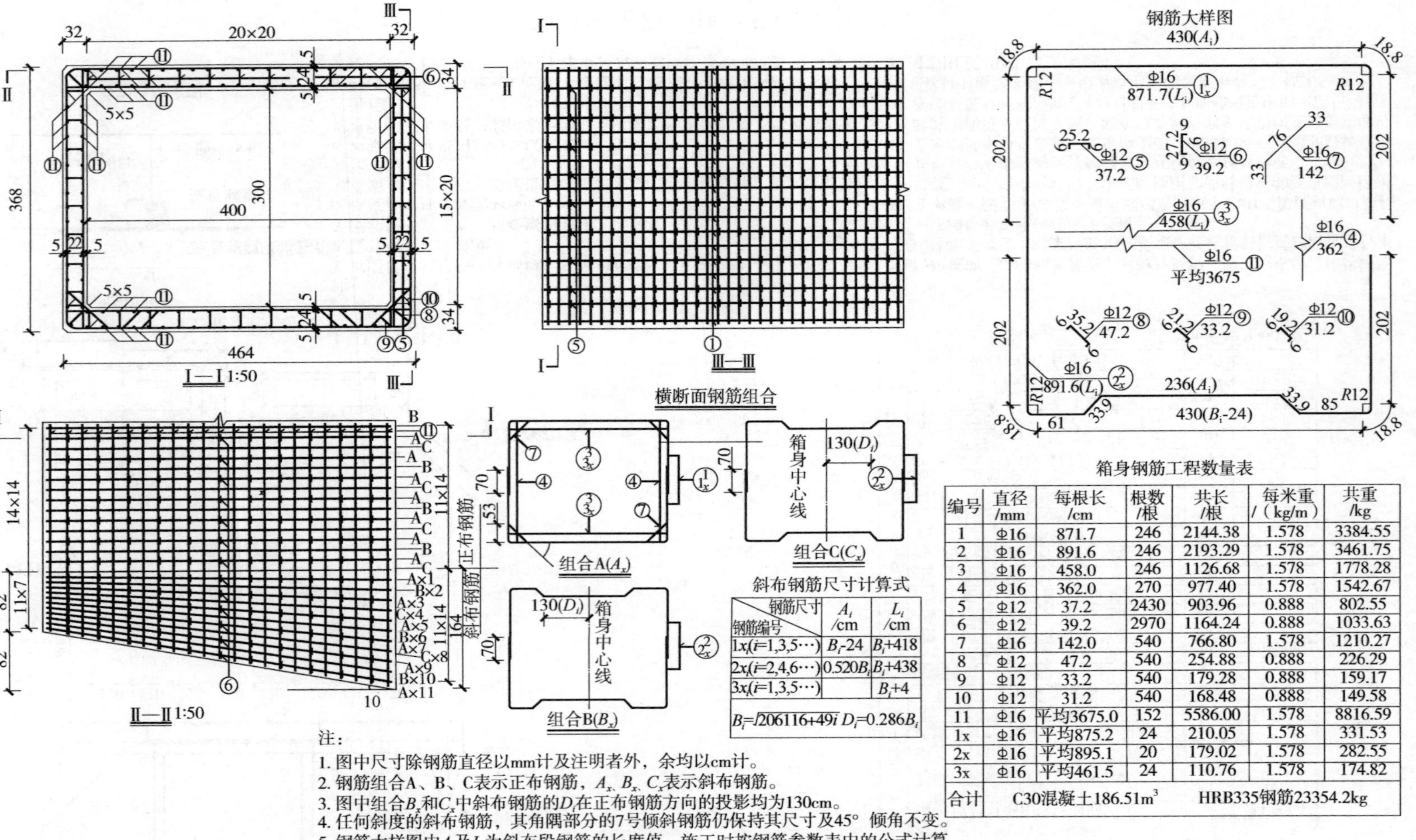

斜布钢筋尺寸计算式

钢筋编号 \ 钢筋尺寸	A_i /cm	L_i /cm
$1x(i=1,3,5\cdots)$	B_i-24	B_i+418
$2x(i=2,4,6\cdots)$	0.520B_i	B_i+438
$3x(i=1,3,5\cdots)$		B_i+4

$B_i=\sqrt{206116+49i}$ $D_i=0.286B_i$

箱身钢筋工程数量表

编号	直径 /mm	每根长 /cm	根数 /根	共长 /根	每米重 /（kg/m）	共重 /kg
1	Φ16	871.7	246	2144.38	1.578	3384.55
2	Φ16	891.6	246	2193.29	1.578	3461.75
3	Φ16	458.0	246	1126.68	1.578	1778.28
4	Φ16	362.0	270	977.40	1.578	1542.67
5	Φ12	37.2	2430	903.96	0.888	802.55
6	Φ12	39.2	2970	1164.24	0.888	1033.63
7	Φ16	142.0	540	766.80	1.578	1210.27
8	Φ12	47.2	540	254.88	0.888	226.29
9	Φ12	33.2	540	179.28	0.888	159.17
10	Φ12	31.2	540	168.48	0.888	149.58
11	Φ16	平均3675.0	152	5586.00	1.578	8816.59
1x	Φ16	平均875.2	24	210.05	1.578	331.53
2x	Φ16	平均895.1	20	179.02	1.578	282.55
3x	Φ16	平均461.5	24	110.76	1.578	174.82
合计	C30混凝土186.51m^3			HRB335钢筋23354.2kg		

注：

1. 图中尺寸除钢筋直径以mm计及注明者外，余均以cm计。
2. 钢筋组合A、B、C表示正布钢筋，A_x、B_x、C_x表示斜布钢筋。
3. 图中组合B_x和C_x中斜布钢筋的D_i在正布钢筋方向的投影均为130cm。
4. 任何斜度的斜布钢筋，其角隅部分的7号倾斜钢筋仍保持其尺寸及45° 倾角不变。
5. 钢筋大样图中A_i及L_i为斜布段钢筋的长度值，施工时按钢筋参数表中的公式计算。
6. 图中⑪号钢筋按全涵长度给出，施工时应按每个涵节长度制作。

图4-30c　箱涵一般布置图(三)

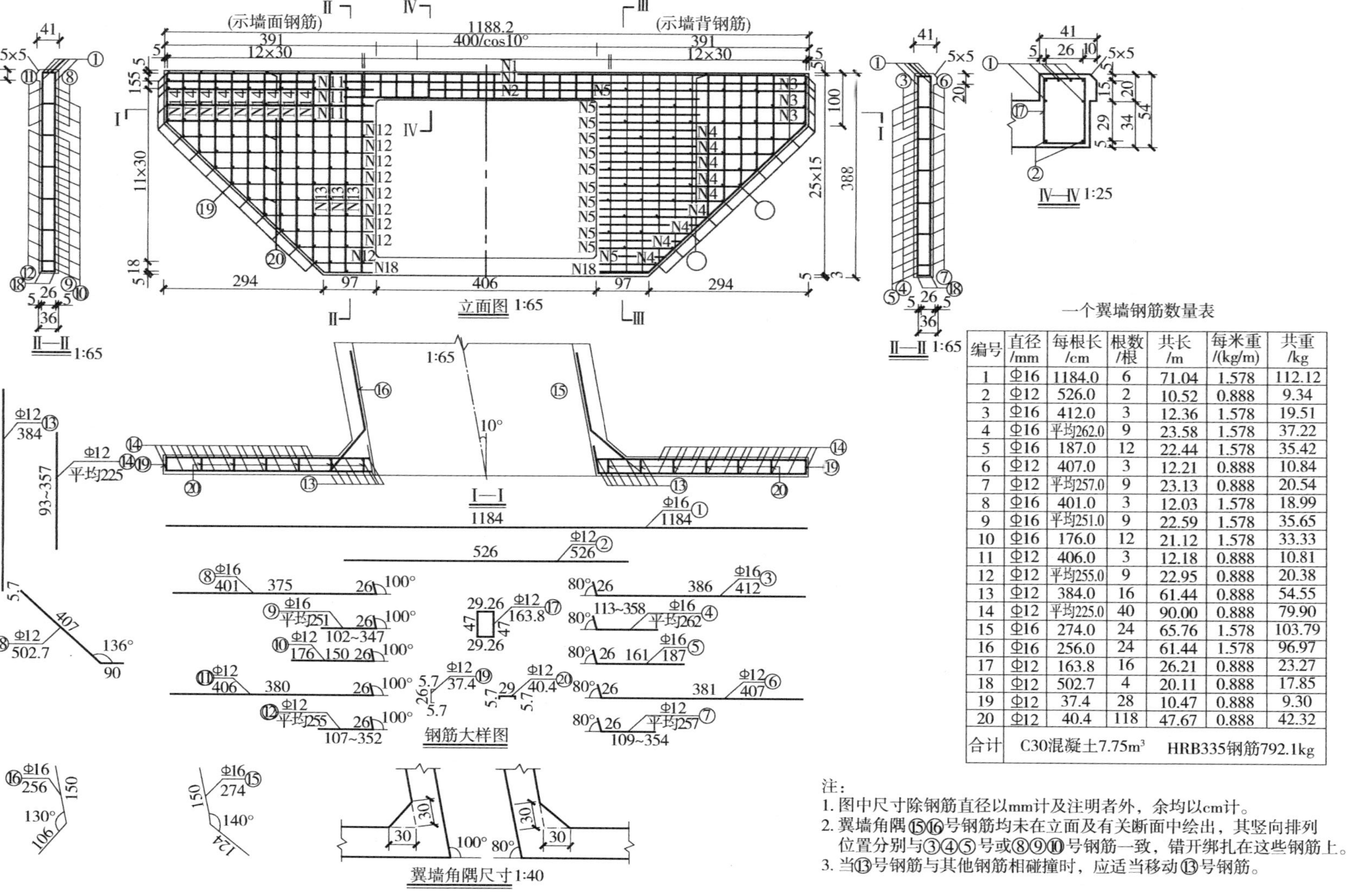

一个翼墙钢筋数量表

编号	直径/mm	每根长/cm	根数/根	共长/m	每米重/(kg/m)	共重/kg
1	Φ16	1184.0	6	71.04	1.578	112.12
2	Φ12	526.0	2	10.52	0.888	9.34
3	Φ16	412.0	3	12.36	1.578	19.51
4	Φ16	平均262.0	9	23.58	1.578	37.22
5	Φ16	187.0	12	22.44	1.578	35.42
6	Φ12	407.0	3	12.21	0.888	10.84
7	Φ12	平均257.0	9	23.13	0.888	20.54
8	Φ16	401.0	3	12.03	1.578	18.99
9	Φ16	平均251.0	9	22.59	1.578	35.65
10	Φ16	176.0	12	21.12	1.578	33.33
11	Φ12	406.0	3	12.18	0.888	10.81
12	Φ12	平均255.0	9	22.95	0.888	20.38
13	Φ12	384.0	16	61.44	0.888	54.55
14	Φ12	平均225.0	40	90.00	0.888	79.90
15	Φ16	274.0	24	65.76	1.578	103.79
16	Φ16	256.0	24	61.44	1.578	96.97
17	Φ12	163.8	16	26.21	0.888	23.27
18	Φ12	502.7	4	20.11	0.888	17.85
19	Φ12	37.4	28	10.47	0.888	9.30
20	Φ12	40.4	118	47.67	0.888	42.32
合计	C30混凝土7.75m³			HRB335钢筋792.1kg		

注：
1. 图中尺寸除钢筋直径以mm计及注明者外，余均以cm计。
2. 翼墙角隅⑮⑯号钢筋均未在立面及有关断面中绘出，其竖向排列位置分别与③④⑤号或⑧⑨⑩号钢筋一致，错开绑扎在这些钢筋上。
3. 当⑬号钢筋与其他钢筋相碰撞时，应适当移动⑬号钢筋。

图4-30d　翼墙钢筋布置图(四)

骨架详图和数量。

三、涵洞综合施工图识读

由于涵洞是窄而长的工程构造物，故以水流方向为纵向，并以纵剖面图代替立面图。为了使平面图表达清楚，画图时不考虑洞顶的覆土；如进、出水口形状不一时，则需要画出进、出水口的侧面图。有时平面图与侧面图以半剖面形式表达，水平剖面图一般沿基础顶面剖切，横剖面图则垂直于纵向剖切。除上述三种投影图外，还应有必要的构造详图，如钢筋布置图、翼墙断面图等。

涵洞体积较桥梁小，故其施工图所选用的比例较桥梁稍大。

现以常用的圆管涵、盖板涵和拱涵三种涵洞为例，说明涵洞施工图的识读方法。

1. 圆管涵

如图4-31所示为钢筋混凝土圆管涵洞施工图，其比例为1:50，洞口为端墙式。从图中可以看出端墙前洞口两侧有20cm厚的干砌片石铺面的锥形护坡，涵管内径为75cm，涵管长度为1060cm，再加上两边洞口铺砌长度得出涵洞的总长为1335cm。由于其构造对称，故该图采用半纵剖面图、半平面图和侧面图来表示。

（1）半纵剖面图。由于涵洞进出洞口一样，左右基本对称，所以只绘半纵剖面图，以对称中心线为分界线。纵剖面图中表示出涵洞各部分的相对位置和构造形状，如管壁厚10cm、防水层厚15cm、设计流水坡度为1%、涵身长1060cm、洞底铺砌厚20cm以及基础、截水墙的断面形式等，路基覆土厚度>50cm、路基宽度为800cm，锥形护坡顺水流方向的坡度与路基边坡一致，均为1:1.5。各部分所用材料均于图中表达，但未表示出洞身的分段。

（2）半平面图。为了同半纵剖面图相配合，故平面图也只绘一半。图中表示了管径尺寸与管壁厚度，以及洞口基础、端墙、缘石、护坡的平面形状和尺寸，涵顶覆土进行透明处理，但路基边缘线在图上已表示出来，并以示坡线表示路基边坡。

（3）侧面图。侧面图主要表示了管涵孔径和壁厚，洞口缘石和端墙的侧面形状及尺寸，锥形护坡的坡度等。为了使图形清晰起见，把土壤作为透明体处理，并且某些虚线没有画出，如路基边坡与缘石背面的交线和防水层的轮廓线等。习惯上将该侧面图称为涵洞正面图。

2. 钢筋混凝土盖板涵

如图4-32所示为单孔钢筋混凝土盖板涵的构造图，从标题栏中可以看出图的比例为1:50，洞口两侧为八字翼墙。从图上可以看出洞高为120cm，净跨为100cm，总长为1482cm，由于其构造对称，所以采用的是半纵剖面图、半平面及半剖面图和侧面图来表达。

（1）半纵剖面图。半纵剖面图把带有1:1.5坡度的八字翼墙和洞身的连接关系，以及洞高120cm、洞底铺砌20cm、基础纵断面形状、设计流水坡度1%等表示了出来。盖板及基础所用材料可由图中看出，但图中未画出沉降缝的位置。

（2）半平面及半剖面图。用半平面及半剖面图能把涵洞的墙身宽度、八字翼墙的位置表示得更加清楚，涵洞长度、洞口的平面形状和尺寸以及墙身和翼墙的材料均在图中可以看出。为了便于施工，在八字翼墙的1—1和2—2位置进行剖切，并另作1—1断面图和2—2断面图来表示该位置翼墙墙身和基础的详细尺寸、墙背坡度以及材料情况。4—4断面图和2—2断面图类似，但一些尺寸有变动，图中未画出。

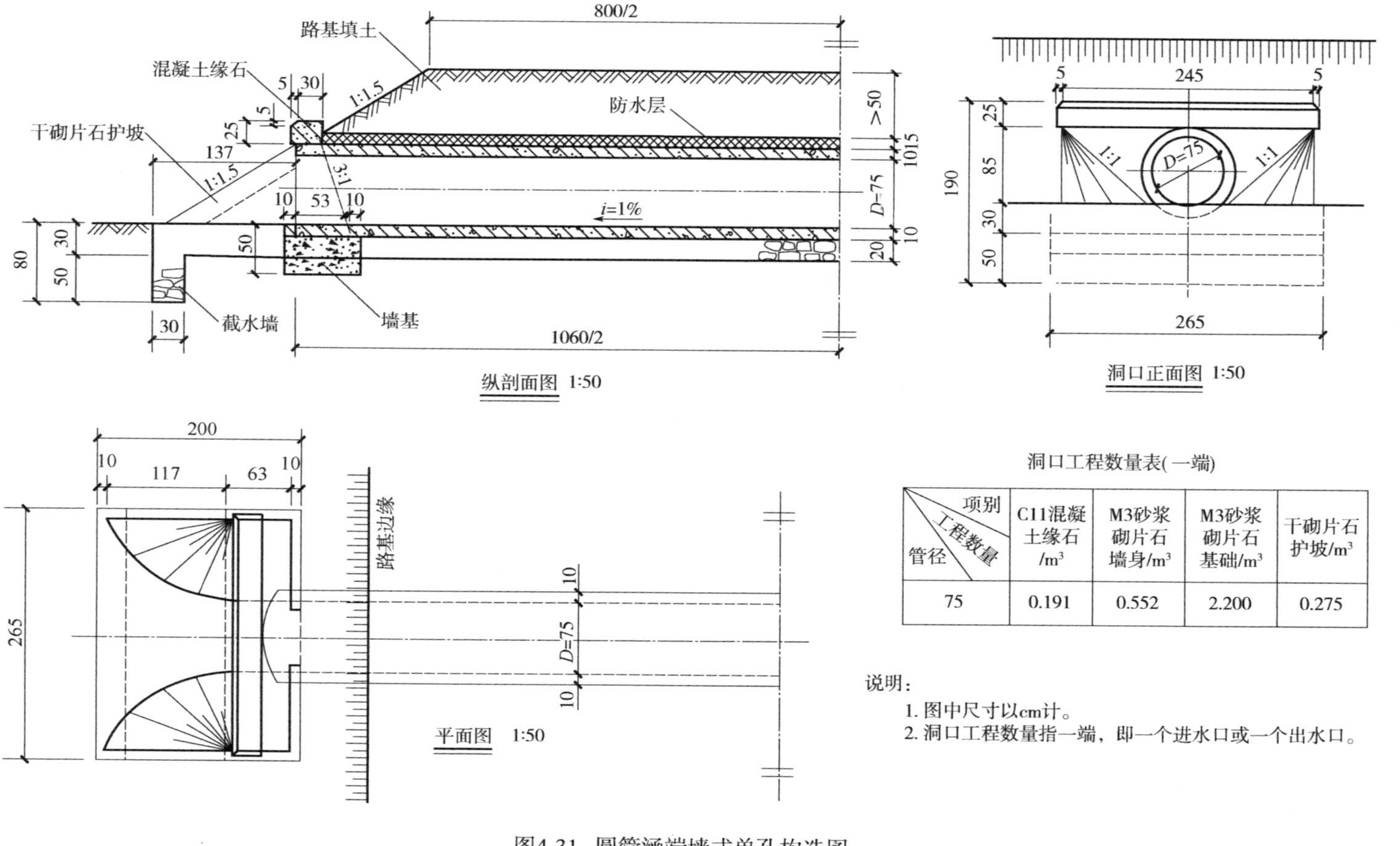

洞口工程数量表(一端)

项别 / 工程数量 / 管径	C11混凝土缘石/m^3	M3砂浆砌片石墙身/m^3	M3砂浆砌片石基础/m^3	干砌片石护坡/m^3
75	0.191	0.552	2.200	0.275

说明：

1. 图中尺寸以cm计。
2. 洞口工程数量指一端，即一个进水口或一个出水口。

图4-31 圆管涵端墙式单孔构造图

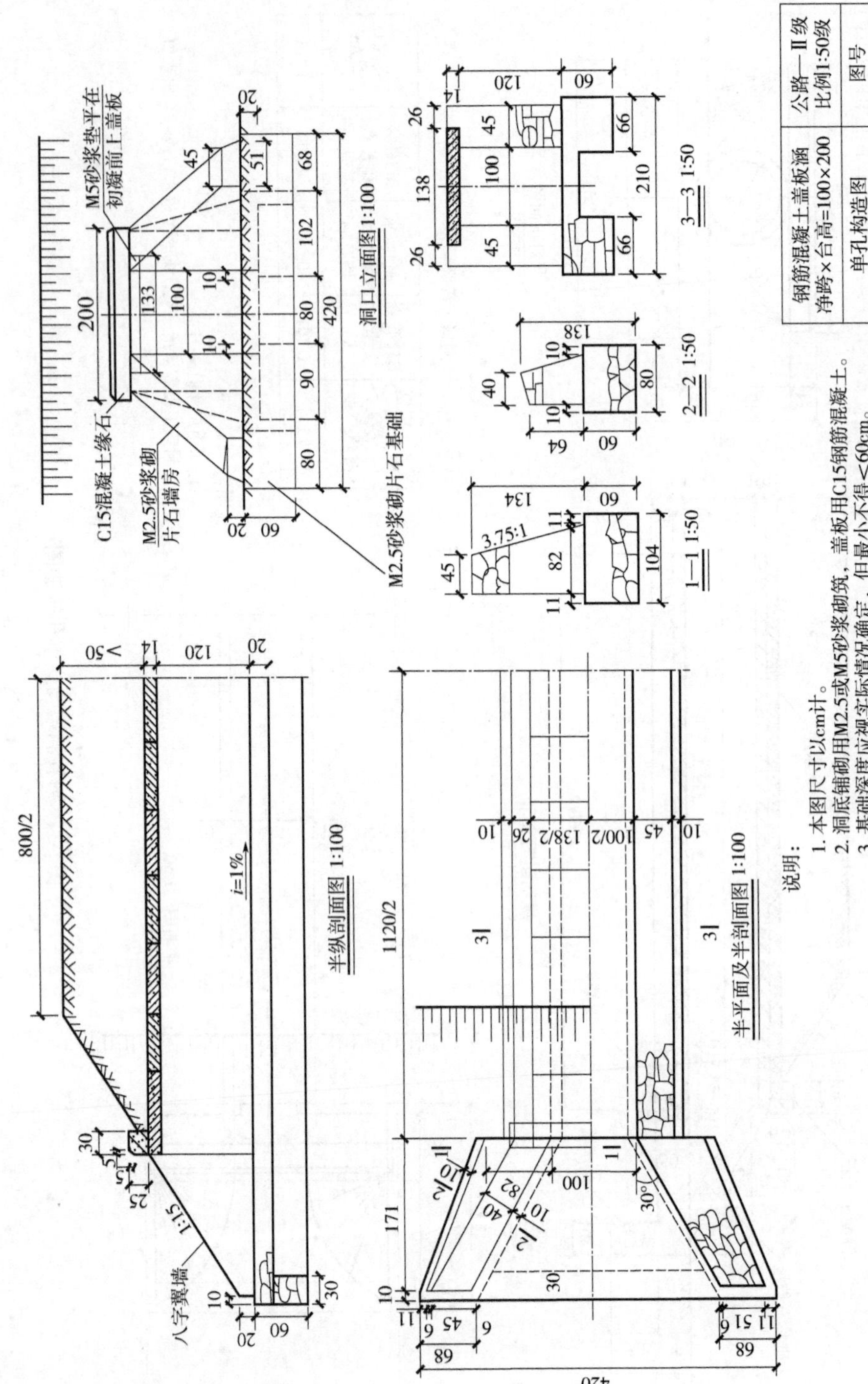

钢筋混凝土盖板涵 净跨×台高=100×200	公路—Ⅱ级 比例1:50级
单孔构造图	图号

说明：

1. 本图尺寸以cm计。
2. 洞底铺砌用M2.5或M5砂浆砌筑，盖板用C15钢筋混凝土。
3. 基础深度应视实际情况确定，但最小不得<60cm。
4. 本工程施工时，必须安装好上部构造后才能填土。

图4-32 钢筋混凝土上盖板涵构造图

（3）侧面图。侧面图反映出洞高 120cm 和净跨 100cm，同时还反映出了缘石、盖板、八字翼墙、基础等的相对位置和它们的侧面形状。习惯上将该图称为洞口立面图。

3. *石拱涵*

如图 4-33 所示为石拱涵的构造图，洞身长为 900cm，涵洞总长为 1700cm，净跨为 300cm，拱矢高为 150cm，矢跨比为 $f_0/L_0=1/2$，路基宽度为 700cm。该图所用比例为 1∶100。

（1）纵剖面图。纵剖面图是沿涵洞纵向轴线进行全剖的剖面图，图中表达了洞身的内部结构、洞高、洞长、翼墙坡度、基础纵向形状和洞底流水坡度。为了显示拱底为圆柱面，故每层拱圈石的厚度不一，下疏上密。在路基顶部表示出了路面断面的形状，但未注出尺寸。

（2）平面图。平面图的特点在于拱顶与拱顶上两端侧墙的交线均为椭圆弧。从图上还可以看出，八字翼墙与上述盖板涵有所不同，上述盖板涵的翼墙是单面斜坡，端部为侧平面，而本图则是两面斜坡，端部为铅垂面。

（3）侧面图。侧面图采用了半侧面和半横剖面图，半侧面图反映出洞口外形，半横剖面图则表达出了洞口的特征和洞身与基础的连接关系。从图上还可以看出洞口基顶的构造是一个曲面。当涵洞在两孔或两孔以上及跨径较大时，也可选取洞口作为立面图。

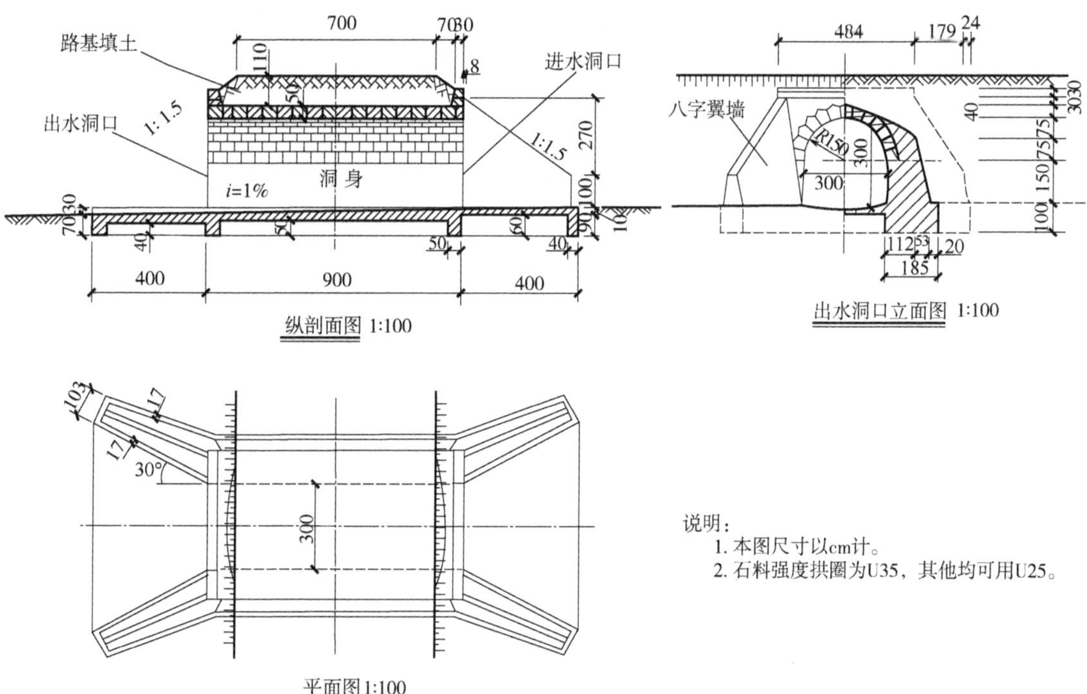

图 4-33　石拱涵构造图

参考文献

[1] 中建三局第一建设有限责任公司．桥梁工程施工工艺标准：GY-1-2-2018［S］．北京：中国建筑工业出版社，2018.

[2] 中建三局第一建设有限责任公司．道路工程施工工艺标准：GY-1-1-2018［S］．北京：中国建筑工业出版社，2018.

[3] 罗良武，田希杰．图学基础与土木工程制图［M］．北京：机械工业出版社，2005.

[4] 罗康贤，左宗义，冯开平．土木建筑工程制图［M］．2 版．广州：华南理工大学出版社，2010.

[5] 尚云东，杨桂林．土木工程制图［M］．北京：高等教育出版社，2010.

[6] 唐西隆，罗康贤，左宗义，等．土木建筑工程制图习题集［M］．2 版．广州：华南理工大学出版社，2010.

[7] 杨少伟．道路勘测设计［M］．北京：人民交通出版社，2012.

[8] 罗良武，刘寒芳．图学基础与土木工程制图习题集［M］．北京：机械工业出版社，2005.

[9] 袁玉卿．路基路面工程［M］．北京：中国电力出版社，2010.

[10] 中华人民共和国交通运输部．公路工程标准施工招标文件（上册）［M］．北京：人民交通出版社，2009.